人类与社会

（第二版）

惠　中　主编

国家开放大学出版社·北京

图书在版编目（CIP）数据

人类与社会/惠中主编. —2 版. —北京：国家开放
大学出版社，2020.1（2024.5 重印）

ISBN 978 - 7 - 304 - 10016 - 2

Ⅰ.①人…　Ⅱ.①惠…　Ⅲ.①社会人类学 – 开放
教育 – 教材　Ⅳ.①C912.4

中国版本图书馆 CIP 数据核字（2019）第 239562 号

人类与社会（第二版）

RENLEI YU SHEHUI

惠　中　主编

出版·发行：国家开放大学出版社

电话：营销中心 010 – 68180820　　　总编室 010 – 68182524

网址：http://www.crtvup.com.cn

地址：北京市海淀区西四环中路45号　　**邮编**：100039

经销：新华书店北京发行所

策划编辑：陈　蕊　　　　　　　　　**版式设计**：李　响

责任编辑：李京妹　　　　　　　　　**责任校对**：刘　鹤

责任印制：武　鹏　马　严

印刷：河北鑫兆源印刷有限公司

版本：2020 年 1 月第 2 版　　　　2024 年 5 月第 12 次印刷

开本：787 mm×1092 mm　1/16　**插页**：8 页　**印张**：16.5　**字数**：368 千字

书号：ISBN 978 – 7 – 304 – 10016 – 2

定价：39.00 元

第二版前言 ‖ Preface

　　《人类与社会》文字教材第一版于 2003 年出版，至今使用了 16 年，在国家开放大学小学教育专业教学中发挥了积极作用，受到各方好评。随着学科发展和远程教育教学改革的深入，迫切需要对第一版教材加以修改，使之在难度、内容等方面更加适应开放式小学教育专业本科人才培养的需要。而且，由于"人类与社会"课程是为学员承担小学"品德与生活""品德与社会"课程教学任务而提供知识储备服务的，自 2016 年起，为了进一步推动全社会树立法治意识，深入开展法治宣传教育，把法治教育纳入国民教育体系和精神文明创建内容中，该课程改名为"道德与法治"课程，其课程理念、基本内容和呈现方式都进行了较大调整。为此，2019 年年初，在国家开放大学武正红副教授和国家开放大学出版社陈蕊编辑的指导下，由我负责对教材进行改版修订工作。

　　我们对第一版《人类与社会》教材进行改版修订的出发点和基本原则是：为更好地适应开放教育人才培养模式特征和基础教育课程教学改革的需要，体现"人类与社会"课程具有鲜明时代性和实践性的特点，根据开放教育教学改革和相关学科发展实际，在保留课程原有主体知识架构的基础上，对教材内容进行一定程度的修改和更新。

　　在具体修订过程中，我们主要做了以下工作：

　　第一，坚持知识体系、文字总量、内容难度基本不变，重点更新具体内容和基本数据。例如，将第一版教材中"九大行星"的提法更新为"八大行星"，增加"太阳系的定义""矮行星"等内容；对"世界及我国人口增长趋势和分布规律""改革开放以来中国城市化的发展""中国现代化实现程度"等部分内容进行了较大修改，尽可能更新数据，增加新的知识内容；对于"思考与练习题""推荐阅读书目"，我们均根据教材内容的调整进行了增删与修改，并删去"参考文献"中一些时间较早的文献，根据内容调整增加了较新的文献。

　　第二，注意进一步拓展第一版教材的知识领域，增加能够体现社会进步和学科发展，特别是能够反映我国进入中国特色社会主义新时代的重要知识内容。例如，将"我国 21 世纪'可持续发展'行动纲领"改为"中国的可持续发展道路"，并改写了相关内容，增加了"科学发展观"和"生态文明建设发展观"等内容；为了反映国家发展战略调整，加强法治和家国情怀教育，增加了"建设社会主义法治国家""改革开放以来中国城市化的发展""新时代中国外交政策""一带一路""建设创新型国家"等许多新内容。

　　本次改版修订共涉及 10 章 13 节约 50 页内容，改动文字约 5 万字，修改后的文字量基本与第一版相当。

　　大学文科综合课程教材建设是一项富有挑战性和具有现实意义的工作。此次《人类与社会》文字教材改版修订工作虽然对此进行了进一步探索，但由于笔者水平有限，对于综合课程的理解可能有偏颇之处，在教材知识体系构建、内容更新和适应教学需要方面肯定存在不尽完善之处，恳请读者提出宝贵意见和建议，以使我们在今后的教材修订中逐步加以完善。同时，对本教材撰写者和所有参与、支持、关心"人类与社会"课程建设和教材编写工作的领导、专家表示衷心的感谢！

惠中
2019 年 8 月 30 日

前 言 ‖ Preface

"人类与社会"是一门文科综合课程。在中央广播电视大学远程开放教育试点小学教育专业（专科起点本科）开设该课程，是时代发展和教育改革的需要，也是适应小学教师职业特征的需要。

首先，经济和社会发展对人才提出了更高的综合性要求，这是开设综合课程的时代背景。当今世界，知识经济已见端倪，综合国力的竞争日趋激烈，人类社会发展已进入一个新的历史时期。在知识经济社会中，知识和信息的创造、加工、处理、传播和应用，成为经济增长的动力和源泉。同时，知识经济时代也是一个高度综合的时代，这种综合表现为地域综合，信息综合，商品从设计、生产到流通的综合等。其中，最重要的是知识的综合和集成。这一新情况对传统的人才培养模式提出了挑战，我们培养的人才不仅要具有创新精神和实践能力，适应知识创新的需要，而且要具备综合的素质和能力，适应高度综合的知识社会的需要。因此，大学教育应当改变注重培养"专才"的传统做法，加强"通才"教育，培养具有适应社会发展需要能力的复合型人才。

20世纪五六十年代以来，在世界高等教育中，"通识教育"成为人们的共识。许多国家都十分重视改革大学的人才培养模式，以逐步实现由专才教育向通才教育的发展。特别在本科教育阶段，许多国家不再强调培养"具有高级专门知识的专业人才"，而是强调培养具有较高综合素质的人才，以适应社会对复合型人才的需要。例如，美国大学教育就非常注重培养学生适应社会的能力，提倡进行"百科全书式"的教育。从20世纪70年代初开始，日本就提出"培养理想的世界上通用的日本人"的口号，强调进行综合化的培养，否则"就不会产生伟大的文化和伟大的人物"。法国学者认为，高等教育应该培养"既有广阔得多的视野，又有某些新的问题或新的设想，有高度的造诣，不受学科的历史界限束缚的人"。因此，"博才取胜"成为人才培养的共同做法。

为了培养具有较为广博知识和较强综合能力的人才，许多国外大学的教学计划都强调综合科学的重要性，注意加强各传统学科之间的联合，开设跨学科领域的综合课程。例如，美国的许多大学开设了众多跨学科的综合课程。斯坦福大学开设的"西方文化"课程，以历史上的重大事件为基础，内容涉及哲学、宗教、思想史和物理等学科；加州大学圣地亚哥分校开设的"城市研究"课程，大西洋学院开设的以海洋、环境和生态为主题的一系列课程，其内容都涉及许多不同的学科。

其次，学科发展由分化趋于综合，这是开设综合课程的学科基础。从人类对客观世界的认识过程来看，人类的认识方式经历了一个否定之否定的过程，也就是从人类早期的整体模糊认识，发展到分门别类的分析认识，再进入一个整体的理性认识。作为人类对客观世界认识的结晶——学科的产生和发展过程，鲜明地反映了人类认识的发展进程。

追溯学科发展的历史，我们可以发现，在人类社会处于蒙昧时代时，人类的认识尚未从自然界分离，因此，不可能出现现代意义上的学科。进入文明时代之后，随着人类对客观世界的认识水平的提高和社会生产力的发展，以及文字的产生和专职研究人员的出现，人类社会才逐步出现最早的具有综合性的学科，如历史学、哲学、宗教学等。之后，随着人类对客观世界认识的深化，人们对客观事物的把握由模糊认识走向分析研究，特别是工业革命之后，自然科学从哲学、宗教学中分化出来，出现了物理学、化学、生物学等一系列新学科。同时，社会科学也得到很大的发展，出现了社会学、经济学、管理学等学科，最终形成了社会科学和自然科学两大学科体系。这两大学科体系的建立和学科分化，是人类认识进步的表现，也是学科发展的必然结果，但是，在此基础上出现的学科之间的壁垒，则成为人类认识进一步发展的障碍。

人类社会进入20世纪之后，随着相对论、量子论等自然科学研究的一系列重大突破，人类对客观世界的认识在分析研究的基础上，进入整体理性认识阶段。特别是从20世纪下半叶开始，在人类社会的发展过程中出现了一系列重大问题，如生态环境问题、人口问题、发展问题等，自然科学领域也有一系列科学难题亟待解决，如宇宙的产生和范围、生命的起源、人工智能等，这些问题都不是单一学科的问题，也不是单一学科领域的研究所能解决的。这就迫使人类必须动员多学科的力量，采用多学科的方法，共同研究和解决这些问题。因此，学科发展在分化的基础上出现了重新综合的趋势，出现了大量新的综合学科、交叉学科，如物理化学、历史社会学、历史地理学、生物医学等。学科发展的综合和交叉，为高等教育课程体系和教学内容改革创造了条件，奠定了开设综合课程的学科基础。

再次，基础教育的课程与教学内容改革，使开设综合性教师教育课程成为一种必然趋向。社会发展对人才需求的变化反映在基础教育领域，就是从20世纪七八十年代之后，世界许多国家都开展了大规模的基础教育课程改革，改革的主要内容之一就是改变单一分科课程设置的方式，增加跨学科的综合课程的设置。例如，英国基础教育阶段的学校课程包括12门必修学科、跨学科的学习主题及其他课程活动；日本则在基础教育阶段新设立了综合学习时间，国家仅规定了综合学习的目标、课时，对具体内容则不做规定，由各个学校创造性地组织跨学科的学习活动，主要活动形式为体验性学习、问题解决学习等。

在基础教育课程改革的世界性潮流中，我国于2001年6月召开了全国基础教育工作会议，颁布了《基础教育课程改革纲要（试行）》，并明确指出：要"大力推进基础教育课程改革，调整和改革基础教育的课程体系、结构、内容，构建符合素质教育要求的新的基础教育课程体系"。为此，《基础教育课程改革纲要（试行）》阐述了我国基础教育课程改革的六大具体目标，其中之一就是要"改变课程结构过于强调学科本位、科目过多和缺乏整合的现状，整体设置九年一贯的课程门类和课时比例，并设置综合课程，以适应不同地区和学生发展的需求，体现课程结构的均衡性、综合性和选择性"。

在具体的课程设置上，小学阶段以综合课程为主，初中阶段则设置分科与综合相结合的课程。其中，小学阶段设置了"品德与生活""品德与社会"，初中阶段设置了"历史与社会"等文科类综合课程。小学"品德与社会"课程的内容"以儿童的生活为基础，用三条轴线和四个方面组成课程的基本框架，并据此确定课程的目标、内容标准和评价指标"。其中，"三条轴线"是：儿童与自我，儿童与社会，儿童与自然；"四个方面"是：健康、安全地生活，愉快、积极地生活，负责任、有爱心地生活，动脑筋、有创意地生活。小学"品德与社会"课程的设计思路是："一条主线，点面结合，综合交叉，螺旋上升"。其中，"一条主线"即以儿童的社会生活为主线；"点面结合"的"面"是儿童逐步扩大的生活领域，如个人、家庭、学校、家乡（社区）、国家、世界等方面；"点"则是社会生活的几个主要因素，如社会环境、社会活动、社会关系等；"点面结合"就是采取在面上选点的方式组织教学内容。初中"历史与社会"课程是"一门进行公民教育的综合文科课程，其价值在于整合历史、人文地理以及其他人文社会科学的相关知识和技能，培养现代公民应具有的人文素质和社会责任感"。为此，在课程内容上，该课程对多门学科进行综合、整合后，将学习内容确定为"我们的社会生活"和"人类文明的进程"两大领域，以及"我们在社会中成长""我们身边的经济、政治和文化""我们生活的区域与环境""中国历史与文化""世界历史与文化"五大学习主题。这几门课程的一个共同特点是教学内容的涵盖面广，包括社会生活的方方面面，涉及历史学、地理学、社会学、经济学等众多学科的相关知识。

教育改革的关键在教师。基础教育课程改革对我国教师教育提出了新的挑战，特别是课程结构的调整、综合课程的设置，要求我们改变传统的分科的教师培养和培训的模式，使教师具备复合的知识结构，以适应基础教育课程改革的需要。因此，在教师教育课程体系和教学内容的建构上，我们要改变单一学科课程设置的方式，设置跨学科的综合课程。

最后，小学教育专业的综合性特征，是开设综合课程的现实依据。小学教育阶段具有的基础性、综合性的特点，决定了小学教育专业必然以综合性作为自己的鲜明特征。从最早参加本科学历小学教师职前培养试验的学校提出的培养模式看，南京师范大学晓庄学院提出了"综合培养，分向选修"的培养模式；杭州师范学院本科学历小学教师的培养模式为"综合培养，有所侧重"；首都师范大学初等教育学院将自己的培养模式概括为"综合培养，学有专长"；上海师范大学则将小学教育专业的培养模式设计为大学通识教育、学科综合教育和小学教师职业教育的有机结合。虽然各试验学校对自己培养模式的表述存在差异，但是"综合培养"的思路是一致的。在小学教育教学实践中，小学教师往往承担多门课程的教学任务，再加上小班化和包班制的试行，这些客观情况和新变化使教育领域对小学教师综合素质的要求将会越来越高。这种综合不仅表现为教师人文修养、艺术修养、科学素养等方面素质的全面提高，能适应小学教育的实际需要，而且体现在对其本科专业水准的综合评价，特别是在对其学科知识的把握上，也应以综合作为评价的出发点，而不能强求其达到学科类专业的专业文化知识水准。

可见，在培养小学教师的综合素质方面，综合课程具有特殊的地位。一方面，它是一种必要的知识补充，有利于小学教师形成复合的知识结构，为从事小学多学科教学，特别是进行综合课程教学提供了知识储备；另一方面，这类课程打破了学科间的壁垒，以社会现实问题或小学教育教学中的问题为中心，进行学科知识的重组，有利于培养小学教师综合型的思维模式，提高创新思维能力。因此，在小学教育专业开设文科综合课程，是由其专业特征决定的。

开设"人类与社会"课程的必要性显而易见，但对于这样一门跨学科的文科综合课程，如何构建出其独特的知识框架，这是在编写教材时始终困扰我们的难题。为此，我们广泛征求专家的意见，借鉴国内一些综合课程的做法，进行了深入的研讨，确定了以下课程设计的原则：

第一，"人类与社会"课程不是几门学科知识的拼盘，它的鲜明特征是学科知识的有机综合，因此，在知识体系的构建中，就不应采取某些综合课程的做法，将几个学科的知识分块组合，然后在每块知识内容的设计中，以学科知识发展的逻辑顺序为主线展开。正确的做法应该是以所要解决的问题为中心，以所涉及的各学科知识之间的联系为线索，选择、组织学科知识，构建出自己的课程知识体系框架。

第二，"人类与社会"课程应该以小学教师的职业需要为前提，问题的选择要以他们今后可能所要承担的小学"品德与生活""品德与社会"课程教学任务，以及文科类综合实践活动为依据，因此，课程知识内容应该具有一定的覆盖性，并为这些领域的进一步研究提供线索。

第三，"人类与社会"课程要以培养人文精神和综合思维的素养为中心，在课程设计中，应该注意科学性和人文性的结合，在强调科学知识的学习和科学精神的培养时，注意人文知识的学习和价值观的培养，同时，注意方法论的学习，培养科学的思维方法。

依据以上课程设计的原则，我们确定了"人类与社会"的课程目标：主要以人在社会中的活动为中心，以人类社会发展的历史轨迹为背景，从历史与现实两个层面阐述人类社会发生、发展的基本脉络，分析当代人类社会发展的基本情况，以使学员较系统地掌握人类社会产生和发展的基本知识，了解社会生活各个方面的基本情况，从总体上把握人类社会发展的基本规律，从而提高他们的人文素养和分析问题、解决问题的能力，为今后从事小学"品德与生活""品德与社会"课程教学打下基础。

由于"人类与社会"作为一门文科综合课程，其内容涵盖人文地理学、人类文明史、经济史、科技史以及社会学、政治学、当代社会政治经济和国际关系等众多学科，将这些学科的知识有机地结合在一起，形成自己的知识体系，难度很大。而且，我们还缺乏可以参照的模式，找不到可资借鉴的材料。为此，我们反复研讨，广泛征求意见，围绕以上课程目标，最终确定了本课程的知识框架结构，将其内容分为十章，每章围绕一个中心问题展开论述。

在"人类与社会"课程的学习中，学员应该始终注意以下几个问题：

第一，坚持历史与逻辑相统一的原则。本课程的内容虽然从整体上看是遵循历史线索展开的，但其中隐含着人类社会产生、发展的历史逻辑。教材每章在具体讨论一个问题时，既注意到该论题历史发展的线索，又兼顾理论展开的相对完整性，不人为地割裂其逻辑联系。例如，在阐述人类的起源和人口问题的产生，以及人类社会对资源的利用等内容后，教材内容引申到人类社会的可持续发展问题；在宗教部分则自然地引申到我国的宗教政策和反对邪教问题等。这样，教材就形成了知识体系上历史和逻辑交织的网状结构，要求我们在学习时遵循历史与逻辑相统一的原则，不断提高自己的逻辑思维能力，更好地把握本课程的知识内容。

第二，坚持理论与实际相结合的原则。理论与实际相结合是"人类与社会"课程的鲜明特色之一。在内容上，它不仅注重历史知识和理论知识的阐释，同时又富有时代气息，处处指向现实生活。因此，我们在学习中应注意从两个方面加强理论与实际相结合。一方面，紧密联系当今社会的现实生活，关注并分析、研究现实社会中存在的问题，提高自己分析和解决现实问题的能力。例如，我们在学习资源与环境问题时，应注意联系我国环境状况和存在的环境问题，特别是当地所存在的河流治理、空气污染等问题；我们在学习现代化问题时，要注意联系我国现代化的发展历程以及现代化与城市化的关系等问题。另一方面，紧密联系小学教育教学的实际，特别是小学"品德与生活""品德与社会"课程的教学内容，分析并解决在从事小学有关课程教学中可能遇到的问题，提高自己从事小学教育教学的实际能力。

第三，坚持学习和研究并重、教师和学员互动的原则。"学会学习"是21世纪人才的一个重要特征。从学习领域来看，所谓"学会学习"，一是要寻找到一条适合自己的学习方法，不仅注重对知识的掌握，而且注重对学习方法的探求；二是要采取科学的学习方式，把学习变成一种自主、独立探究和解决问题的过程。

国家在基础教育课程改革中，专门设立了研究性学习的课程领域，使其成为基础教育课程体系的有机组成部分。研究性学习的价值取向是要"培养个性健全发展的人"，其基本前提是认为学生是"完整的人"，而不是一部"学习机器"，因而，"探究性""创造性""发现"等是学生这一"完整的人"的本性，是他们个性的有机组成部分，采取研究性学习的方式是回归学生本性的必要举措。

基础教育阶段尚且倡导研究性学习，高等教育领域更应实现研究性学习，真正把学习变成自主研究问题、开发自身潜能、发展个性的过程。有鉴于此，我们认为，在"人类与社会"课程的学习中，应让学员做到学习与研究并重，尤其强调学员的自主研究。而且，本课程由于知识面广，本身就是一门打破学科知识体系的课程，因此，也为自主进行研究性学习开辟了广阔的空间，提供了用武之地。所以，在本课程的学习中，我们应改变教师"一言堂"的授课模式，采取师生互动、学员合作学习的方法，使学员从单一的"接受性学习"的方式中解放出来，将学习的主动权交还给学员。例如，在一些章节的内容讲解结束后，教师可列出一些专题或研究领域，让学员自己寻找材料，做调查研究，撰写研究报告或小论文，并组织交流，以提高他们的研究能力，为今后撰写研究论文做准备。

本课程由我提出了初步的教学大纲，上海师范大学唐力行教授、李稚勇教授和华东师范大学吴鹏森教授对大纲进行了审定，提出了修改意见，后由我修改定稿。在此基础上，中央广播电视大学的武正红老师、胡若予副教授拟定出了本课程的多种媒体教材一体化设计方案，由北京师范大学俞启定教授、刘惠珍副教授和中央广播电视大学任鹰教授进行审定。本课程的文字教材由我拟定出编写提纲，参加编写人员按章节顺序如下：第一章、第二章，胡晓猛；第三章、第四章，陈道银；第五章、第六章，汪华；第七章、第八章、第九章、第十章，惠中。初稿由我统稿，后由北京师范大学俞启定教授、张显传教授、刘惠珍副教授审定，并提出修改意见，最后由我修改定稿。在本课程建设和文字教材编写的过程中，中央广播电视大学教务处周延军副处长、师范部张瑞麟主任和孙福万副主任、中央电大教务处教材科刘其淑科长和卜津副科长一直给予我们关心和支持，本课程组长胡若予副教授和主持教师武正红老师直接参与了课程建设和教材的审定工作，中央广播电视大学出版社来继文副编审、李永强编辑为本书的出版付出了辛勤的劳动。在此对所有参与、支持和关心"人类与社会"课程建设和文字教材编写工作的领导、专家和同事表示衷心的感谢。

大学文科综合课程的建设，是一项富有挑战性和具有现实意义的工作。本书虽然在这方面进行了一些初步探索，但由于作者的水平有限，对于综合课程的理解可能有片面之处，本书知识体系的构建方面肯定也不尽完善，恳请读者提出宝贵意见和建议，以使我们在今后的教材修订中加以完善。

惠 中

2003 年 10 月 30 日

目 录 ‖ Contents

第一章　人类的产生与发展

学习目标

　　通过本章的学习，学员应了解宇宙的起源和演化，太阳系、地球的起源和演化，地球表层环境的物质组成及整体特征等方面的知识；掌握人类起源和演化的脉络，人口发展、分布、迁移的历史和现状，种族、民族及语言的形成和发展规律；能对上述知识进行综合，勾画出人类赖以生存的地表环境特征及人类的发生和发展的历史轨迹。

学习建议

　　本章共分三节。第一节全面阐述了宇宙的起源和演化，太阳系的组成及起源，地球内部的圈层结构及形成演化，以及人类所处的空间地域——地球表层环境的构成、特征和演化历史。第二节介绍了古人类的起源历史和两种有关现代人起源的学说。第三节则分别从人口、种族与民族、人类语言三个方面论述了现代人类自身的发展历史和发展现状等问题。因此，学员在对本章学习的过程中要沿着宇宙—太阳系—地球—地球表层环境、古人类的起源与进化—现代不同种族的发生和发展—人口的数量及分布—世界的种族和民族及语言两条内容主线来领会有关知识，注意空间上由远及近、时间上由古至今的内容体系安排。

第一节　宇宙中唯一已知的载人之舟——地球概述

　　地球是太阳系中盛载着人类及其他众多生命物质的唯一的蓝色星球，它区别于其他行星的最大特征是：地球表面具有适合生命生长发育的条件。据科学家的推测：宇宙中像地球表层这样具有适宜的温度、水分条件而能孕育出生命的行星应该有很多。但到目前为止，我们还没有发现其他行星上的生命物质，人类仍是宇宙中的"孤独者"。

一、宇宙、太阳和地球的形成

　　在晴朗的夜晚，我们可以见到满天星光闪烁，这些闪烁着光芒的星星都是与太阳类似的、能自行发光的恒星。在恒星的周围往往分布着围绕其公转的行星，地球是绕太阳这颗恒星公转的一颗行星，人类就诞生在太阳系中地球这颗行星上。

（一）宇宙的起源和恒星的演化

1. 宇宙的起源

1929 年，美国天文学家哈勃经过大量的实际观测发现，遥远的星体正在远离我们而去，整个宇宙正处于膨胀之中；他还发现，对于地球观测点来说，距离我们越遥远的星体远离我们而退行的速度越快，也即星体背离地球逃离的速度与其距离地球的远近成正比，距离地球越远的星体，其退行速度越快。这就是著名的"哈勃定律"，它成为开展现代宇宙学研究的前提和基础。

宇宙为什么会膨胀呢？1948 年，美国物理学家伽莫夫提出了"宇宙大爆炸"理论，并对此进行了解释。他认为，宇宙最初处于一个超高温、超高密的微体状态，这种微体状态在150 亿年以前的一次爆炸性事件后开始发生变化。我们今天的宇宙空间和物质就是从那一时刻发展而来的。在大爆炸开始之时，宇宙中产生了巨大的斥力，该斥力致使宇宙进入一个无法控制的剧烈暴胀状态，在极短的时间里，一块极小的空间区域会以指数比例急速膨胀。大爆炸之初，宇宙是一个充满辐射的"地狱"，它热得使任何原子或分子均不可能存在下去。数分钟后，它便冷却到足够形成最简单的氢原子核和氦原子核。数百万年之后，宇宙才冷却到足以形成第一个原子，不久又形成了简单的分子。到了数十亿年之后，宇宙中出现了一系列复杂的事件，使得物质凝聚成恒星和星系，如太阳的年龄只有 60 亿年左右，此后又形成了稳定的行星环境。在那些行星（除地球外）上发生了目前我们尚不清楚的一些过程，这些过程孕育出了种种复杂的生物化学产物。

2. 恒星的演化

人们很早就发现，天上的星星有些每天都发生明显的移动，而有些好似固定在天空中亘古不动。我们将前者称为行星，将后者称为恒星。当然，我们现在知道恒星其实不是"恒"的，一方面，它在以极快的速度远离地球而去（因为其距离我们十分遥远，所以我们难以感觉其在运动）；另一方面，由于本身的演化，它的物理特征如光度（度量恒星发光能力的物理量）、温度等也在不断地发生变化。恒星的这种演化是极其缓慢的，要以亿年为单位来描述，在人的一生或人类历史时期是不可能目睹其演化的全过程的。但科学家通过对浩瀚宇宙中众多处于不同演化阶段的恒星的认识，为我们揭示出了它们演化的全貌。这好比根据不同年龄段的人的特征来认识人从幼年期到老年期的变化过程。

宇宙中的恒星不计其数，每个恒星的物理特征都有差异。天文学家根据这些差异把恒星的演化分成以下几个阶段：

第一阶段，幼年期。现代天文学家多数认为恒星是由宇宙中的气体、尘埃物质经引力吸引凝聚而成的。宇宙间确实存在大量的这类物质，并且以氢气为主。在引力作用下，这些物质向某一中心收缩，物质的势能转化为热能，中心的温度也不断上升，但这时的收缩气体团还不能发射可见光，恒星处于发育的原始初期阶段，我们称之为原恒星。

第二阶段，青壮年期。当原恒星不断收缩，内部温度升高，致使氢聚变反应出现时（氢弹爆炸与此同理），星体内部因温度急剧增高而产生巨大斥力，这种斥力足以抵消引力的作用，使原恒星不再进一步收缩。星体内部的聚变能量也将不断地向外层空间辐射并发出可见光。这时的原恒星演变成一颗真正的恒星。由于每个恒星的质量和体积不同，其光度和温度也有一定差异。质量越大的恒星，其内部达到能产生聚变反应的高温区域越大，产生的能量越多，星体的光度和温度也越高。例如，比太阳质量大 3 倍的一些恒星，是高光度并发射蓝光的星体（蓝光的火焰温度比红光高）；相反，比太阳质量小的恒星，只是一些温度低、发光能力弱的红星；太阳则是属于一颗中等程度的恒星。

第三阶段，老年期。随着氢聚变反应的进行，恒星中心的氢逐渐消耗殆尽，反应速度随之减慢甚至停止，恒星内部的斥力减弱，而引力作用重新显著起来，并引起恒星的收缩。收缩的结果一方面使星体密度加大，另一方面使星体的温度增高。温度升高到一定程度，会激发恒星中心圈层外围的氢发生聚变反应，产生恒星的第二轮剧烈核反应。该反应产生的巨大能量推动恒星外层的膨胀，使星体体积增大至原来的几千倍以上。由于星体表面积的剧增，单位面积上接收的内部放射能反而减小了，因此，虽然恒星总的发光能力增强了，但星体表面的温度比早期低。这时的恒星变成了温度低、颜色红、体积大、光度强的红巨星。

第四阶段，衰亡期。随着红巨星内部核反应的衰竭，引力引起的收缩将成为红巨星进一步演化的主要趋向。在物质向星体中心猛烈塌缩的过程中，红巨星会产生惊天的能量，该能量将导致恒星的大爆炸。一方面，爆炸把星体外层物质抛向宇宙空间；另一方面，爆炸在瞬间也使恒星的光度剧增万倍甚至亿倍，使星体在宇宙中发出耀眼的光辉，该光辉可持续数月，之后才会渐渐暗淡下来。这种现象称为超新星爆发。我国宋代文献《宋会要》中记载了 1054 年（宋至和元年）的一次超新星爆发："至和元年五月，晨出东方，守天关，昼见如太白，芒角四出，色赤白。凡见二十三日。"

不同质量的恒星经过超新星爆发后，其最终的归宿也各不相同。经超新星爆发后剩余的质量小于 1.4 个太阳的恒星，将演变为白矮星。白矮星是一种颜色偏蓝而光度很小的星，犹如恒星世界中的"侏儒"，其直径只有原来恒星的几十分之一到百分之一，与我们的地球差不多，但质量有太阳那么大，密度可达 100～1 000 千克/立方厘米。

质量为太阳 1.4～2 倍的恒星，由于其向内塌缩更加强烈，巨大的引力可把电子"压入"原子核中，并且与质子结合形成中子，所以，这类星体称为中子星。中子星是一类比白矮星更加致密的星体，其直径只有几十千米，但质量比太阳还大，密度几千亿～10 000 亿千克/立方厘米，是白矮星的近 10 亿倍，密度之高令人不可思议。

质量为太阳 2～3 倍的恒星，即使到了中子星阶段，也会因引力而继续坍塌至更高密度，其密度可达 200 000 亿千克/立方厘米，是中子星的 20 多倍。这时，由于恒星的密度如此之高、引力如此之大，以至于任何物质包括光都不能摆脱它的引力逃逸出来。由于它在宇宙空间可以抓捕任何从它身边经过的物质，所以，我们将这种星体称为黑洞。因为即使光都无法逃脱黑洞的"魔力"，所以，黑洞在宇宙中是不可见的。

一颗恒星走完上述几个发育阶段需要数十亿年甚至上百亿年的时间。

（二）太阳系的诞生

1. 太阳系的构成

太阳系是由太阳以及在其引力作用下围绕它运转的天体所构成的天体系统，它包括太阳、八大行星及其卫星、矮行星、小行星、彗星、流星体以及行星际物质。太阳系只是浩瀚宇宙中极其普通的一个天体成员，但太阳系的发现是天文史上最辉煌的一页，它打破了"地球中心论"长期对人类思想的禁锢，让人们树立了太阳系以太阳为中心的正确观念。

（1）太阳

太阳是太阳系的主要成员，占太阳系总质量的99.9%，因此，它有足够强大的引力支配其他天体，形成以它为中心的天体系统——太阳系。由于其质量庞大，中心温度很高，并进行着热核反应，所以，太阳是一颗能自行发光的恒星。

（2）行星和卫星

太阳系中有八大行星，由太阳起往外的顺序是：水星（Mercury）、金星（Venus）、地球（Earth）、火星（Mars）、木星（Jupiter）、土星（Saturn）、天王星（Uranus）、海王星（Neptune）。接近太阳的五颗行星，即水星、金星、火星、木星和土星，在地球上看起来是在天空中游荡的明星，因此，自古便被称为五星或五行，并同太阳和月亮合称"七曜"。而天王星、海王星距离地球遥远，肉眼不可见，是在望远镜问世后才陆续被发现的。

除了八大行星外，冥王星于1930年被发现并列为太阳系的第九大行星。但是，2006年8月国际天文学联合会通过决议，把冥王星归入矮行星。矮行星与大行星的重要区别在于：大行星在公转区域中起着支配性的作用，不受轨道上相邻天体的干扰；矮行星在公转区域中不具有支配性的作用，受轨道上相邻天体的干扰。同时，太阳系中还有数以万计的小行星。它们都按一定的轨道环绕太阳运动。

除了水星、金星外，八大行星中的其他行星都有自己的卫星。各行星拥有的卫星数目是不一样的：地球有1个大型卫星——月球；火星有2个很小的卫星；木星和土星的卫星最多，分别有16个和23个；天王星有15个卫星；海王星有10个卫星。

（3）彗星和流星体

彗星，俗称扫帚星，是一种质量很小的星体，它在绕太阳公转时往往呈现出奇特的外貌。目前，科学家已发现的彗星约有1 600颗。其中，最著名的是公转周期约为76年的哈雷彗星。流星体是大量存在于太阳系中的一些微小颗粒。这些颗粒闯入地球大气时，同大气分子因摩擦而燃烧发光，因此，在天空中会留下一条闪亮的余痕，这就是我们平常所见的流星现象。太阳系中流星体的数量虽然很多但其总质量是很微小的。

2. 太阳系的起源

太阳系起源理论的提出是科学发展到一定阶段的产物。自哥白尼创立日心体系，到他的后继者开普勒发现行星运动三大定律，科学清楚地向人们揭示了太阳系的几何结构和行星的运动特征。在牛顿发现万有引力后，科学也找到了产生行星运动特征的原因。至此，太阳系的结构和运动之谜大白于天下。可人们自然地会想到另外一个问题：太阳系的这种结构和运动是如何起源的？

整个太阳系的图像表明，它的结构和运动具有某些统一的特征：一是共面性。行星绕太阳运动的轨道平面都很接近黄道面；卫星的轨道平面也都接近各自行星的赤道面。就整体来说，太阳系很"扁"。二是同向性。太阳系中的行星、卫星大致朝同一方向运动。行星绕太阳运动，概无例外地都与地球公转的方向相同；卫星除极个别的例外，大多数也是如此。行星绕轴自转，除金星和天王星外，也都是同地球绕轴自转的方向一致；太阳本身也做同样方向的自转。三是近圆性。行星轨道的形状都接近圆形。除了冥王星的轨道偏心率稍大外，其余行星的轨道偏心率都很小。

根据这些特征，天文学家对太阳系起源的科学推断是：太阳系起源于呈薄层状的星云物质。这就是著名的太阳系"星云假说"。

最早提出该假说的学者是德国哲学家康德。他以牛顿万有引力为基础，认为太阳系是由空间弥漫的原始星云物质在引力作用之下，相互聚集而形成太阳、行星等各种不同天体的组合。最近几十年来，该假说被赋予了新的科学内容。按照今天的解释，从星云到太阳系的过程，首先是在产生银河系的星云中分离出太阳星云，然后太阳星云逐渐演变成星云盘，最后在星云盘中产生太阳和行星。

产生银河系的弥漫星云因自身引力作用而收缩，在收缩过程中产生旋涡。旋涡使星云碎裂成大量的碎块，每个碎块具有一个恒星的质量，以后分别形成恒星。其中，形成的太阳系的碎块就是太阳系的原始星云，称为太阳星云。

在自引力的作用下，太阳星云进一步收缩，使本来就在旋转的太阳星云加快旋转，因而产生更大的惯性离心力。由于惯性离心力的作用，太阳星云的收缩是不等速的，赤道上的收缩最慢。随着星云的收缩，其体积越来越小，旋转速度越来越快，所产生的惯性离心力也在不断增大。当惯性离心力足以全部抵消自引力的时候，赤道上的物质就在原地停留下来，使得太阳星云变成一个中部厚而四周薄的又圆又扁的天体，也就是星云盘。

在星云盘的随后演化中，其中心演变成原始太阳。原始太阳的质量巨大，并因其持续收缩而不断增温，当其内部温度升高到几百万摄氏度时，便开始产生热核反应，成为能自行发光的恒星。星云盘边缘的星云物质，通过碰撞和吸收，形成了行星系统。而在行星周围的残余物质，在较小范围内重演着行星形成的过程，产生了卫星。它们都是太阳形成演化的"副产品"。

当然，由于历史过程无法重现和无法用实验来证明，太阳系的"星云假说"也只能是一个假说，但这个假说能解释太阳系中的很多现象，与人们观测到的很多天文过程是吻合的。所以，该假说是目前科学认识水平条件下最具有说服力的一种关于太阳系起源的理论。随着科学的发展，这个理论也一定会不断地更新和完善。

（三） 地球内部的圈层结构和地球的形成演化

1. 地球内部的圈层结构

从地面往下直至地球中心，地球物质是不均一的，除了物质密度随着深度的加深而加大外，物质的性状也会发生变化，在有些深度上地球物质是液态的。人们常说"上天容易入地难"，目前，世界上最深的一口钻井深度为 12.3 千米，是由俄罗斯科学家实施完成的，但与平均 6 400 千米的地球半径相比，它只占其约 1/520。那么，人类可以通过什么手段来弄清地球深部的物质特征呢？那就是地震波。每年全世界都会发生大大小小数百万次的地震，地震所产生的地震波向四面八方传播，有部分震波传向地球内部并穿透地球。因为地震波在不同密度的物质中传播速度不同，并且不同类型的地震波穿透液态物质的能力不同，所以，根据地震波的传播速度和穿透能力随深度而变化的规律，我们可以推断出地球内部物质的一些特征变化。

科学研究表明，在地下平均 33 千米和 2 900 千米处，地震波的传播速度出现了明显的突变，这说明地球内部的物质密度或性状在这两个深度上发生了显著的变化。依据这两个深度上的等深面，地球划分为三个圈层：地壳、地幔、地核。

地壳是地球表面一层较薄的固体硬壳圈层，其厚度大致为地球半径的 1/200，但各处厚度也不一样，大陆部分平均厚度为 37 千米，海洋部分平均厚度只有 7 千米左右。一般来说，高山、高原部分的地壳最厚，如我国青藏高原地区的地壳厚度可达 70 千米。从地壳表层至地壳的下部，物质的密度由 2.6 克/立方厘米增加到 3.0 克/立方厘米。

地幔是指地壳以下的一个地质圈层。该圈层的体积占地球总体积的 82%，质量占地球总质量的 68%。从地幔的上部至地幔的底部，物质密度从 3.2 克/立方厘米递增到 5.7 克/立方厘米，温度由 700℃ 递增至 3 000℃。除了上部有部分物质呈熔融状态而构成软流层外，地幔的物质性状一般为高密度的固态，因为各种类型的地震波都能穿透该圈层，故有此推断。地幔层的物质成分与地壳相似，都为硅酸盐物质。

地核是位于深 2 900 千米以下直到地心的部分，分内核和外核两部分。物质密度为 9.7 ~ 13 克/立方厘米，温度为 3 000℃ ~ 5 000℃。因为某些类型的地震波不能穿透外核，所以，科学家推测外核是液态的，仅内核呈固态。关于地核的物质成分，研究者认为其与宇宙陨石相似，由铁、镍组成。

总之，由地震波所揭示的地球内部物质特征显示：随着地球深度的增加，地球的温度不断升高、物质密度不断加大，在某些深度圈层上，物质是处于液态的。

2. 地球的形成演化

地球是一个年龄约为 46 亿年的行星，关于它的形成演化，目前大家较为接受的认识是：它起源于太阳星云。在大约 46 亿年前，在形成太阳的星云物质中分化出了原始地球。原始地球的温度比较低，轻重元素混为一体，没有分层结构。原始地球形成后，在万有引力的作用下继续吸积星云物质，致使其体积和质量不断增大。在这个过程中，由于受星云物质的重力收缩释放热量、宇宙中陨石轰击地球释放热量以及地球中放射性物质的衰变释放热量等影响，地球的温度逐步升高。当温度升高到一定程度时，地球内部的物质会出现局部熔融的情况而呈现出一定的塑性。这时，在重力作用下，铁、镍等重金属元素会逐渐下沉至地球深处；而硅酸盐矿物等一些较轻的物质会上升至地球表层；更轻的液态水和气体物质会溢出地表形成地表水圈和大气圈。在地球形成的早期，轻重物质的强烈对流使得火山喷发活动特别频繁。经过长时期的轻重物质对流，就产生了地球内部的圈层结构。此后，地球表层由于向宇宙空间散发热量较多而逐渐降温凝固，并最终形成坚固的地球外壳——地壳。

二、孕育人类的"宫床"——地球表层环境特征及演化

（一）地球表层环境的构成

地球表层是指海陆表面上下具有一定厚度范围而不包括地球的高空和内部的区域空间，该区域空间上至对流层顶部（10～13 千米高度）、下至地壳的上部。地球上的生命就是在这个区域空间里诞生并发展的。从人类的角度来看，我们将在这个区域空间里所有影响人类生存及活动的事物整体称为地球表层环境或地球表层自然环境。

1. 地球表层环境的物质构成

地球表层环境在空间位置上正处在大气圈、岩石圈、水圈和生物圈四大圈层的交界之处，它的物质构成也就包括了四大圈层的物质成分。

第一，大气圈。大气圈是指由于地球的引力吸附而包围在地球四周的气体圈层，主要由各种气体物质（如氮气、氧气、二氧化碳等）、水汽及悬浮尘埃组成。大气中含有人类和其他生物呼吸所需的氧气，含有植物进行光合作用所需的二氧化碳；大气可以吸收地面向宇宙空间释放的辐射能量，不至于使地表环境的温度下降幅度过大；大气可以阻挡太阳紫外线大量进入地球表层，使地球上的生命免受其伤害。

从地面至高空，大气的成分、密度、温度等物理性质都有明显的变化，世界气象组织据此将大气圈分成对流层、平流层、中间层、暖层和散逸层等气层。其中，对流层对地球表层环境的影响最为强烈。

对流层的下界是地面，上界的高度在不同季节里或不同纬度地区是不一样的，在夏季或低纬度地区，其高度和厚度要大些，厚度为 10～13 千米。对流层里集中了整个大气圈质量的 3/4 和几乎全部水汽，我们日常所见到的天气变化现象（如雷、雨、闪电等）一般都发生在这个气流层中。对流层还有另外两个特征：一是气温随着高度的增高而降低，其温度降幅为每升高 100 米温度下降约 0.6℃，这是因为对流层中的大气热量主要来自地面辐射，高度越高其所能接收到的地面辐射能就越少。二是该气流层中的空气对流非常显著。对流层的温度在垂直方向上和高低纬度之间有着很大差异，所以，容易导致高空和地面的大气、高纬度和低纬度的大气产生对流交换，引起各种天气现象的发生，如夏天的雷阵雨、我国春夏季

节的江南梅雨以及北方冬季的寒潮降温等。

第二，岩石圈。岩石圈是指地幔上部软流层之上厚达100千米的固体硬壳。岩石圈包括地壳和部分地幔物质，但与地表自然环境高度相关的只是岩石圈的上部近地面部分。近地面的岩石圈是由三大类岩石——岩浆岩、沉积岩、变质岩构成的，人类经济活动所需要的矿产资源都来自这里。因为岩石圈顶面的高度起伏不同，所以，地球表面有海洋、陆地、高原、丘陵和平原之分。在大陆上，岩石圈的顶部一般都覆盖着一层风化壳或土壤层。一些研究者的研究表明，组成人体的化学元素在岩石圈中都可以找到，也就是说，构建人体的化学物质都直接或间接地来自岩石圈。

第三，水圈。水圈是地球表层水体的总称，包括海洋、河流、湖泊、沼泽、冰川和地下水。其中，海洋面积最为宽广，约占地球表面积的70.8%。水圈总体积约13.7亿立方千米，97%以上是海水，陆地上的水相对较少。水圈中的水并不是处于静止状态的，海洋中与陆地上的水分在太阳辐射及重力作用下，通过大气蒸发凝结、河流和地下水的流动而发生大规模的交换。例如，海洋中的部分水分因蒸发而进入大气，随大气运动到大陆上空，在一定的天气条件下会凝结而降落到地面；降落到地面的水分有的聚成河流，有的渗入地下，并在重力作用下由高处向地势低洼的湖泊或海洋汇集。我们将这种反映海洋、大陆水分交换的过程称为"海陆水分循环"。

水圈中的水分在地球表层环境中起着极其重要的作用：首先，它调节了气候，净化了空气。其次，通过海陆水分循环，水分在由高处向低处，由河流向海洋、湖泊流动的过程中，会侵蚀破坏地表物质，形成各种各样的地貌形态，如一条河流上游地区的高山峡谷、黄土高原上的沟谷，华北地区、长江中下游地区的坦荡平原等。最后，地球上的生命活动一刻也离不开水。光合作用离不开水分的参与，生命活动需要的各种矿物营养物质也必须溶解在水中才能被生物利用。

第四，生物圈。生物圈是地表生命有机体及其生活领域的总称。地球上的生物可分为三大类：植物、动物、微生物。植物是可以利用叶绿素进行光合作用，把二氧化碳和水合成碳水化合物，并储存太阳光能，向大气中释放氧气的生物。动物是不能进行光合作用而生产有机物的生物，它们只能以植物或其他动物为食。为了觅食、寻找配偶或逃避天敌的袭击，动物通常具有迁移运动的习性。微生物是指个体非常小的一些生物，这些生物通常只有在显微镜下才能看清楚。除了部分可进行光合作用的藻类和以藻类为食的浮游生物外，微生物一般都是通过分解其他动植物遗体并从中吸收能量和物质而生活的，所以，微生物的主要作用在于清除地表环境中的动植物垃圾。组成生物圈的有机物质的总质量约10^{13}吨，其中，以植物为主，它占了有机物质总质量的99%。

地球上生物的活动和影响范围可涉及大气圈中的对流层、整个水圈和岩石圈的上层，厚度达20千米，但生物的大部分个体集中分布于地表上下100米厚度的范围内，形成环绕地球的一个生物膜。正是在这个有着大量生物生存的薄层里，生物的生长及其由生物活动所产生的其他景观如土壤，构成了地球表层环境的突出特征。

2. 地球表层环境的要素构成

地球表层环境的构成从要素上看，有地貌、气候、水文、土壤、生物五大要素。因此，地球表层某一区域的环境特征也是从这五个要素特征上表现出来的。这五个要素之间相互影响、相互制约，构成了地球表层环境的整体。

第一，地貌。地貌是岩石圈的表面形态。它的形成与岩石圈中的地壳运动有关（如青藏地区的地壳隆升形成了青藏高原），与水圈中水的运动有关（如青藏地区的冰川作用，形成了众多同珠穆朗玛峰一样的金字塔形山地地貌），与大气圈中大气的运动有关（如在干旱沙漠地区的强劲风力作用下，形成的各种新月形沙丘、纵向沙丘等地貌形态），与生物圈中生物的活动有关（如热带海洋里的珊瑚礁生长所形成的各种珊瑚礁地貌形态）。

第二，气候。气候是一个区域长期的大气状态和大气现象的综合，主要反映在气温、降水、风等特征方面。首先，一个区域的气候特征要受该区域太阳辐射强度大小的影响，如高纬度地区太阳辐射强度小，气候就比较寒冷。其次，一个区域的气候特征还与该区域距离海洋的远近、该区域地面的状况等因素有关。例如，沿海地区的气候比较湿润，内陆地区非常干旱；在湖泊周围地区，因为进入大气中的水分数量多，所以，气候是湿润和凉爽的；当地面起伏很大时，海拔高的地方的气温就比较低。

第三，水文。水文是指一个区域水条件的状态特征，如区域的水储量、水的径流量和蒸发量、水的径流速度、水的化学成分以及上述各因素在时间上的变化特征等。区域水文特征受到区域降水、气温的影响；也受区域地形的影响，如地形的坡度大小；还受区域植被覆盖情况的影响，如高密度的植被覆盖可以涵养水分，削减河道洪峰，调节枯水季节的水量；岩石圈和土壤的物质成分对水的化学成分有较大影响，因为水是一种很好的溶剂，可以溶解岩石圈和土壤中的一些可溶性物质。

第四，土壤。土壤是陆地上由无机物和有机物组成的、具有一定肥力、能够生长植物的疏松表层。其中，土壤肥力是指土壤满足和调节植物、农作物在生长过程中对水分、养分、空气和热量需求的能力。日常人们对土地进行浇水、施肥、耕耘等就是为了给土壤补充营养物质，改善土壤的通气条件。土壤的物质组成包括矿物质、腐殖质、水分、空气，其中，腐殖质含量的多少对土壤肥力影响最大。腐殖质是在微生物对动植物遗体进行分解的过程中产生的一种黑色的有机物质。如果没有生物的参与，就不会产生腐殖质，也就不会形成土壤。

土壤的形成和发育与其他几个要素密切相关。区域气候因素影响着土壤母质形成的条件——岩石的风化程度和速度，而土壤的矿物营养元素，如钾、钠、钙等都直接来自岩石的风化。区域植被覆盖情况决定着每年回归土壤中的生物残体数量和种类，而土壤腐殖质的形成完全依赖这些生物残体。

第五，生物。生物是地球上的一种特殊物质，是表现地球表层环境特征最为显著的标志。在不同的气候条件下，生物的类型和生长状况是不同的。在我国东北地区，年平均气温较低，生长着针叶林，生活着鹿、熊、虎等动物；云南西双版纳的气温较高，生长着热带雨林，生活着大象、猴子及各种爬行类动物。沿海地区气候湿润，生长着森林；西北内陆气候干旱，形成草原或沙漠。不同类型的土壤也影响着生物的生长，如南方强酸性红壤适宜铁芒萁等植物的生长；水分过量的土壤，一般只适宜草类的生长。地形海拔的升高会引起气温和降水的变动，从而导致山地上生物类型的变化，如亚热带山地的山麓地带生长着常绿阔叶树木，而山体上部生长着冬季落叶阔叶树木。

（二）地球表层环境的特征及其演化历史

1. 地球表层环境的特征

作为能孕育出人类的"宫床"，地球表层环境具有以下独有的显著特征：

第一，地球表层环境的平均温度为15℃，一天之内的气温变化幅度一般不超过20℃，一年之内的气温变化幅度一般不超过40℃（或50℃）。过高的平均温度、过快的温度变化和过大的温度变化都不利于人类的生存和发展。

地球表层环境中适宜温度的出现，主要归因于地球与太阳的距离。日地平均距离约14 960万千米，在这个距离位置，每平方厘米的面积上每年每分钟所接收到的太阳辐射能为1.94卡。如果日地距离同太阳至冥王星的距离一样遥远，那么地球表面能获得的太阳辐射能将只有目前的1/1 600，地球表层将变成一片冰漠，既不会有生物更不会有人类。如果日地距离变得同太阳至水星的距离一样近，地球表层获得的辐射能将是现在的7倍，地球表面将变成一个热炉，任何有机生命体都无法生存。在太阳系中，因为地球处于恰当的位置，所以，仅有地球表层才能发展出郁郁葱葱、生机勃勃的生命世界。

地球表层环境中适中的温度日变化幅度和年变化幅度则分别归因于地球自转周期为24小时和地球的赤道平面与其公转轨道平面的夹角为23.5°；此外，地球上水圈和大气圈的保温作用也起到了一定的作用。水体和大气均可贮存大量的太阳辐射能量，当地球在夜晚或冬季不能接收太阳辐射或接收的辐射量减少时，贮存在水体和大气中的能量就可释放出来，以维持地球表层一定的温度水平。

第二，地球表层是太阳辐射能量集中分布的区域，太阳能的转化主要在地球表层进行。太阳辐射在到达地球表面以前要穿过厚厚的大气层，但大气不能直接大量吸收太阳辐射能量；到达地面的太阳辐射能量也只有一部分能穿透地面进入地下较浅的深度中。因此，地球表层是太阳能量最为集中的区域。进入地球表层的太阳能量被植物光合作用所利用，能量被转移和贮存在有机物质中，这些有机物质在被其他动物或人类所食用后，其能量就进入了动物体内或人体内。进入地球表层的太阳能量会引起水体的蒸发，水蒸气就把太阳能量携带至大气圈中。因为地球表层不同区域接收的太阳能量有着很大差异，所以，区域间能量的流动就引起了大气的机械运动、海洋中洋流的机械运动。太阳能量的这些转化都是发生在地球表层的。

第三，地球表层环境中，固态、液态、气态物质共存。岩石圈是固态的，水圈是液态的，大气圈是气态。大陆表面是固态—气态物质的界面；海面是液态—气态物质的界面；沿海地区是液态—固态—气态物质的界面。在这些界面上发生着复杂的、物质的移动转化，如大气的某些成分溶入水体之中，水体渗入岩石圈之中，岩石圈表层岩屑土尘溶解到水体或吹扬至大气之中等。在其他的行星上还没有发现液态的水体存在，因此，固态、液态、气态物质共存是地球表层环境独有的一个特征。

第四，地球表层具有其特有的、由其本身发展所形成的各种物质和现象，如生物、土壤、沉积岩、大气中高浓度的氧气等。这些物质和现象是地球表层环境长期演化的结果。

第五，由于太阳辐射能量和水分条件在空间上存在差异，地球表层的环境特点在区域上也有着明显的不同。南美的亚马孙河流域，一年四季湿热多雨，生长着广袤的热带雨林；加拿大北部地区，因纬度较高，全年低温少雨，生长着低矮的、耐寒的灌木和草类；澳大利亚东部地区，气候温暖潮湿，生长着森林，而其西部地区则是干旱的沙漠；喜马拉雅山南麓雨水充沛，森林茂密，而山顶则是天寒地冻、白雪皑皑。

地球表层环境是人类社会赖以发生、发展的物质基础。尽管随着科学技术的发展，人类已可以深入海底或上升至宇宙空间，但地球表层仍是人类活动的基本场所，这里附存着数千年来人类创造的众多物质文明。

2. 地球表层环境的演化历史

目前，地球表层的环境非常适宜万物的生长，但在地球形成的早期阶段，严酷的环境条件阻碍着生命物质的出现。在经过漫长的地质演化后，原始的岩石圈、大气圈、水圈发生了一系列复杂的量变和质变，最终大约在32亿年前从地球表层环境中孕育出了原始的生命物质。自此以后，地球表层环境在生物作用的影响下，出现了一种全新的变化趋势，并最终产生适宜人类生存的现代地球表层环境。

人类生存所依赖的现代地球表层环境是数十亿年来环境动态演化的结果，无论是岩石圈、大气圈、水圈还是生物圈都处在不断发展变化之中，其发展变化呈现出由简单到复杂、由低等到高等的趋势。

在地球形成的初期，当地球还处在熔融状态时，岩浆活动十分强烈。由于散热的缘故，位于地球表层的熔融岩浆逐渐冷凝固结，并开始出现原始的地壳，目前所能找到的最古老的原始地壳年龄为37亿年。原始地壳"浮"在下部熔融岩浆之上，但由于地壳本身的密度存在差异，稍轻的地壳"上浮"，成为陆地，稍重的地壳下沉，成为地球表层的低洼之地——海洋。因此，当时的地球表层已有大陆和海洋之分。

原始的大气圈及海水中存在大量的甲烷、一氧化碳、二氧化碳、氮、氨等物质。这些物质在太阳紫外线及高温、高压的作用下，可转化形成多种有机化合物，如氨基酸等；这些有机化合物保存在原始海洋中，经过相当长时间的化学变化后，会逐渐聚合形成生物大分子——蛋白质；成千上万的生物大分子——蛋白质会聚集形成具有生命形态的、最原始的生物，如蓝藻、细菌等。目前，人类发现的最早的生命是出现于南非境内的、距今约32亿年前的一种蓝藻类生物。

因为海水中的环境条件相对比较稳定，所以，早期生物一般都生活在海洋之中。在距今6亿年前，地球上出现了第一次生命大爆发，海洋中出现了大量以三叶虫为代表的无脊椎动物，以后又出现了鱼类。

在距今 4 亿年前，由于地球陆地面积扩大，有些水生生物开始弃水登陆。最早登陆的生物是一些绿色植物，如蕨类植物等。它们的出现给大地披上了绿装，也为动物的后期登陆建立了桥头阵地。至距今 2.5 亿年前后，两栖动物、爬行类动物（如恐龙）开始游出海洋，涉足陆地，它们主要以绿色植物为食，给平静的陆地带来了喧嚣。至距今 6 500 万年前后，更高等的、对环境适应能力更强的哺乳类动物开始主宰地球。直到距今 240 万年前后，人类才在地球表层环境中诞生。

在地球表层环境的演化过程中，能进行光合作用的生物的出现标志着地球表层环境的演化进入一个全新的时代。现代大气中的氧气含量约为 20.9%、二氧化碳约为 0.035%，但在原始大气圈中，受火山活动的影响，二氧化碳的浓度很高，氧气的含量非常低，生命形成和发展的过程受到极大抑制。但在一些能进行光合作用的先锋植物如蓝藻出现后，它们通过光合作用不断地吸收大气中的二氧化碳，合成碳水化合物而释放氧气，为后期高等生物的出现创造了一个必要的富氧环境。当大量的动物和植物死亡后，生物遗体经过漫长的物理运动和化学反应最终以煤、石油等形式沉睡于地下。通过这一方式，大气中大量的碳被固定在了地下，从而减少了大气中二氧化碳的含量，提高了大气中氧的浓度，为人类的起源和发展营建了必要的富氧物质环境。

第二节　人类的起源与进化

一、古人类的起源与进化

在大自然的孵化下，人类从哺乳类动物中脱胎而出，成为地球上的生物主宰。但这个时期的人类还保持着与其他一些动物相近似的生理学上的特征，据此我们可以窥见古人类起源与进化的轨迹。

人类学家一般认为，人和猿具有一定的近亲关系。人和猿的共同远祖是 3 000 万 ~ 3 500 万年前生活于埃及法尤姆洼地的原上猿和埃及猿。这个共同远祖的主干在后来的进化中又分成了两支：一支为猿科，另一支为人科。人科的这支古猿通过腊玛古猿、南方古猿、直立人、智人等阶段的进化，最后演化为现代人。腊玛古猿经历漫长的岁月后才跨入了人类社会的"门槛"，因此，他被认为是"人类的前驱"，即"人类的直系祖先"。从地域上看，腊玛古猿化石主要集中在亚洲的热带、亚热带地区。

关于"人类由古猿进化而来"的认识，我们可以通过比较人和猿在生理特征、社会性特征上的异同点而获得。

1. 人和猿之间的特征比较

生物学家、古人类学家经过长期观察和研究，发现人和猿在外表形态、解剖学、生理学、血液的生物化学等方面都存在着极其相似的特征。

第一，从外表形态上看，猿的身躯与人相似，处于半垂直状态，后肢可以暂时直立，或用两条腿走路；脸部无毛或少毛，没有尾巴；猿的五官位置和形象与人极其相似。猿与人一样，有 32 颗牙齿，牙齿的结构也大体和人相似。

猿和人一样具有丰富的表情，有喜、怒、哀、乐等精神活动。同时，猿非常机敏，有良好的记忆力，能发出多种被同类猿所能理解的声音。

第二，从解剖学上看，猿的骨骼大体上和人的骨骼具有同样的类型。猿尤其是黑猩猩的躯干骨与人的躯干骨很相近。

第三，从生理学上看，猿与人有许多相似之处。例如，雌性猿有月经，每胎生一只幼仔，胎儿发育期为 8~9 个月。在胚胎发育时期，尤其是早期，猿类的胎儿和人类的胎儿非常相似。

第四，从血液的生物化学上看，猿与人也有着十分惊人的相同或相似之处。猿和人一样，有 A、B、O、AB 等血型。近年来有人研究猿的染色体，发现猿类的染色体形态和位置和人类的十分相近。这一切都说明了人类和猿类是非常接近的近亲。

然而，古猿毕竟是类人猿，它和能从事社会劳动、制造工具、能动地改造自然的人类有着许多本质的区别，这些区别归纳起来主要表现在生理结构、语言和社会性三个方面。

第一，人类与猿类在生理结构上的差异体现在手、足、脑等的主要特征上。猿生活在密林中，其主要行动方式是"臂行法"。因为"臂行"，所以，猿的前肢比后肢长。猿手的大拇指很短，其他四指很长，手指弯曲成钩状，便于抓住树枝。人类由于在地面活动，采取直立行走的方式，所以，手从攀缘和支持身体的作用中解放出来，从事和脚完全不同的活动。人手不但是劳动的器官，也是从事劳动的产物和直立行走的结果。与猿相比，人的后肢、脊椎骨、骨盆等重要生理结构都发生了许多重大的变化，如人类的后肢、脊椎骨都较猿类长，而骨盆较窄。人脑是在劳动和语言两个主要因素的推动下逐渐发展起来的具有高度智能的器官。与猿相比，人脑的结构更加复杂，具有更高层次的进化特征。这一点也是人类区别于猿类和其他动物的基本特征之一。

第二，人类与猿类的本质区别还在于人类有语言。猿类虽然会发出几种声音以表达感情，但这些声音还不能称为语言。人类的语言是从劳动中产生出来的，是思维和相互交流的工具。由于猿类缺乏真正意义上的劳动，语言也就无法应运而生。

第三，人类与猿类的第三个重要的本质区别在于人类的社会性。人类社会是由猿群发展而来的，但不是任何猿群都能发展成人类社会。只有那些具有社会本能的、高度发达的猿群才能发展出社会性。人类是从动物界中分离出来的，只有人类才能够除去动物的独立性，发展出人类的合群性、社会性。

2. 猿进化成人的过程

经人类学家多年研究，大多数学者认为，从猿到人的发展一般分为以下两个步骤：

第一个步骤，从猿到人的过渡（正在形成中的人）。这个时期经历了腊玛古猿和南方古猿两个阶段。

腊玛古猿是生活在中新世到上新世（地质年代名称）的一种古猿，是人科最早的代表，绝对年代为 1 400 万年前到 800 万年前。腊玛古猿的体质形态开始向人的方向发展，开始直立行走，能够使用天然工具。腊玛古猿被公认为"人类的直系祖先"。

南方古猿是生活在上新世的一类古猿，绝对年代为 500 万年前到 100 万年前。南方古猿的体质形态更近似于人，其能直立行走，手能使用工具，脑容量稍大。

腊玛古猿和南方古猿都是正在形成中的人，处在从猿到人的过渡阶段。从考古学的角度看，他们都处在蒙昧时代，过着原始群居的生活。

第二个步骤，人类发展至原始公社时期（完全形成的人）。这个时期可分为以下四个阶段。

早期直立人，生存于距今 300 万年前到 200 万年前，已具有人的基本特征，能制造简单工具，脑容量比南方古猿大，但还具有许多原始性。

晚期直立人，生存于距今 200 万年前到 30 万年前，其体质形态已近似于现代人，能制造旧石器，并开始用火。无论是早期直立人还是晚期直立人，在文化上都已进入蒙昧时代中级阶段，即旧石器时代早期。在这一时期产生了血缘家庭公社的早期社会组织。

早期智人，生存于距今 50 万年前到 10 万年前，其脑容量已与现代人相同，但体质形态上仍具有一些原始性，已能制作多种石器，并能人工取火。早期智人生存的时期属于考古学上的旧石器中期。这一时期产生了氏族公社制度。

晚期智人，生存于距今 5 万年前到 1 万年前，其体质形态已基本与现代人相似，处于蒙昧时代高级阶段，即旧石器晚期。这一时期，氏族公社制度已经确立，人类跨入了原始社会阶段。

二、现代人的起源

现代人的起源与人类的起源有着不同的含义：人类的起源指的是猿怎样演变成人的问题；而现代人的起源指的是现在生活在世界不同地区的人种——黄色人种、白色人种、黑色人种和棕色人种，他们是怎样起源的，也就是说早期人类是怎样演变成不同种族人的问题。现代人的起源历程是在人类进化历史长河中距离现今最近的一段时期内发生的，也是整个人类进化历史的一个局部。

关于现代人的起源有以下两种理论：

一种叫"单一地区起源说"。该理论认为现代人是某一地区的早期智人"侵入"世界各地而形成的，这个地区过去认为是亚洲西部，近年来则改为非洲南部。1987 年美国生物学家威尔逊和华莱士根据人体细胞中 DNA 突变的速度，计算出距今约 20 万年前生活在非洲的一个妇女是现今全世界人的祖先。在大约 13 万年前，她的一群后裔离开了他们生活的非洲家乡，分散到世界各地，代替了当地土著居民，最后在全球定居下来，演化成现代的不同人种。

另一种叫"多地区起源说"。该理论认为亚、非、欧各洲的现代人都是由当地的早期智人或者猿人演化而来的。例如，美国学者魏敦瑞认为，中国周口店的北京猿人是现代黄色人种的祖先；印度尼西亚的爪哇猿人是棕色人种的祖先；黑色人种是由赞比亚的布罗肯山人发展而来的；白色人种是西亚猿人的后代。

就中国人的起源来讲，我国考古学家根据多年的研究及发现，认为中国人是在自己的土地上，由当地古猿进化而来的。中国社会科学院古脊椎动物与古人类研究所研究员吴新智院士说：人类的进化是多样性的，这在化石上已经得到证实。中国人的进化以连续进化为主，附带与境外人类的杂交。在中国发现的最早人类化石是170万年前的云南元谋人牙化石。而不同时期的化石都具有一些共同的特征，如铲形门齿、长方形眼眶、脸较为扁平等，这表明至少170万年以来，中国人的进化过程是连续不断的。80%～90%的中国人门牙的背面是铲形，在非洲，这种情况只有百分之十几，在欧洲还不到百分之十。从这些材料来看，中国人的祖先似乎不同于非洲人和欧洲人的祖先，中国人应是土生土长的，而非非洲来客。

从基因突变的角度和考古化石资料的角度分析现代人的起源问题应当是可信、可行的，但人类进化的历史事实只能有一个答案。现代人到底是非洲的移民，还是土著居民进化而成的，这个问题仍需要进一步研究。

第三节　人类的发展

自现代人产生以后，在漫长的人类社会发展过程中，随着生产技术的提高，人类适应自然能力的加强，人类的数量在不断增长，生活的地域范围也在逐步扩大；由于人类在生理上对环境的适应，不同环境中的现代人分化形成了不同的种族；此外，在长期生产劳动的推动下，全球不同的区域也孕育出了不同的民族和不同民族的语言文化。

一、人口的发展、分布和迁移

（一）人口的发展

自人与猿分化以来，人口发展已有数百万年的历史，对于史前的世界人口，由于缺乏翔实的资料，我们只能进行粗略的估计。虽然人口发展在总体上呈现不断增长的趋势，但其增长过程并不是线性匀速的，而是呈跳跃式的，特别是农业革命、工业革命促成的两次生产力水平的大幅提高对人口的快速增长起到了极大的推动作用。

1. 世界人口发展历史概况

农业革命之前，人类的生产活动主要限于狩猎和采集业。因为人类社会在1万年前左右就进入了农牧业阶段，所以，完全复原远古人类这种狩猎、采集的生活图景已不可能。但是，根据零散的考古材料和对现存的一些仍处于狩猎、采集阶段部落的系统研究，我们仍能较清楚地揭示出该阶段社会及人口的基本特征。

在一些现代人类难以到达的地方，仍存在着少数狩猎、采集的社会群体。这些遗留的原始社会群体一般分布在热带雨林、寒冷地区和沙漠中。正是这些群体的人口状况很好地揭示了前农业社会人口的密度、分布及增长等方面的状态和特征。

据估算，1 万年前地球上的疏散地分布着大约 1 000 万原始人类。那个时期地球上群体人口的规模较小，每个群体一般不超过 50 人，男人是主要的狩猎者，女人则主要从事植物采集活动。人类狩猎的对象是较大的动物，采集的是可食的植物嫩茎叶、果实、块根、昆虫、贝类和一些小动物。这类生产活动的性质决定了当时人口的增长具有以下特征：一是极低的人口密度。前农业社会人类群体的生存实际上依赖于对土地的粗放利用。史前地球上存在着大量无人居住的地区，这为原始人类的这种生存方式提供了条件，使得每个人类群体都生活在远离其他群体的地方。所以，前农业社会人口密度极低。据研究，在有古人类活动的区域，人口密度一般也只有 4 人/平方千米左右。二是高出生率和高死亡率。前农业社会人类的高死亡率首先限制了人口的增长，加之前农业社会所特有的生育条件对人口的增长也起了限制作用，所以，前农业社会人口增长缓慢，人口数量不能超过由狩猎和采集获得的食物所能承受的界限。

距今 1 万年前后，地球上出现了农业。在此后的几千年内，农牧业基本上取代了采集和狩猎，成为人类主要的生产方式，这使世界人口发展进入了一个崭新的阶段。从目前掌握的材料来看，亚洲西南部、亚洲东南部以及美洲中部均为早期的世界农业中心。

农业社会与前农业社会的最大区别在于：农业社会能提供更多的食物，支持更高的人口密度，使人类群体居住现象更加明显；农业社会所提供的食物比采集、狩猎时代所得到的食物更富有营养、更能扼制疾病，有助于延长人类的寿命，降低人类的死亡率，最终促使人口的增长。当然，在农业出现之始，人口的死亡率可能是上升的。因为在密集的社会群体中，疾病要比在小而相对离散的采集、狩猎群体中更易传播；另外，农业社会非常脆弱，这种脆弱使人口的死亡率经常出现较大波动。但总之，人类跨入农业社会之后，人口总量比以前大幅度地增长了。

工业革命爆发后，人类社会的生产力水平得到极大的提高，这也给人口的增长带来了深刻影响。其影响主要表现在以下两个方面：

第一，人口死亡率的下降。人口死亡率的下降最早出现在工业革命的发源地——欧洲各国，并由此引发了欧洲各国的人口变化。在工业化过程中，伴随着医疗技术的进步和公共卫生服务条件的改善，欧洲各国的人口死亡率大幅度下降。据 18 世纪的有关记载，英国的天花接种开始于 1721 年，1750 年之后穷人可免费接种；许多传染病特别是一些致死性疾病，如斑疹伤寒、天花和疟疾等的发病率在当时有所下降；另外，接生方法的改善也极大地减少了母婴的死亡率。这些都是医疗技术进步的贡献。在公共卫生服务和保健措施方面，早在16 世纪，法国就开始采取措施处理城市垃圾，并在城市中和城市之间实行检疫制度来消除流行性瘟疫的影响；18 世纪，欧洲各国通过强化行政手段使得卫生检疫和预防工作经常化、制度化。所有这一切使得这一时期的人口死亡率大为降低。

第二，诱发了人口出生率的下降。虽然在工业化初期一个短时期内，由于经济良性发展使结婚年龄降低，人们更易于多生育，欧洲一些地区的人口出生率曾一度上升。但从 19 世纪后半期开始，欧洲各国的人口出生率逐渐下降。到了 20 世纪，欧洲各国的人口出生率仍持续下降，以至于与人口死亡率相差无几。人口出生率下降的原因可归结为以下几个方面：首先，婴儿死亡率的下降导致了出生率的下降。因为在死亡率高的地区，人们必须生下许多孩子才能保证一些孩子能存活下来。其次，城市化的发展改变了人们的观念，特别是传统乡村的大家庭观念随着文化的普及被弱化。最后，妇女社会地位的提高以及避孕技术的发展，促成了人们的晚婚晚育。

从整个世界的人口发展来看，工业化的发展极大地促进了人口的增长。据统计，世界人口在 15 世纪、16 世纪、17 世纪、18 世纪分别增长了 28.2%、11.9%、47.5%、80.6%。从中我们可以看出，自 18 世纪后半叶的工业革命开始，世界人口的增长幅度明显加大了。

2. 世界及我国人口增长趋势

据世界银行统计，截至 2018 年，世界近 200 个国家人口总数达到 75.79 亿人。如果回顾一下世界人口发展的整个过程，我们不难发现世界人口每增长一个 10 亿，所用时间呈现出逐渐缩短的趋势。世界人口实现第 1 个 10 亿人的增长过程用了近 100 万年的时间。从 19 世纪初至 20 世纪 30 年代的 100 多年时间里，世界人口实现了第 2 个 10 亿人的增长过程。20 世纪 30 年代以来，世界人口开始加速增长，到 1960 年已发展到 30 亿人。这期间，尽管人类经受了第二次世界大战的痛苦，但战后世界民族解放运动的发展，使许多殖民地半殖民地国家获得了独立，从而使这些国家的人口死亡率有所下降、人口出生率有所上升，再加上受发达国家人口出生率回升的影响，世界人口在进入 20 世纪 50 年代后呈加速增长的态势。世界人口的第 3 个 10 亿人的增长过程用了 30 年。从 1960 年到 1975 年，世界人口由 30 亿人发展到 40 亿人，这个 10 亿人的增加过程只用了 15 年。进入 20 世纪 80 年代以后，世界人口的出生率开始下降，但由于人口基数很大，世界人口总量仍处于高速增长之中，至 1987 年突破了 50 亿人，世界人口的第 5 个 10 亿人的增长过程缩短为 12 年。之后，从 1987 年至 1999 年，世界人口用了 12 年突破了 60 亿人大关。1999 年至 2011 年，世界人口又用了 12 年便达到了 70 亿人。目前，世界人口还在增长之中，特别是亚洲的印度和非洲等发展中国家的人口增长速度较快。

我国是世界上人口最多的国家，我国人口的增长对世界人口的变动有着极大的影响。作为一个发展中国家，我国人口的发展具有发展中国家的特点，但由于具体的国情差异，我国人口的发展也烙上了鲜明的中国特点。中华人民共和国成立前，在简陋的医疗条件和动荡的社会局势下，我国的人口发展一直处在高出生率、高死亡率、低增长率的状态中。中华人民共和国成立后，在中国共产党的领导下，社会医疗、卫生事业蓬勃发展，人民安居乐业，人口的发展也进入一个全新阶段。虽然中华人民共和国成立以来的人口发展有过曲折和波动，但人口总量一直处在较大幅度的增长之中。至今，我国开展过 6 次人口普查，普查结果充分显示了以下态势：1953 年第一次普查结果为 5.82 亿人（大陆人口，下同）；1964 年第二次普查结果为 6.95 亿人；1982 年第三次人口普查结果为 10.08 亿人；1990 年第四次普查结果为 11.34 亿人；2000 年第五次人口普查结果为 12.66 亿人；2011 年第六次人口普查结果为 13.40 亿人，如将香港、澳门、台湾地区在 2010 年年底的人口数据计入在内，全国人口总数为 13.71 亿人。据世界银行统计，2018 年，中国人口总数达到约 13.95 亿人，增长速度逐步趋缓。

（二）人口分布

人口分布是指在一定时期，人口在一定地区范围内的空间分布状况。人口密度指单位土地面积上居住的人口数，它反映某一区域内的人口密集程度，一般被看作衡量人口分布的主要指标。人口密度通常用每平方千米常住的平均居民数量来表示，我们也将其称为人口算术密度。

1. 世界人口分布规律

世界人口分布极不平衡。地球总面积为 5.10×10^9 平方千米。其中，陆地面积为 1.50×10^9 平方千米，占地球总面积的 29%，水域面积占 71%。世界上 90% 的人口居住在仅占陆地总面积 10% 的土地上，陆地上的大部分地区（如沙漠、高山、热带丛林等）至今仍无人居住。世界人口分布的不平衡具体表现在南北半球、沿海与内地、高原与平原的区域差异上。世界人口的 88.5% 集中在北半球，并且主要集中在北纬 20°～60° 的区域。从海岸线到内地约 200 千米的范围内集中了世界人口的一半（而其面积仅占陆地总面积的 30%）。海拔 500 米以下的低地和平原地区，其面积仅占陆地总面积的 57%，却集中了世界人口的 80%；而占陆地面积 43% 的高原地区（海拔 500 米以上），仅居住着世界人口的 20%。

世界人口在各大洲的分布也是极不平衡的。2018 年，世界各大洲人口数量排序如下：亚洲人口 45.4 亿人，约占世界人口的 60%；非洲人口 12.8 亿人，约占世界人口的 16%；欧洲人口 7.42 亿人，约占世界人口的 10%；南美洲人口 6.51 亿人，约占世界人口的 9%；北美洲人口 3.63 亿人，约占世界人口的 5%；大洋洲人口 0.41 亿人，约占世界人口的 0.5%；而面积广大的南极大陆至今还无常住居民。

在各大洲（或地区）内部，人口分布也表现出极大的不平衡性。非洲的人口主要集中在非洲北部和南部的沿海地区；澳大利亚的人口多集中于澳洲大陆东南沿海一带；俄罗斯的人口多集中于欧洲部分。2018 年，世界上人口超过 1 亿的国家有 13 个。其中，中国人口最多，为 13.95 亿人，其他依次是印度（13.54 亿人）、美国（3.27 亿人）、印度尼西亚（2.66 亿人）、巴西（2.11 亿人）、巴基斯坦（2.01 亿人）、尼日利亚（1.95 亿人）、孟加拉国（1.66 亿人）、俄罗斯（1.44 亿人）、墨西哥（1.3 亿人）、日本（1.27 亿人）、埃塞俄比亚（1.065 亿人）和菲律宾（1.065 亿人）。

2. 我国人口分布规律

我国历史悠久，地理环境极为复杂，人文、自然特征在地区间存在着极大的区域差异。

与此相适应，我国人口分布也极不平衡。

我国人口分布的第一个显著特点是东南半壁人口高度密集（为世界上人口最稠密的地区之一），西北半壁人口分布极为稀疏。自黑龙江的瑷珲（今黑河市）到云南腾冲这条北东—南西向的斜线是显示我国人口分布区域差异的一条最基本的分界线。

我国人口分布的第二个显著特点是人口明显地集中于沿海地区，越往内地人口越稀疏。我国人口分布自沿海向内地由密转疏的特点在人口密度上表现得最为明显：距海岸线 200 千米以内的人口密度为 100 人/平方千米，200～500 千米范围内为 48.8 人/平方千米（下降了一半以上），500～1 000 千米范围内为 35.0 人/平方千米（下降了近 2/3），1 000 千米以上范围内仅为 5.2 人/平方千米（不到 1/19）。这一状况与世界人口分布大体一致。

我国人口分布的第三个显著特点是人口的低地指向性，即人口垂直方向上的不平衡。我国国土辽阔，地形复杂，山地与平原高程相差很大，绝大多数人口集中分布在较为低平的地区，长江三角洲、珠江三角洲、华北平原、四川盆地等都是我国乃至世界上人口最稠密的地区。据测算，我国海拔 500 米以下的平原和丘陵合计占全国总面积的 25.2%，集中了全国人口的 79%（与世界平均状况一致）；而海拔 2 000 米以上的高原和高山占全国总面积的32.9%，人口仅占全国人口的 2.1%。

（三）人口迁移

人口迁移是社会经济生活中非常普遍的一种现象，它是指人们出于某种目的，移动到一定距离之外，暂时或永久改变其定居地的行为。

人口迁移对社会的发展、经济的繁荣、文化的传播等都有一定的影响。例如，在世界各国、各地区人口自然增长率逐渐减缓的背景下，发达区域的人口增长主要就是由人口迁移造成的。许多发展中国家人力资源开发不足是其社会经济发展缓慢的一个重要原因，而这些国家人才资源的深度开发牵涉人力资源的空间配置问题，人口的自由流动是实现人力资源空间重新配置的前提条件。美国是世界上最大的由移民组成的国家，不同民族、不同区域的文化在此汇聚，使美国文化呈现出明显的多元化特点。

人口迁移按其涉及的范围是否跨越国界可分为国际人口迁移和国内人口迁移；按迁移的时间可分为永久性迁移、季节性迁移等。人口迁移的动机大多出于经济方面的原因，也有政治、文化以及自然灾害等方面的原因。

1. 国际人口迁移

国际人口迁移是指人口跨越国界并改变住所达到一定时间（通常为 1 年）的迁移活动。国际人口一般又有永久性和非永久性迁移之分。前者所形成的移民由一国迁入另一国后，改变了自己的国籍或成为侨民（未加入迁入国的国籍）。第二次世界大战以前的国际人口迁移，无论是欧洲的殖民者把大批黑人作为奴隶从非洲贩卖到美洲，还是欧洲人向新大陆的移民，以及亚洲各国向国外的移民，基本上都属于这一类型。这曾是国际人口迁移的主要形式。非永久性移民指暂时定居于移入国一段时间之后将返回移出国的移民。第二次世界大战以后出现的世界范围内的劳务输出即属于此类，它已经成为当代国际人口迁移的主流。目前，劳务输出的接受国主要集中在西欧、北美和中东地区。此外，由于政治、战争、宗教、民族、环境等原因而被迫离开拥有国籍国家的国际难民也属于非永久性移民。

第二次世界大战以后，国际人口迁移的特点发生了很大变化，主要表现在：一是世界性国际人口迁移高潮已接近尾声。二是外籍工人（劳务输出）逐渐成为人口在国际移动的主要形式。三是国际难民数量增多，持续时间长。四是发展中国家智力外流引起世界的广泛关注。经济发达的美国、加拿大、澳大利亚等国家以优厚的经济待遇、较好的科研条件以及移民手段，吸引了大量发展中国家的人才。新加坡、韩国等新兴工业化国家也在积极采取措施吸引人才。菲律宾、巴基斯坦、埃及、印度等国家的人才外流较多。五是人口迁移流向表现为：欧洲由人口净迁出区变为人口净迁入区，拉丁美洲由人口净迁入区变为人口净迁出区；北美洲和大洋洲仍是最大的移民迁入地区（第二次世界大战以后，美国接收的移民中，来自欧洲的有所减少，来自拉丁美洲的则成为主流；到 20 世纪 70 年代，来自亚洲的移民超过了来自欧洲的移民）。由此可见，第二次世界大战以后，国际人口迁移大多是由经济落后国家向经济发达国家迁移。亚洲、非洲和拉丁美洲的发展中国家向欧洲和美洲发达国家迁移人口是第二次世界大战以后国际人口迁移的普遍现象，它改变了历史上资本主义发达国家向落后的殖民地迁移人口的格局。

2. 国内人口迁移

国内人口迁移是指在一国范围内，人口从一个地区向另一个地区的移居现象。其形式主要有两种，即地区间迁移和城乡间迁移。

综观世界社会经济发展历程，国内人口迁移的现象非常普遍。美国是一个人口迁移、流动频繁的国家，历史上出现过 4 次大规模的国内人口迁移高潮。第 1 次始于南北战争时期，止于 1880 年左右，以人口的大规模西移为主要特色。第 2 次始于 1890 年，止于 1920 年，伴随工业化、城市化过程的推进，乡村人口大量涌入城市，洲际的人口迁移速度下降。第 3 次始于 1920 年，止于 20 世纪 60 年代初，其主流是南部人口向北部迁移、流动，也有一部分人口迁往西部。20 世纪 60 年代末 70 年代初，美国又出现了第 4 次人口迁移高潮，其特点是大量人口从东北部老工业区流向南部和西部的"阳光地带"，迁移人口中白种人、未婚的年轻人最多。

在历史上，我国国内也出现了多次大规模的人口地区间迁移，迁移的流向主要为由北向南，即由黄河流域向长江流域、珠江流域迁移。西汉时，我国北方人口已占全国总人口的 2/3，经过西晋末年"永嘉之乱"、唐中叶"安史之乱"、北宋末年"靖康之难"引起的 3 次大规模人口南迁后，南方人口已占全国总人口的 2/3。清末至中华人民共和国成立前，国内地区间人口迁移主要表现为河北地区、山东地区的人口"闯关东"，迁往东北地区，以及中原河南一带的人口"走西口"，流向新疆、甘肃等地。中华人民共和国成立后，出于政治和经济上的考虑，国家制定了严格限制人口流动的政策和相应的户籍管理制度，地区间人口迁移的情况减少了。改革开放以后，我国地区间人口流动的规模急剧扩大，目前，每年的流动人口（次）为 8 000 万人到 1 亿人，这种大规模的人口流动主要是由经济较落后地区人口向发达地区流动引起的。

国内人口迁移的重要形式之一是城乡间的人口迁移。20 世纪初，这种国内人口迁移形式仅局限于发达工业国家，如今已遍及世界各国、各地区。乡村人口向城市迁移和集中是工业革命的产物。这种迁移使城市人口不断增加，乡村人口不断减少，城市建成区的范围不断扩大，城市数目也不断增多。

第二次世界大战以后，在若干发达国家，从乡村到城市的人口迁移逐渐退居次要地位，一个全新的、规模庞大的城乡人口流动的逆过程开始出现，即所谓的郊区化和逆城市化。而发展中国家的城乡人口移动仍以从乡村向城市移动为主。

二、种族、民族的特征和形成过程

（一）种族与种族问题

1. 种族的特征

种族是指在自然体质特征上具有某些共同遗传特征（如肤色、眼色、毛发、身高、面形、鼻形、血型、指纹等）的人群，也称人种。人的种族性是人在生物学方面的属性。种族是指早期生活在条件极不相同的自然地理环境之中的人类，在长期对地理环境的适应过程中，逐渐产生的在体质形态等方面具有一些共同遗传特征的人类群体。

不同种族的人群在生理特征上的差异可表现在以下几个方面：

第一，毛发。亚洲人一般为直发；欧洲人常见的是波状发；非洲人为羊毛卷发。毛发的中间过渡形态多发生在混血种族。

第二，肤色。人的肤色深浅与皮下色素细胞的多少有关，色素细胞分布越密，人的肤色就会越深。经过观测统计，科学家发现不同肤色人种的色素细胞的数目是不同的。白肤色的色素细胞为 1 000 个/平方毫米以下，黑肤色的色素细胞则在 14 000 个/平方毫米以上。

第三，身高。人类的身高也存在着差异，虽然这与营养条件有关，但也受到遗传因素的显著影响。

第四，头颅形状。目前，考古学家认为头颅的比例（头盖骨的长、宽比例）是识别种族的重要标志之一。

第五，鼻形。根据鼻梁的宽度与长度之比，鼻形可分为狭鼻、中鼻、宽鼻。白种人为狭鼻，黄种人为中鼻，黑种人为宽鼻。

第六，血型。由于每个人只有一种血型，不同种族的血型也有不同。

第七，指纹。指纹具有终生不变的特点。据统计，指纹有三种基本形式，即弓形纹、箕形纹和斗形纹。亚洲人的指纹以斗形纹最多；非洲人的指纹以弓形纹最多；欧洲人的指纹以箕形纹最多。

2. 世界种族的划分

传统的人种划分是根据肤色差异来进行的。从生物学观点出发，人种根据肤色的不同可分为三类：黄种人、白种人和黑种人；也有人主张将澳大利亚土著人作为棕色人种，将人种分为四类。

第一，白色人种。白色人种的主要特征为：皮肤呈白色、浅棕色，波状金发或棕发，鼻高目蓝。白色人种虽不是世界上数量最多的种族群，却是世界上分布最广泛的种族群。他们不仅分布在欧亚大陆的西部，而且分布在从毛里塔尼亚到索马里的北非地区以及西亚、南亚地区。

第二，黄色人种。黄色人种的主要特征为：皮肤为黄色，毛发黑而直，眼睛呈褐色。亚洲大陆和美洲大陆的土著居民构成了黄色种族群。

第三，黑色人种。黑色人种的主要特征为：皮肤呈黑棕色，头发黑且呈羊毛卷状，唇厚。黑色人种的分布比较广泛，但以撒哈拉以南的非洲大陆为中心。

第四，棕色人种。棕色人种的主要特征为：肤色深，儿童的头发有时为红色甚至是亚麻色，毛发卷曲。他们与非洲黑色人种的区别是：鼻梁高而不扁，唇厚但不外翻。他们主要分布在太平洋及太平洋岛屿的美拉尼西亚、密克罗尼西亚和波利尼西亚等群岛上。

3. 国际种族问题

种族划分的依据是人的纯自然特征差异，从某种意义上来说，其只有相对的意义。种族的形成是自然选择和社会文化共同作用的结果（如社会组织、婚姻制度、人口迁移等对种族的形成产生巨大的影响）。依据生物属性对人类的人为划分只是为了区别居住在不同地域的人在外在生理特征上的一些差异，这些差异是长期自然选择和环境适应与变异的结果。要以这些外在的生理特殊性状的差异来说明有的种族比别的种族优越或高级的论点，或试图以这种纯表现型生理特点的差异作为在世界上存在的文化差异的根据和理论都是极端错误的。科学研究已经表明，在生物学上并没有某个种族比其他同时代的种族更优越、智力上更发达。人类学家已经证明人与猿极为相似，人是从古猿演化而来的，所有的种族都具有与祖先相似的特征。

然而，种族主义者忽视了这些科学事实。他们以人在自然形态方面的外在表现的差异来解释世界各种族之间的文化差异，并认为白色人种是高等种族，有权统治其他种族。这实在是一种十分荒谬而又极其危险的论调，它不仅会对人类的发展与繁荣构成威胁，而且在历史上给人类造成了极大的灾难。早在15世纪地理大发现以后，欧洲殖民主义者就把种族主义的论调作为掠夺和侵略新大陆的理论依据，大肆掠夺和屠杀黑种人，并把黑种人像牲口一样贩运到美洲从事繁重的体力劳动，把黑种人看作白种人的奴隶。在美洲，欧洲移民大肆屠杀印第安人，使其人口锐减，并把印第安人驱赶到几块面积很小的保留地上。第二次世界大战期间，希特勒宣称亚利安人为高级人种，他们有权统治世界，并据此大肆屠杀犹太人，使犹太人几乎处于濒临灭绝的危险。日本帝国主义也曾宣称大和民族是世界优秀民族，他们应当领导世界。种族主义给人类带来的灾难极其深重，然而，当今世界仍然有一些人没有认识到种族主义的反动性和荒谬性，种族主义仍有着一定的市场。

诚然，世界文化发展存在着地区差异，然而这并非是由于种族的差别（即肤色、毛发等）造成的。文化的发展、演变是一个十分复杂的现象和过程。用当代人的眼光来观察世界文化，我们确实会发现，西方社会的文化似乎是先进的，澳大利亚土著人和印第安人的文化是相对落后的。然而，在历史上，其他地区（如亚洲和非洲）的文化远远胜过欧洲。观测那个时代的文化发展差异，我们会有完全不同的感知。在美索布达米亚文化辉煌灿烂的鼎盛时期，有谁能预测到这些辉煌的成就只会延续几个世纪呢？在罗马帝国驰骋亚洲、欧洲和非洲时，谁又能预料到它的一个殖民地——英国不久后会变成横跨世界的强大帝国呢？100年前，谁又能想到日本这样一个弹丸小国会突然崛起呢？这些国家衰落或崛起时，他们的种族构成并没有发生改变。同样，4 000多年前文化发达程度远胜过欧洲的中国、埃及，其文化出现衰落现象时，他们的种族依然如故，没有发生变化。

（二）民族

1. 民族的特征和形成

民族是在历史上形成的具有共同的语言、共同的生活地域、共同的经济生活以及共同的文化认知的稳定人群。

一般我们认为，一个民族应具有以下特征：

第一，共同的语言。共同的语言是构成民族的最基本特征之一。如果一个民族改变了自己的语言，那么就意味着该民族被其他民族同化了。当然，语言与民族并非一一对应，也有多民族使用同一种语言的现象。语言是人们交流思想的重要工具，共同的语言可以促进人们在政治、经济、文化等各方面的接触与交流，促进民族的形成，维系民族的统一与发展。

第二，共同的生活地域。民族的形成与地理环境的关系极为密切。在同一地域内，由于其自然和社会环境的相似性，长期生活在一起的人们逐步形成稳定的统一体，所以，任何民族都有其生活的共同地域。虽然由于人口迁移等原因，民族混杂居住的现象也比较普遍，但是各民族仍然保留了自己相对集中的居住区。

第三，共同的经济生活。由于长期生活在一个地区，使用同种语言，相互间交往频繁，同一民族形成了共同的生活方式和生活习惯。

第四，共同的文化认知。共同的生活环境和历史进程，形成了各民族特有的文化艺术、风俗习惯及心理情感等。它们深深扎根于各民族之中，是形成并保持民族共同体的重要纽带。有些民族成员虽然长期离开本民族的集居地，并且语言和经济生活都被当地民族所同化，但本民族的文化心理并没有改变。共同的心理素质是最稳定的民族特征。

民族的形成一般要经历氏族、部落（族）和民族三个发展阶段。民族是比氏族、部落（族）更高级的人群共同体。民族的出现是氏族和部落（族）制度瓦解的结果。

原始社会末期，先后出现了两次大的社会分工。分工促进了社会生产的发展，但也加速了氏族的瓦解。随着耕地逐渐由公有制变为私有制、社会财富不断增加、私有财产交换日渐频繁，氏族和部落（族）成员的经济活动不再局限于从前狭小的地域内，不同部落（族）的居民相互往来和混住现象越来越普遍。经过长期、广泛的接触与交往，原来属于不同部落（族）的人们逐渐具备形成一个民族的条件。所以，民族是在原始社会末期伴随着国家和阶级的产生而出现的一个稳定的人群共同体。但民族又不同于国家，国家不一定必须有共同的语言，而民族必须有共同的语言；一个民族可以属于一个国家，也可以分属于几个国家；许多民族也可以组成一个国家，两者的范围往往是不一致的。

民族是在一定的社会物质生产条件下产生的，一个民族也会在一定的社会物质生活条件下趋于消亡。这一过程往往表现为该民族被另一个民族同化，或表现为几个民族合而为一，或表现为一个民族分化为两个民族等。

2. 世界上主要的民族

目前，世界上大大小小的民族共有 3 000 个左右。各民族的人数差异很大。例如，我国的汉族是世界上人数最多的民族，如今人数超过了 12 亿，约占全世界总人口的 1/6；而我国的一些少数民族，如分布于内蒙古与黑龙江的鄂伦春族、云南的独龙族和西藏的门巴族和珞巴族，就只有数千人。

据统计，目前世界上人口在 1 亿以上的民族有 7 个：汉族（12 亿多人），印度斯坦族（2.64 亿人），美利坚族（2.1 亿人），孟加拉族（1.9 亿人），俄罗斯族（1.6 亿人），巴西族（1.4 亿人），日本大和族（1.25 亿人）。人数在 5 000 万人至 1 亿人的有德意志人、旁遮普人、比哈尔人、爪哇人、意大利人、墨西哥人、朝鲜人、泰卢固人、马拉蒂人。

我国自古以来就是一个多民族的统一国家，在长期的历史发展过程中，各民族以自己的勤劳、智慧共同开拓了祖国的疆域，发展了祖国的经济，共同创造了辉煌的东方文明。在长期的生息繁衍过程中，各民族逐渐融合发展，分别成为中华民族大家庭中的成员。我国现有 56 个民族，汉族人口最多，占总人口数的 92%；其余 55 个民族占总人口数的 8%，我们习惯上称之为少数民族。

我国民族的分布呈现出以汉族为主体，各民族大杂居、小聚居、交错分布的主要特点。汉族人口遍及全国，但大部分集中分布在东部地区；少数民族人口虽少，但分布地区甚广，分布区占了全国国土面积的 50% ~60%，主要集中在西南、西北和东北地区。我国的 56 个民族分别是：汉族、蒙古族、回族、藏族、维吾尔族、苗族、彝族、壮族、布依族、朝鲜族、满族、侗族、瑶族、白族、土家族、哈尼族、哈萨克族、傣族、黎族、傈僳族、佤族、畲族、高山族、拉祜族、水族、东乡族、纳西族、景颇族、柯尔克孜族、土族、达斡尔族、仫佬族、羌族、布朗族、撒拉族、毛南族、仡佬族、锡伯族、阿昌族、普米族、塔吉克族、怒族、乌孜别克族、俄罗斯族、鄂温克族、德昂族、保安族、裕固族、京族、塔塔尔族、独龙族、鄂伦春族、赫哲族、门巴族、珞巴族、基诺族。

三、语言的产生和发展

语言是人们用习惯的姿势、符号，特别是音节分明的口头声音交流思想和感情的工具，是人类思维的物质外壳。有了语言，人们就可以彼此交换意见，把自己的经验教给别人，就可以彼此讨论问题，表达自己的思想认识。人类文化的很多方面就是依据语言得以延续、发展和扩散的。

（一）语言的起源与演变

1. 语言的起源

由于语言不会留下痕迹，所以，推测语言的起源问题只能依靠间接的证据，如研究幼儿学习语言的过程、比较人与动物发声器官的区别、辨别头骨化石中留下的大脑和发声器官的痕迹及推测人类早期祖先生活的情况等。

一般认为，劳动是语言产生的唯一源泉，没有劳动就没有语言。声音和意义是语言的两大组成部分，语言的产生必须有足够的声音材料和意义要素。声音材料和意义要素都是在劳动过程中形成的。劳动使古猿的前肢和后肢逐渐得到分工，而后肢直立行走又使人的肺部和声带得到了发育，人类能够连续发出许多高低不同的声音。声音的产生奠定了语言产生的基础。由于劳动，人类才能获得各种各样的食物，才能增加大脑的营养，促进大脑皮层的形成，可以说劳动为人类意识的产生创造了物质条件。手在劳动中的各种活动及与外界各种事物的接触，推动了人类神经系统反应机能的发展，锻炼了人类区别和认识外界事物的能力。比如，关于制造工具，人类事先要在头脑里有一个蓝图，包括制造工具的材料、手段、过程及工具的式样，并能预见劳动的成果。总之，劳动促进了人类神经系统的发展，促进了思维的产生。思维产生和发展的过程就是语意形成和完善的过程。有了语意，人类借助声音对其进行表达和传播，便产生了语言。

2. 语言的演变

由于文化传播和人类迁徙，语言在产生后不断发展。例如，汉语是我国汉族使用的语言，也是一些少数民族使用的语言，使用人数达 12 亿人以上，是世界上使用人口最多的一种语言。汉语不仅历史悠久、内容丰富，而且与西方语言有着很大不同。它不是拼音文字，而是方块字，这是中国文化的一个重要特点。

由于历史与地理条件的影响，我国汉语在语言上形成了七大方言：北方方言、吴方言、湘方言、赣方言、客家方言、粤方言和闽方言。就北方方言的发展来说，它是古汉语在广大北方地区经过数千年发展而来的。北方方言起源于黄河中下游地区，这里是我国古代政治、经济、文化中心。随着各历史时期政治中心管辖范围的变化，该方言也汇集、吸收、融合了周边地区的语言。黄河中下游地区地域广阔，交通方便，这为往来人员提供了语言交流的条件，结果在该地区出现了一种共同语。这种共同语在古代的夏、商、周时期就打下了基础。到秦始皇统一中国并利用政治力量实行"书同文"政策后，这种共同语又得到了进一步的加强和巩固。随着两汉时期的发展，共同语也得到了空前的发展。即使在以后的南北朝时期，北方处于少数民族政权的控制下，但在民族大融合的过程中，因为汉语具有深厚的基础，所以，它不仅使其自身得以继续保持和使用下去，而且也被进入该语言范围内的少数民族所接受。在元、清两朝，少数民族大量入居中原，虽然在政治上少数民族占主导地位，但在语言文化方面是汉话占主导地位。所以，北方方言一方面随着当时政权中心的不断扩大、巩固、深入而扩大了传播范围，另一方面也在与周边少数民族的不断交流、融合中获得了发展。

（二）世界主要的语言

目前，世界上到底有多少语种，可以说众说纷纭，莫衷一是，人们以前认为约有 3 000 种，现在认为有 5 000 多种。其中，有 1 400 多种尚未被人们承认的语言被称为独立语种。在已被承认为独立语种的 3 500 多种语言中，有 500 多种经过了比较系统的研究，有约1 500 种几乎尚未被人研究过。独立语种的数量变化之大，主要与语种和方言的界限难以确定有关。例如，在汉语中，广东话与北方话在语音上差别很大，彼此互通性很差，两个地区的人们相互之间说话如同说外语，很难听懂，但广东话被认为是方言。在斯拉夫语中，塞尔维亚语与克罗地亚语的互通性很高，能够相互交谈，大部分可听懂，但被划分为不同语种。目前，在世界范围内影响较大的语言有以下几种：

第一，英语。它最初分布在大不列颠岛。由于工业革命后英国向全球进行殖民扩张，英语的影响也遍及世界。尽管在英国说英语的人只有 5 000 多万人，但是以英语为母语的人口有3.2 亿人以上。

第二，法语。法语是法国的语言，有南北两种方言。北部以巴黎法语为标准法语，南部则以普罗旺斯法语为标准法语。在非洲，因为过去法国在此有相当多的殖民地，所以，法语具有很大的影响力。这些殖民地独立以后，不少国家仍将法语作为官方语言。

第三，俄语。俄语是俄罗斯人的语言。在苏联时期，俄语是其各联邦共和国使用的共同语言，该语言在东欧各国中也有相当大的影响。

第四，汉语。汉语是我国汉族使用的语言，同时也是我国一些少数民族使用的语言，其使用人数总计在 12 亿人以上。按语种计，它是日常生活中使用人数最多的语言，使用者绝大多数聚居在我国国内。

第五，阿拉伯语。阿拉伯语是阿拉伯国家的官方语言，使用的人数有 1.8 亿多人。因为伊斯兰教的《古兰经》是用阿拉伯文书写的，所以，阿拉伯语在伊斯兰教地区有一定的影响。其内部虽然有方言，但由于《古兰经》及报纸、广播的作用，阿拉伯语成为北非、西亚地区的标准用语。

【本章小结】

宇宙的起源开始于150亿年前的一次宇宙大爆炸，太阳系是从宇宙大爆炸后的原始星云物质中演化出来的，地球是从形成太阳系的原始星云物质中诞生出来的。地球形成的初期，地壳的火山喷发活动特别频繁，大气中富集着大量的二氧化碳而缺少氧气。随后，地球表层逐渐降温，形成了坚固的地球外壳；在32亿年前，地球上出现生命物质以后，生命物质的光合作用改变了原始大气的物质组成，产生了富氧的大气环境，为后期高等生物的出现营造了必要的生存环境。地球表层是产生人类的温床，它的物质组成包括大气圈、岩石圈、水圈和生物圈；它的要素组成包括地貌、气候、水文、土壤、生物；从时间上看，地表环境也处于动态演化状态之中。

就是在地球表层环境之中，人类从古猿进化到猿，再进化到直立人、智人，并最终因其所处的环境条件的差异而产生出不同种族的现代人。通过对现代人类和猿在生理性特征、社会性特征等方面异同点的对比，我们可以看出：人与猿具有一定的亲缘关系，人与猿具有共同的祖先，人是由古猿进化而来的；古猿进化到现代人类经历了六个阶段：腊玛古猿、南方古猿、早期直立人、晚期直立人、早期智人、晚期智人；对于现代不同种族人群的起源与演化有两种不同的观点："单一地区起源说"和"多地区起源说"；关于种族起源演化问题还有待进一步研究。

在人类的发展历史上，人口的增长不是线性匀速的，1万年前的农业革命和18世纪的工业革命对世界人口的增长起到极大的推动作用；由于受自然条件的制约，人口的分布具有趋沿海、趋平原、趋中低纬度的规律；在经济原因的驱动下，目前世界人口的迁移具有从经济欠发达国家向经济发达国家、从农村向城市运动的特点；由于自然环境条件的区域差异，生活在不同区域里的人类通过对环境的生理适应，产生了不同的种族；而生活在同一区域内的人类，由于长期经济、文化的交融，形成了统一的民族和统一的民族语言。

【思考与练习题】

一、填空题

1. "哈勃定律"揭示：对于我们地球观测点来说，距离我们越遥远的星体远离我们而退行的速度_____，也即星体背离地球逃离的速度与其距离地球的远近成_____。

2. 太阳系"星云假说"认为：太阳系是由空间弥漫的_____在引力作用之下，相互聚集而形成_____等各种不同的天体的组合。

3. 在原始大气圈中，受火山活动的影响，_____的浓度很高，而_____的含量非常低，生命形成和发展的过程受到极大抑制。但在一些能进行光合作用的先锋植物如蓝藻出现后，它们通过光合作用不断地吸收大气中的_____，合成碳水化合物而释放_____，为后期高等生物的出现创造了一个必要的富氧环境。

4. 经人类学家多年研究，大多数学者认为，从猿到人的发展，一般分为两大步骤、六个阶段。第一个步骤经历了_____、_____两个阶段；第二个步骤经历了_____、_____、_____、_____四个阶段。

5. 工业革命爆发后，人类社会的生产力水平得到极大的提高，给人口的增长也带来了深刻的影响。这种影响主要表现在两个方面：_____、_____。

6. 世界人口增长的过程显示，世界人口增长的第 1 个 10 亿人用了_____年，第 2 个 10 亿人用了_____年，第 3 个 10 亿人用了_____年，第 4 个 10 亿人用了_____年，第 5 个 10 亿人用了_____年，第 6 个 10 亿人用了_____年。

7. 自黑龙江的_____（今黑河市）到云南_____一线，是显示我国人口分布区域差异的一条最基本的分界线。

8. 语言是人们用_____，特别是_____交流思想和感情的工具，_____是人类思维的物质外壳。一般认为，_____是语言产生的唯一源泉，_____和_____是语言的两大组成部分。

二、选择题

1. 目前世界上使用人数最多的语言是（   ）。

A. 英语　　　　B. 阿拉伯语　　　　C. 汉语　　　　D. 俄语

2. 民族是在一定的社会物质生产条件下产生的，一个民族也会在一定的社会物质生活条件下趋于消亡。这个过程往往表现为该民族被另一个民族（   ），或表现为几个民族（   ），或表现为一个民族（   ）为两个民族等。

A. 消灭、分化、迁移　　　　　　B. 分化、迁移、自灭

C. 同化、迁移、消灭　　　　　　D. 同化、合而为一、分化

3. 驱动人口迁移的主要因素是（   ）。

A. 政治动荡　　　　　　　　　　B. 瘟疫流行

C. 文化上的不适应　　　　　　　D. 追求更好的经济生活条件

4. 从世界人口分布的总体规律看，左右人口分布的主要因素是（   ）。

A. 气候条件　　　B. 交通条件　　　C. 宗教文化　　　D. 政治因素

5. 目前，支持中国人的祖先是土生土长，而非非洲来客的主要证据是（   ）。

A. 中国人祖先的头盖骨化石比较特殊

B. 中国人祖先的 DNA 比较特殊

C. 中国人祖先的门齿化石比较特殊

D. 中国人祖先的语言比较特殊

6. 在地球表层环境的演化历史上，能进行光合作用的生物出现，使得大气层中的物质成分发生如下的变化（   ）。

A. 氮气增加、氧气减少　　　　　B. 氧气增加、二氧化碳减少

C. 氧气减少、一氧化碳增加　　　D. 大气成分不变

7. 我们通常称的"七曜"，指的是（   ）。

A. 水星、金星、火星、木星、土星、太阳、月亮

B. 水星、金星、火星、木星、土星、太阳、地球

C. 木星、土星、太阳、月亮、天王星、冥王星、海王星

D. 水星、金星、火星、木星、天王星、冥王星、海王星

三、名词解释

1. 宇宙大爆炸　2. 大气圈　3. 地壳　4. 民族　5. 种族

四、简答题

1. 为什么说"种族优越"的论调是荒谬的？

2. 同一个民族应具备哪些特征？民族是如何形成和发展的？

3. 第二次世界大战以后，世界人口的迁移有哪些新的特征？

4. 有哪些证据能证明人是由古猿进化而来的？

5. 简述地球表层环境的演化历史。

五、论述题

1. 地球表层环境在物质组成上和要素组成上包括哪些内容？

2. 地球表层环境具有哪些独有的特征？

3. 世界人口及我国人口的分布具有哪些规律？试说明导致这种人口分布规律的原因。

【推荐阅读书目】

[1] 余明. 简明天文学教程. 2 版. 北京：科学出版社，2007.

[2] 崔洪庆，韦重韬，司荣军. 地质学基础. 徐州：中国矿业大学出版社，2008.

[3] 高崇明. 生命科学导论. 2 版. 北京：高等教育出版社，2007.

第二章 人类社会发展与资源

📑 学习目标

　　人口、资源、环境是目前人类社会可持续发展所要面对的三大问题。通过本章的学习，我们要了解资源的含义、资源外延的拓展、资源的分类等知识；认识当今世界人口问题、资源问题、环境问题产生的原因及对社会发展的影响；理解"可持续发展"思想的内涵和其对人类社会未来发展的意义；深刻领会《中国 21 世纪初可持续发展行动纲要》、科学发展观和生态文明建设发展观。

📑 学习建议

　　本章共分三节，第一节介绍了人类社会发展赖以依靠的资源及其相关概念，包括资源的内涵、外延和资源的分类。第二节阐述了人类社会发展与自然资源的关系，以及当前人类社会发展所面临的一系列问题，提出了可持续发展道路是人类唯一正确选择的观点。第三节着重介绍了可持续发展思想的内涵以及我国 21 世纪"可持续发展"的行动目标和行动纲领。在学习过程中，学员应紧扣人口、资源、环境三大问题，牢记资源是人类社会发展的物质基础，环境是人类社会发展的根本条件，人口是产生一系列社会和生态环境问题的根本原因，并充分领会可持续发展思想的含义和意义。

第一节　资源及资源的分类

一、资源的内涵和外延

（一）资源的内涵

　　关于"资源"的概念，至今还没有严格的、明确的、公认的定义。从词义上看，中文里的"资源"是指"资财的来源"。一般来讲，资源有广义、狭义之分。

　　广义的资源指人类生存发展和享受所需要的一切物质的和非物质的要素，包括自然资源和社会资源。也就是说，在自然界及人类社会中，有用物即资源，无用物即非资源。因此，资源既包括一切人类所需要的自然物，如水、矿产、土壤、植物及动物等，也包括以人类劳动产品形式出现的一切有用物，如各种房屋、设备、其他消费性商品及生产资料性商品，还包括无形的资财，如信息、知识和技术，以及人类的体力和智力。

狭义的资源仅指自然资源，联合国环境规划署（United Nations Environment Programme，UNEP）对此下过这样的定义："所谓自然资源，是指在一定时间、地点条件下能够产生经济价值的、以提高人类当前和将来福利的自然环境因素和条件的总称。"这种狭义的资源，不包括那些目前在经济上还不合算，但在技术上能够加以开采的矿产资源部分，以及目前无法开垦利用，但有观赏、探险猎奇、考察研究等功能，能作为旅游资源的沙漠、冰雪覆盖地等。

作为资源，无论是自然资源还是社会资源，都一定具有下列两个重要的特征：一是社会效应性。任何资源都对人类的发展和生活条件的维持、改善有着极大的保证和促进作用，如肥沃的土地资源是中国黄河文明产生的基础，是古埃及文明发展的先决条件；国内丰富的人才资源帮助日本、德国在第二次世界大战战败后迅速崛起。二是相对稀缺性。对于人类的利用而言，任何资源都是有限的，即资源在量和质上不能完全满足人类的需要，如石油资源、土地资源、高素质的人力资源等。对于相对稀缺性而言，对于取之不尽、用之不竭的有用之物，我们一般不称之为资源，如空气、阳光等。

（二）资源外延的扩展

从社会发展的角度来讲，资源是一个历史的范畴，它的外延在不断扩展。就自然资源来讲，其本质是自然环境和人类社会相互作用的一种价值判断与评价，是以人类利用为标准的。正是人类的能力和需要，而不仅仅是自然界的存在，创造了资源的价值。所以，对自然资源的看法随着知识的增加、技术的改善、人类需求的变化和文化的发展而变动。虽然地球的总自然资源禀赋在本质上是固定的，但资源是动态的，没有已知的或固定的极限。迄今的资源利用史是不断发现的历史，基本自然资源的范围也在不断扩展。在旧石器时代，被人类所知的资源并不多，天然可得的植物、动物、水和石头是那时的全部基本资源。青铜器、铁器时代的到来，使得金属矿物成为人类大力开发自然资源的有用之物。1886年霍尔－埃鲁铝电解法发明后，铝被广泛地应用到工业生产中，原先被视为无用之物的铝矾土变成人们趋之若鹜的重要财富。由于核能的使用，含铀的岩石陡然身价百倍，成为国际上最为重要的矿产资源之一。历史上的每次技术革新，基本上都导致了自然资源概念外延的扩展，而新资源的利用又为下一次技术革命提供了物质条件。

就社会资源来讲，近年来，以微电子技术为主导，以生物工程、新能源和新材料为代表的一系列新兴技术迅猛发展，使现代社会的产业布局和产业结构发生了深刻的变化。这些产业的发展，不仅要依赖自然资源和人力资源，更多地要依赖智力、信息、技术、管理和组织能力。目前，可持续发展的观点已被全球接受，许多国家正在实施这一发展战略。可持续发展的根本思想就是要合理地开发和利用自然资源，而要做到这一点，就必须以先进的科技水平、管理水平作为后盾。自然资源只是为经济的发展提供了可能，只有先进的科技水平、管理水平才能使自然资源得到合理的开发和利用，并取得最大的经济效益。因此，智力、信息、技术、管理和组织等都属于社会资源的范畴。

综上所述，我们可以把资源的概念归纳为：在一定历史条件下，能被人类开发和利用，以提高自己福利水平或生存能力的、具有某种稀缺性的、受社会条件约束的各种环境要素或事物的总称。

二、资源的分类

对资源的分类可从不同角度进行，根据属性的不同，资源可分成自然资源和社会资源；根据动态性的不同，资源可分为可再生资源和不可再生资源。

（一）自然资源和社会资源

1. 自然资源

自然资源是指具有社会有效性和相对稀缺性的自然物质或自然环境的总称，包括土地资源、气候资源、水资源、生物资源、矿产资源、能源资源、海洋资源、旅游资源等。

第一，土地资源。土地是地球陆地表面部分，是人类生活和生产活动的主要场所。土地资源数量有限，位置固定，是人类最为宝贵的资源之一。人类的大多数争执或战争都是由土地归属问题引起的。土地的分类方法很多，比较普遍的是地形分类法和利用方式分类法。按地形分类，土地可分为山地、高原、丘陵、平原、盆地五大类；按利用方式分类，土地可分为耕地、林地、草地、水域、荒地、工矿用地、交通用地、居民点用地八大类。

第二，气候资源。气候资源是地球上生命赖以产生、生存和发展的基本条件，是人类发展工农业生产的物质和能源的保证，包括热量、降水、风等要素。不同地区气候资源的质和量是有差异的。例如，在低纬度地区，水热条件好，农作物生产快，一年可种三季高产水稻；在高纬度地区，一年只能进行两季低产作物种植。在我国沿海地区，降水丰富，热量充足，气候资源充沛，经济发展很快；在内陆地区，相对干旱少雨，气候资源要素配置不够理想，生产发展容易受到抑制。

第三，水资源。水资源是指在目前经济技术条件下，比较容易被人类利用的、补给条件好的那部分淡水资源，主要包括湖泊淡水、土壤水、大气水、冰川水和河道水等。随着科学技术的发展，海水淡化前景广阔，从发展的角度看，海水也应算是资源。

第四，生物资源。生物资源是指生物圈中的全部动物、植物和微生物。其中，植物资源和动物资源是人类目前利用的生物资源主体。根据植物群落外貌特征的不同，植物资源可分为森林资源、草原资源、沼泽资源等；根据动物资源类群的不同，动物资源可分为哺乳类动物资源、鸟类资源、爬行类动物资源、鱼类资源等。

第五，矿产资源。经过一定的地质过程形成的，赋存于地壳内或地壳上的固态、液态或气态物质，当它们达到工业利用的要求时，便称为矿产资源。矿产资源一般可划分为黑色金属、有色金属、燃料、化工原料、建筑材料、稀有金属等类型。

第六，能源资源。能够提供某种形式能量的物质或物质运动都称为能源资源。大自然赋予了我们多种多样的能源资源：一是来自太阳的能量，如风能以及由煤、石油产生的能量等；二是来自地球内部的能量，如地热资源；三是来自地球与其他天体相互作用所产生的能量，如潮汐能。

第七，海洋资源。海洋资源是指其来源、形成和存在方式都直接与海水有关的物质和能量。海洋资源可分为海洋生物资源、海底矿产资源、海水化学资源和海洋动力资源。海洋生物资源包括生长和繁衍在海水中的一切有生命的动物和能进行光合作用的植物。海底矿产资源主要包括滨海砂矿、陆架油气和深海沉积矿产等。海水化学资源包括海水中所含的大量化学物质和淡水。海洋动力资源主要指海洋里的波浪、海流、潮流等所蕴蓄的巨大能量。

第八，旅游资源。旅游资源是指能为旅游者提供游览、观赏、知识、乐趣、度假、疗养、探险猎奇、考察研究等的一切物质、过程和现象。所有能吸引人们去旅游的各类事物，如国情民风、山川风光、历史文化和各种产物等，均属于旅游资源。旅游资源可分为自然旅游资源和人文旅游资源两大类。自然旅游资源指的是大自然中产生的各种特殊的地质地理景观和现象。人文旅游资源是人类社会中形成的各种具有鲜明个性特征的社会文化景观。

2. 社会资源

社会资源是指自然资源以外的其他所有资源的总称，是人类劳动的产物。社会资源包括人力资源、知识技术资源、管理资源、智力资源、信息资源。

第一，人力资源。人力资源以人口为自然基础，指人口中那些已经成年并且具有正常劳动力的人，它是由一定数量的具有劳动技能的劳动者构成的。人力资源的量和质的规定性包括两个方面：一是作为劳动者的人的数量，二是劳动者的素质。一定数量的人力资源是社会生产的必要先决条件，但经济的高速发展主要依靠高素质劳动者的创造活动，人力资源的质量将在经济发展中起到越来越重要的作用。

第二，知识技术资源。知识技术资源是指人们可用于创造社会财富的各种现实知识技术和潜在知识技术。现代科学技术已成为推动生产力发展的第一要素资源，也是保证自然资源产生生态、经济效应的第一要素。

第三，管理资源。管理资源是指在促进经济增长与社会发展过程中的管理知识和经验。这种资源与人力、物力、财力等资源相结合后将显示出重要作用。

第四，智力资源。智力资源是近年来一些学者提出的一种新观念。他们认为在以物质形态存在的资源（第一资源）和以知识技术形态存在的资源（第二资源）之外，国家还拥有开发创造知识技术资源、开发利用物质资源的科技队伍和管理队伍，这个队伍称为智力资源。

第五，信息资源。信息资源是指可供利用并产生效益的一切信息的总称，是一种具有非实体性、无形的资源，它普遍存在于自然界、人类社会和人类的思维领域之中。随着人类社会的发展，面对新的技术革命，社会将从工业化社会转入信息社会（或称知识、智力社会）。信息作为一种重要的资源，对促进现代社会生产和科技发展有着极其重要的意义。现代工业社会正面临一场以扩展人类信息功能为目标，以信息化、智能化、综合化为特征的信息革命，利用现代信息科学和信息技术对信息进行获取、传递、交换、存储、检索、更新、处理、分析、识别、判断和应用，是信息资源开发、管理和利用的主要内容。

（二）可再生资源和不可再生资源

相对于人类的利用速度而言，资源可分为恢复速度较快的可再生资源和恢复速度较慢的不可再生资源。

1. 可再生资源

可再生资源可连续而稳定地为人类提供各种所需的物质和能量。它主要包括以下资源：

第一，恒定存在的资源，如风能、水力能、地热能和太阳辐射能等，这些资源是长期稳定存在并被人类所利用的。

第二，可循环再生的资源，如淡水资源、森林和草原资源等。在全球水分循环过程中，陆地上的淡水资源是不断被大气降水所补充而再生的；在光合作用下，森林和草原的生物量每年都可得到恢复，不间断地为人类提供有机物质。

第三，人类劳动的产物，包括人力资源、信息资源、知识技术资源等各种社会资源。在人类生产、科技发展的背景下，这类资源更新速度较快，尤其是信息、技术等资源，为社会的加速发展做出了积极的贡献。

虽然通过大自然和人类的劳动，可再生资源不断地得到更新而被人们持续利用，但如果在一定时期里，人类对其耗用过度，尤其是对自然资源消耗过度，就可能破坏资源再生赖以依靠的自然环境，使其处于逐渐枯竭的状态。例如，我国的森林砍伐和近海捕捞都有向大自然攫取过度的倾向，在对土地资源的使用上也存在着滥用和浪费的现象。不同的可再生资源，其再生的速度是不同的。例如，被砍伐的森林得到恢复一般需要 10 年到百余年的时间；自然形成 1 厘米厚的土壤腐殖质层，需要几百年的时间。因此，可再生资源的消耗速度不应大于这类资源的再生速度，同时，我们应该不断地增加社会投入来加速其再生，以满足社会经济发展对资源不断增加的需求。

2. 不可再生资源

不可再生资源是指相对于人类的自身再生产及人类经济再生产的周期而言不能再生的各种资源，主要是各种矿产资源，如煤、石油等。这些资源的形成要经过上千万年的地质演化才能形成，对于人类的利用来说，这些资源是随着人们的消耗而逐渐减少的，在短时期内不能恢复。

人们在利用不可再生资源时，应本着节约和综合利用的原则，杜绝浪费和破坏行为，使有限的资源为人类创造最大的财富。

第二节 当今社会发展所面临的资源环境问题

一、社会发展与自然资源的关系

人类社会的发展是一个人类不断利用各种资源，创造物质财富和精神财富的过程。在各种资源中，源于自然环境的自然资源在人类历史发展的长河中一直提供着社会发展所需的物质和能量；而源于人类本身的社会资源提供着加速社会发展的劳力、技术、知识及各种思想等。随着人类的发展、社会的进步，社会资源是不断累加丰富的，人们在对其加以利用时一般产生的都是正效应。而自然资源不同，由于某些自然资源量是有限的，人类的不断使用会导致其数量的减少甚至枯竭，如果没有替代品，往往会产生该资源贫乏的危机；另外，在利用自然资源的过程中，一般都有残余废弃物回流自然或干扰自然资源自我更新过程的现象，这将对自然环境或自然资源产生强烈的破坏作用，并导致自然环境对人类的报复。

（一）社会发展对自然资源的依赖

人类社会的大厦是建立在各种自然资源基础之上的，没有丰富的自然资源，没有人类长期对各种资源的开发和利用，人类社会就不可能以崭新的面貌跨入 21 世纪的"门槛"。从古代农业文明的发祥到现代高科技产业的腾飞，众多的事例说明自然资源是影响人类社会发展的基本力量。

中国是世界著名的亚洲三大古代文明发源地之一。考古学证明，黄河流域（即陕甘黄土高原南部、渭河盆地、豫西北及晋东南一带）是中华民族的发祥地。人们俗称"中原"的黄河中下游地区之所以成为中华古文明的发祥地，主要原因是：在农耕发轫时，距今 5 000 ~ 7 000 年时期，是全新世的气候最佳时期。当时，黄河中游的气温比现在要高（高 2℃ ~ 3℃），降水量也比现在要多，植物生长茂盛，黄土在植被未被破坏以前原是肥沃的土壤，在黄土中易于挖窑洞，便于古代人居住。在这样良好的自然资源环境中，我们的先民将这里作为他们生息繁衍的场所，发展农耕，形成了著名的仰韶文化，并以此文化为基础，逐步建立了强大的政权（夏、商、周）。在封建社会时期，依托黄河流域丰富的土地资源，不少朝代都在这一区域定都和发展，创造出了璀璨的中原文化。

当 18 世纪中叶欧洲爆发产业革命以后，人类社会发展进入了资本主义阶段。在这个历史时期，土地资源的重要位置被各种矿产资源所代替，各种矿产资源在一定程度上左右着经济的发展和社会的进步。

英国是工业化最早的西方国家。在交通运输还不发达的资本主义初期，纺织工业的动力化、机械化促使经济发展的重心向煤矿、铁矿产地聚集。当时，英国是煤炭资源十分丰富的国家，硬煤总储量达 1 700 亿吨，占世界总储量的 9.1% 。煤田多为中厚煤层，并且埋藏较浅，容易开采，大部分煤质较好，发热量高并能炼焦。英国也是铁矿资源极其丰富的国家，铁矿产区多靠近煤田，煤、铁矿产匹配关系较好。以丰富的煤和铁矿资源为条件而发展的包括纺织、采煤、冶金、纺织机械、造船和某些机床制造业，曾是英国称霸世界的物质技术基础，也是现代资本主义在英国迅速崛起的根本原因。

日本是一个东亚岛国，国内自然资源十分匮乏。日本在第二次世界大战战败后，采取了利用海外资源来发展本国经济的策略。日本利用其优良的港口条件、强大的海洋运输能力、先进的技术手段，进口国外的各种原材料资源，如铝土、原油、铁矿石、铜矿石、原煤、铀、天然橡胶、棉花、羊毛等，在东部沿海一线地区发展来料加工生产，再将工业制成品销往国际市场。在这种对自然资源的开发和利用中，日本的国内经济实力突飞猛进，跨入世界先进行列。

人类社会现在进入"知识经济"时代、信息时代，但人们对自然资源的依赖没有改变，只不过利用新技术、新方法对资源的开发更加有深度、更加综合全面罢了。转基因食品、超导材料的出现是人类对基因资源、物质原料等资源进行深入开发的结果，是自然资源外延不断扩展的表现。无论人类社会发展到什么阶段，自然资源是发展的根本这一真理仍将亘古不变，科学的进步只能起到加快社会发展步伐的作用。

（二）自然对人类社会的报复

在农业社会里，生产力水平不高，人类对资源的利用是有限的。被利用的资源主要是一些可再生资源，可再生资源的循环再生条件也没有被破坏，人类社会与自然的关系是融洽和谐的。自人类进入工业化社会后，生产力水平获得了持续提高，人类改造自然的能力空前增强。由于无知导致的盲目和贪婪产生的驱动，人类只知一味地从自然中掠夺性地索取各种资源，却不愿对大自然的生命循环过程进行维护。最终，大自然不堪重负，以各种形式向人类表达着她的抗议。

1. 肆虐的洪灾

1998 年，长江肆虐的洪水曾牵动整个中华民族的心，百万军民抗洪斗争的胜利，在中华民族抗洪斗争的历史上写下了光辉的篇章。同时，洪水也留给我们深刻教益与反思：大自然愤怒了！

1998 年，长江洪水形成的因素是多方面的，虽然气候的异常是一个因素，但人为导致的长江流域生态环境的破坏是主要影响因素。与历史上长江流域出现的洪水相比，1998 年的洪水量只属于中等水平，可洪水的水位之高、受灾范围之广是空前的。究其原因，主要有以下三条：

第一，对森林的乱砍滥伐。森林有巨大的涵养水源、调节径流的作用。森林复杂的立体结构能对降水予以层层截留，不但可以使降水发生再分配，而且可以减弱降水对地面侵蚀的动能。据研究，我国主要森林生态系统年林冠降水截留量平均值变动为 134～626 毫米，森林枯枝落叶的持水量是其本身重量的 4 倍，它们还能借助良好的土壤结构将地表径流转化为地下径流。在雨季，森林能在一定程度上减少洪峰流量，延缓洪峰到来的时间；在旱季，森林能增加枯水流量，缩短枯水期。无林和少林地区的洪峰进退迅猛，从而加大了洪水对人类的威胁。

长江上游是我国主要林区——西南林区分布地，由于这一地区长期以木材生产为中心，重采轻育、重取轻予，从而使森林资源遭到了严重的破坏。自 20 世纪 50 年代起，这里的森林开始经历浩劫。特别是 20 世纪 60 年代中期开始的三线建设，对天然林区进行了几乎毁灭性的破坏，当时国家从全国各地调集大量人力、物力，以"大会战"的形式集中开发这些大江大河上中游的水源涵养林。现今该区森林的面积和蓄积量还不到 20 世纪 50 年代的 50%，地处长江上游的四川省有 50 多个县的森林覆盖率只有 3% ~5%。

第二，对湿地不合理的开发和利用。湿地包括湖泊、沼泽、泥炭地等。湖泊这种湿地是流域来水的汇集地和调节库，起到蓄泄河川、维持流域水量平衡、降解污染物和提供旅游资源等作用，素有"地球之肾"的美誉。在长江中游地区，由于人类不停地沿河沿湖围垦，致使湿地范围缩小，其调蓄洪水的能力也急剧下降。据调查和不完全统计，中华人民共和国成立以来，长江流域有 1/3 以上的湖泊被围垦，围垦总面积达 13 000 平方千米以上，因围垦而消亡的湖泊达 1 000 余个，围垦使湖泊蓄水容积减少了 500 亿立方米以上。

第三，对土地不合理的耕作。长江上游的川江流域是一个人口众多的古老农业区，农业人口约占该地区总人口的 85.6%。在巨大的人口压力下，区内垦殖率很高。例如，川西地区山高坡陡，可耕地很少，农民不得不在河川两岸开荒种地。长江上游约有 70% 的耕地是没有水土保持措施的顺坡耕作，这种现象在大于 25°的陡坡上尤为普遍。全区旱地约有 264 万公顷（1 公顷 =10 000 平方米），占耕地面积的 53.8%，几乎都为坡耕地。众所周知，陡坡上的过度垦殖，一方面会导致林地减少，另一方面会产生严重的水土流失。水土流失不仅造成长江中下游河床湖泊的淤积，同时还减少了土壤对降水的截流作用，加剧了洪水的下泄。

综上所述，在一定意义上，1998 年长江洪水之灾是人类的咎由自取。

2. 茫茫的赤潮，狂舞的沙尘暴

赤潮是海洋中某些浮游生物在一定环境条件下暴发性增殖或聚集引起水色变化的一种生态异常现象。赤潮生物多为浮游植物（藻类），在我国海域约有 130 种。赤潮之所以被看作灾害，主要是因为它通过藻类产生毒素，引发水生动物鳃组织的物理性刺激或减少水体中溶解氧，从而引起海洋动物大量死亡，同时，毒素通过在鱼类和贝类体内富集，最终对摄食它们的其他动物包括人类产生毒害作用。

近年来，赤潮灾害在我国近海频繁发生，给海水养殖业等造成重大损失。导致赤潮的藻类赖以生存的物质是营养盐，因此，海水富营养化是赤潮发生的必要条件。我们知道，大海能容纳百川，但大海并不能容纳百物。在经济高速增长和人口快速膨胀的背景下，人类不断加强对近海岸地区的开发和利用，生活废水、工业废水和养殖污水大量排进海洋，致使海域产生了富营养化现象。赤潮是大海向人类亮出的具有警示意义的黄牌。

沙尘暴是另外一种环境问题，是风与沙相互作用产生的灾害性天气现象。当其爆发时，空中黄沙蔽日，地面粉尘俱下，能见度极低，给环境带来极大的污染，给人们的生活带来诸多不便。沙尘暴主要发生在北方干旱、半干旱地区。近年来，在我国北方春季，这种灾害频频发生，成为政府和百姓十分关注的一个重大问题。

沙尘暴的发生是有一定条件的。我国北方地区许多地方都是干旱、半干旱地区，由于过度放牧、樵采等人为原因，原来的固定沙丘变成了活化沙丘，流沙不断向南移动。这些地区在遇到大风天气时，就会有大量沙尘被吹向天空，从而成为我国北方沙尘暴的主要沙尘来源。沙尘暴也是大自然对人类不合理行为的报复。

二、当前人类社会发展所面临的挑战

资源日渐枯竭和环境污染日渐加剧是阻碍当前人类社会发展的两个现实问题，而世界人口增长过快是导致自然资源不足、环境恶化等问题的根本原因。因此，人口、资源、环境三个事关人类未来前途的重大问题，引起了各国政府和百姓的高度关注。

（一）人口增长对社会发展的压力

人是物质生产者和消费者的统一。人类进行物质资料生产就是为了满足人类对物质产品的消费需求。不过，人作为生产者是有条件的，即只有经过教育或培训后的人才能成为生产者，而人作为消费者是无条件的。2019 年 6 月，联合国经济和社会事务部在纽约联合国总部发布了 2019 年《世界人口展望》报告。该报告对全世界 235 个国家和地区人口的历史数据、发展趋势进行了分析，预计在未来 30 年后世界人口将再增加 20 亿人，即从 2019 年的 77 亿人增加至 2050 年的 97 亿人；到 21 世纪末，全球人口将继续增长至 110 亿人左右。在当今世界人口爆炸的形势下，过量的人口和人口对物质消费的无限追求给未来社会的发展带来了巨大的压力。

1. 人口过量增长对物质生产的压力

人的需求可分为三个层次：生存需求、享乐需求和自我发展需求。其中，生存需求是最基本的需求。如果人的最基本需求得不到满足，社会将会失去稳定和秩序。在人口急剧增长的形势下，满足人的基本需求的社会物质生产倍感紧张。以粮食生产为例，1985—1995 年世界粮食年平均增加量仅为 406 万吨，年平均增长率只有 0.22%；同期世界人口年平均增加量为 8 701 万人，年平均增长率为 1.66%，高出粮食增长率 1.44 个百分点，致使世界人均粮食占有量在 1995 年降为 330 千克，与 1985 年相比下降了 15.2%，在某种程度上出现了粮食供应紧张的局面，随之产生了世界谷物库存量下降和粮食市场价格全面上涨等令人担忧的问题。美国世界观察研究所于 1994 年和 1995 年在其年刊《世界状况》上发表了该所所长布朗等人的文章。这些文章对从 20 世纪 50 年代末到 2030 年的世界人口、粮食、水产品、经济增长等做出了分析和预测，提醒 21 世纪人类将面临食物无保障的危机。

2. 人口过量增长导致对资源的过度使用

物质生产的原料都来自自然资源，由于对物质产品的巨大需求，人类在先进的生产技术支持下对自然资源的开发和利用也达到了前所未有的高强度、高密度，而这种高强度、高密度的开发和利用方式往往超出了自然资源的自我更新能力。自然资源长期被透支使用，最终会导致其恢复机制的衰退甚至崩溃。近年来，在过量人口的压力下，人类对很多资源的使用都处于过度状态，而这正是导致资源环境问题产生的直接原因。

为了获得更多的粮食或其他生活物资，流域上游或坡度较大的斜坡上有大片的植被被砍伐或被烧荒变成耕地，而这些地方正是水土流失的源头；为了获得更多的粮食或其他生活物资，土地的利用强度极大地提高了，很多土地处在一年三季轮作状态。为了补充土壤肥力的亏空，化肥被大量地使用，而这给土地带来的是酸化、板结等严重的土壤生态问题。

在草原地区，为了获得更多的畜牧产品，单位面积上的畜牧量远远超过其最大载畜量。例如，内蒙古锡林郭勒草原在半世纪前平均 77 亩（1 亩≈666.67 平方米）草场维持 1 只羊，而如今要 7 亩草场维持 1 只羊。超载的牲畜使草类无法更新生长，直至草根都被牲畜啃食，进而引起草场的退化和沙化。

森林是人类需求量极大的一种资源，每年有大量的木材和木材制品被消耗。为了满足社会的需求，对森林的砍伐和利用也达到了前所未有的强度。印度尼西亚、马来西亚的热带雨林以及南美亚马孙河流域的热带雨林在人类的机械化开采下，数量在逐渐减少。据卫星图像显示，世界上每年有相当于 2 个波兰国土面积的热带雨林从地球上消失。这一现象已引起国际社会的高度关注，因为热带雨林对维持全球气候的稳定具有重大意义，如果热带雨林减少或消失，那么其对人类生存环境的破坏性影响将是严重且难以愈合的。在非洲的很多地区，森林由于人类的毁灭性砍伐而无法获得更新，从而导致了土地的沙漠化。

水资源是人类经济发展的命脉，在巨大的人口压力面前，人们对水的需求量也空前攀高。在地表水已不能满足人们需求的情况下，人们开始大量开采地下水。由于每年的开采量远远超过了补给量，地下水的储量逐年减少，水面逐年下降，进而引起了一系列社会、环境、生态等问题。例如，地下水的减少导致地面沉降，给地面上高层建筑的安全带来了隐患；地面的沉降给沿江、沿海地区的防洪和防涝带来了压力；地下水面的下降使海水回灌，出现地下水的咸化现象等。

3. 人口过量增长导致严峻的社会就业形势

仅从社会化大生产的角度看，劳动力人口（15～59 岁人口）绝对数量和比率的升高，使得被赡养的老年人口和少年人口比率下降，社会负担减轻，有利于经济的发展。一个社会如果缺少人力资源，将给经济发展带来一些问题，如俄罗斯远东地区的开发就因劳动资源的不足而进展得极其缓慢。但从生产原料资源与人力资源的配置来讲，因没有足够的原料资源来消化所有的人力资源，所以过多的人力资源就会引起人口失业，影响社会的稳定。这个问题在一些人口众多的发展中国家相当严峻。

以我国为例，虽然近年来我国人口总量增长逐步趋缓，但劳动力人口数量以及劳动力供给量将长期居高不下。调查表明，2018 年，中国大陆总人口中，0～15 岁（含不满 16 周岁）总人口为 2.49 亿人，占总人口比重的 17.8%；16～59 岁（含不满 60 周岁）总人口为 8.97 亿人，占总人口比重的 64.3%；60 周岁及以上总人口为 2.49 亿人，占总人口比重的 17.9%。这一现实决定了我国在相当长的时间内，将面临劳动力供大于求、就业岗位不足、失业率居高不下等严峻形势的压力；这种压力反过来又会阻碍劳动生产率的提高，使社会显性和隐性的失业人数进一步增长。

4. 人口过量增长阻碍了人口素质的提高

传统的农业和工业经济时代，人口的数量和结构直接影响了经济的发展；在当今知识经济时代，人口的质量成为影响经济发展的关键因素。

在教育资源有限的国度里，过多的受教育人口会降低人均教育资源的占有量、降低教育的质量；一个家庭中有过多的孩子，也会降低人均教育投资花费，而这些都不利于人口素质的提高。目前，劳动力人口素质较低的国家都是一些人口数量相对较大的发展中国家。

我国的人口素质也亟待提高。国家统计局于 2016 年 4 月发布报告，截至 2015 年，我国大陆总人口中具有大学（指大专以上）教育程度人口为 17 093 万人；具有高中（含中专）教育程度人口为 21 084 万人；具有初中教育程度人口为 48 942 万人；具有小学教育程度人口为 33 453 万人（以上各种受教育程度的人包括各类学校的毕业生、肄业生和在校生）。与 2010 年第六次全国人口普查相比，每 10 万人中具有大学教育程度人口由 8 930 人上升为 12 445 人；具有高中教育程度人口由 14 032 人上升为 15 350 人；具有初中教育程度人口由 38 788 人下降为 35 633 人；具有小学教育程度人口由 26 779 人下降为 24 356 人。虽然我国的人口素质有很大进步，但与发达国家相比仍然存在较大差距。

（二）资源退化和枯竭对社会发展的制约

社会发展的物质基础是自然资源，可由于世界人口的迅速增长，人类对资源如土地资源、水资源、生物资源、矿产资源等的使用强度和使用量越来越大，很多资源都面临着日渐退化和枯竭的危险。

1. 土地资源退化

土地资源在人口的压力下，不仅后备资源短缺，而且处于退化之中。1991 年，联合国进行的荒漠化状况评估结果表明，全球陆地面积的 1/4（约 3.6×10^9 公顷土地）正受到退化的威胁。除了 2.58×10^9 公顷是草场退化外，其余土地（主要是耕地）都是由流水侵蚀和风力吹蚀引起的，其退化的主要原因是过度放牧、森林砍伐和不合理的农业利用。由于土地的退化，单位土地面积上的载畜量和粮食产量在大幅下降。这一切都严重威胁着世界粮食的安全性。

2. 水资源短缺

据世界资源研究所提供的资料，目前，全球可利用的淡水资源为 4×10^6 立方千米，而全世界用水总量约为 4.66×10^4 立方千米，从理论上讲人类社会应该不存在水资源危机。但是，一方面，由于世界水资源的时空分布极不平衡，有些地区的水资源非常丰富，甚至经常出现洪涝，而有些地区的水资源异常缺乏，用水极为困难；另一方面，由于环境污染严重，很多淡水资源被破坏而不能被加以使用。基于这两个原因，水资源短缺正威胁着人类社会的生存与发展。目前，水资源不足的国家有80个，缺水人口占世界总人口的40%。在中东、北非、中亚等干旱地区，缺水情况十分严重。对于我国来讲，北方水资源少，缺水较严重，而南方有些城市由于水体污染严重，也产生水资源供应紧张的现象。水资源匮乏已成为目前制约世界经济发展的一个重要因素。

3. 生物资源破坏严重

自20世纪以来，由于人类的活动、气候的变化，特别是对土地无止境的开发等原因，人类对动植物的生长环境造成了很大侵害，使生物资源遭受严重破坏。全球森林覆盖率持续降低，海洋中渔业资源的数量也大幅度减少，许多物种濒临灭绝。1900年以来，全球3/4的农作物物种已经消失。到2000年，有15%~20%的动植物物种已从地球上消失。许多生物在其价值尚未被人类认识之前就灭绝了。

4. 矿产资源的耗竭

由于全球工业化速度加快，矿产资源的开采也在加速进行。一些学者认为矿产资源的短缺将成为制约世界经济发展的重要条件。据世界石油大会报道，世界石油资源探明储量按目前年产石油量计，可开采四五十年。人类面临"石油枯竭"的日子不会太远了。煤炭是另一种重要的矿物质，其在能源消费量中仅次于石油。世界煤炭可采储量大多集中在俄罗斯、美国和中国。按目前煤炭产量计，虽然煤炭的可供开采年限比石油长，但煤炭的燃烧要释放大量二氧化碳和二氧化硫。大气中二氧化碳的浓度增加会使大气温室效应增强，二氧化硫增多则会导致酸雨，造成严重的环境问题。因此，出于环保方面的要求，人类应该控制对煤炭的使用，减少二氧化碳与二氧化硫的排放量。

另外，以全球最常用的9种有色金属矿产为例，按其储量和年开采量计，铅矿、锌矿、铜矿、锡矿可开采年限不超过50年，镍矿、汞矿、锑矿、钛矿可采年限不超过100年。随着工业的发展，这些矿产的开采量将会增加，其可采年限亦将缩短。这是人类必须面对且必须解决的问题。

（三）环境污染对人类文明的破坏

良好的生态环境是社会发展的基本条件和人类追求的目标。随着全球人口的迅速增加，人类对自然资源的需求量急剧增长，排放到自然中的废弃物也日益增多。在这种不断加快的物质循环中，自然环境为人类提供资源的能力和降解、消化人类所排放的废弃物的能力越来越弱。目前，自然环境的总体质量不断下降，甚至影响了人类的生存和发展。

1. 大城市空气污染严重

随着世界经济的发展、工业化的推进、城市化进程的加速以及汽车的进一步普及，人类活动向大气中排放的烟尘和有毒气体猛增。目前，全球每年排放到空气中的铝为 2×10^6 吨、

砷为 7.8×10^4 吨、汞为 1.1×10^4 吨、镉为 0.55×10^4 吨，其排放量均超出环境背景值的 $20 \sim 300$ 倍。全世界每年向大气中排放一氧化碳 1.49×10^8 吨、悬浮颗粒物（SPM）1.6×10^6 吨。这些物质弥漫在大城市低空，严重污染了大城市的空气。近年来，世界上大多数城市一直承受着空气污染的危害。6 亿多人居住在二氧化碳水平超过世界卫生组织指标的城市地区，12.5 亿多人居住在悬浮颗粒物指标过高的城市中。当今世界由人类活动排向大气中的二氧化硫所导致的酸雨现象相当普遍。酸雨严重之处，水生植物死亡，绿色植物和农作物一片枯黄凋敝，土地、建筑物、古代壁画和雕塑等也被严重腐蚀。

2. 温室效应与全球变暖

目前，世界各国都极为关注由温室效应等引起的全球变暖趋势。所谓温室效应是指大气中某些气体含量增加，引起地球平均气温上升的现象。这类气体称为温室气体，包括二氧化碳、甲烷、氯氟烃、臭氧等。近年来，工业燃料排放的二氧化碳与日俱增，加之由于森林植被被破坏，森林对碳的吸收作用减弱，因此，大气中的二氧化碳含量大为增加。科学家预计今后几十年内大气中的二氧化碳含量还将成倍增加，这可能给人类造成重大灾难。如果人类再不采取措施控制二氧化碳的排放，那么地球的气温在 21 世纪将上升 $1℃ \sim 3.5℃$。温度的升高将使目前中纬度干旱地区的气候更为干旱，并使全球海面大幅上升，大量沿海城市将因海面的上升而被淹没。

3. 臭氧层遭破坏

大气中臭氧层最重要的功能是吸收太阳的紫外线辐射。臭氧层能吸收 99% 的高强度紫外线，对地球上人类和其他生物的生存和健康具有重要意义。然而，臭氧层正遭受人工合成的化学物质——氯氟烃的破坏。根据世界气象组织提供的资料，每年 1 月和 2 月上旬，持续于北半球中纬度地区上空的臭氧含量出现了不同寻常的低值，有些地区出现了臭氧层空洞现象。目前，南极臭氧层空洞的面积已达 2.4×10^7 平方千米，覆盖了南极大陆和周围海洋。科学家估计，如按现行速度推算，到 2075 年，地球上空的臭氧含量将比 1985 年减少 40%，臭氧的减少将给人类造成更加严重的后果。臭氧层遭到破坏会导致地面紫外线辐射增加，使人类皮肤癌的发病率增高、免疫系统受到影响、双目失明的患者增加，还会使许多粮食作物（如小麦、大豆、玉米、土豆等）大量减产。因此，臭氧层空洞已成为影响人类生存的重大环境问题之一。

4. 水体污染加剧

水体污染是环境污染的又一重要表现。全世界每年污水排放量达 4×10^{11} 立方米，约 5.5 万亿立方米水体受到污染，尤其是发展中国家的水污染更为严重。目前，全球陆地水、海洋水都受到了不同程度的污染。

陆地水的污染源一方面来自工业废水和生活污水，另一方面来自降雨对化肥、农药及其他污染物的冲刷以及空气中的降尘。陆地水的污染使生产和生活用水遭到破坏或减少，并危及水生生物，损害人类的身体健康。

世界性水体污染的另一个重要方面是海洋污染。据专家估计，现在全世界通过工业排污每年进入海洋的铅达 $3 \times 10^5 \sim 4 \times 10^5$ 吨、铜 20 多万吨、汞 5×10^4 吨。每年世界渔船抛入海里的塑料包装品多达 2×10^5 吨、塑料渔具 10 万多吨，商船投放的废弃物 6.5×10^7 吨。此外，由于海上大规模开采石油以及轮船的溢漏和排污，每年排入海洋的石油总量至少有 1×10^7 吨，有时甚至达 2×10^7 吨。城市污水和工业废水在近海的排放以及在海湾倾卸垃圾等，也使大面积的海域和滩涂受到污染。

第三节　人类社会的可持续发展道路

一、可持续发展思想的提出

面对当今社会发展所遇到的诸多问题，人类未来该走一条怎样的发展之路？社会发展必须依赖大自然，但又不能向大自然过度索取甚至破坏自然。人类经历了众多的惨痛教训后，认识到只有走可持续发展道路才是解决我们现在所面临的各种问题的根本途径。

在人类历史发展的进程中，西方的工业文明给人类带来了巨大的物质财富，但同时也不可避免地引发了严重的环境问题。20 世纪中叶，不少发展中国家纷纷仿效发达国家的发展模式，实行经济赶超战略，结果多数国家不仅没有实现赶上世界先进水平的发展目标，反而陷入了面临人口膨胀、资源减少、环境破坏等一系列问题的困境之中。面对人口、资源、环境等重大问题，20 世纪 60 年代以来，人类开始认识到，地球提供自然资源的能力和环境的自净能力是有限的，自然资源是一种稀缺资源。到了 20 世纪 70 年代，人类逐渐认识到全球环境问题的严重性。1973 年联合国环境规划署成立后，它第一次提出了"没有破坏的发展"的口号，这个口号可以说是可持续发展思想的雏形。1980 年，世界自然保护同盟（International Union for Conservation of Nature，IUCN）、世界野生生物基金会（World Wildlife Fund International，WWF）和联合国环境规划署联合发表了《世界自然保护大纲》（*World Conservation Strategy*）。该文件强调：如果自然和自然资源得不到保护，人类作为自然的一个组成部分就没有前途；如果社会不进行发展，缓解数亿人的贫困问题，人类就不可能对自然资源进行有效保护。该文件还首次提出了"可持续发展"（sustainable development）这一概念，它特别强调三大目标：一是主要的生态过程和生命支持体系必须延续下去；二是遗传多样性必须得到保护；三是任何物种或生态系统的利用必须具有持久性。但在当时，这些认识并没有引起人们的广泛注意。直到 1987 年，世界环境与发展委员会（World Commission on Environment and Development，WCED）主席挪威首相布伦特兰夫人发表了著名的《我们共同的未来》（*Our Common Future*）报告，该报告在第 42 届联合国大会上通过之后，世界范围内出现了可持续发展的热潮。该报告指出：必须以可持续发展的原则来迎接人类面临的环境与发展问题的挑战；可持续发展是 21 世纪发达国家和发展中国家正确处理和协调人口、资源、环境与经济相互关系的共同发展战略，是人类求得生存和发展的唯一途径。

由于可持续发展关系到当今人们的生产和生活，关系到人类的生存和发展，关系到经济的持续增长和社会的安定繁荣，所以，这一战略一经提出立即引起世界各国和国际组织的重视和关注。基于可持续发展的重大意义，联合国于 1992 年 6 月 3 日至 14 日在巴西里约热内卢召开了有 183 个国家首脑参加的会议——联合国环境与发展大会。会议通过并签署了 5 个重要文件：《里约环境与发展宣言》《21 世纪议程》《关于森林问题的原则声明》《气候变化框架公约》《生物多样性公约》，提出了建立"新的全球伙伴关系"的倡议。这次会议为今后环境与发展领域开展国际合作确立了指导原则和行动纲领。

二、可持续发展思想的内涵

传统的发展观点基本上以工业增长作为衡量发展的唯一标志，把一个国家的工业化和由此产生的工业文明当作现代化实现的标志。在现实经济生活中，这种发展观表现为对国民生产总值（gross national product，GNP）高速增长目标的热烈追求，人们认为 GNP 越高的国家就是经济强国，人均 GNP 越多的国家就是经济成功、社会繁荣的国家。这种单纯片面追求 GNP 增长的发展战略所带来的严重后果是：环境急剧恶化、资源日趋减少、人民的实际福利水平下降，发展最终将难以持续而陷入困境。问题的症结在于：这种经济增长没有建立在自然环境基础之上，没有确保那些支持经济长期增长的资源和环境基础受到保护和发展；相反，有的国家甚至以牺牲环境为代价来求得发展，其结果必然导致生态的失衡或恶化，最终使经济发展因失去健全的生态环境基础而难以持续。

可持续发展思想强调的是经济与环境的协调发展，追求的是人与自然的和谐。其核心思想是：健康的经济发展应建立在生态环境具有持续能力的基础上。其追求的目标是：既要使人们的各种需要得到满足、个人得到充分发展，又要保护生态环境，使环境不对后代人的生存和发展构成危害；关注各种经济活动的生态合理性，鼓励对环境保护有利的经济活动；在发展指标上，不单纯地将 GNP 作为衡量发展的唯一指标，而是用社会、经济、环境、生活等多项指标来衡量发展。可持续发展思想把人类当前的利益和长远的利益、局部的利益和全局的利益有机地结合起来，使社会的未来走向沿着一条健康的轨道发展。

可持续发展在上述核心思想的指导下，还包括以下几层含义：

第一，可持续发展突出强调的是发展。发展是人类共同的、普遍的权利，无论是发达国家，还是发展中国家都享有平等的、不容剥夺的发展权利。发展对发展中国家来说尤为重要。目前，发展中国家正承受着来自贫穷和生态恶化的双重压力，贫穷是导致生态恶化的根源，生态恶化又加剧了贫穷。因此，可持续发展思想认为，对于发展中国家来说，发展是第一位的。只有发展才能为解决贫富悬殊、人口猛增和生态危机提供必要的资金和技术，才能逐步实现现代化，最终摆脱贫穷、愚昧和落后。发展不仅是解决贫穷的"钥匙"，而且是解决人口、文盲等危机和卫生条件差等一系列社会问题的必要手段。发展是使发展持续下去的必要前提条件。

第二，可持续发展思想认为，经济发展与环境保护相互联系、互为因果。可持续发展的概念从理论上摒弃了长期以来把经济发展与环境保护对立起来的错误观点。发展经济和提高生活质量是人类追求的目标，它需要以自然资源和良好的生态环境为依托。若忽视了对资源和环境的保护，经济发展就会受到限制。没有经济的发展和人们生活的改善，特别是对人们最基本的生活需要的满足，就无从谈到资源、环境的保护，因为持续发展的社会不可能建立在贫穷、饥饿和生产停滞的基础之上。

可持续发展思想非常重视环境保护，即把环境保护作为它极力追求的最基本目标之一，人类已不仅仅满足于物质消费和精神消费，也把建设舒适、安全、清洁、优美的环境作为实现发展的重要目标而进行不懈的努力；此外，可持续发展思想还把环境建设作为发展的重要内容之一，因为环境建设不仅可以为发展创造许多直接或间接的经济效益，而且可以为发展提供适宜的环境与资源；可持续发展思想还把环境保护作为衡量发展质量、发展水平和发展程度的客观标准之一，因为现代社会的发展越来越依靠环境和资源的支撑，而随着人类科学技术的迅速发展，以及环境的恶化与资源的急剧减少，环境和资源为发展提供支撑的能力越来越有限。

第三，在环境保护方面，每个人都享有正当的保护环境的权利和负有相应的保护环境的责任。可持续发展思想认为，每个人都享有在发展中合理利用自然资源的权利和享有清洁、安全、舒适的环境权利。这种权利应当得到他人的尊重和维护。把这一权利扩展到国际事务与交往中，则变成国家资源主权与环境责任的平等和统一，即"根据《联合国宪章》和国际法原则，各国拥有按照其本国的环境与发展政策开发本国资源的主权权利，并负有确保在其管辖范围内或在其控制下的活动不致损害其他国家或在各国管辖范围以外地区的环境的责任"（《里约环境与发展宣言》）。

第四，人们要改变传统的生产方式和消费方式。可持续发展思想认为，目前摆在世界各国面前的一个重要任务就是要及时、坚决地改变传统发展模式，减少和消除不能使发展持续的生产方式和消费方式。"地球所面临的最严重的问题之一，就是不适当的消费和生产模式，导致环境恶化、贫困加剧和各国的发展失衡。若想达到适当的发展，需要提高生产的效率，以及改变消费，以最高限度地利用资源和最低限度地生产废弃物。"（《21 世纪议程》）

第五，加快环境保护新技术的研制和普及，并提高公众保护环境的意识。解决环境问题的根本出路在于科学技术的进步。改变传统的生产方式和消费方式，就必须大力发展科学技术，因为只有人类研制、应用和普及大量先进、科学的生产技术，才能大幅度降低单位产品的能耗、物耗，才能不断开拓新能源和新材料，才能实现减少投入、增加产出的发展模式，进而减少发展对资源、能源的依赖性，减轻发展给环境带来的压力。

可持续发展思想还强调，人们要树立一种全新的现代文化观念，彻底改变对待自然界的传统态度，用生态观点调整人与自然的关系，把人类看成自然界的一个部分，从而真正建立人与自然和谐相处的观念。为此，人们要使环境教育"重新定向，以适应可持续发展，增强公众环境意识，并推广培训"（《21 世纪议程》）。

三、中国的可持续发展道路

我国是一个发展中国家，提高我国的经济发展水平是走可持续发展之路的前提。虽然我国改革开放以来取得的经济成就举世瞩目，但这些成就与广大人民群众的需求相比还有很大的差距。为此，我国必须坚持把发展国民经济放在第一位，坚持以经济建设为中心的基本方针。只有经济增长率达到和保持一定的水平，我国才有可能不断消除贫困，人民的生活水平才会逐步提高，并且具备必要的能力和条件支持可持续发展。为此，21 世纪我国可持续发展的首要目标是保持经济的高速增长，争取在 21 世纪中叶达到中等发达国家的水平。

同时，我国又是一个人口大国，人口的基本素质偏低，人均资源量偏少，环境基础十分薄弱。面对这种形势，21 世纪我国可持续发展必须强调经济发展与人口增长相协调、经济发展与资源的持续利用相协调、经济发展与环境的持续维护和改善相协调等原则。

（一）中国 21 世纪"可持续发展"行动纲领

2003 年 1 月，为了全面推动可持续发展战略的实施，明确 21 世纪初我国实施可持续发展的目标、重点领域及保障措施，我国制定并颁发了《中国 21 世纪初可持续发展行动纲要》，其主要内容包括：

1. 保证人口可持续发展的行动纲领

控制人口数量的增长。我国是人口大国，控制人口数量的增长是保证人口可持续发展的重要方略，也是我国的基本国策之一。如果人口增长失控，社会的可持续发展将成为镜花水月。20 世纪 70 年代以来，由于执行了计划生育政策，我国 30 年来减少的出生人数在 3 亿人以上。《中国 21 世纪人口与发展》白皮书提出了我国的人口控制目标：2005 年全国人口控制在 13.3 亿人以内；2010 年控制在 14 亿人以内；人口年平均增长率控制在 0.9% 以内；2040—2050 年出现人口零增长时的人口控制在 16 亿人以内。

积极提高人口质量。人口质量包括人口的身体素质和文化教育素质。在人口过剩的国度里，控制人口数量的增长将有助于人口素质的提高，而人口素质尤其是文化教育素质的提高，也有利于人口数量的控制，因为生育率一般与人们的文化教育程度高低呈反向关系。结合我国的实际情况，我国政府提出了提高我国人口质量的目标和措施。

在身体素质方面，婴儿死亡率在 2005 年下降到 31‰左右，在 2010 年下降到 30‰以内；预期寿命在 2005 年上升到 72 岁，在 2010 年达到 73 岁。为实现上述目标，政府除采取大力发展经济、改善人口营养状况、发展医疗卫生事业等措施外，还要全面推进优生优育服务，大力提高出生人口的素质；积极发展社会保障事业，确保失业、医疗、养老和计划生育保险的落实；开展全民健身运动，把体育事业的发展与增强人民体质结合起来。

在文化教育素质方面，我们要重点加强对贫困地区和少数民族地区普及九年义务教育，城市和有条件的农村地区基本普及高中教育，使初中毛入学率达到 90% 以上；提高高等教育毛入学率，2005 年全国具有大专学历以上的人口比率达 3.9%，2010 年达 4.8%。为实现上述目标，政府一要保证对教育的财政投入不断增长，高于一般经济建设投资增长率；二要大力推进教育改革，走"社会办学校"之路，提高教育劳动生产率；三要从根本上改变脑力和体力分配不合理的状况，社会分配逐步向脑力劳动倾斜，提高个人和家庭进行人口智力投资的积极性。

2. 保证资源可持续利用的行动纲领

我国的自然资源是相对匮乏的。如果单纯地通过大量消耗资源来追求经济数量的增长，实现持续的发展肯定是不可能的。为确保 21 世纪我国自然资源的可持续利用，我们必须切实执行保护资源、提高资源再生能力和提高资源利用率三大政策。

保护资源即对现有的资源加以保护，不得滥垦滥伐、胡挖乱采、破坏资源。提高资源再生能力就是对再生资源加强保护，扩大资源再生规模和提高资源再生质量，重点是耕地、林地、草场资源的再生。提高资源利用率要求节约资源，发展替代资源，减少单位产值的自然资源的消耗。毫无疑问，对人类社会而言提高资源利用率、走节约资源型发展道路是战略首选。在实际行动中，我们要逐步建立节约型、集约型的农业产业结构，保证水资源、土地资源、生物资源的可持续利用；逐步建立节约型、知识密集型的工业产业结构，保证水、能源、矿产资源为人类服务的可持续性；发展循环经济，挖掘资源的深度开发价值。

3. 保护环境的行动纲领

作为人口最多的国家，我国随着人口的增长和工业化的加速推进，不可避免地面临诸多环境问题。在"环境保护是我国第二项基本国策"思想的指导下，环境保护工作取得了一定的成绩，但新的环境问题仍在不断地出现，集中表现为：工业污染有所减轻，农业污染和城市生活污染加重；污染由点源式逐步扩大到面源式，农药污染、白色污染、汽车尾气污染以及乡镇小企业污染呈扩展之势；环境破坏面越来越大，已危及生态平衡，如黄河的断流、土地的沙漠化等。

面对上述严峻的形势，我们要寻求中国环境的可持续发展，需要将保护环境、改善环境的策略贯彻到底。在相应的行动决策上，我国一要扩大环境保护宣传，加强全民环境保护意识，使更多的人认识到环境直接关系到人类的生存和发展，认识到人类只有一个地球，人类只有一种选择——保护环境；二要严格执法，切实贯彻落实《中华人民共和国环境保护法》（以下简称《环境保护法》），大力查处破坏环境的违法违纪行为；三要加大对环境治理的投入，包括中央财政、地方财政的必要资金的投入；四要大力发展清洁生产技术，普及清洁生产模式，以最小的环境代价获得最大的社会经济效益；五要实施环境保护市场取向的改革，发挥经济杠杆的作用来保护和改善环境。通过上述的宣传手段、法律手段、经济手段以及生产技术手段，我国一定能出现人口与环境和谐发展的新局面，我们的未来一定会天更蓝、水更绿、生活更富裕、子孙后代更幸福。

（二）科学发展观

进入 21 世纪后，我国发展呈现出一系列新的阶段性特征，我们必须深刻分析当今世界正在发生的变化和当代中国全面参与经济全球化所面临的新机遇、新挑战，全面认识工业化、信息化、城镇化、市场化、国际化深入发展的新形势、新任务，总结我国改革开放和世界可持续发展的经验，确立新的发展思想和途径。

1. 科学发展观的提出

2003 年 10 月，中国共产党十六届三中全会提出了"坚持以人为本，树立全面、协调、可持续的发展观，促进经济社会和人的全面发展"，按照"统筹城乡发展、统筹经济社会发展、统筹人与自然和谐发展、统筹国内发展和对外开放"的要求推进各项事业的改革和发展。

胡锦涛在十七大报告中进一步指出："科学发展观，第一要义是发展，核心是以人为本，基本要求是全面协调可持续，根本方法是统筹兼顾。"① 十七大报告精辟地论述了科学发展观的核心内容、基本要求和根本方法，是对科学发展观这一科学理论最为凝练、最为深刻的概括。

2. 科学发展观的基本内涵

科学发展观的内涵极为丰富。科学发展观强调以人为本，强调实现经济社会全面协调可持续的发展，具体包括以下内容：

第一，以人为本的发展观。坚持以人为本，就是以实现人的全面发展为目标，从人民群众的根本利益出发谋发展、促发展，不断满足人民群众日益增长的物质文化需要，切实保障人民群众的经济、政治和文化权益，让发展的成果惠及全体人民。

第二，全面发展观。全面发展，就是以经济建设为中心，全面推进经济、政治、文化与社会建设，实现经济发展和社会全面进步。

第三，协调发展观。协调发展，就是统筹城乡发展、统筹区域发展、统筹经济社会发展、统筹人与自然和谐发展、统筹国内发展和对外开放，推进生产力和生产关系、经济基础和上层建筑相协调，推进经济、政治、文化、社会建设的各个环节、各个方面相协调。

第四，可持续发展观。可持续发展，就是促进人与自然的和谐，实现经济发展和人口、资源、环境相协调，坚持走生产发展、生活富裕、生态良好的文明发展道路，保证一代接一代地永续发展。

（三）新时代发展观：生态文明建设

党的十八大以来，我国社会发展进入了中国特色社会主义新时代。我国社会主要矛盾转化为人民日益增长的美好生活需要和不平衡不充分的发展之间的矛盾，人民群众对优美生态

---

① 胡锦涛. 高举中国特色社会主义伟大旗帜为夺取全面建设小康社会新胜利而奋斗. 人民日报，2007 - 10 - 25（2）.

环境的需要成为这一矛盾的重要方面。同时，随着我国经济高速增长，我国已成为世界第二大经济体，社会发展也到了有条件、有能力解决生态环境突出问题的"窗口期"。针对这一新形势，党和国家明确提出新的生态文明建设发展观。

1. 生态文明建设发展观的提出

2012 年 11 月，党的十八大做出"大力推进生态文明建设"的战略决策。十八大报告不仅论述了生态文明建设的重大成就、重要地位、重要目标，而且全面、深刻地论述了生态文明建设的各方面内容，从而完整地描绘了在今后相当长一个时期我国生态文明建设的宏伟蓝图。2015 年 4 月，中共中央、国务院颁发《关于加快推进生态文明建设的意见》，对推进生态文明建设进行了全面部署。2017 年 10 月，党的十九大报告把生态文明作为新时代中国特色社会主义思想的重要内容之一，明确提出"建设生态文明是中华民族永续发展的千年大计"，并为我国生态文明建设指出了明确的目标、路径和具体任务。

2. 生态文明建设发展观的主要内容

我国生态文明建设的两步走战略目标：第一阶段，2020 年—2035 年，生态环境根本好转，美丽中国目标基本实现；第二阶段，2036 年—21 世纪中叶，生态文明将全面提升。

为实现这一宏伟的战略目标，生态文明建设具有四项具体任务：推进绿色发展、着力解决突出的环境问题、加大生态系统保护力度、改革生态环境监管体制。

推进生态文明建设，必须坚持以下原则：一是坚持人与自然和谐共生。人与自然是生命共同体，必须树立尊重自然、顺应自然、保护自然的生态文明理念。二是绿水青山就是"金山银山"。这一重要的发展理念，阐述了经济发展和生态环境保护的关系，揭示了保护生态环境就是保护生产力、改善生态环境就是发展生产力的道理，指明了实现发展和保护协同共生的新路径。三是良好的生态环境是最普惠的民生福祉。发展经济是为了民生，保护生态环境同样也是为了民生。我们既要创造更多的物质财富和精神财富以满足人民日益增长的美好生活的需要，也要提供更多优质的生态产品以满足人民日益增长的优美生态环境的需要。四是山水林田湖草是生命共同体。生态是统一的自然系统，是相互依存、紧密联系的有机链条，是人类生存发展的物质基础。五是用最严格的制度、最严密的法治保护生态环境。保护生态环境必须依靠制度、依靠法治。六是共谋全球生态文明建设。生态文明建设关乎人类的未来，需要世界各国同舟共济、共同努力。我国要深度参与全球环境治理，积极引导国际秩序变革方向，形成世界环境保护和可持续发展的解决方案。以生态文明建设发展观统领我国经济社会发展全局，对于解决我国当前在经济社会发展中面临的诸多矛盾和问题具有重要的指导意义，也顺应了当今世界发展的潮流，体现了马克思主义社会发展观的基本要求。

【本章小结】

资源是社会发展的物质基础，资源具有社会效应性和相对稀缺性，资源的外延会随着人类科学技术的进步不断拓展。因此，我们可以给资源做出如下定义：在一定历史条件下，能被人类开发和利用，以提高自己福利水平或生存能力的、具有某种稀缺性的、受社会条件约束的各种环境要素或事物的总称。根据资源属性的不同，资源分为自然资源、社会资源；根据资源再生情况的不同，资源分为可再生资源、不可再生资源。

人类的发展历史就是利用各种资源的历史，资源是支撑人类社会发展的物质、技术基础。但当人类利用资源（主要是自然资源）的强度超过一定限度或利用的方式不恰当时，自然环境就会以各种方式报复人类。正是由于人类的错误决策和行动，目前人类社会正面临着人口爆炸性增长、资源退化和枯竭、环境严重污染等一系列阻碍人类社会持续发展的重大问题，其中，人口爆炸性增长是产生这些问题的主要根源。

走可持续发展道路是解决阻碍人类社会发展问题的唯一选择。可持续发展的核心思想就是：强调健康的经济发展应建立在生态环境具有持续能力的基础之上；追求既要使人们的各种需要得到满足、个人得到充分发展，又要保护生态环境，使生态环境不对后代人的生存和发展构成危害的一种发展模式；关注各种经济活动的生态合理性，鼓励对环境保护有利的经济活动。为了实现21世纪我国的可持续发展，我国政府提出了《中国21世纪初可持续发展行动纲要》，在人口发展上提出了"控制人口数量的增长，积极提高人口质量"的策略；在资源利用上提出了"保护资源、提高资源再生能力和提高资源利用率"的行动策略；在环境保护方面提出了"保护环境、改善环境"的行动策略。进入21世纪之后，针对我国社会可持续发展过程中出现的新问题，我国提出了以人为本的科学发展观，强调实现经济社会全面协调可持续的发展。针对中国特色社会主义新时代的新形势，我国又明确提出了生态文明建设发展观，对经济社会可持续发展进行了全面部署。

【思考与练习题】

一、填空题

1. 广义的资源指人类生存发展和享受所需要的一切_____要素，包括_____和_____。

2. 生物资源是指生物圈中的全部_____、_____和_____。其中，_____和_____是人类目前利用的生物资源主体。

3. 社会资源包括_____、_____、_____、_____、_____。

4. 煤、石油等属于_____；水资源、生物资源、土地资源等属于_____。

5. 人的需求可分三个层次：_____、_____和_____。其中，_____是最基本的需求。若这个最基本的需求得不到满足，社会将会失去稳定和秩序。

6. 在人口过剩的国度里，控制_____的增长将有助于人口素质的提高，而人口素质尤其是文化教育素质的提高，也有利于_____的控制，因为生育率与人们的文化教育程度高低呈_____。

7. 科学发展观强调_____，强调实现经济社会_____的发展。

8. 2012 年 11 月，党的十八大做出"大力推进＿＿＿＿＿＿"的战略决策，完整地描绘了今后相当长一个时期我国＿＿＿＿＿＿的宏伟蓝图。

二、选择题

1. 资源具有的两个重要特征是（　　）。
　A. 廉价性、实用性　　　　　　B. 再生性、广泛性
　C. 社会效应性、稀缺性　　　　D. 可获得性、可交换性

2. 知识技术资源是指人们可用于创造社会财富的各种（　　）。
　A. 先进的技术　　　　　　　　B. 领先的科学
　C. 精湛的生产工艺　　　　　　D. 现实知识技术和潜在知识技术

3. 英国是工业化最早的西方国家，其在工业化过程中所依赖的主要资源是（　　）。
　A. 人力资源　　B. 土地资源　　C. 矿产资源　　D. 森林资源

4. 所谓温室效应是指大气中某些气体含量增加，引起地球平均气温上升的现象。这类气体称为温室气体，包括（　　）。
　A. 二氧化碳、甲烷、氯氟烃、臭氧等
　B. 一氧化碳、甲烷、氯氟烃、氧气等
　C. 二氧化碳、甲烷、氮气、臭氧等
　D. 二氧化碳、氢气、氯氟烃、氢气等

5. 可持续发展理念在全世界被重视，是自挪威前首相布伦特兰夫人发表了著名的（　　）报告，并在第 42 届联合国大会上通过之后发生的。
　A.《我们共同的未来》　　　　　B.《世界自然保护大纲》
　C.《里约环境与发展宣言》　　　D.《京都议定书》

6. 我国人口可持续发展的行动纲领确定：2010 年我国人口控制在（　　）亿人以内；2040—2050 年出现人口零增长时的人口控制在（　　）亿人以内。
　A. 13，14　　　B. 14，15　　　C. 14，16　　　D. 15，17

三、名词解释

1. 人力资源　2. 气候资源　3. 赤潮　4. 沙尘暴

四、简答题

1. 人口的过度增长对社会发展有哪些不利的影响？
2. 什么是资源？为什么资源的外延是不断扩展的？
3. 简述科学发展观的基本内涵。
4. 简述生态文明建设发展观的主要内容。

五、论述题

1. 为什么说在当今世界人口、环境、资源三大问题中，人口问题是最根本的？
2. 可持续发展思想的内涵包括哪些内容？
3. 结合你身边的生产或生活实例，谈谈哪些生产或生活方式是不利于可持续发展的，

需要怎样改正？

📖 【推荐阅读书目】

[1] 杨魁孚，田雪原. 人口、资源、环境可持续发展. 杭州：浙江人民出版社，2001.

[2] 许英. 环境科学教育基础. 北京：中国环境科学出版社，2008.

[3] 牛文元. 中国可持续发展总论. 北京：科学出版社，2007.

[4] 严耕. 中国生态文明建设发展报告2015. 北京：北京大学出版社，2016.

第三章　婚姻、家庭的产生与发展

学习目标

　　通过本章的学习，学员应能够对婚姻与家庭的历史有一个清楚的了解，知道婚姻与家庭的基本含义和本质，能够认识到人类社会的婚姻与家庭是一个不断发展的过程。随着生产方式的变革，人们的婚姻与家庭观念、婚姻与家庭模式也处在不断变化之中。

学习建议

　　本章共分三节，第一节主要介绍了婚姻与家庭的基本含义和本质特征；第二节分析了婚姻与家庭随着人类社会的发展而演变的历史；第三节阐述了现代社会婚姻与家庭发展的情况，特别是网络时代的到来对婚姻与家庭发展的影响。建议学员在学习的过程中着重对基本概念进行理解和掌握，对文中所提出的观点进行分析和判断，独立思考，并从中得出自己的结论。

第一节　婚姻与家庭的含义

　　婚姻与家庭生活是人生的重要组成部分，它在一定程度上决定了一个人生命质量的高低。而家庭又是社会的细胞，家庭是否和睦、幸福，事关社会的安定与发展。家庭以婚姻为前提，婚姻以爱情为基础，婚姻与家庭密不可分。婚姻作为一种社会制度，几经演变成为男女结合建立家庭的合法形式，家庭是婚姻长久存续的依托，家庭生活赋予婚姻现实意义。

一、婚姻

1. 婚姻的基本含义

　　关于婚姻，汉代郑玄在《诗·郑风笺》中讲："婚姻之道谓嫁娶之礼。"唐代孔颖达在《礼记·婚义疏》中对此解释道："男以昏时迎娶上女，女因男而来……论其男女之身谓之嫁娶，指其好合之际，谓之婚姻，嫁娶婚姻，其事是一。故云婚姻之道，谓嫁娶之礼也。"他又讲："娶妻之礼以昏为期，因名焉。"这里的"婚姻"主要指嫁娶的仪式。

此外，郑玄在《礼记·经解注》中讲道："婿曰婚，妻曰姻。"孔颖达在《礼记·婚义疏》中对此解释道："……此据男女之身，婿则昏时而迎，妇则因而随之，古云婿曰婚，妻曰姻。"这里的"婚姻"主要指夫妻称谓。

另外，《尔雅·释亲》中讲："婿之父为姻，妇之父为婚……妇之父母，婿之父母相谓之婚姻……妇之党为婚兄弟，婿之党为姻兄弟。"这里的"婚姻"主要指姻亲关系。

由上可见，我国古代对"婚姻"一词的解释主要着重于婚姻的形式——嫁娶仪式，以及由婚姻这一事实衍生的社会关系——夫妻关系和姻亲关系。

然而，婚姻的存在有其客观的生理基础、心理基础和社会基础，我们要对"婚姻"做合理的解释，必须对婚姻存在的基础做一考察。

首先，我们来看一看婚姻的生理基础。俗话说，"男大当婚，女大当嫁"。求偶是成年人的正常欲望，是不可压抑的自然现象。当一个正常人达到一定的年龄和生理成熟阶段后，就会出现对异性的向往和性的要求，婚姻就是建立在人的这一生理需要的基础之上的。

其次，婚姻的心理基础主要表现在由男女遗传因素所决定的生理因素而造成的性心理活动。这种性心理活动主要包括：男女性别角色的认同、性机能反应和性的欲望。其突出表现就是由同类异性求偶的生理反应而导致的异性间相互倾慕、亲近的心理体验和性体验——性爱。性爱与人类的其他几种爱——血统爱、敬爱、抚爱和友爱相比，具有强烈的排他性、冲动性、直觉性和隐含性的特点。这是一种复杂的人类心理活动过程，正是这一心理活动过程激发了男女之间的性吸引力，从而产生爱情并最终促使婚姻关系的生成。

最后，婚姻的社会基础主要表现在社会环境因素对婚姻关系生成、维持、适应和解体的制约作用。这些社会环境因素主要包括：性环境因素（如性观念、个体修养、民族习惯、风俗习惯、地理环境等）、个体的经济社会地位、社会意识形态和国家的政治法律制度等。这些社会环境因素决定了婚姻关系生成、维持、适应和解体的正当性基础，即婚姻的合法性问题。

综合上述分析，我们可以给婚姻下一个简单的定义：婚姻是基于性爱基础之上的被社会或国家所认可的男女两性结合、维持、适应和解体的过程，即婚姻过程。这个过程一般包括：择偶过程、嫁娶（男女结合）过程、维持和适应过程、解体（离婚或自然解体）过程。这个过程通过一定的仪式以及由婚姻所衍生的社会关系具体表现出来。

2. 婚姻的本质

婚姻作为一种社会现象、社会制度，不是从来就有的，而是社会发展到一定阶段才出现的。《易·序卦》中讲："有天地然后有万物，有万物然后有男女，有男女然后有夫妇，有夫妇然后有父子，有父子然后有君臣，有君臣然后有上下，有上下然后礼仪有所措。"这是古人对社会演化过程的一种认识。按照这种认识，在人类产生之初，男女之间就有性的结合，但那种结合是由于人类受到种的保护、繁衍的自然法则作用的结果，是人类自然属性的表现，因此，还不能称之为婚姻。

婚姻是在人类男女两性关系发展到一定阶段后出现的，夫妻关系及姻亲关系是它的产物。随着社会的发展，人类出于理性的原因开始对男女两性的结合以及相互之间的关系做出种种规定和限制，这些规定和限制一方面表现为道德和社会风俗习惯的力量，另一方面表现为法律规范等强制力。这些规定和限制，使婚姻能够得到社会或国家的承认、保护、指导，成为稳定社会、协调人们相互关系的一种重要手段。这也是婚姻作为一种社会现象区别于一般男女两性关系的根本所在，也是婚姻作为一种社会现象、社会制度的本质表现。婚姻的本质一方面表现为它的自然属性，另一方面表现为它的社会属性。婚姻的本质主要通过它的社会属性表现出来，其本质就在于它的社会性。

婚姻的自然属性主要表现为男女两性基于性爱的需要而达到性的结合，从而满足男女两性在性生理和性心理方面的需求，以及通过婚姻这种形式繁衍后代的需要。

婚姻的社会属性主要表现为男女两性通过婚姻关系实现结合，从而在社会生活中实现人性的完美和统一。柏拉图认为，婚姻（爱情）就是追求完整。人类不论男女，他们的幸福就是实现爱情，找到和自己配合的爱人，恢复人原来的本性，达到完全。黑格尔认为，婚姻是男女"双方人格的同一化"，相爱的两个人已经从精神上完全融为一体，你中有我，我中有你，相互依存，不可分割，婚姻是具有法的意义的伦理性的爱，实质上是伦理关系。婚姻是当事人双方自愿组成为"一个人"，同意为那个统一体而抛弃自己的自然和单个的人格。在这一意义上，这种统一乃是"作茧自缚"，其实这正是他们的解放，因为他们在其中获得了自己实体性的自我意识。

婚姻在本质上是它的自然属性与社会属性的统一。性是婚姻的基础，也是婚姻的主要内容之一，但性不等同于婚姻的全部，婚姻除了它的自然属性、生理关系之外，还有其他的规定性。这些其他的规定性主要表现为由法律和习惯所固定下来的夫妻关系、姻亲关系等，表现为权利与义务、自由与责任的统一，是男女双方人格的同一化过程。

3. 婚姻的类型及婚姻关系形态

人们需要爱与被爱，但是人们的爱与被爱又不是盲目的。人们在选择伴侣的过程中根据个人的喜好和经济社会地位，有的偏重于情感，有的偏重于实际。据此，我们可以把婚姻分为两种类型：较重实际的可称为功利型的婚姻（utilitarian marriage），较重情感的可称为内涵型的婚姻（intrinsic marriage）。

第一，功利型的婚姻。男女的结合建立在主要的实际目的上的婚姻称为功利型的婚姻。有时它指那些为了实际上的需要或方便而生成的婚姻关系，它并不重视伴侣间的亲密关系。例如，单身的父母步入或重新步入婚姻的殿堂，可能仅仅是为了找一个伴侣以协助对子女的养育。人们步入功利型婚姻殿堂的原因比较复杂，对某些人来说，功利型的婚姻常常能提供物质的享受或促进事业的发展或提供简单的、基本的经济保障。功利型的婚姻关系表现为夫妻之间角色及兴趣的分隔，夫妻之间是一种平行关系模式（parallel relationship）。

第二，内涵型的婚姻。基本的内涵型婚姻是男女双方有深厚的感情，在彼此心目中的价值衡量上以对方的福利为首。内涵型的婚姻是基于伴侣间的亲密及彼此的感情，伴侣的主要工作是尽可能满足彼此的性需要、伴侣及感情等私人的需要，要求有极多的个人感情的付出。夫妻之间表现为一种互动关系模式（interactional pattern）。

在实际生活中，完全功利型的或完全内涵型的婚姻形式并不多见。这两种婚姻类型代表一条想象直线的两端，真实生活的婚姻就落在这条直线的某个点上，集合了功利主义及感情因素。在这两个极端之间，几乎有数不清的婚姻关系形态。其中，具有代表性的婚姻关系形态主要有五种：有两种是功利型的，分别是无生气的（devitalized）、消极同趣味的（passive congenial）；有两种是内涵型的，分别是有生命的（vital）、全盘的（total）；还有一种则难以分辨，主要表现为冲突性的（conflict habituated）。

第一，无生气的。在无生气的婚姻里的夫妻结婚很多年，在这些年里，他们的关系失去了原有的趣味、亲密及意义。他们曾经相爱，曾相伴很多时光，并有亲近的感情关系。但目前的情况正好相反，他们很少有时间在一起，很少发生性关系，不再共享许多活动；在一起的大多数是职责时光，用以招待宾客、计划及分担子女的活动、参与社会的职务或工作。他们曾是内涵型的结合，如今其婚姻变成功利型的结合。

第二，消极同趣味的。在消极同趣味婚姻里的夫妻重视除了感情亲近以外的事物，在不同的团体则可能是指不同的事物。消极同趣味的伴侣从来不期待其婚姻处在感情的环绕之中。夫妻之间没有大的冲突，但这并不表示就没有不可言喻的挫折。因为彼此很少亲密，这些伴侣只满足对方对于普通伴侣的需要。

第三，有生命的。在有生命的婚姻里的夫妻非常重视并享受彼此的相聚及分担一切。有生命婚姻的夫妻会觉得他们一起做事的兴致并不一定来自事物本身，其兴致来自一起共事的心情。然而这并不表示有生命的婚姻伴侣就失去对本身的认同，或在有生命的婚姻里就没有冲突发生。他们的确会有冲突，但较集中于真正的事件。一旦冲突发生，有生命的婚姻伴侣会试图极快地解决其争论，以便重新恢复对双方有意义的婚姻关系。当彼此有不同的意见时，他们会沟通，因此，紧张的局面在有生命的婚姻里是不会长久的。典型的有生命的婚姻伴侣认为性关系是很重要的并可以使彼此感到满足，有生命婚姻的伴侣将性行为当成在整个生命中不只是义务上或仪式上的履行。

第四，全盘的。全盘的婚姻意味着夫妻双方对于生命中所有重要的事件都能分享。全盘的婚姻里的夫妻可能共享事业、朋友、休闲活动以及家庭生活，他们可以共同安排美满的生活以使他们在一起长相厮守。有生命的和全盘的婚姻都非常注重感情，但后者更甚，有生命的婚姻中某些伴侣尚保留个人的活动。

第五，冲突性的。在冲突性的婚姻里的夫妻往往要经历巨大的紧张及不能解决的冲突。夫妻习惯于争吵、苛责，总是旧事重提。如同一个规则，夫妻承认彼此不相配，并认为生活中的紧张气氛是正常现象。

冲突性的关系不同于因特殊事件引起的冲突。在冲突性的关系里，彼此所争论的题目似乎都不是重要的事情，彼此根本不期待或不愿去解决这些差异。他们产生冲突并不是为了解决这些争论；相反，他们认为退让的一方在下次争论时会失去面子。对某些夫妻来说，冲突成为一种满足伴侣间感情的需要，但不是一种亲密关系。

二、家庭

1. 家庭的基本含义

男女通过婚姻结合而组成家庭，家庭是人类最基本的一种社会组织。然而，什么是家庭？家庭的本质是什么？人们对这些问题的回答可谓众说纷纭，莫衷一是。目前，理论界关于家庭的代表性观点主要有以下几种：

第一，人口生产关系论。这种观点认为，家庭是以一定形式的经济为基础的人口生产关系。家庭所担负的最基本的社会职能是通过人的生产和再生产来维持生命的延续和人类的延续，从而为社会的存在和良性循环提供最基本的要素——人。这种人口生产关系是一切家庭所共有的最基本、最常见、最普遍、最本质的东西。

第二，经济关系论。这种观点认为，家庭的本质是经济关系。一方面，家庭的形式、性质、职能、结构等都是与一定的社会经济基础相适应的，是随着社会经济的发展变化而变化的；另一方面，家庭内部人与人的关系是由客观的社会经济关系决定的，有什么样的社会经济关系，就有什么样的家庭关系。

第三，感情关系论。这种观点认为，家庭的本质关系是情感关系。男女之间有没有感情、是否互爱是家庭组成或分离的关键性要素。大多数人正是因为彼此有感情，愿意共同生活在一起，才组成家庭。是否以爱情为基础、感情的浓厚与否越来越成为衡量家庭发展水平的重要因素。随着物质生产的发展和精神境界的提高，家庭成员对彼此感情的期望值逐渐升高，感情在家庭中的决定作用越来越大。

第四，多层次论。这种观点认为，家庭在本质上是多层次的，我们不能仅仅从某一方面对其加以解释。家庭在本质上是社会关系、物质关系及人本身的生产关系的三个层次的综合，要认识家庭的本质就不能割断其在各个层次之间的联系。

综上所述，家庭作为人类社会最基本的一种社会组织，是通过男女结合而形成的一种生活组织和血缘组织，这是家庭的自然属性。然而，由家庭引发的夫妻关系、父母与子女关系以及子女之间的关系是各种社会关系在家庭中的综合反映，因此，对家庭的考察需要从多方面来进行。

2. 家庭结构的类型及其特征

家庭结构或构成，指家庭内部的构造，即成员的成分及相互关系。家庭成员的成分，即家庭成员由哪些人组成。家庭成员的成分及数量决定了家庭结构的类型。家庭的结构特征是指家庭的构成情况，或家庭发展阶段中不同时期家庭的构成情况（家庭生命周期）。

根据家庭成员的成分、数量及其相互关系，家庭结构的类型可分为以下几种：

（1）核心家庭

核心家庭，即由一对夫妻及其未婚子女组成的家庭。这种家庭还可进一步划分为其他几种形式，其共同特征是：人数少、规模小、结构简单，只有一对配偶、一个权力和活动中心。这些特征也是这类家庭成为核心家庭的标志。

（2）扩大式家庭

扩大式家庭指由两对或两对以上的夫妻及其未婚子女组成的家庭。扩大式家庭又可分为主干家庭和联合家庭两种。

主干家庭，又称直系家庭，即由父母和一对已婚子女组成的家庭。这种家庭还可进一步分为几种形式，其共同特征是：都是在核心家庭的基础上发展而来的，权力和活动中心仍然只有一个，但同时也存在一个次中心。

联合家庭，又称大家庭或复式家庭，指由两对或两对以上同代夫妻及其未婚子女组成的家庭。这种家庭也可进一步划分为几种形式，其共同特征是：多代多偶，同时存在着一个权力和一个活动中心，以及几个次中心或几个权力和活动中心，结构松散，不稳定。

（3）其他家庭形式

其他家庭形式主要指丧失配偶的孤老家庭、丧失父母的未婚兄弟姐妹组成的家庭，或者由祖父母（外祖父母）和孙子女组成的家庭。

此外，根据一个家庭的发展过程，我们可以把家庭生命周期划分为以下几个阶段：

第一，单身期。这个时期是一个成年人离开父母独居的时期，也是一个成年人的择偶时期。这个时期是一个家庭产生的预备期或酝酿期，奠定了今后所组成家庭的走向以及与其相应的社会关系的产生。因此，尽管这个时期没有真正的家庭产生，但我们在考察家庭的结构特征时也把这个时期作为家庭的一个单独阶段。

第二，新婚期。新婚宴尔，男女由相悦而结合，一个由两性结合而生成的家庭诞生了。这个时期的家庭在结构上表现为年轻夫妻、无子女。

第三，"满巢"Ⅰ期。这个时期的家庭经过了新婚的浪漫期，一个新的生命已经诞生，一对新人渡过了孕育生命的艰难时期，熬过抚育幼小生命的历程。这个时期的家庭在结构上由一对年轻夫妻和一个处在学龄前的孩子组成。因为孩子处在学龄前阶段，所以我们称这个时期为"满巢"Ⅰ期。

第四，"满巢"Ⅱ期。这个时期的家庭最平凡而又充实，夫妻围绕孩子的成长和教育而劳累。

第五，"满巢"Ⅲ期。这个时期的家庭经过多年的经营，孩子已经长大，开始独立生活，但父母仍须在其学业、前途、婚姻等方面予以更大的精力、财力支持。

第六，"空巢"Ⅰ期。夫妻结婚已很久，其子女已成人和分居，夫妻仍有劳动能力。

第七，"空巢"Ⅱ期。夫妻已是退休的老年人，其子女早已离家分居。

第八，鳏寡就业期。独居老人，尚有劳动能力。

第九，鳏寡退休期。独居老人，已退休，处于养老时期。

3. 家庭的功能特征

家庭的功能即家庭的功用或效用。家庭生活是人生重要的生命阶段之一，家庭对个人和社会具有不同的功能。家庭对个人的功能主要包括对生养子女的责任、对家庭分子提供经济的保障，以及对家庭分子提供感情的保障。家庭对社会的功能主要包括生育后代，性行为的管理，对社会生活、经济生活的贡献，使社会秩序化等，择其要点简述如下：

第一，满足性生活的需要和性生活的社会控制功能。人类的性行为是以人的生物本能为基础的，性爱是男女结合组成家庭的一个直接因素，也是人类家庭生活必不可少的内容。家庭不但起到满足人类性欲需要的作用，在法律、道德和习俗力量的作用下，它也对人的性欲的满足起到限制作用。家庭满足夫妻之间性欲的同时又限制家庭之外的各种性行为。

第二，生育子女繁衍后代。家庭的主要功能是提供对生育及养育子女的社会控制。父母，不论是单身，还是结婚或离婚，不仅应照顾子女，还应对子女的道德及心智发育担负起责任，即家庭对子女的社会化要担负主要责任。

第三，为家庭成员提供经济的支持。几乎所有的家庭都会从事各种行为，其目的在于为家庭成员提供实际的需要，如衣、食、住、行等。在这个过程中，家庭成员相互合作，彼此产生了安全感，这也为家庭成员提供了经济保障。

第四，为家庭成员提供感情的保障。家庭给人们带来一种安全感和归属感。现代的家庭常被期盼能给其成员提供一个有保护、有关怀的环境，家庭虽然不能满足所有的感情需要，但它能够为其成员提供某种程度的感情保障。家庭提供感情保障的功能主要表现在三个方面：家庭成员通过相互理解，表露与交流内心的深层情绪与感受，形成共同的思想感情基础；家庭成员通过相互关怀与支持，消融家庭外部（社会生活中）带来的苦恼与挫折，形成和谐的心理状态，得到家庭以外无法相比的精神安慰与寄托，缓和与协调个人和社会之间的某些紧张关系；家庭成员通过共同的娱乐活动，调节身心，恢复体力，并增强家庭成员间的亲密程度。和睦、温暖的家庭可以激发人生的种种依恋，可以催人上进。

第五，消费的功能。家庭是社会的基本消费单位，是家庭成员经济生活的共同体。以家庭为单位进行消费是各种社会消费的基本特点。

第六，社会稳定的功能。家庭是社会的细胞，社会的稳定依赖家庭的和睦。

通过以上分析我们可以发现，家庭主要有以下功能特征：

第一，家庭功能的多面性。一般来说，某种社会组织仅具有某种社会功能，满足社会中人们某一个方面的需要。而家庭担负的社会功能是多方面的，是任何其他社会组织都无法比拟的，家庭能够满足人们多种基本需要。

第二，家庭具有满足个人和社会最基本需要的功能。个人和社会为维持生存而必需的最基本的需要都可以在家庭中得以满足。家庭可以为人们提供满足生存必需的各种生产资料和生活资料；可以满足人们生活的需要；可以进行人口再生产，以满足社会不断延续的需要；家庭还可以传递社会文化，以保证社会生活得以继续；等等。

第三，家庭可以独立地满足人们社会生活的需要。个人和社会的生存及其发展必须得到几个基本方面的满足，包括经济的、政治的、文化的需要。一般来讲，各个方面需要的满足都是由专门的组织负担的。这些组织相互配合、协调，使社会生活得以正常进行。但家庭单独地履行过满足个人和社会基本需要的功能。在家庭产生的初期，家庭（血缘家庭）满足了社会生活各个方面的需要，在各个社会生活领域中发挥着作用。随着社会的发展，家庭的许多功能逐渐被专门的社会组织所取代，其服务领域日益缩小，但家庭在日常生活领域中仍表现出其独立地满足人们各种需要的特征。

第二节　婚姻与家庭的历史演变

婚姻与家庭是人类社会发展到一定阶段才出现的社会组织形式。在远古时期，人类不知婚姻为何事、家庭为何物，有过漫长的血亲杂交、混沌杂居阶段。随着社会的缓慢发展，人类从血亲杂交状态逐步演变出各种以有血亲关系的人互相通婚为特点的血缘家庭；一群姊妹是她们共同丈夫的共同妻子的普那路亚家庭；成对配偶在或长或短的时期内相对稳定地同居，夫从妇居的对偶家庭；以及随着私有财产制的确立，以父姓为主体组成的一夫一妻制家庭。人类婚姻、家庭这一发生、发展和演进的过程，正如美国人类学家摩尔根在《古代社会》一书中所揭示的，家庭从来不是静止不动的，而是随着社会从较低阶段向较高阶段的发展，从较低的形式变为较高的形式。恩格斯根据摩尔根的意见，把家庭演变的历史划分为以下几个阶段：血缘家庭（血婚制）、普那路亚家庭（伙婚制）、对偶家庭（偶婚制）和一夫一妻制家庭（专偶制）。

一、血缘家庭

大约在 170 万年前，人类处于蒙昧时代中期时，血缘家庭出现了。血缘家庭是在同辈分内部发生两性关系的婚姻集团。相同辈分的人互为夫妻，很自然地构成了一个以血缘为纽带的血缘家庭。按照这种制度，两性关系是根据母系世代来划分的，这种婚姻家庭形式又称作等辈婚或兄妹婚，是群婚制的最初阶段。

血缘家庭也称血缘公社，它既是一个生产单位，也是一个生活单位。作为一种婚姻制度，血缘家庭排除了不同辈分的直系血亲之间的性关系。父母和子女、祖父母和孙子女之间存在着严格的婚姻禁例。这种婚姻家庭形式具有两个最基本的特点：血缘群婚和知母不知父。《吕氏春秋·恃君览》指出："昔太古尝无君矣，其民聚生群处，知母不知父，无亲戚、兄弟、夫妻、男女之别，无上下长幼之道。"古籍中描述的正是一幅典型的母系氏族社会的图像。

血缘家庭是人类社会第一个社会组织形式，也是人类第一种家庭形式。摩尔根指出："血婚制家族是第一个有组织的社会形式……它揭示了人类的最低水平。我们可以以此为出发点，以此为已知的最低点，来探索人类进步的历史，并通过家族的结构，通过发明和发现的进程，从蒙昧社会一直研究到文明社会。"① 马克思和恩格斯也认为血缘家庭是人类社会的第一个家庭形式。马克思指出，血缘家庭是最简单的从而又是最古老的家庭制度，在原始时代实难找出任何另外一种可能有的开始的家庭形式。而且，血缘家庭也是第一个"社会组织形式"。

在这种社会中，妇女在生产、生活中处于领导地位，氏族成员过着共同劳动、共同消费的平等生活。由于生产力水平低下，没有多少剩余产品，阶级还没有出现。血缘家庭出现以后，人类不仅在物质资料生产方面摆脱了动物状态，而且在人自身发展方面也摆脱了动物状态。血缘家庭的出现促进了人类社会的发展和人类身体结构的显著变化。

二、普那路亚家庭

普那路亚家庭是人类的第二种家庭形式，产生于蒙昧时代的中级阶段，是群婚制发展得最快、最典型的阶段——族外群婚制阶段。这一阶段的特点是，绝对禁止集团成员之间的性交关系、婚姻关系，成员内部实行"非性关系"，人们只能在集团之外寻找性伴侣或婚姻配偶。这种家庭的重要成员——夫妻之间不再存在兄弟姐妹关系，这是家庭组织的进步。

"普那路亚"这个名称来自最早被发现实行这种家庭形式的夏威夷群岛的土著人。"普那路亚"是夏威夷语，是亲密伙伴的意思。在那里，婚姻是在两个以上的集团之间发生的。一个集团由若干兄弟和他们的妻子组成，这种集团是以作为丈夫的兄弟为基础的，妻子把丈夫的兄弟也看作自己的丈夫，共享其夫的妻子之间互称"普那路亚"，这表明她们之间不一定都是直系姐妹关系，而是亲密的伙伴关系；另一个集团是由若干姐妹和她们的丈夫组成，这种集团是以作为妻子的姐妹为基础的，丈夫把妻子的姐妹也看作自己的妻子，共享其妻的丈夫之间也互称"普那路亚"，这表明他们之间不一定都是直系兄弟关系，而是亲密的伙伴关系。

普那路亚家庭是在自然选择原则的作用下产生的。人类在漫长的发展过程中，逐渐认识到血亲婚配的弊病，从而逐渐产生了禁止同胞兄弟姐妹之间通婚的观念。此外，促使家庭形式发生转变的另一个重要因素就是经济发展的状况。当时的生产力水平决定了原始社会在这一阶段只能实行共产制的共同家庭经济，这一家庭经济形式决定了家庭公社最大限度的规模。随着同母所生的子女之间禁止性交、通婚观念的产生，子女在生产活动中各自分开，分别成为不同生产组织（当时是家庭公社）的核心，其结果是旧家庭公社的分裂和新家庭公社的建立。普那路亚家庭就是通过这样的或类似的途径从血缘家庭中产生的。

三、对偶家庭

对偶家庭是人类家庭发展的第三种形式，它产生于蒙昧时代和野蛮时代交替的时期。与

---

① 摩尔根. 古代社会. 杨东莼，马雍，马巨，译. 北京：商务印书馆，1997.

之相适应的婚姻形式就是对偶婚，对偶婚是从多偶婚向单偶婚（一夫一妻制）的过渡。对偶婚是一对男女在或长或短的时期内比较固定地同居，但双方能够轻易离异的个体婚。它具有以下几个特征：

第一，家庭发展到对偶婚阶段，开始摆脱群婚状态，成对的配偶在或长或短的时期内能够相对稳定地同居。最初是一个男子在许多妻子中有一个主妻，一个女子在许多男子中有一个主夫，主夫与主妻在一个较长的时期共同生活在一起，逐渐发展为配偶关系。

第二，婚姻关系的不稳定性。对偶婚的配偶同居很不稳定，男女双方的离异是经常、普遍的，有时男女双方在较短的时间内可以几易其妻或其夫，并且即使在偶居期间也并不排除与其他异性发生关系。

第三，婚姻的基础主要是生育和性生活的需要。婚姻关系以男女双方两厢情愿为前提，也可以根据任何一方的意愿而解除。

第四，女子仍是婚姻的主体。恩格斯指出："在一切蒙昧人中，在一切处于野蛮时代低级阶段、中级阶段、部分地还有处于高级阶段的野蛮人中，妇女不仅居于自由的地位，而且居于受到高度尊敬的地位。"① 妇女在家庭中所处的主体地位，是与她们在生产中所处的地位分不开的。在这种婚姻制度下，女子成年后便另起新居，有专门接待配偶的客房，该女子成为对偶家庭的主人，而男子则是客人，随女方居住，男子对女子稍不尊敬，便可能被赶出家门。

第五，没有自己独立的经济。在对偶家庭中，男女双方不仅仅是性生活的关系，有时男子也参加女方氏族的一些活动。到后来，男方的主要活动都在女方氏族内进行，与女方共同消费，一起抚养子女。但由于"这种对偶家庭本身还很脆弱，还很不稳定，不能使人需要有或者只是愿意有自己的家庭经济，因此它根本就没有使早期传下来的共产制家庭经济解体"②。也就是说，每个对偶家庭都没有自己独立的经济，而是许多对偶家庭在母系的联系下，过着共产制的经济生活。

第六，辨认父亲仍是困难的。对偶家庭刚出现时，男子除婚姻活动外，其他活动仍在原来的氏族中进行，而且成年女子由于接待配偶的需要，其子女往往随外祖母居住。因此，子女辨认父亲仍是困难的。但是由于对偶家庭相对稳定，子女辨认父亲还是有一定可能性的。马克思指出："父权制的萌芽是与对偶制家庭一同产生的。"③

事实上，早在群婚制时代某种或长期或短期的配偶关系就已经出现。无论是在血缘家庭中，还是在普那路亚家庭中，虽然是由一群男子和一群女子互为夫妻，但在两性同居上还是一男一女相结合，只不过有些人保持偶居关系的时间长些，有些人保持偶居关系的时间短些。这种同居关系并不排斥当事人和其他异性发生关系。

---

① 中共中央马克思恩格斯列宁斯大林著作编译局．马克思恩格斯选集：第四卷．北京：人民出版社，1972．

② 同①．

③ 马克思，恩格斯．马克思恩格斯全集：第二十卷．中共中央马克思恩格斯列宁斯大林著作编译局，译．北京：人民出版社，1972．

对偶婚兴起的主要原因归结为经济的发展。随着原始公社经济的发展，人类的生存环境得到改善，可获得越来越多的食物满足自己的需要，人口的存活率大大提高，随之人口密度增大，氏族之间往来频繁，群婚失去了原始的朴素性质。许多男子的来访对于当时在母系氏族社会中还肩负着重任的女子来说是一个沉重的负担，并使妇女越来越感到难堪和屈辱。因此，"妇女也就愈迫切地要求取得保持贞操、暂时地或长久地只同一个男子结婚的权利作为解救的办法"①。这样，渐渐地形成一个男子在许多妻子中有一个主妻（还不能称为爱妻），而他对于这个女子来说也是她的许多丈夫中的一个主夫，真正的对偶家庭建立了。在群婚制向对偶婚的转变中，妇女发挥了很大的主导作用。

对偶婚在婚姻家庭的发展过程中所产生的另外一个影响就是从此出现了结婚仪式。在群婚制下，婚配是群体内部和群体之间的任意组合。人们达到一定的年龄，或通过某种仪式被宣布为成人，就自然而然地卷入群婚制下的家庭生活，无所谓结婚也无所谓离异，自然也不必举行结婚仪式和办理离婚手续。对偶家庭是人类个体家庭的先河，此时建立婚姻关系的男女只限于两个独立的个体，从而婚姻关系的建立在双方的心中居于重要的地位，随之整个社会对婚姻都持一种比较重视的态度。正是在这种观念的引导下，以当时的社会条件为基础，结婚仪式产生了。但是对偶家庭处于不稳定的个体家庭阶段，结婚具有形成初期的朴素性质，与现在的结婚仪式迥然不同。

四、一夫一妻制家庭

一夫一妻制家庭是人类家庭发展的第四种形式，也是当今社会普遍存在的家庭形式。它最初产生于野蛮时代的中级阶段和高级阶段的交替时期，是从对偶家庭中产生的。它的最后胜利是文明时代开始的标志之一。一夫一妻制家庭的产生不是以自然条件为基础的，而是以经济条件为基础的，这种家庭是以财产的私有和继承为前提的。与对偶婚相比较，一夫一妻制家庭的特点体现为以下两个方面：

第一，男子在家庭中居于统治地位。在对偶家庭是家庭主要形式的时期，共产制家庭经济是妇女统治的物质基础，反映在家庭关系中，就是妇女在家庭中居于统治地位，受到家庭成员的高度尊敬。在一夫一妻制家庭中，夫妻的地位发生了转移，丈夫在家中掌握了经济大权，从而掌握了对妻子越来越大的统治权。恩格斯曾就此指出，一夫一妻制从一开始就具有它的特殊性质，使它成为只是对妇女而不是对男子的一夫一妻制。组成一夫一妻制家庭的婚姻建立在丈夫的统治之上，其明显的目的是确定出自一定父亲的子女，以便子女将来以亲生的继承人资格继承其父亲的财产。在这种家庭形式中，丈夫可以过多妻生活，但妻子只能过一夫生活，而且严禁女子发生婚外性关系——不仅包括婚前，而且包括婚后。社会对男女实行截然不同的性道德标准，这也是男子在家庭中居于统治地位的典型表现。

---

① 中共中央马克思恩格斯列宁斯大林著作编译局．马克思恩格斯选集：第四卷．北京：人民出版社，1972．

第二，婚姻不可离异。一夫一妻制家庭与对偶家庭相比要牢固得多、持久得多，夫妻双方不能任意解除婚姻关系，而且即使面临婚姻解体，一般是丈夫具有主动权，只有丈夫可以离弃妻子，破坏夫妻忠诚是丈夫的权利，妻子必须严持操守。从这一方面，我们也能看出一夫一妻制家庭中男女的不平等。

促使一夫一妻制家庭代替对偶家庭成为主要家庭形式的动力是社会分工的出现和生产资料私有制的产生。随着生产力的发展，农牧业和手工业从旧式的生产活动中分离出来，并逐步代替了渔业和狩猎活动，成为社会经济生活的主要内容。妇女由于生理上的原因，从事这些劳动时，不如身强力壮的男子，因此，男子代替女子成为生产的主要力量，成为社会财富的主要创造者，女子逐渐退居次要地位。这种变化反映在家庭关系中就是男子作为丈夫地位提高，成为一家之主，而女子不再有往昔的地位和权威。生产发展的另一个结果是社会财富的增多，财富逐渐集中在一个人的手中，即男子手中，而且这种财富必须传给这个男子的后代，而不是传给其他任何人的后代。男子已经不满足于传统的母系继承制，他要让自己的子女能够继承自己的财产，为此就需要有妻子方面的一夫一妻制。随着男子在社会、家庭中经济地位的提高，男子的这一愿望越来越强烈。他们成为改变旧家庭形式的积极行动者和主要力量，并确立了按男系计算世系的办法和男系继承权，使家庭形式发生了巨大的改变。

一夫一妻制家庭是家庭产生以来的最高形式，也是社会中存续时间最长、实行范围最广、对社会影响最大的家庭形式。

第三节　当代社会婚姻与家庭的变化

历史唯物主义认为，任何一种婚姻与家庭制度都不是抽象的，它们只能以具体的历史形态存在于社会发展的一定阶段，并且与一定的生产方式相联系，随着生产方式的发展变化而发展变化。"在生产、交换和消费发展的一定阶段上，就有一定的社会制度、一定的家庭。"[①] 人类社会已进入 21 世纪，这是一个知识经济时代，第三次浪潮的冲击必将引发人们在婚姻与家庭观念上的变化，继而导致人类社会婚姻与家庭的变化。

一、当代社会婚姻关系的变化

在社会进步的同时，人们的婚姻关系也在发生前所未有的变化。具体来说，进入 21 世纪后，人类的婚姻关系主要有以下变化：

第一，结婚年龄普遍推迟，"不婚族"人数增多，婚姻真正成为一种生活方式的选择。

---

① 马克思，恩格斯．马克思恩格斯全集：第二十七卷．中共中央马克思恩格斯列宁斯大林著作编译局，译．北京：人民出版社，1972.

第二，同居、试婚等事实上的婚姻形式更为常见。因为目睹了太多婚姻的不幸，所以，一些人对婚姻有点儿恐惧感，许多人变得不敢结婚。这种心理使现代人对婚姻模式以及自己需要什么样的生活方式进行了更为深入的思考。于是，有人渴望通过事实来检验自己是否适合婚姻，至少是否适合与特定的一个人共塑婚姻。因此，除一夫一妻制的婚姻模式外，试婚、同居等形式也较普遍地存在于社会之中。

第三，配偶双方的社会、经济地位，以及年龄、外貌等均不再有模式。"郎才女貌"一向是以前主流社会的向往与传统婚姻的典范，同样成为模式的还有：男人比女人学历高、男人的工作条件好和收入多，女人比男人年纪小、女人的身材好和相貌美，双方家庭背景还要接近。进入 21 世纪后，这些模式逐渐发生了变化。基于感情选择的婚姻成为人们推崇的模式，女比男强、女方年长等均很常见。此外，社会竞争与分化也使家庭背景对个人素质的影响力相对下降。

第四，婚姻中双方的关系更为平等。"男主外、女主内"的旧婚姻模式被颠覆，双方要求平等地承担家务、平等地承担经济责任。女人与男人在婚姻中的关系正在走向真正的平等，婚内暴力将受到严惩。

男人开始更多地参与对孩子的抚育，女人进行家务劳动的价值受到重视，即使不出现某些女性主义者主张的丈夫因为家务劳动向妻子付酬的情形，但是家务劳动的隐形经济利益也成为社会的共识。

婚姻中经济关系的 AA 制成为都市职业女性的自主选择，婚前财产公证因为过于造作而很少被人采用，但其强调经济自主、平等的实质保留了下来。

丈夫的收入高于妻子的现象仍会十分普遍，但这并不影响职业女性的平等意识。

第五，离婚率急剧增高，"无过错离婚""良性离婚""协议离婚"成为主流。在 21 世纪，离婚将更为常见。但是，那种打打闹闹、两败俱伤的离婚个案大为减少。离异双方将尽可能地选择私下协商的离异方式，即使无法达成共识，也争取在法院第一次开庭时取得妥协。

离婚很可能不再需要明确的理由，生活的平淡乏味、配偶双方交流的障碍与相处的疲惫，均会导致"无过错离婚"。

孩子已经不再成为离婚的障碍，"良性离婚"使离婚家庭的孩子不受伤害成为可能。孩子面对的不是"单亲家庭"，而是"双核心家庭"，虽然孩子的父母不居住在一起，但这绝不意味着孩子失去了其中任何一方。

女性在离婚关系中的自主性日渐提高，人们对离婚女性的歧视日益减少。经济的独立、精神的健全、社会的认同，使离婚后的女人更易于开始自己新的生活。

第六，婚姻不只是浪漫，现代社会"短婚""速婚"日渐平常。当代社会是一个讲究提速的年代。随着生活节奏的加快和工作效率的提高，有的人甚至把结婚、离婚的速度也加快了，出现了"速婚族"和"短婚族"。这些人结婚、离婚快似"闪电"，双方认识不久就要结婚，新婚不久就要离婚，婚姻关系的存续时间越来越短。

第七，离婚再婚——复式婚姻这种现象在当代社会已很普遍。"复式婚姻在今天社会里比在一夫一妻制社会里更为普遍，主要差别是我们已经把复式婚姻变成连贯和有顺序的制度，而不是同时结几次婚。"[①]

二、家庭结构、功能的变化特点

婚姻是家庭的基础，随着人类社会婚姻关系的变化，家庭的结构和功能也发生了变化。

1. 家庭结构的变化特点

现代家庭结构的变化主要表现出以下几个特点：

第一，核心家庭比率上升是现代家庭结构变化的总趋势。从世界范围来看，现代家庭结构正从大家庭、扩大家庭向核心家庭方向发展。家庭人口减少、结构日趋简单的趋势自工业革命以来日益明显。

美国社会学家 G. P. 默克多在对 250 个家庭进行研究的基础上，概括总结了核心家庭的基本特征。[②]

核心家庭具有四种明显的功能：性的、经济的、生育的、教育的。

核心家庭以夫妇为主权成员，因而又称夫妇家庭。这也是其有别于血缘家庭的一个重要特征。

核心家庭对亲属关系网络的依赖性比其他种类家庭要小，故此不受什么控制，夫妻婚后不必受强大的压力勉强与父族或母族同居，可以自由地另建新居。

核心家庭的嗣系不偏重于配偶中的任何一方，不一定是父系或母系的单系，可以是双系。由于新居远离父族或母族，核心家庭常常不能参加亲属的共同活动或仪式。

择偶较自由，婚姻成功的重点在于夫妻本身，与亲戚是否和谐相处居于次要地位。

核心家庭基于夫妻的相互吸引与相亲相爱，与家庭外部较少发生密切的接触，一旦夫妻在家庭内部得不到情感方面的满足，他们便会失去继续维系的动机而诉诸分离。因此，核心家庭的离婚率较高。

核心家庭增多，要求社会加强福利事业的发展，建立孤儿院、养老院、婚姻指导所等，以弥补核心家庭的不足之处。

核心家庭比其他种类家庭更适合于现代的工业都市生活。

第二，核心家庭和扩大家庭并存。一方面，现代家庭结构的变化呈现出核心家庭比率迅速上升的趋势；另一方面，核心家庭又不能完全取代扩大家庭和大家庭，因此，形成了多种形式家庭并存的局面。

第三，单身家庭大量增加。随着工作、生活压力的增大，人们承受着越来越大的生存竞

---

① 刘曙光. 婚姻与家庭. 北京：金城出版社，1999.

② 宣兆凯. 现代社会中的婚姻与家庭. 北京：中央广播电视大学出版社，1989.

争压力，生活节奏越来越快。同时，人们物质生活水平的提高使人们在精神方面的要求越来越多，其中，情感的期望值日益提高，但日益高涨的情感需要很难得到满足，由于上述诸多原因，持独身主义的男女越来越多，单身家庭有发展的趋势，而且势头很猛。

第四，不完整家庭大量增加。由于离婚率的提高，社会中出现了大量的单亲家庭。

第五，家庭结构简单化，家庭规模小型化。"丁克"（DINK）家庭日渐流行，家庭结构日渐简单化，家庭规模日渐小型化。"DINK"是英文"Double income, no kids"的缩写，指家庭有2倍收入，不要孩子，过二人世界，逍遥快活。

2. 家庭功能的变化特点

现代社会家庭功能的变化主要表现出以下几个特点：

第一，家庭功能的社会化。在现代社会，家庭的一部分功能开始向社会转移。其中，最为明显的是家庭的生产功能，其他的如家庭教育、抚育、赡养等功能也出现了外移。各种类型的社会化组织的出现以及现代科学技术的进步减少了原先由家庭承担的劳动，把原来属于家庭的功能转移了出去，将之变为社会的事业。

第二，某些家庭功能得到了强化，某些家庭功能被弱化。由于家庭部分功能的社会化，家庭的政治功能、地位获得功能、宗教功能随着整个社会的进步日趋减弱。同时，家庭满足性爱和情感需求的功能则不断得到强化。

第三，家庭功能向社会转移，当然也有其消极的一面，即社会组织包括学校和政府机构负担过重，而家庭也失去了更好地承担责任的机会。因此，一方面，家庭成为社会机构"蚕食"下的牺牲品；另一方面，社会机构又成为家庭"渎职"的替罪羊。这一矛盾，在子女教育、老人赡养等方面表现得越来越突出。

三、婚姻与家庭模式的发展

随着21世纪的到来，我们步入了一个以信息技术、智能技术为代表的网络社会时代，一个人类有史以来变化最为迅速、最为惊人的时期，一个社会加速度发展的时代。网络社会的到来、科学技术的进步，为女性从传统的婚姻与家庭中解放出来提供了可能，为男女从形式上的平等走向实质上的平等创造了条件。

第一，男女在权力和金钱方面的平起平坐。据有关资料统计，在美国，女性拥有的公司数目不断增长。如果一直这样发展下去，半数美国企业将为女性所有。奈斯比在他的《亚洲大趋势》一书中也强调了妇女在世界发展最快地区的巨大影响："在日本，几乎所有的货币交易员是妇女。新加坡女经理的数目在过去十年中几乎增加了三倍。香港五分之一的管理职位由妇女担当。""教育和经济的独立，将给亚洲妇女最有价值的东西——选择权。"当前，女性在世界各地担任女市长和高级政府官员的数目不少，有些女性甚至是国家领导人。几十年间，一代新女性在社会、经济等各个领域的全面崛起更是令人惊叹。由于科技的进步和产业结构的优化，人才市场和劳动力市场不再需要太多的体力型和密集型的劳动力。符合女性生理特点的行业迅速增加，这给女性在就业方面提供了广阔的前景，并造就出许多女企业家、女教授、女作家、女官员……这一切使她们拥有了男人拥有的金钱和权力，从而在真正意义上实现了男女平等。

第二，男女性格差距的缩小。一项调查发现，女性与男性的性格差距在缩小。"坚强、坚毅、顽强、不屈、争斗"这些过去描写男性的用语，今天完全适用于形容、描写许多女性。这些过去典型的男性性格已实实在在、具体地、大量地体现在今日的女性身上。"胆小、温顺、守旧、害怕"等过去用来形容、描写女子性格特征的用语将会成为历史。在现实生活中，男人同样需要能干的妻子分担他的家庭重担，支持他的事业。

第三，中性化的男人和女人。在女性日益刚化的情况下，男性逐渐向阴柔化方面发展。中性化的结局不是男人或女人的主观愿望，而是历史的必然。为了世界的平衡和稳定，阴阳两极时时都在互相协调，适应着、互动着。

随着女性社会经济地位的不断提高，女性的独立人格逐渐成长，特别是伴随着人们性观念的革命，女性逐渐摆脱在传统婚姻家庭中从属和被奴役的地位，女性意识逐渐觉醒，人类社会进入了一个开放的婚姻与家庭模式时代。

开放的婚姻与家庭模式是指建立在同等的自由和对其个性发展有同等权利基础之上的男女两性之间的诚实的关系，这是一种开放的同伴关系。

开放的同伴关系是一种不为他人所操纵的男女之间的关系，它是两个具有同等地位的人的结合。在这种结合中，不需要有统治者和被统治者，没有强加的种种限制和令人窒息的占有要求。女人不再只料理家务，男人也不再只发号施令。他们之间的关系是建立在相互倾慕、相互信任的基础之上的，所以，双方在精神上和感情上都有足够的自由去发展其个性。由于个人的成熟和共同的爱情基础，作为一对夫妻，他们具有活力，两人的结合得到巩固，内容更为丰富。每个人都能自由地让其个性成熟发展，通过外界来丰富自己的经验，同时，又从对方在外界获得的经验中获益。这种开放的同伴关系是建立在协同作用之上的，所谓协同作用就是说，不同部分共同作用的总和要大于同样数量的部分单个起作用的总和。

在传统的婚姻中，夫妻关系不是这种一加一的关系。他们的理想是融为一体，成为一对。除了丈夫上班、妻子在家这种必须不同的经验外，其他的一切独自的经验都是不允许的。在这种婚姻中，一般总是丈夫的个性发展得快一些，因为他与外界的接触较多。这样就破坏了平衡，那么，发展受到阻碍的一方就会对另一方的发展表示不快。

反之，开放的同伴关系会促进男女双方的心理和精神的发展。变化和经验对于他们的结合来说只会有积极的作用。只有变化才能带来新的行为方式、新的关系、新的自我认识和增强相互关系的发展动力。甚至对对方的爱情也会呈现出一种循环状态，由于个人的发展和对对方的认识不断加深，彼此会更有吸引力。这样，两人的结合日益得到巩固和加强，总是获得新力量和不断地成长。

在这样一个开放的时代，婚姻的意义要由一对完全独立和自由地认为其共同生活是有意义的男女来确定。只有在一对伴侣自己制定自己的婚约的情况下，他们才能具有进一步发展所需要的灵活性，才能摆脱传统婚姻与家庭对自由和个性的束缚，才能适应双方在婚内和婚外发展的要求。

【本章小结】

婚姻是基于性爱基础之上的被社会或国家所认可的男女两性结合、维持适应和解体的过程，即婚姻过程。这样一个过程一般包括：择偶过程、嫁娶（男女结合）过程、维持适应过程、解体（离婚或自然解体）过程。这一过程通过一定的仪式以及由婚姻所衍生的社会关系具体表现出来。

婚姻在本质上是婚姻的自然属性与社会属性的统一。性是婚姻的基础，也是婚姻的主要内容之一，但性不等同于婚姻的全部，婚姻除了它的自然属性、生理关系之外，还有其他的规定性。这些其他的规定性主要表现为由法律和习惯所固定下来的夫妻关系、姻亲关系等，表现为权利与义务、自由与责任的统一，是男女双方人格的同一化过程。

家庭作为人类社会最基本的一种社会组织，是通过男女结合而形成的一种生活组织和血缘组织，这是家庭的自然属性。然而，由家庭引发的夫妻关系、父母与子女关系以及子女相互之间的关系是各种社会关系在家庭中的综合反映，因此，对家庭的考察需要从多方面来理解。

婚姻与家庭是人类社会发展到一定阶段才出现的社会组织形式。在长期的历史演变过程中，人类的婚姻与家庭经历了血缘家庭、普那路亚家庭、对偶家庭和一夫一妻制家庭几种主要形式，并表现出不同的特点。

人类社会生产方式的变革是人类社会婚姻与家庭关系变迁的根本动因。人类社会进入21世纪——开放的网络社会时代，婚姻与家庭关系也将呈现出新的模式。

【思考与练习题】

一、填空题

1. 婚姻可以分为两种类型，分别是_____和_____；婚姻关系形态可以分为五种类型，分别是_____、_____、_____、_____和_____。

2. 婚姻的基础存在于_____、_____和_____。

3. 婚姻的本质主要表现为其社会属性，是_____和_____的统一。

4. 家庭是人类社会最基本的一种_____，是通过男女结合而形成的一种_____和血缘组织。

5. 人类社会家庭演变的历史经历了_____、_____、_____和_____。

6. _____是人类家庭发展的第四种形式，也是当今社会普遍存在的家庭形式，它的出现是_____开始的标志之一。

二、选择题

1. 功利型的婚姻，男女之间是一种（　　）。
  　　A. 交易关系　　　B. 交换关系　　　C. 平等关系　　　D. 平行关系
2. 内涵型的婚姻，男女之间是一种（　　）。
  　　A. 交易关系　　　B. 交换关系　　　C. 互动关系　　　D. 平行关系
3. 血缘家庭是人类社会（　　）社会组织。
  　　A. 第二个　　　　B. 第一个　　　　C. 第三个　　　　D. 第四个
4. 人类社会婚姻与家庭关系变化的根本动因是（　　）。
  　　A. 人的思想观念的变化　　　　　B. 人的生活条件的变化
  　　C. 生产方式的变化　　　　　　　D. 社会组织形式的变化

三、名词解释

1. 婚姻　2. 普那路亚家庭　3. 一夫一妻制

四、简答题

1. 婚姻的本质是什么？
2. 家庭的主要功能有哪些？家庭功能的特征是什么？
3. 现代一夫一妻制家庭有哪些特征？
4. 当代社会婚姻与家庭主要发生了哪些变化？

五、论述题

面对当代社会婚姻与家庭的变化，我们应该树立什么样的婚姻与家庭观？

【推荐阅读书目】

[1] 刘曙光. 婚姻与家庭. 北京：金城出版社，1999.
[2] 上海社会科学院家庭研究中心. 中国家庭研究：第一卷. 上海：上海社会科学院出版社，2006.
[3] 李薇菡. 婚姻家庭学. 广州：华南理工大学出版社，2007.

第四章　阶级、阶层与国家

学习目标

　　通过本章的学习，学员应对阶级与阶层、国家、法律、军队和战争的起源和发展历程有一个基本的了解，基本掌握马克思主义关于阶级与阶层、国家、法律、军队和战争的基本观点，能够运用所掌握的基本理论对当代社会问题做出分析和判断。

学习建议

　　本章共分四节，第一节介绍了阶级的起源与消亡，以及阶层的基本含义，当代社会特别是我国阶层分化的情况；第二节阐述了国家的一些基本理论；第三节分析了法律的产生和发展，以及法律在社会生活中的作用；第四节介绍了人类历史上军队和战争的发展情况，强调我们应该树立正确的战争与和平观。在学习过程中，学员应在着重理解和掌握基本概念的基础上，注意联系当代社会发展的实际，提高自己分析和判断现实问题的能力。

第一节　阶级与阶层

　　阶级的存在仅仅同生产发展的一定历史阶段相联系。在阶级社会中，政治具有阶级的属性，任何一种阶级统治都基于一定的生产关系。社会主要由经济组织构成，分工的规律决定了阶级划分的基础。根本的社会变迁是阶级间冲突的产物。"一切社会的历史都是阶级斗争的历史。"[①] 马克思主义的阶级理论科学地论证了阶级的产生、发展和消亡的历史过程及其规律性，提供了一条人们正确认识阶级社会的基本线索。

一、阶级的起源与消亡

（一）阶级的起源

　　阶级不是从来就有的，也不是永远存在的，阶级是一个历史范畴。马克思指出："阶级

----

　　① 中共中央马克思恩格斯列宁斯大林著作编译局. 马克思恩格斯选集：第一卷. 北京：人民出版社，1972.

的存在仅仅同生产发展的一定历史阶段相联系。"① 1884 年，恩格斯写了《家庭、私有制和国家的起源》，这使马克思主义关于阶级起源的理论臻于完善和系统。马克思主义认为，阶级是社会生产力有了一定发展，但又不十分发达时产生和形成的。生产力的一定发展是阶级产生的前提条件，而生产力的不够充分发展又使得阶级能够持续存在。

原始社会的生产力水平极其低下，人们只能共同劳动、平均分配才能免于饥饿和死亡。因此，原始社会没有剩余产品，没有私有制，没有剥削，也就没有阶级。原始社会末期，由于生产力的发展，出现了产生阶级的条件：一是剩余产品的出现。剩余产品的出现，为一部分人占有另一部分人的财富创造了条件，为阶级的形成提供了可能性。二是生产资料私有制的出现。生产资料私有制的出现引起了财产占有关系的不平等，随着这种不平等的扩大，一部分人能够利用自己所占有的生产资料对另一部分人进行剥削，使阶级的产生有可能变为现实。三是社会分工和交换的发展。社会分工和交换的发展推动了商品生产的发展，扩大了生产规模，加速了财产的积累和集中，从而推动了私有制和阶级的产生与发展。

在原始社会解体的过程中，出现了奴隶主和奴隶两大对抗阶级。作为剥削者、统治者出现的奴隶主阶级，最初是由两部分人组成的：一部分是氏族首领、酋长、祭司、公断人等担任公职者，在出现剩余产品的前提下，他们凭借其权力和地位侵占公产，并利用交换和战争的机会发财致富，占有奴隶。另一部分是随着生产和交换的发展出现的富裕的氏族成员，他们凭借占有较多的生产资料剥削他人的剩余劳动。战争俘虏和氏族内部负债的穷人则沦为奴隶。恩格斯指出："社会阶级在任何时候都是生产关系和交换关系的产物。一句话，都是自己时代的经济关系的产物。"②

（二）阶级的消亡

阶级的"划分是以生产的不足为基础的，它将被现代生产力的充分发展所消灭"③。生产力的一定发展产生了阶级，生产力的不够充分发展又使阶级之间的对抗与斗争成为一定时期内社会现象的基本内容，生产力的高度发展必将使阶级和阶级斗争现象成为人类历史的陈迹，这就是历史的辩证法。

阶级的消亡是一个漫长而复杂的历史过程。列宁在《伟大的创举》中指出："为了完全消灭阶级，不仅要推翻剥削者即地主和资本家，不仅要废除他们的所有制，而且要废除任何生产资料私有制，要消灭城乡之间、体力劳动者和脑力劳动者之间的差别。这是很长时期才能实现的事业，必须大大发展生产力，必须克服无数小生产残余的反抗……必须克服与这些残余相联系的巨大的习惯势力和保守势力。"④ 以上阐述了阶级消亡所需要的条件：第一，消灭剥削阶级和剥削制度；第二，废除任何私有制；第三，大力发展生产力；第四，在大力

---

① 中共中央马克思恩格斯列宁斯大林著作编译局．马克思恩格斯选集：第四卷．北京：人民出版社，1972.
② 中共中央马克思恩格斯列宁斯大林著作编译局．马克思恩格斯选集：第三卷．北京：人民出版社，1972.
③ 同②.
④ 中共中央马克思恩格斯列宁斯大林著作编译局．列宁选集：第四卷．北京：人民出版社，1960.

发展生产力的同时，彻底改造小生产，克服剥削阶级的意识形态，提高人们的思想觉悟。

阶级的消亡是一个长期的、艰巨的任务。无产阶级专政国家的出现是由阶级对抗走向阶级消亡的过渡。阶级消亡首先必须消灭剥削阶级和剥削制度，但最终起决定作用的条件是生产力的高度发展。社会主义的根本任务是发展生产力，"尽可能快地增加生产力的总量"，逐步消灭城乡之间、工农之间、体力劳动者与脑力劳动者之间的差别，消除旧的社会分工强加于人的种种束缚，为向无阶级的共产主义社会过渡创造条件。

二、阶层的含义和划分的依据

（一）阶层的含义

阶层（stratum）通常指同一阶级中因财产状况、社会地位或谋生方式不同而区分的社会集团。阶层是随着阶级的产生和发展而出现的。不同阶级在不同的发展阶段形成不同的社会阶层。例如，在中国半封建半殖民地社会，地主阶级因占有土地数量和剥削数额的不同而分为大、中、小地主，农民阶级则因受剥削的程度不同而分为上中农、下中农、贫农和雇农；资产阶级有官僚资产阶级和民族资产阶级之分，工人阶级也分为产业工人、手工业工人和店员。

阶层的划分是对阶级的进一步剖析。同一阶级的不同阶层具有共同的阶级属性，而被剥削阶级的各阶层都有从事劳动和受剥削的属性。因为同一阶级的不同阶层对生产资料的占有方式、占有程度和数量存在着差异，其社会地位也有所不同，所以，不同阶层的政治态度和思想观点就有差异。例如，中国新民主主义革命时期，官僚资产阶级是与国家政权结合在一起的买办的、封建的垄断资产阶级，他们坚决反对革命，是革命的对象。而民族资产阶级既与帝国主义和封建主义有种种联系，又有斗争性的一面。农民阶级的不同阶层对革命的态度也有所不同。雇农、贫农、下中农的经济地位低，受剥削的程度深，他们迫切要求革命，是革命的依靠力量。上中农既是劳动者，又有轻微的剥削行为，他们一般较为满足现状，所以对革命持一种动摇的态度。

知识分子是一个特殊的阶层，他们是有一定科学文化知识的脑力劳动者，在社会生产和历史发展的进程中具有重要作用，但知识分子不是一个独立的阶级，在阶级社会中分属于或依附于不同的阶级。它的划分主要不是看其经济地位，而是看它为哪个阶级服务及其政治态度。

有时人们还在更广泛的意义上使用"阶层"一词，把阶级社会中处于两个对立阶级之间的阶级或社会集团泛称为中间阶层。

（二）阶层划分的依据

社会的经济结构决定着社会的阶级（阶层）结构，阶级（阶层）结构是社会结构的一个侧面，社会分工的发展和社会结构的变化改变着阶级（阶层）结构。决定阶层划分的经济的、社会的因素主要包括：所有制结构、产业结构、职业结构、分配（收入）结构、文化结构及社会管理结构。

第一，所有制结构。改革开放以来，中国在所有制方面破除了公有化越"纯"越好的旧观念，确立了以公有制为主体、多种经济成分并存的新结构。经济体制改革打破了单一公有制经济格局后，个体经济发展很快，并随之出现了私营经济；设立经济特区和开放沿海地区，使三资企业作为新的经济成分出现；公有制经济本身在改革的实践中也出现了承包制、股份制、租赁制以及其他国有民营的经营形式。社会所有制结构的多样化培育了多种所有制成分，打破了改革开放前单一的社会阶层结构划分、以城乡二元结构等因素为基础的"身份圈"现象和社会正常流动的无渠道状态，引发了中国社会非常规性的社会阶层的再分化，出现了与非公有制经济相联系的阶层，即个体劳动者阶层、私营企业主阶层、雇工阶层。

第二，产业结构。中国工业化的快速改革加快了产业结构的变动和升级，而产业结构变动和升级的同时带来了职业结构的变化。改革开放以来，随着我国产业结构的变化，在全社会劳动者构成中，呈现出第一产业从业人数逐步下降，第二产业从业人数不断上升，第三产业从业人数迅速增长的局面。这种变化的结果是：一大批农民进入城镇并改变了职业身份，同时，以工业为主体的物质生产部门的产业职工队伍的增长速度放慢，而金融、保险、房地产、旅游、咨询、广播、电视以及各种服务业和公共事业等非物质生产部门的从业人数增加得很快。

第三，职业结构。产业结构的变动导致了劳动人口的流动和职业结构的重大变化，物质生产劳动的比重下降，服务劳动的比重上升，体力劳动的比重下降，脑力劳动的比重上升，脑力劳动和服务劳动越来越广泛地直接进入生产劳动的过程；同时，那些与现代经济相联系的职业群体在人数比重方面不断上升，在社会影响力方面大为增强。鲜明的职业分化使原有的同一阶级内部出现了具有不同经济地位和利益特点的社会阶层。

第四，分配（收入）结构。所有制结构的变化必然造成分配（收入）结构的变化，分配（收入）结构及其变化在社会阶层的分化方面有着独特的作用。我国的分配（收入）体制改革是遵循按劳分配、多种分配形式并存的原则进行的。个人收入分配政策的目标由单纯的保障、平均向鼓励效率、兼顾公平的目标转变；个人收入分配机制由单纯的政府行政分配向市场分配与政府宏观调控相结合的机制转变；个人收入来源由单一的工资、工分收入向多样化收入来源转变。分配（收入）结构的变化，使得部分人的手中集中了较多的货币，一个新的阶层——中产阶级——逐渐从原有的社会结构中分化出来。

第五，文化结构。教育普及使人们享有均等的受教育的机会，改变了社会的文化结构，尤其是出自低阶层的人，由于教育普及而获得了更多职业移动和晋升的机会。社会流动率的提高和社会筛选制度的建立，实现了社会阶层的有序分化。

第六，社会管理结构。公务员制度得到普遍实施，从中央到地方各级行政部门人员，尤其是中下层行政管理人员逐渐形成一个独立的新阶层；伴随着公司制的普遍建立，经理阶层正在兴起，这些都改变了传统的社会管理结构。

　　基于上述对决定阶层划分的经济因素、社会因素的分析，我们可以认为，职业分类是划分社会阶层的基础，各社会群体对组织资源、经济资源和文化（技术）资源的占有状况是划分社会阶层的基本依据。组织资源包括行政组织资源与政治组织资源，主要指依据国家政权组织和党组织系统而拥有的支配社会资源（包括人和物）的能力；经济资源主要指对生产资料的所有权、使用权和经营权；文化（技术）资源指社会（通过证书或资格认定）所认可的知识和技能的拥有。

　　在当代中国社会，这三种资源的拥有状况决定着各社会群体在社会阶层结构中的位置以及个人的综合社会经济地位。

三、阶层分化与社会进步

　　社会阶层的分化是社会进步的一种途径，它保证了社会生存的机会。在复杂的社会中，社会阶层的分化是不可避免的，它对社会的生存有着积极的功能。一个分层的社会是一个以不平等为特征的社会、以人之间的差异性为特征的社会，根据这种差异即可判断人们社会地位的高低。社会地位是人们的政治、经济、文化等因素的综合特征，对于一个国家的社会结构的相对稳定来说，保证合理的和普遍接受的社会地位序列是非常重要的。在有阶层的社会中，社会分层体系都可能分成上、中、下三种层次。在各个不同的社会体制下，被其成员视为具有重要功能的位置数量不等，而有能力承担具有重要功能位置的人的收入数目也不一。因此，一个社会位置的功能越重要，能承担那个位置的人员便越稀缺，而给予那个位置人员的报酬也就越高。这样，社会通过必要的阶层分化——包括分工意义上的分化和贫富程度意义上的分化，就能够激发社会成员的劳动积极性和创造性，激发社会成员发展社会生产力的内在推动性力量。

　　社会阶层分化的社会作用主要表现在以下几个方面：第一，社会阶层的分化是社会"从身份到契约"的转化过程。英国法学家梅因认为："所有进步社会的运动，都是一个从身份到契约的运动。"[①] 身份是指生而有之的东西，它可以成为获得财富和地位的依据；契约是指依据利益关系和理性原则所订立的必须遵守的协议。用契约取代身份的实质是人的解放，是用法治取代人治，用自由流动取代身份约束，用后天的奋斗取代对先赋资格的崇拜。第二，社会阶层的分化本身就是一种社会进步，它对社会成员的有机构成发挥了有益的调整和改善作用。没有分化，就没有进步。社会阶层分化的实质就是社会分工，是社会分工原则在社会成员构成方面的体现。社会阶层的分化在一定程度上起到了对社会成员的"激励"作用。第三，社会阶层的分化造就了一个"公民社会"，即指与国家相区别的，处在国家直接控制之外的那一部分社会、社会力量及相应的经济制度、规章等非国家结构领域。"公民

---

①　梅因．古代法．沈景一，译．北京：商务印书馆，1984.

社会"的出现为社会的政治、经济生活增加了弹性因素，使社会阶层结构从刚性结构转变为弹性结构，有利于社会张力的缓解。在这样一个弹性阶层结构中，社会越来越倾向于以业绩为标准，按一定程序使人们获得升迁和公平竞争的机会，社会成员有更大的可能在政治、经济、财产、权力等方面实行合理的水平流动和垂直流动，从而使社会张力得到缓解、社会秩序趋于稳定；反之，潜在张力久而久之就有可能加大，出现或大或小的非常规阶层行为，导致社会秩序的混乱。第四，社会阶层的分化有助于社会等级体系的形状从传统农业社会的"金字塔形"向现代工业社会的"橄榄形"转变。换言之，就是原来处于塔底的占社会总人口绝大多数的中、下层的社会成员（尤其是下层社会成员）将会越来越少，他们中的大部分将向上流动，向社会等级体系的中间靠拢。于是，处于体系中间位置的社会成员将成为未来社会的大多数，而社会顶层的巨富者和社会底层的绝对贫穷者都只是极少数。这些处于社会等级体系中间位置的社会成员称为"中间阶层"。"中间阶层"的兴起是防止社会两极分化，保持社会稳定的社会结构性因素。

四、当代社会的阶层分化

在当代世界，以电子信息技术为先导的新科学技术革命推进了社会生产力的迅猛发展，社会分工日益细密，社会财富极大丰富，人口的文化素质普遍提高，社会管理日益复杂，不同社会形态的社会结构出现了许多新情况、新变化。不同社会形态的阶层分化也表现出各自的特点。

（一）当代发达资本主义国家的阶层分化

当代发达资本主义国家的阶层分化主要指工人阶级内部的阶层分化和资产阶级内部的阶层分化。

工人阶级内部的阶层分化表现为：第一，随着科学技术的发展和广泛使用，发达资本主义国家的工人阶级由传统的以体力劳动者为主逐渐发展为以广大中、下层受雇用的脑力劳动者和体力劳动者两部分为主，并且还在进一步向脑力与体力结合而以脑力劳动者为主的方向转变。"白领"日益增加，"蓝领"日趋减少。第二，物质生产领域的工人人数在减少，非物质生产领域的工人人数在增加，第三产业的就业人数已超过第一产业和第二产业就业人数的总和。第三，工人阶级内部的技术构成发生了变化，熟练和半熟练工人的比重在上升，非熟练工人的比重在下降。普通专业技术及管理人员这一工人阶级的新阶层进入大批中级和低级管理部门，形成庞大的经理人员队伍。第四，工人阶级的生活水平明显提高，工人阶级内部的收入构成有了较大的变化。从行业来看，有些"蓝领"行业的收入高于商业、服务业和金融保险业；从职业来看，专业技术人员的收入最高，产业工人、教师、办事员次之，服务工人和粗工最低。

资产阶级内部的阶层分化表现为：第一，金融寡头是当代发达资本主义国家资产阶级的核心。第二，食利资本家增多。第三，资本的所有权和使用权进一步分离，经营企业的往往不是资本家本人，而是具有专门知识的高级管理人员，他们成为现代资产阶级的特殊阶层。第四，中等资本家的数量稳中有增，成为现代资产阶级的基础力量。

（二）当代社会主义中国的阶层分化

当代社会主义中国正处在社会转型时期，新的社会群体和利益冲突不断出现，社会处于分化和整合过程中，各个新、旧阶层都还处于不稳定的状态，高速度、大规模的阶层分化仍在继续。原来的"两个阶级，一个阶层（工人阶级、农民阶级和知识分子阶层）"的社会结构发生了显著的分化，一些新的社会阶层逐渐形成，各阶层之间的社会、经济、生活方式及利益认同的差异日益明晰化，以职业为基础的新社会阶层分化机制逐渐取代过去以政治身份、户口身份和行政身份为依据的分化机制。所有制结构、产业结构和分配（收入）结构的改变是影响中国改革开放以来社会阶层分化的根本因素。

在公有制占主导地位的计划经济时期，中国社会阶层结构的主体是工人阶级、农民阶级和知识分子阶层。改革开放以后，特别是所有制结构的变革打破了单一的公有制格局，个体经济、私营经济和"三资"企业作为新的经济成分发展很快。目前，我国传统的工人阶级队伍发生了大规模的分化。按所有制划分，我国的职工可分为国有企业工人、城镇集体企业工人、乡镇企业工人、合资合营企业工人、个体私营和外资企业雇工等。

改革开放以来，传统意义上的"农民"发生了深刻的职业分化："农业人口"在很大程度上仅仅成为一个户籍的或居住地域的群体概念，它在现实中区分为农业劳动者、乡镇企业工人、外出的农民工、农村雇工、农村文教科技医疗工作者、农村个体工商业者、农村私营企业主、乡镇企业管理者、农村管理干部等。每个群体还可以按收入、财富、生产资料的占有状况或职业声望的不同分成若干个次级群体，如农业劳动者又可以分为经营大户、兼业户、合作户和小农等。

除了传统意义上的工人阶级和农民阶级的队伍发生分化以外，改革开放以来，我国的社会阶层构成发生了新的变化，出现了民营科技企业的创业人员和技术人员、受聘于外资企业的管理技术人员、个体工商户、私营企业主、中介组织的从业人员、自由职业人员等社会阶层。有学者认为，当代中国社会阶层结构的基本形态主要由 10 个社会阶层和 5 种社会经济等级组成（如图 4－1－1 所示）[1]。这 10 个社会阶层是：国家与社会管理者阶层、经理人员阶层、私营企业主阶层、专业技术人员阶层、办事人员阶层、个体工商户阶层、商业服务业员工阶层、产业工人阶层、农业劳动者阶层和城乡无业、失业、半失业者阶层。

当代社会主义中国阶层分化的特点主要表现在以下几个方面：第一，由于所有制结构的变动，改革开放以后我国出现了一个占有一定生产资料的个体私营主阶层；第二，深刻的职业分化使得原有的同一阶级内部出现了具有不同经济地位和利益特点的社会阶层，原来相对

---

① 陆学艺. 当代中国社会阶层研究报告. 北京：社会科学文献出版社，2002.

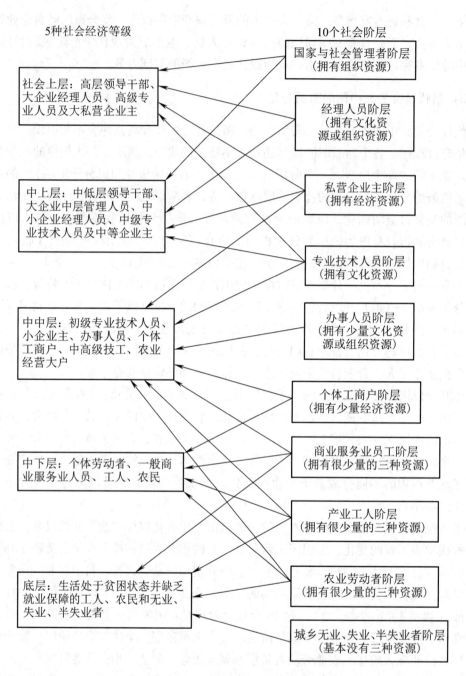

图4-1-1 当代中国社会阶层结构

注：图中箭头表示相关社会阶层的全部或部分可以归入五种社会经济地位等级中的某个等级。

重合的收入、地位、声望三个社会序列发生了分离；第三，产业结构的变动使那些与现代经济相联系的职业群体在人数比重方面增加，在社会影响力方面增强；第四，社会成员在不同所有制、不同行业、不同地域之间流动频繁，人们的职业、身份经常变动，并且这种变动还会继续下去；第五，新社会阶层中的广大人员，通过诚实劳动和工作，通过合法经营，为发展社会主义社会的生产力和其他事业做出了贡献，他们与工人、农民、知识分子、干部和解放军指战员团结在一起，也是中国特色社会主义事业的建设者。

正确认识当代中国社会阶层结构发生的变化，正确认识各个社会阶层的地位特点以及它们之间的相互关系和发展趋势，正确认识各个社会阶层在社会主义现代化建设中的作用，从中得出关于社会主义初级阶段社会阶层结构的科学结论，有利于加深我们对当代中国基本国情的认识，有利于我们制定正确的发展战略和经济社会政策。而且，现阶段对社会阶层结构的研究，其目的与革命时期不同，不再是为了革命斗争的需要去分清敌友，而是为了实现社会主义现代化建设的共同目标，协调好社会各阶层的地位和关系，维护社会稳定，推进中国特色社会主义现代化事业健康、有序地发展，保证社会主义国家的长治久安。

第二节　国　　家

一、国家的含义及其职能

（一）国家的含义

国家问题涉及很多领域，有关国家含义的解释也是多种多样的。目前，社会科学界关于国家的定义主要有以下几种：

第一种，社会共同体说。最早提出这一学说的是古希腊的亚里士多德，他认为国家是许多家族和村落的联合体，是为了达到完美和自治的生活而组织在一起的。古罗马的西塞罗对此又有进一步的认识，他认为国家是由许多社会团体基于共同的权利意识以利益互享的观念而结合成功的组织体。19世纪的康德也持相同的观点，他的解释是："国家是许多人依据法律组织起来的联合体。"[①] 这一观点的基本特点就是把国家看作人们为了特定的目的而生活在一起的共同体，但它只涉及国家的表面特征，没有把国家与氏族、部落等社会群体区别开来。

第二种，国家契约说。这种观点发源于古希腊的思想家伊壁鸠鲁。16—18世纪，随着资本主义市场交换和契约的发展，西方政治学家格劳秀斯、斯宾诺莎、霍布斯、卢梭等进一步完善了社会契约说，其基本观点是：国家产生以前人们处于自然状态之中，拥有与生俱来的自然权利，由于人们在自然状态中生活不方便或不安全，因而相互订立契约，交出自己的部分权利，由此组成了国家。这种观点是资本主义利益交换方式和交换关系的反映。但是，

---

① 康德. 法的形而上学原理——权利的科学. 沈叔平，译. 北京：商务印书馆，1991.

自然状态和社会契约只是历史的虚构，关于国家的社会契约的观点只能是历史唯心主义的。

第三种，国家统治说。在对国家的研究中，很多政治学家看到了国家存在统治的一面，因此，从这个角度对国家进行了定义。其代表人物有法国政治学家布丹、奥地利政治学家巩普罗维奇、意大利思想家狄骥等。布丹认为："国家是家庭及其共同财产所组成的联合体，这一联合体由最高权力及理性统治着。"巩普罗维奇认为："国家是凭借强制力而组织及统治的社会。"狄骥认为："国家是一种人群组织，在这一组织中，人群有统治者和被统治者的不同区别。"① 国家统治说指出了国家的统治特征，但它并没有指出这种统治的本质内容及其社会基础，因此，没有能够揭示出国家的本质。

第四种，国家要素说。国家要素说是根据"国家"一词的词源意义，从国家的可见特征来定义国家的。这种观点又可分为三要素说或四要素说。三要素说认为国家是由领土、人口和主权三个要素构成的综合体。四要素说是在三要素说的基础上加入"政府"作为国家的构成要素，即认为国家是由人口、领土、主权和政府构成的。国家要素说只是描述了国家的外部特征，也没有揭示出国家的本质，而且这种定义容易混淆"国家"与"国度"的区别。

第五种，马克思主义国家学说。根据马克思主义经典作家的理解，国家是阶级社会中不同于原始社会公共权力的一种"特殊的公共权力"组织，这种特殊性主要体现在：国家是实行阶级统治的社会公共权力组织，它的本质在于阶级统治；国家是按地区来划分国民的；国家是一种特殊的暴力机器。国家最根本的是其阶级统治的本质。由此，马克思主义经典作家对国家的定义是：国家是经济上占统治地位的阶级为了维护和实现自己的阶级利益，按区域划分原则组织起来的，以暴力为后盾的政治统治和社会管理组织。

（二）国家的职能

国家的职能是指国家机器为了实现其自身的使命而行使的基本功能，是国家本质的具体体现。一般来说，国家职能可以分为对内职能和对外职能。国家的职能是由国家的性质决定的，不同的国家会履行不同的国家职能。但是国家在履行其职能方面也有一些共同的内容。国家的对外职能主要是维护本国领土完整、主权独立，防止外来力量对本国的侵犯。而国家的对内职能基本上可以分为两类：政治统治职能和社会管理职能。政治统治职能主要是通过国家强制力来实现的，这些强制力主要表现为军队、监狱、警察等暴力机器，国家通过这些机构来约束、控制和镇压被统治阶级，维护有利于统治阶级的社会秩序。社会管理职能是为了社会的共同需要，管理社会公共事务的职能。国家的这一职能是其作为社会最大的管理主体所应发挥的基本职能。恩格斯认为，政治统治只有在它执行了它的这种社会职能时才能继续下去。任何社会都需要国家管理，由于社会发展的水平不同，国家管理的范围、深度和方式都是不一样的。无论如何，随着社会的发展，国家的社会管理职能将越来越重要，阶级统

---

① 王浦劬. 政治学基础. 北京：北京大学出版社，1995.

治的职能将越来越淡化。

二、国家的起源

国家是一个历史范畴，它不是从来就有的，而是社会发展到一定阶段的产物。关于国家的起源，不同时代、不同阶级的代表人物做出了不同的回答。

（一）非马克思主义国家起源学说

第一种，神权说。神权说认为国家起源于神，是根据神的意志建立的。古希腊哲学家苏格拉底从自然神论出发论述了国家的产生。他认为城邦是适应人的生活而产生的，是神的安排，是神计划的世界秩序。他主张城邦应由"知识贵族"来统治。

第二种，社会契约说。社会契约说认为国家的产生是人们相互订立契约的结果。"国家起源于人们相互间的契约，起源于社会契约，这一观点就是伊壁鸠鲁最先提出来的。"①

第三种，家庭制说。家庭制说认为国家是家庭的演变，是由扩大了的家庭直接产生的。亚里士多德在《政治学》一书中考察了国家的产生，认为城邦（国家）的产生先是由男女结合而成家庭，由家庭组成村坊，再由若干村坊组合为城邦。

第四种，暴力说。暴力说认为国家的产生是出于掠夺和征服的欲望，以及人对人使用暴力的结果。

第五种，心理说。心理说认为国家是与人的本性相适应，是为了满足人的心理等方面的需要而产生的。

（二）马克思主义国家起源学说

马克思主义揭示了国家产生的原因：国家是阶级矛盾不可调和的产物，国家的产生不是由于外力的作用，而是社会内部矛盾自发调节的结果。恩格斯对此有过经典的论述："国家是社会发展到一定阶段的产物；国家是表示这个社会陷入了不可解决的自我矛盾，分裂为不可调和的对立面而又无力摆脱这些对立面。而为了使这些对立面，这些经济利益互相冲突的阶级，不致在无谓的斗争中把自己和社会消灭，就需要有一种表面上凌驾于社会之上的力量，这种力量应当缓和冲突，把冲突控制在'秩序'的范围以内；这种从社会中产生但又自居于社会之上并且日益同社会脱离的力量，就是国家。"②

1. 国家的产生

国家的产生要从经济基础上找原因。正是因为生产的发展具备了产生国家的条件，国家

① 马克思，恩格斯. 马克思恩格斯全集：第三卷. 中共中央马克思恩格斯列宁斯大林著作编译局，译. 北京：人民出版社，1960.

② 中共中央马克思恩格斯列宁斯大林著作编译局. 马克思恩格斯选集：第四卷. 北京：人民出版社，1972.

才应运而生。

原始社会生产能力非常低下，生产关系的基础是生产资料的公社所有制，没有私有制，没有阶级的划分，没有剥削和被剥削，人人享有管理公共事务的权利。氏族首领没有强制性的特权，他们对原始社会的管理依靠的不是强制力，而是其本身的威信和被管理者的自觉性。这时的社会还不存在国家。

原始社会父权制的后期，随着较先进的生产工具（铁器）的出现，劳动生产率得到很大提高，原来以氏族为单位的集体生产逐步分解成以家庭为单位的个体生产。共同劳动要求生产资料公有制，个体劳动要求生产资料私有制，生产方式的改变是促使私有制产生的主要动因。随着私有制的发展、贫富分化的加剧，社会分裂为两大对立的阶级——奴隶主阶级和奴隶阶级，原始氏族公社开始瓦解。同时，原始民主制内部也发生了相应的变化。原来的氏族首领开始利用手中的权力，特别是利用代表氏族和部落进行对外交换的权力牟取私利。定期的族长选举逐步被世袭制所代替，这样在氏族内部逐渐出现因血缘关系而形成的贵族阶层。战争的性质由血亲复仇、争夺狩猎场所等偶然性的冲突，逐渐转变成经常性的、掠夺性的战争。军事首领成为常设的官职，掠夺战争不断进行的结果又反过来进一步加强了最高军事首领及其下级首领的权力。族长和部落酋长逐渐掌握了解释和确定习惯的权力，并掌握了裁判权。氏族的管理机构也从"人民的代表""人民的顾问"转变成"人民的统治者"，变成受贵族控制的机关。恩格斯指出，在世袭王权与世袭贵族的基础奠定后，"氏族制度的机关就逐渐脱离了自己在人民、氏族、胞族和部落中的根子，而整个氏族制度就转化为自己的对立物：它从一个自由处理自己事务的部落组织转变为掠夺和压迫邻人的组织，而它的各机关也相应地从人民意志的工具转变为旨在反对自己人民的一个独立的统治和压迫机关了"[①]。就这样，原始的民主制崩溃了，代之而起的是国家——国家产生了。

2. 国家的消亡

国家作为社会发展到一定阶段的产物和阶级矛盾不可调和的表现，不是从来就有的，也不会永世长存。正如国家是在一定条件下产生的，当一定的条件具备时，国家将会走向终结，从历史中引退。国家的消亡是历史的必然，国家不是被消灭的，而是自行消亡的，是人类社会发展到一定阶段，各种原因诱发下的必然结果。

促使国家消亡的首要原因是私有制的消灭。当人类社会进入最后一个私有制社会——资本主义社会以后，机器大工业的发展使整个生产社会化，这种社会化的日益加强最终必将消灭私有制。随着私有制的消灭，建立在这种基础之上的全部上层建筑也将发生根本的变化，最终必将导致国家的消亡。

国家必将消亡的第二个原因是阶级的消亡。国家是同阶级和阶级斗争密切联系在一起的，阶级消亡以后，社会冲突和极端行为随之消除，也就不需要国家这种特殊的镇压力量，

---

① 中共中央马克思恩格斯列宁斯大林著作编译局. 马克思恩格斯选集：第四卷. 北京：人民出版社，1972.

因此，国家不可避免地要消亡。

国家必将消亡的第三个原因是旧式分工的消除。当社会的劳动生产所提供的产品除了维持劳动的生活必需还有部分剩余的时候，社会分工就会把人们分割成各种不同的并且是相当稳定的社会集团，其中，形成了与生产者对立的，专门从事政治、法律等项公务的管理者。这些管理者所组成的专责机关从社会生产中分化出来，形成了国家。当国家发展到它的最高历史类型时，人民群众将真正成为社会的主人，生产力得到高度发展，自动化的机器将取代人们的手工技术，这一切将会铲除人员分工的物质根源。另外，人们的劳动时间缩短了，每个人都可以有许多时间学习各种科学文化知识、参加各种社会活动，人们能够受到多种教育、获得多种知识、学到多种本领，成为全面发展的人。那时，大家既是生产者也是管理者，都有足够的时间和相应的能力参与对社会事务的管理，旧式分工便会彻底消除，作为旧式分工产物的国家和国家机构也就没有存在的必要。

国家的消亡只是社会发展的趋势，社会要发展到国家消亡的阶段，还需要具备一定的条件，而且，国家的消亡具有渐进性和自发性。所谓渐进性是指国家的消亡是一个长期的历史过程，只有逐渐具备国家消亡的物质条件、精神条件和国际条件，逐渐改变人们之间的关系，作为强制性暴力机器的国家才能成为社会上不需要的东西。自发性是指国家不是发布命令就能废除的，它是国家自身发生作用的结果，是随着条件逐步成熟而逐渐走向削弱，自然而然地归于最终消亡的。人类向往的是自由平等的生活，处于国家管理下的生存模式及国家的消亡将是历史发展的趋势，没有国家的社会将是人类最终的归宿。

三、国家形态的历史演变

国家在社会中已经存在几千年了，在社会发展的不同阶段，甚至在同一历史阶段，国家显示了不同的特点。马克思主义根据国家经济基础和占据统治地位的阶级利益的不同，将人类有史以来的国家划分为奴隶制国家、封建制国家、资本主义国家和社会主义国家四种基本类型。

（一）奴隶制国家

奴隶制国家最早出现在公元前40世纪的古埃及，后来，亚洲的古巴比伦、古印度和中国也先后建立了奴隶制国家。在西欧，公元前8世纪古希腊建立的城邦和后来的古罗马共和国等，也都是奴隶制国家。

奴隶制国家是奴隶主阶级运用自己的政治权力实施政治统治和政治管理，维护奴隶主阶级政治特权地位和根本利益，压迫剥削奴隶的政治组织。在奴隶制国家中，奴隶主阶级掌握着国家权力、享有政治权利，而奴隶阶级只是被统治阶级，毫无政治地位和政治权利。奴隶制国家一般是在血亲宗法的基础上，按照分封制原则建立的。国王是最大的奴隶主，他分封诸侯、管辖地方，国家是由这些诸侯的势力范围组合起来的。

在奴隶制国家，国家组织机构初步形成，各种机构职位设置及其职能等也有了明确的划分，初步形成了国家组织体系。

（二）封建制国家

中国从公元前475年进入战国时期，开始了封建社会，封建制国家由此形成。西欧是以公元476年西罗马帝国灭亡为标志进入封建社会并逐渐形成封建制国家的。

封建制国家是封建地主阶级维护自己的利益，压迫农民阶级的统治机器，因此，它本质上是封建地主阶级对农民阶级的专政。封建制国家是在封建地主所有制基础上，以封建地主阶级对农民阶级的经济控制和人身奴役为原则建立的。封建制国家在国家组织制度上具有以下特点：第一，封建制国家的最高权力为君主所有，因此，封建制国家的组织结构一般呈金字塔形，君主居于金字塔的顶端，是封建制国家最高政治权力的执掌者和最高决策人，君主意志即国家意志，君主号令即国家法令，君主好恶即国家是非标准。第二，封建制国家为了维护封建地主阶级统治，实现对全社会的政治控制，常常设置极为庞大的官僚机构，豢养庞大的官僚队伍。同时，封建社会的政治权力本质取向在国家组织制度上集中表现为官本位取向，官吏冗员泛滥越演越烈。第三，封建制国家通过军事、兵役、户籍、保甲、税收等制度对社会进行全面的政治控制，从而使政治组织与社会生活同一化，由此形成了对全社会的封建专制控制，"在中世纪，财产、商业、社会团体和每一个人都有政治性质"①。

（三）资本主义国家

资本主义国家是由代表资本主义生产方式的资产阶级根据自己的利益要求，在与封建地主阶级的政治斗争中建立的。在当今世界上，美国、英国、德国、日本、意大利、加拿大等都是资本主义国家的代表。

资本主义国家本质上是资产阶级对无产阶级和广大劳动人民的专政，是维护资本主义私有制和资产阶级根本利益的工具。

资本主义国家是剥削阶级国家中最为发达、最为完备的国家组织，它具有十分严密的组织体系、明确的权力职能分工和权限范围、完备的机构设置和监督机制、完整的政治程序以及相应的法律法规。资本主义社会自确立以来，经历了自由资本主义阶段和垄断资本主义阶段，资本主义国家也就相应地具有两种不同的国家形态。

1. 自由资本主义国家是资本主义上升时期的资产阶级国家

自由资本主义国家是与资本主义经济自由发展阶段联系在一起的，其经济特征是资产阶级在资本私人所有和剥削雇佣劳动这一根本利益的基础上，采取开放市场自由竞争、自由贸易的方式来实现各个资本家和资本家集团的利益。其阶级特征是自由资产阶级是主体，它在

---

① 马克思，恩格斯．马克思恩格斯全集：第一卷．中共中央马克思恩格斯列宁斯大林著作编译局，译．北京：人民出版社，1956.

国家政治生活中占据主要地位，并按照自己的利益要求和利益实现方式制定各项法令、法规和政策。其政治特征是国家以自由主义方式进行政治统治和政治管理，所谓自由主义方式，"即采取扩大政治权利、实行改良、让步等措施的方法"[①]。在国家制度和政治权力结构方面，它体现为以代议制为主要标志的民主制度，尤其是议会的权力要大大超出行政部门和司法部门的权力。在国家职能方面，它体现为"消极国家"和"最低限度国家"及自由放任政策，政府基本上不直接干预社会经济生活。

2. 垄断资本主义国家是资本主义发展到垄断阶段的资产阶级国家

随着资本主义的发展，资本主义生产方式中资本私人占有和生产社会化的矛盾日益激烈，一方面是现代化大生产的社会化程度大大提高，另一方面是社会生产资料和社会财富通过兼并，更加集中于少数垄断资产阶级手中，形成了垄断资产阶级的特殊利益。垄断资本利益的形成使得资产阶级与无产阶级的利益对立、资产阶级内部垄断资本与中小资本的利益矛盾、资本主义国家与殖民地国家之间的利益矛盾，以及资本主义国家之间的利益矛盾逐步加深乃至激化。为了维护垄断资本的利益和统治，资本主义国家由自由资本主义国家逐渐转变为垄断资本主义国家。

垄断资本主义国家的基本特征是：第一，垄断财团与国家政权直接结合，控制和操纵国家政治权力。这种结合有两个方面：一是垄断资本家直接进入政府内阁和议会；二是垄断资本操纵社会政治过程和政府决策。第二，在社会经济生活中，垄断财团的利益大大超出资本家的个人利益，因此，资本主义国家政治从以保护个人自由为主要内容转向以保护集团利益，尤其是垄断财团的利益为主要内容，公民的自由权利也相应地被削弱和减少。第三，象征资本主义民主制度的议会权力逐步弱化，而便于垄断资本集团实行政治统治和政治管理的行政权力逐步加强。第四，政治积极干预社会经济生活，消极国家转变为积极国家，以求通过政治权力对社会矛盾的强力干预和调节来维护统治。

19世纪70年代以来，各主要资本主义国家先后发展为垄断资本主义国家。

法西斯国家是一种特殊的垄断资本主义国家。在资本主义政治、经济危机十分严重，资产阶级议会传统薄弱，革命和进步力量相对弱小的资本主义国家，垄断资产阶级政治军事寡头公然地抛弃资本主义民主制，以恐怖的极权统治来维护自己的统治和利益。法西斯国家一般由国家以军事或准军事的方式全面控制社会政治、经济、文化生活，以最残酷、最野蛮的方式镇压无产阶级和劳动人民，以法西斯信仰或种族优越论控制社会思想，以疯狂的对外战争来转移国内矛盾。法西斯国家的典型代表是20世纪30年代后期到第二次世界大战后期的德国、日本和意大利。

福利国家的特征是资本主义国家通过创办并资助社会公共事业，实行和完善一整套社会福利制度，对社会经济生活进行干预以缓和阶级矛盾，保证社会经济生活正常运行。20世纪30年代，美国罗斯福的新政是实行福利政策的重要尝试。第二次世界大战后，欧洲许多

[①]　中共中央马克思恩格斯列宁斯大林著作编译局. 列宁全集：第二十卷. 北京：人民出版社，1963.

资本主义国家把福利政策变成福利制度，从而发展成为福利国家。但是，福利国家是在保证垄断资本控制实际生产资料的前提下，通过国家权力对社会财富进行再分配而调整社会阶级矛盾，它并没有改变垄断资本主义国家的本质。

（四）社会主义国家

社会主义国家是在资本主义社会生产资料私人所有和生产社会化矛盾运动的基础上，由代表先进生产力的无产阶级根据无产阶级和广大劳动人民的利益，打碎资本主义国家机器而建立的新型国家。由于无产阶级的历史使命是消灭一切阶级差别和社会不平等，为最终达到国家的消亡创造条件，因此，在国家消亡——也就是无产阶级专政消亡以前，社会主义国家是阶级统治的国家。

社会主义国家本质上是满足占人口绝大多数的无产阶级和广大人民群众的利益和意志要求，实行阶级专政的国家。社会主义国家具有一般阶级统治国家所普遍具有的暴力压迫和镇压的政治统治职能，仍然需要对一部分社会成员实行镇压，以强迫整个社会服从国家的统治。

社会主义国家以工人阶级为领导，以工农联盟为基础，这是社会主义国家的阶级特征。工农两大阶级是社会主义国家的主体，知识分子是工人阶级的一部分，社会主义国家是他们所拥有的政治权力和政治权利的组织和制度的体现和保障。无产阶级及其他劳动人民掌握生产资料的所有权，并据此形成整个社会政治和经济的利益关系。

社会主义国家以无产阶级政党领导为政治特征，并从制度上和政治上确认无产阶级政党的领导地位。无产阶级政党通过自己的思想政治路线和党员队伍的政治作用实施对社会主义国家的领导。

社会主义国家以马克思主义的指导为思想特征。马克思主义是无产阶级利益和意志的理论概括，是对人类社会发展规律的科学阐述。当代共产主义运动的历史表明，没有马克思主义的理论，就没有社会主义和共产主义的实践；脱离了马克思主义的理论指导，社会主义国家就将失去基础和灵魂；丧失了马克思主义的原则，社会主义国家也就不成其为社会主义国家。因此，马克思主义是无产阶级建立自己国家、发展社会主义事业的思想指南。随着社会主义国家政治、经济和社会实践的不断发展，马克思主义也不断得到发展，在其指导下，社会主义国家就会沿着正确道路不断前进。

我国是以工人阶级为领导的、以工农联盟为基础的人民民主专政的社会主义国家。中国共产党是执政党，各民主党派是参政党。马克思列宁主义、毛泽东思想、邓小平理论、"三个代表"重要思想、科学发展观、习近平新时代中国特色社会主义思想是我们国家的指导思想。当前，我国各族人民正在中国共产党的领导下，坚持中国特色社会主义的道路，坚持社会主义基本政治、经济和文化制度，开展大规模的社会主义现代化建设，为实现中华民族的伟大复兴而努力奋斗。

第三节 法　律

一、法律的产生与发展

法律是由国家专门机关创制的、以权利义务为调整机制并通过国家强制保证的调整行为关系的规范，它是意志与规律的结合，是阶级统治和社会管理的手段，它应当是通过利益调整从而实现社会正义的工具。法律是在从原始社会向阶级社会过渡，出现家庭、私有制和国家的过程中逐步产生和发展起来的，它先后经过了奴隶制法、封建制法、资本主义法和社会主义法等各个发展形态。

（一）法律产生和发展的基本过程

1. 古代奴隶制法

在人类历史上，奴隶制法最早出现于非洲尼罗河流域的埃及。根据确切的史料记载，大约在公元前4000年埃及就出现了习惯法[①]。到公元前3200年，埃及第一王朝的创始人美尼斯（Menes，约公元前3200年在位）开始制定成文法。到公元前8世纪，这种立法已发展到相当规模，国家还编纂了系统的法典。在法典之外，埃及还出现了由宰相等行政官吏所发布的法规、命令等[②]。同时，埃及在全国建立了比较系统的法院体系，即在中央法院之下，分设了6个大的地区法院，地区法院由国王的大法官领导。在地区法院工作的法官，既兼任地方的行政官员，还是高级僧侣[③]。考古发现的古代埃及留下来的一些法庭原始记录（其年代约在公元前2500年）表明，埃及当时的民事诉讼和刑事诉讼都已达到一定规模[④]。当然，由于波斯、马其顿和罗马的征服与统治，埃及奴隶制法的独立发展自公元前6世纪中断了。

比埃及稍晚，西亚两河流域的巴比伦地区在公元前3000年前后也开始步入阶级社会，形成了不少城市和国家，并出现了成文的法律，其中，比较著名的有《乌尔纳姆法典》《苏美尔法典》等。因为这些法律都使用古代苏美尔人发明的楔形文字来书写，所以它们一般称为楔形文字法。公元前18世纪，巴比伦王国的《汉穆拉比法典》是楔形文字法的代表。

公元前15世纪，亚洲南部印度地区的奴隶制国家逐渐兴起，并开始出现习惯法。公元前7世纪，印度产生了婆罗门教，出现了《吠陀》《法经》等教会法文献；公元前6世纪，又产生了佛教，出现了《律藏》等典籍；公元4世纪，在婆罗门教和佛教的基础上产生了

---

① WIGMORE J H. A Panorama of the World's Legal Systems. West Publishing Company, 1928 (1): 12.
② 法学教材编辑部. 外国法制史新编. 北京：群众出版社，1994.
③ ALLEN S H. The Evolution of Governments and Laws. Princeton University Press, 1922 (1): 133.
④ 同①32.

印度教，教法也日趋完备，出现了比较系统的《摩奴法典》，它虽然是宗教法规，但也规范了婚姻、家庭、财产、契约、继承、犯罪与刑罚等世俗社会生活。

公元前 11 世纪，在中亚出现了希伯来奴隶制国家，当时的祭司编纂了《摩西律法》，其核心是《摩西十诫》（Ten Commandments）。它既是犹太教的经典，又是希伯来国家的基本法律文献，主要是各种习惯法和祭司法院判例的汇编。希伯来法一方面继承了楔形文字法的许多内容，另一方面又发展出了许多新的法律原则。因此，虽然希伯来国家在 1 世纪被罗马帝国灭亡，但它的法律规范被基督教立法吸收，从而影响了整个西方世界。

在上述亚非国家进入文明社会的同时，欧洲地区也开始形成国家与法。公元前 20 世纪前后，希腊的克里特岛地区率先进入了阶级社会；公元前 15 世纪，迈锡尼地区也产生了国家。公元前 8 世纪至公元前 5 世纪，希腊国家日趋成熟，其法律也不断发展、完善。

公元前 8 世纪，古代罗马开始进入阶级社会。经过多次改革，罗马法律日趋完善。至 3 世纪，随着罗马帝国的版图扩及欧、亚、非三大洲，其法律也达到了古代世界最完备的程度。6 世纪《查士丁尼法典》的编纂，是集罗马 1 300 年法律发展之大成，也为近代西方法律奠定了历史基础。

2. 封建制法

奴隶制法之后出现的是封建制法，它的形成主要通过两条途径：一是随着生产方式的转变，原有的奴隶制法转变为封建制法，如印度法、日本法等；二是封建制度兴起，原始公社的习惯直接发展为封建制法，如日耳曼法和斯拉夫法等。

从 5 世纪开始，印度逐渐转变为封建社会。因为当时占据统治地位的印度教是由婆罗门教和佛教结合而成的，所以，集婆罗门教和佛教各种法律经典而成的《摩奴法典》也成为该时期的基本法律渊源。11 世纪以后，一方面，随着阿拉伯帝国的入侵和印度对阿拉伯帝国的皈依，伊斯兰法也成为印度的法律渊源之一。另一方面，印度教徒为适应社会发展的需要，撰写了不少解释《摩奴法典》的经典文献，如《米泰沙拉》等，它们构成了调整印度封建社会各个领域法律关系的规范体系。

在日本，646 年的"大化革新"确立了天皇中央集权专制制度，日本完成了由奴隶制向封建制的转变。《大宝律令》（701 年）、《养老律令》（718 年）等是这种转变的法律总结。从 1192 年至 1868 年"明治维新"，日本进入幕府统治时期。1232 年的《御成败式目》和 1742 年的《公事方御定书》等武家法典确立了幕府封建法制的基础。

在中亚地区，7 世纪初建立了阿拉伯封建统一帝国，形成了伊斯兰教法。穆罕默德（约570—632 年）发布的《古兰经》、以他的言行为内容汇集的《圣训》，以及教法学家的著作等，既是伊斯兰教的基本规范，又构成了阿拉伯国家封建法律的基础。

在 7 世纪，东罗马帝国由奴隶制社会转入封建制社会，陆续以查士丁尼《国法大全》为基础颁布了一些适应封建制发展的法典，如 8 世纪的《查士丁尼法典选编》《农业法》，9 世纪的《巴西尔法典》（共 60 卷）等。1045 年，拜占庭重建君士坦丁堡大学，注释法学家研究、撰写罗马法的著作，编纂新的法律，推动了封建法的发展。①

6 至 8 世纪，分布在拜占庭帝国西北部（现在的东欧、俄罗斯）地区的斯拉夫民族纷纷建立封建国家，并在吸收拜占庭法律的基础上，将自己的习惯法汇编成法典，如 11 世纪的《罗斯真理》（俄罗斯）、14 世纪的《斯提芬·杜尚法典》（南斯拉夫）等。这些成文法典，形成了斯拉夫法系［包括俄罗斯、波希尼亚（捷克）、波兰和塞尔维亚 4 个支系］，它是中世纪东北欧的重要封建法律体系。

在中世纪封建法律形成和发展的过程中，日耳曼法和教会占据着重要地位。476 年，西罗马帝国被日耳曼人灭亡，日耳曼人在帝国的废墟上建立了许多国家（称"蛮族国家"），并逐渐进入封建社会。在此过程中，他们以原来的日耳曼氏族习惯为基础，吸收罗马法的理论和技术，制定了一批具有封建性质的法典（称"蛮族法典"）。其中，最著名的是法兰克王国的《撒利法典》。

从 9 世纪开始，基督教会势力迅速扩张，几乎每个居民都成了教徒。这样，教会法及教会法院的管辖权几乎涉及每个居民，尤其是在婚姻、家庭、动产继承等领域，教会法的影响更是巨大。因此，一方面，基督教会成为中世纪西欧最大的封建主之一；另一方面，教会法也成为西欧封建法的重要组成部分。

除上述各国各地区法律之外，在原罗马帝国的北部和斯堪的那维亚半岛上，还存在过凯尔特法和斯堪的那维亚法。它们对世界法律发展的影响虽然不是很大，但也是中世纪封建法律的组成部分。

3. 中华法系

中国古代法制长期独立发展，源远流长，体系完整，特征鲜明，我们将其总称为"中华法系"。

中国法制发展可追溯到 4 000 年前，在 2 600 多年前的春秋时期，中国法律就开始了成文法典化的进程。战国时期，讲究实效的法家学说盛行一时，变法图强成为各国政治的关键。成文法典由此更为完备，在变法最为成功的秦国，法律成为治国的唯一手段，在施政及社会生活的各个方面都有严厉而明确的法律，后人称之为"秦法繁于秋荼，而网密于凝脂"（《盐铁论·刑德》）。秦国统一全国后，二世而亡，继起的汉朝不再单纯依靠法律治理国家，"以霸王道杂之"（《汉书·元帝纪》）。法典的修订和解释都逐渐体现这一精神，儒法合流，德主刑辅，中华法系就此逐渐定型。在战乱频繁的三国两晋南北朝时期，法典的制定与颁布也相当频繁，中华法系的法律体系得到了完善。唐朝在这些发展的基础上总其成，制定了空前完备的法律体系，其法典及其法定解释《唐律疏议》是中华法系最具代表性的法典，并被后世长期沿用。唐以后的各朝法律遵循唐朝法律的基本精神，保持中华法系的基本特色，总的发展趋势是更加注重法律的实用性，突出强调法律对于维护王朝统治的作用。明朝以唐为楷模，又总结宋、元的经验，建立了更为完整的法律体系，并被以后的清朝全盘继承，一

---

① 法学教材编辑部. 外国法制史新编. 北京：群众出版社，1994.

直沿用至近代。

中华法系在太平洋西岸的东亚诸国及中亚地区发挥了持久的影响力。例如，唐律曾经成为日本、高丽等国立法的蓝本，明律也曾被朝鲜、日本、越南等国当作立法的楷模。

4. 资本主义两大法系的确立

从 17 世纪中叶至 19 世纪末，在短短的 200 多年间，资本主义法律体系在西方各主要资本主义国家逐步得到确立。这一法律体系在内容上确立了三权分立、主权在民、公民的民事权利人人平等、所有权神圣、契约自由、过失责任、法无明文规定不为罪、法溯及既往、罪刑相适应、陪审制和律师辩护制等一系列资产阶级法制原则（在各个国家，这些原则的实行程度是不相同的），在法的形式上形成了两大法系：英美法系和大陆法系。

英美法系（Anglo – American Law System），也称英吉利法系（English Law System）、普通法法系（Common Law System），是以英国的普通法、衡平法和制定法为基础，融入罗马法、教会法以及中世纪商法的若干原则而逐步形成的一个世界性的法律体系，是在英国对外贸易、军事侵略、殖民统治和强制推行英国法的过程中形成的。其成员除英国、美国之外，还包括爱尔兰、加拿大、澳大利亚、新西兰、印度、新加坡、冈比亚、尼日利亚、加纳、肯尼亚、乌干达和赞比亚等国家和地区。

大陆法系（Continental Law System），也称民法法系（Civil Law System）、罗马—日耳曼法系（Romano – Germanic Family），是以罗马法为基础，以 1804 年《法国民法典》和 1900 年《德国民法典》为代表的一个世界性法律体系，是在西方近代化过程中，欧洲各国复兴罗马法，仿照法国立法模式制定自己的成文法典，并将其强制推行到自己的殖民地而逐步形成的。其成员除法国、德国外，还有比利时、荷兰、意大利、奥地利、瑞士、西班牙、阿尔及利亚、摩洛哥、埃及、利比亚、突尼斯、日本、印度尼西亚，以及拉美各国等。

（二）当代世界法律的发展

20 世纪后，随着社会政治、经济、文化和科技的巨大进步，法律也发生了巨大的变化。这种变化主要表现在以下几个方面：

第一，一些新的法律部门开始出现。随着国家加强对经济的干预，法律体系中形成了经济法这一法律部门；随着科技的进步，还出现了科技法、环境保护法、能源法、航空航天法、知识产权保护法等新的法律领域；随着现代社会国际经济贸易的发展，在传统的国际法领域内出现了国际贸易法、国际投资法、国际税法、国际反不正当竞争法、国际反倾销法等新的法律分支。

第二，行政法的地位日益加强。行政法的发达是现代法治国家的一个重要标志。20 世纪后，随着国家行政事务的增多和管理领域的扩大，政府的权力日益膨胀，行政管理活动中侵害公民的事例也不断增加。为了理顺行政活动中方方面面的关系，限制政府的权力，使其依法行政，保护公民不受行政权力的侵害，各国的行政法得到迅速发展。不仅是行政法起步比较早的大陆法系各国，而且以前不承认或忽视行政法的英美法系国家，也制定了许多行政实体法和行政程序法。

第三，法律的社会化倾向越来越突出，更加关注社会利益。20世纪后，体现各种社会利益的法律，如劳动法、社会保障法等迅速发展，而且在传统的法律领域，法律的社会化倾向也越来越突出。例如，在民商法领域，强调社会的公共利益，对私人财产所有权和契约自由的限制不断加强；在刑法领域，累犯的加重惩处、保安处分的得到强化、青少年犯罪的加强防治等。

第四，法律的民主化日渐受到重视。20世纪后，在各国宪法中，公民权利日益受到重视，规定越来越详细。尤其是第二次世界大战后，法国、德国和日本等大陆法系主要国家都制定了比较民主、自由、和平的新宪法，对公民的财产权、劳动权、受教育权、居住权、迁徙权，以及言论、出版、集会、结社、宗教信仰等各种自由做了明确的规定。英国通过制定一系列关于婚姻、家庭、选举、财产等单行法规以及许多重大判例，扩大了公民的民主、自由权利。美国则通过一系列的宪法修正案，废除了种族歧视、男女不平等等现象，保障了公民的各项政治、经济、文化和教育的权利，在比较广泛的范围内实现了资产阶级民主。

第五，法律的统一化和国际化趋势加强。随着世界经济一体化进程的加快，各国之间的联系日益密切，文化交流空前频繁，法律的统一化和国际化也不断加强。两大法系之间相互靠近，即英美法系的成文立法不断增多，而大陆法系各国主要开始注重判例的作用，并引进英美诉讼程序法中的一些原则，以及破产法中的各种救济手段等。

二、法律的作用

法律的作用是指法律对社会产生的影响，对人的行为以及最终对社会关系所产生的影响。法是国家权力运行和国家意志实现的具体体现，是社会经济状况的具体体现。

人的行为和社会关系是法律的两大作用对象，因此，法律的作用可以区分为法律对人的作用和法律对社会关系的作用，也就是通常所说的法律的"规范作用"和"社会作用"。前者是从法律规范调整人的行为这一特征来分析法律所起的作用，后者则是从法律的本质和目的的角度来分析法律的作用。社会将法律的规范作用作为手段，将法律的社会作用作为目的，通过法律的规范作用达到法律的社会作用。

（一）法律的规范作用

根据法律规范作用的不同对象，即不同的行为，法律的规范作用主要有以下三种。

1. 指引作用

指引作用指法律（主要是法律规范）对人的行为的一种指导和引领的作用。法律的指引是一种区别于个别指引的规范性指引，具有抽象的特点，对于个别情况不一定适合，需要个别指引来补充，但相对于个别指引来说，它具有连续性、稳定性和高效率的优势，是建立社会秩序必不可少的条件和手段。

法律的指引作用按不同的标准可以分为以下几种：第一，确定的指引和有选择的指引。这是根据法律规范中的行为模式进行的分类。行为模式可分为义务模式（应当这样的行为和不应当这样的行为）和权利模式（可以这样的行为）。前者对人的行为的指引是确定的，不允许存在选择的余地，称为确定的指引；后者对人的行为的指引是随行为人的主观意愿而定的，允许自行选择，称为有选择的指引。第二，羁束的指引和非羁束的指引。这是根据国家权力行为的权限幅度进行的分类。在国家机关及其公职人员的行为中，其权限的幅度是由法律规定的，这种规定表现为两种情况：一种是法律有准确、具体、硬性的规定，必须严格依照执行的；二是法律对某类事务的处理只规定了一个幅度，由权力主体在此范围内自行酌情处理的。与此相对应，前者对权力主体的行为是一种羁束的指引，后者对权力主体的行为是一种非羁束的指引。第三，原则的指引和具体的指引。这是根据法律的构成要素进行的分类。法律原则是法律的构成要素之一，它对人的行为同样具有指引作用，但是它与法律规范等要素的具体的指引是有区别的。具体的指引是指除法律原则的指引作用以外的其他指引，如法律规范、法律概念、法律技术性规定对人的行为的指引都属于具体的指引。

2. 评价作用

评价作用指法律作为一种对于人的行为的评价标准或尺度的作用。法律的评价作用区别于道德评价、政治评价等一般社会评价，是用法律的规范性、统一性、普遍性、强制性和综合性的标准来评判人的行为，其评价的重点是行为人的外部行为、实际效果以及行为人的法律责任。根据做出法律评价的主体的不同，以及其评价是否具有国家强制力和法律约束力，法律的评价作用可以分为两大类，即专门的评价和一般的评价，前者又称为效力性的评价，后者又称为舆论性的评价。

3. 预测作用

预测作用指人们可以根据法律的规范性、确定性特点，预见和估计人们相互间将怎样行为以及行为的后果等，从而对自己的行为做出合理的安排。法律的预测作用要求法律明确而又相对稳定，为人们进行行为观测提供可能。

此外，法律的规范作用还可分为教育作用和强制作用。教育作用是对人的今后行为产生积极影响的作用，强制作用是法律具有的制裁和惩罚犯罪行为的作用。

（二）法律的社会作用

法律的社会作用是法律作为社会关系调整器对社会所产生的影响，它是经过法律的规范作用而产生的。根据国家的对内职能的不同，法律的社会作用可以分为阶级统治作用和社会管理作用两大部分。

第一，阶级统治作用。法律是统治阶级意志的体现，法律维护统治阶级进行阶级统治的作用，是法律社会作用的核心。阶级统治的内容包括政治、经济和思想文化各个方面，其中，维护统治阶级掌握的国家政权是法律的关键社会作用。

第二，社会管理作用。社会管理作用指法律在维护人类基本生活条件、确认技术规范等方面，不分阶级、阶层、社会组织、集团和个人的社会公共事务管理的作用。

法律社会作用的两大部分是密切相关的，不能截然分开。统治阶级通过法律的社会公共事务管理的作用，达到维护其阶级统治的目的；只有在执行了其社会公共事务管理的职能时，法律的阶级统治作用才能实现。

三、建设社会主义法治国家

（一）依法治国基本方略的提出

依法治国即法治。"法治"相对"人治"而言，其概念由来已久。古希腊思想家亚里士多德极力主张"法律的统治"，并从多方面论证"法治应当优于一人之治"。他认为，法治包含两重意义：已成立的法律获得普遍的服从，而大家所服从的法律又应该本身是制定得良好的法律①。这是对法治的经典界定。我国早在先秦时期，就有"人治"与"法治"之争。儒家主张人治（或礼治、德治），法家主张法治。不过，法家把法单纯地当作君主统治国家的手段和工具，"严刑峻法"的实质是为了维护和强化专制主义的人治，与西方法治的含义不同。

中华人民共和国成立后，开始了我国社会主义民主与法制建设，但在"文化大革命"期间经历了曲折。改革开放以后，我国提出了"依法治国，建设社会主义法制国家"的战略目标。1997年，党的十五大报告明确将其改为"依法治国，建设社会主义法治国家"。"法治"与"法制"虽然只是一字之差，但二者的内涵与外延具有明显的区别。"法治"强调的是通过法律制度对国家和社会事务的管理，它与"人治"是直接对立的，而"法制"是一个静态概念，与现代法治理念下民主法治动态发展的现实需求不尽契合。1999年，第九届全国人民代表大会第二次会议通过的《中华人民共和国宪法修正案》规定："中华人民共和国实行依法治国，建设社会主义法治国家。"这表明我国治国方略发生重大转变。2014年10月，《中共中央关于全面推进依法治国若干重大问题的决定》通过。2017年10月，中共中央成立全面依法治国领导小组，进一步加强对法治中国建设的统一领导。

（二）依法治国的概念及内涵

依法治国，是国家治理领域中的一场广泛而深刻的革命。党的十五大报告指出："依法治国，就是广大人民群众在党的领导下，依照宪法和法律规定，通过各种途径和形式管理国家事务，管理经济文化事业，管理社会事务，保证国家各项工作都依法进行，逐步实行社会主义民主的制度化、法律化，使各种制度和法律不因领导人的改变而改变，不因领导人的看法和注意力的改变而改变。"这是对依法治国的科学界定。

---

① 亚里士多德. 政治学. 吴寿彭，译. 北京：商务印书馆，1965.

依法治国是发展社会主义市场经济的客观需要，是国家民主法治进步的重要标志，是建设中国特色社会主义文化的重要条件，是国家长治久安的重要保障。全面推进依法治国，总目标是建设中国特色社会主义法治体系，建设社会主义法治国家。这就是要在中国共产党的领导下，坚持中国特色社会主义制度，贯彻中国特色社会主义法治理论，形成完备的法律规范体系、高效的法治实施体系、严密的法治监督体系、有力的法治保障体系，形成完善的党内法规体系，坚持依法治国、依法执政、依法行政共同推进，坚持法治国家、法治政府、法治社会一体建设，实现科学立法、严格执法、公正司法、全民守法，促进国家治理体系和治理能力现代化。

第四节　军队与战争

一、军队和战争概说

战争是人类社会集团之间为一定的政治目的而进行的武装斗争。它是一种特殊的社会现象，是用以解决民族和民族、国家和国家、阶级和阶级、政治集团和政治集团之间矛盾的最高斗争形式。什么是战争？德国军事思想家克劳塞维茨给战争下的定义是："战争无非是政治通过另一种手段的继续。"战争是政治的继续，它有三个方面的含义：第一，它是达到更多目的的手段；第二，它是当其他手段失效时所采用的特殊手段；第三，军队的行动从属于政治的愿望。换言之，军队是公共政策的特殊工具，是为特殊情况建立和备用的。

（一）人类的历史是一部血与火的文明史

战争曾深刻地影响人类的历史，战争既创造文明，又受文明的影响。如果没有战争的作用，人类就很难脱离蒙昧时代，很难敲开国家的大门，正是由于原始社会部落之间频繁的掠夺战争，加速了私有财产和奴隶剥削的发展，敲响了原始社会覆灭的丧钟，推动了阶级、国家的形成。希波战争使希腊诸城邦赢得了独立和自由，获得了加速发展的大好机会，从而使整个希腊的奴隶制政治和经济走上了全盛时期；马其顿国王亚历山大十年血战行万里，其取得的辉煌胜利促进了东西方经济和文化的交流，刺激了社会生产的发展，"为西方人打开了东方的大门，也为东方人敞开了西方的大门"；一代"军事巨匠"拿破仑通过战争，把他的思想传播到整个欧洲，使欧洲大陆发生了深刻的变化；俄国十月革命的胜利，创建了世界上第一个社会主义国家，开创了人类历史新的纪元，给世界各国无产阶级革命、殖民地半殖民地民族解放运动以巨大的鼓舞；空前规模的第二次世界大战推动了人类历史发展的进程，改变了世界的格局，给战后世界带来了广泛而深远的影响。

（二） 战争的需要是人类科技进步的直接动力

为了适应阶级和阶级、民族和民族、国家和国家、政治集团和政治集团之间矛盾斗争的需要，人类社会往往将科技的最新成就优先应用于军事领域。同时，战争的需要催生了人类的科技进步。从某种意义上说，战争与科技进步是相辅相成的。战争从一定程度上推动了科技的发展，而科技进步又直接影响和改变着人类战争的形态。火药的发明及其在战争中的运用宣告了热兵器时代的到来；核武器的发明则宣告了热核兵器时代的到来；现代计算机技术在战争中的运用则宣告了以信息技术在战争中的广泛运用为特点的高科技兵器时代的到来。反之，正是战争的需要催生了科技的发展。特别是第二次世界大战结束以后，美、苏两国展开了争夺世界霸权的激烈斗争，它们之间从海洋到陆地、从陆地到天空、从天空到太空的全方位、多领域的军事对抗直接导致了生物医药工程技术、信息技术、新材料技术、新能源技术、宇航技术、海洋开发技术等现代高尖端科技的发展，为人类带来了一个崭新的科技文明。因此，可以说战争是人类科技进步的"催生婆"，战争的需要是人类科技进步的直接动力。

（三） 战争的正义性与非正义性是判断战争性质的基本依据

战争有正义与非正义之分，战争的正义性与非正义性是判断战争性质的基本依据。一般来说，正义的战争有助于人类社会的进步，非正义的战争通常起反动的作用。支持正义的战争、反对非正义的战争是我们对待战争的基本态度。

历史上一切正义的战争，在维护人类生存与发展、促进社会进步方面都起着特殊的不可低估的作用。马克思曾指出，"暴力是每个孕育着新社会的旧社会的助产婆"，旧社会在战争中死去，新社会在战争中诞生，从而推动着历史的车轮向前奔驰。非正义的战争一般在历史上起反动作用，但是某些非正义的战争也可以产生一定的积极作用，但其积极作用并不是战争发动者的主观意愿，而完全是一种客观效果，因此，我们不能因为某种积极作用而否定其非正义性。实事求是地区分战争的正义性与非正义性是确定我们对待战争态度的基本依据。

一切战争都是政治通过另一种手段（即暴力）的继续。战争是流血的政治，这种政治既包括对内政策，也包括对外政策，二者是在共同的社会经济基础上形成的。政治是经济的集中表现。政治决定战争的目的和性质，并且通过战略这个关键环节对战争计划和军事行动产生影响。区分战争的正义性与非正义性，首先必须确定战争行为主体的政治目的。总的来说，一切反抗统治阶级的压迫、抵御外来侵略、促进社会进步的战争都是正义的战争；反之，一切镇压革命、对外进行侵略扩张、阻碍社会进步的战争都是非正义的战争。除了政治目的这个标准以外，其他如交战双方谁先打响第一枪或谁先进入谁的国土等，都不足以说明战争的性质。当然，我们更不能依据战争当事者的自我标榜来判定战争的性质，因为历史上许多非正义战争的发动者也打着"正义"的旗号，借以骗人。我们必须根据具体的历史条件，客观地对战争的性质加以分析。

一切战争，不论其性质如何，都具有很大的破坏性，但是我们并不反对和否定一切战争。反对和否定非正义的战争，同情、支持和肯定正义的战争，这应是我们对待战争的基本立场和态度。

二、军队和战争的历史发展

战争作为一种特殊的社会历史现象，是人类社会发展到一定阶段的产物，是产生了私有财产和阶级以后才有的，并随着人类社会的发展而不断演进。原始社会部落之间频繁的掠夺战争就其本质来说，是不能和阶级社会的战争混为一谈的。世界各地区进入阶级社会的时间差距很大。从古代埃及、巴比伦、中国等东方国家进入阶级社会以来的几千年间，世界上究竟发生过多少次战争，至今尚无定论。据估计，在大约 5 000 年有文字记载的人类历史上，共发生战争 1.4 万次以上，其间只有 200 多年是和平的。尽管这种估计的准确性有待考证，但它从一个侧面说明，世界历史上真正的和平岁月是极其罕见的。

军队和战争形态随着时代的发展不断演进和变化，归根结底依赖于不同时代的物质生产水平以及与之相适应的社会制度的性质。

（一）奴隶制时期

在奴隶制社会，物质生产水平极其低下，经济能力只容许建立少量装备有原始冷兵器的军队，用以镇压奴隶的反抗，掠夺其他民族和国家的奴隶。剑与盾的撞击，奏响了冷兵器时代战争的主旋律。早期奴隶制军队一般以由最高统治者（如古埃及的法老）的亲信组成的"亲兵"为骨干，出征作战时辅以由奴隶主和自由农民组成的义勇军。步兵是主要兵种。但在古波斯等国家，除步兵外，骑兵也有所发展，有的还建立了乘坐战车、象和骆驼作战的武士队。早期奴隶制军队的战术仅限于简单的布阵和两军正面冲突，战略行动则限于短时间的出征。

欧洲奴隶制后期的国家以希腊和罗马为典型。其军队由统治阶级成员即奴隶主组成，就其形式而言是一种"民兵"体制，因为每个具有自由民身份的男子都必须服兵役。随着社会经济的进一步发展，奴隶制军队从民兵体制变为雇佣常备体制，破产农民和手工业者不得不应募从军。这种雇佣常备军在古罗马得到充分发展。军队的基本组织单位是由重步兵、轻步兵和骑兵组成的"军团"。除个人使用的各种冷兵器外，云梯、攻城槌、弩炮等攻城器材也得到了广泛使用。同时，战争中还出现了比较复杂的战斗队形——方阵。这是一种密集的纵深队形（8～12 列以上），每列 800～1 000 人，正面约为 500 米，一般为长方形，少数为正方形或梯形。战斗通常从投掷武器所及的距离地点上开始，以轻步兵和骑兵从正面和翼侧突击以及随后的追击告终。方阵的优点是能够实施强有力的正面突击，但机动受到限制，军队翼侧易受攻击，而且不能在起伏地和遮蔽地作战。古希腊统帅艾帕米农达、马其顿王亚历山大和另一位古希腊统帅色诺芬对方阵战术的运用及发展做出了突出贡献。在战略上，随着军队装备的改进和被征服国家资源的利用，军队作战能力有所提高，出征时间和距离也相应有所延长。

在奴隶制社会，一些国家建立了海军，并为其装备了简陋的划桨小船，战争结局通常取决于接舷战争的战术。

（二）封建制时期

大约在5世纪，随着生产技术和经济的发展，欧洲、亚洲、非洲一些地区开始形成早期的封建国家，于是出现早期的封建制军队，用以维护封建主的统治、镇压农奴的反抗，并掠夺新的土地和农奴。最典型的封建制军队是在大封建主（国王、大公）周围形成的最初的封建常备军——骑兵扈从队。这是封建军队的核心，成员都是贵族。出征作战时，由封建主的农奴和农民编组的步兵承担辅助任务。这种骑士军最小战术单位由一名重装骑士及其侍从人员组成。封建割据时期的封建国家实际上没有全国统一的军队，各诸侯国均拥有自己的骑士军。战争爆发时，君主才召集各诸侯国的军队。骑士军的典型作战方式是全副武装的骑士个人之间乘马进行格斗，还谈不上战略战术。

直到14世纪，随着中国发明的火药传到了西欧和中欧，加上炼铁技术的发展，作战方法发生了革命。火枪和火炮用于战争，标志着战争的形态由冷兵器时代进入热兵器时代。以封建制度的解体、中央集权国家的建立和城市的兴起为标志的社会政治大变革，也起了推波助澜的作用。其结果是，军队和战争的面貌发生了深刻的变革，主要表现在：由中央集权国家君主统一指挥和统一供给的雇佣军取代各自为政的封建主的亲兵，人数众多的步兵取代由少数贵族骑士组成的重骑兵，成为主要兵种；骑兵作为一个兵种仍然存在，但发展为轻骑兵；滑膛火枪取代长矛等冷兵器成为战场上的主要武器；一个新的兵种——装备滑膛炮的炮兵应运而生；便于发扬火力和减少人员伤亡的线式战斗队形取代方阵成为主要的队形；分兵把口式的"封锁线"战略体系和以威胁敌方交通线为主要目标的"机动战略"逐步形成。

同时，海军和海战也发生了重大变革：由于使用罗盘和火炮，帆船取代划桨小船成为舰队的主要组成部分；炮击取代冲撞敌船、使用各种投掷装置以及接舷战而成为主要作战方法。

上述变革经历了几百年的漫长岁月，其间比较突出地体现在尼德兰资产阶级革命战争（1566—1609年）和三十年战争（1618—1648年）中。前一次战争中的尼德兰统帅莫里茨（奥兰治亲王）和后一次战争中的瑞典国王古斯塔夫二世，在实现上述某些重大变革方面发挥了重要作用。

（三）自由资本主义时期

18世纪中期，欧洲从英国开始，发生了以蒸汽机的广泛使用为标志的产业革命，并逐渐波及其他国家，促使工场手工业被机器工业所取代，把社会生产力从铁器时代推进到了机器时代。在政治上，18世纪末期欧洲爆发了法国资产阶级大革命，它猛烈地冲击了各国的封建农奴制，为发展资本主义开辟了广阔的道路。产业革命和政治革命促进了军事上的发展，这些发展集中地体现在法国大革命战争和拿破仑战争中：以摆脱了封建农奴制压迫的广大农民为主体建立了庞大的资产阶级民族军队，用以取代具有封建性的雇佣军。同时，资产阶级在全国普遍推行义务兵役制，用以取代过去的招募制。后勤保障方面实行就地征用与建立仓库体系相结合的制度，不再单纯依赖补给线，从而大幅度提高了部队的机动性。完全打破了以威胁敌军补给线为目标的过时的"机动战略"，改为以歼灭敌人有生力量为目标的决战战略，为此将优势兵力集中于主要方向，通过一两次"总决战"解决问题。完全打破了呆板的线式战术，采用纵队与密集散兵线相结合的新战术。部队的编制出现了由步兵、骑兵、炮兵组成的军队，这些军队既可以独立作战，又可以编组成临时的集团军，承担大规模的会战任务。同时，军队装备有了重大改善，普遍使用枪托弯曲、带有准星的火枪和威力更大的火炮。同一时期，海战也发生了变化。随着舰炮火力大为加强和舰队机动力的提高，长期以来舰队按平行航向进行海战的方法被摒弃，改为海上机动战术。

这一阶段，在军事学术的创新中，杰出统帅拿破仑和纳尔逊分别在陆战和海战方面做出了重要贡献。

19世纪中后期，随着炼钢技术、铁路运输和有线通信等科技成果的广泛应用，人类社会出现了许多新兴的部门。这一时期也是资本主义大发展的时期，同时，无产阶级开始登上历史舞台。在这一背景下，军队组织和军事学术又出现了崭新的情况。首先，武器装备水平得到飞速发展：膛线枪代替滑膛枪，连发枪和速射炮成为战场上的主要武器，同时，无烟火药代替了黑火药，军队火力的提升使散兵线队形和堑壕、铁丝网等野战工事得到广泛采用。其次，铁路运输用于军事，极大地提高了军队的战略机动力。再次，有线电及电话大大改善了部队的通信联络。最后，总参谋部的普遍建立使军队的领导和指挥发生了飞跃。同时，海军的面貌也大为改观：木制帆船被由蒸汽机推动的钢甲战舰所取代，战列舰成为舰队主力，海军进入了大炮巨舰时代。

这一时期，军事学术得到进一步发展，特别是德国名将毛奇实施的一套先敌动员，利用铁路进行外线机动，突然采取行动，对敌重兵集团实施分进合击的战略，产生了广泛而深远的影响。美国海军战略思想家马汉的"海权思想"也出现在这个时期的后一阶段。这一时期，以马克思、恩格斯为代表的无产阶级军事科学理论的创立更具有深远的历史意义。

（四）帝国主义时期

20世纪初至20世纪中叶，科技的突飞猛进，把人类社会生产力又推到一个新的高度。新的能源——电力和内燃机的广泛利用，电气工业、发动机制造业、汽车和航空工业等新兴工业部门的飞速发展，再加上无线电的普遍应用和生产过程的机械化，都使这一时期成为高度发展的"电气时代"。同时，帝国主义制度的确立和发展，使劳动与资本的矛盾、殖民地与宗主国的矛盾、帝国主义列强之间的矛盾以及后来出现的帝国主义与社会主义之间的矛盾日益尖锐化，并导致了一系列激烈的、大规模的战争。其中，以第一次世界大战和第二次世界大战最为突出、最为惨烈。

帝国主义时代的战争和军队具有两个突出的特点：一是科技大规模地应用于战争，从而对人类造成空前的破坏。二是人民群众在战争中的作用比以往任何时候都更为重要。具体来说，这一时期，军队和战争领域变生了如下变革：军队的武器装备增添了全新的成分，如坦克、飞机、潜艇、航空母舰和化学武器等，并且相应地出现了空军、防空军、空降兵、化学兵等新的兵种。地面部队的战场机动方式从徒步、乘马、乘坐畜力车向机械化过渡。作战方式上出现了空地协同、步坦协同，以及实施快速突击的新作战方式（如"闪击战"）。战略上的突然袭击、不宣而战，成为战争发动者采取的惯用方法。对敌人的后方实施战略轰炸的作战方式应运而生。利用航空母舰编队争夺制海权，以及潜艇战和反潜战，成为海上斗争的主要形式。战场从平面发展到立体，战线长度发展到上千千米。陆军编制的最大单位从集团军发展到集团军群（方面军），甚至方面军群。参战国总兵力可占其总人口的10%，甚至更多。前方和后方的界限被打破，前方对后方的依赖性越来越大，出现了史无前例的全国总动员的局面。

随着新的军兵种——空军和装甲兵的出现，空军制胜论和装甲制胜论也相继形成。在战略上，这一时期的战争表明，军事与政治、经济、科技、心理等非军事因素的交织空前密切。战争是对每个民族全部物质力量和精神力量的考验。这种情况促使人们对战争的战略指导空前复杂化，于是在西方一些国家出现了"总体战"和"大战略"理论。其中，"大战略"理论具有重要意义，其精髓在于综合运用国家的全部力量以实现国家的总体战略目标。这种理论是在总结第一次世界大战经验的基础上产生的，对第二次世界大战——世界反法西斯战争的胜利及第二次世界大战后东西方国家产生冲突均有深刻的影响。

应当强调的是，在帝国主义时代，出现了由共产党领导的人民军队、人民战争和人民战争的战略战术等崭新的事物。这是马克思、恩格斯的无产阶级军事科学理论在新的历史条件下的开拓和创新，中国和世界上不少国家都为此做出了贡献。

（五）当代军事的新发展

在第二次世界大战时期积累的科技成就和生产力飞速发展的基础上，大约从20世纪40年代开始，又一次发生大规模的产业革命。它以电子计算机、原子能和空间技术等新技术为主要标志，推动了生产力的飞速发展，并由此引发了第二次世界大战后在军事上的大变革。1945年8月，美国在日本广岛和长崎投下2颗原子弹，标志着热核兵器时代的到来。

在热核兵器时代，核武器系统的出现及其在军队中的装备，引起了一系列连锁反应：出现了崭新的军兵种——核导弹部队；出现了崭新的作战形式——核战争；增加了崭新的防御形式——核防御战略（民防或人防）；出现了核条件下的军队体制、编制等；与此相适应，出现了指挥与通信以及军队管理等方面的重大革新。军事思想领域则出现了核战争和核威慑理论。

在这个所谓的"核时代"，还有一个奇异而又合乎规律的现象，即在核垄断被打破的情况下，核武器数量越多、威力越大，其使用的可能性反而越小。这期间，核战争没有打起来，但是使用常规武器的局部战争此起彼伏，从未间断。

大约从20世纪80年代以来，人们把注意力从"核时代"延伸到所谓"核后时代"，探索在当代高技术群（微电子、新材料、新能源、生物工程、空间和海洋技术等）快速发展的条件下，未来的军事将出现哪些新情况。

在人类战争史上，1990年的海湾战争是一场具有划时代意义的、承前启后的重要战争。它发生在工业时代向信息时代的过渡时期，既有工业化时代机械化战争的"旧貌"，也展示了不同于以往信息时代信息化战争的"新颜"。在这场从天而降的风暴中，人们看到了一场史无前例的囊括军事技术、武器装备、体制编制和军事理论各个领域的军事革命的曙光。

"高技术局部战争"这个新概念已经出现。从1990年海湾战争中电子战、隐形飞机和高度精确制导武器的运用，我们可以窥见未来高技术局部战争的某些端倪和发展趋势。"高技术局部战争"作为一种新的战争形态受到广泛重视，一场新军事革命悄然兴起。

三、战争与和平

战争与和平是一对矛盾。居安思危、有备无患，是爱好和平的国家和人民从世界战争史中获得的最宝贵的教益。世界战争史反复证明：军事力量、战争准备与国家兴亡、民族兴衰、人民安危有着密切的关系。

（一）穷兵黩武，好战必亡

黩武主义者迷信武力，片面夸大军事的地位和作用。他们为了扩大军队规模和进行战争，不惜涸泽而渔，最后弄得民穷财尽，自食恶果。黩武主义者进行的战争往往是侵略扩张的非正义战争。他们对被征服民族和国家的残酷掠夺、野蛮镇压，必然激起国内外人民的反抗，从而使自己陷于内外交困的境地。古今历史上辉煌一时的大帝国，从极盛一时到土崩瓦解，其原因固然是多方面的，但穷兵黩武是重要因素之一。古代亚历山大远征万里、历经十载建立的庞大帝国，在他死后迅即瓦解，成为历史长河中的昙花一现。中世纪地跨欧、亚、非三大洲的奥斯曼帝国，近代主宰欧洲大陆的拿破仑帝国，现代法西斯德国建立的欧洲"新秩序"和日本军国主义的"大东亚共荣圈"，都是武力征服的结果，但最终都没有避免覆灭的命运。所谓好战必亡，就是这个道理。

（二）偃兵息甲，忘战必危

希特勒之所以能在短时期内打败波兰、横扫西欧，与英、法等国的"和平主义"思想严重、战备不足有很大关系。许多国家和民族在外敌入侵时一筹莫展，直到败军亡国，陷入长期被人宰割和奴役的局面，除了其他因素（特别是力量对比过于悬殊）之外，统治集团腐败无能，不重视军队建设和战争准备，也是重要原因。

（三）居安思危，有备无患

居安思危、有备无患是对待战争与和平应有的态度。

1. 居安思危

所谓"和平时期"不过是两次战争之间的过渡时期。历史上多少国家之间信誓旦旦地签订过"永久和平"条约，实践证明那只不过是一张废纸。单是第二次世界大战以来，人类社会大小武装冲突就有100多次，其中，较大的局部战争有数十次，这也有力地证明了居安思危的重要性。

2. 有备无患

"有备"并不意味着国家应在和平时期维持庞大的常备军和军费开支。相反，历史经验告诉我们，和平时期的军队要少而精，即数量要少、人员素质要高、武器装备要精。军费只能限制在国民经济许可的范围之内。同时，在和平时期，国防建设上少花钱、多办事也是有可能实现的，这就是走平战结合、寓军于民的道路，争取国防建设与国民经济建设及社会发展相互促进、相得益彰。"有备"，归根结底是培养人民群众的爱国精神，加强民族凝聚力和国防观念。武器是重要因素之一，但只有人才是具有决定性的因素。战争伟力之最深厚的根源存在于民众之中，这永远是真理。此外，文化教育和舆论导向也可以起到很大的作用。但最根本的是国家坚持不懈地推行反映人民利益、要求和愿望的政策，赢得人民的真心热爱和全力拥护，使人民感到保卫祖国就是保卫自己的切身利益。这样就可以做到上下同心同德，一旦有事，整个国家就可以爆发出无比强大的能量。历史证明，这是克敌制胜的根本保证，是任何敌人都推不倒、攻不破的无形的"万里长城"。

人类经历了血与火的长期考验，遭受了第一次世界大战和第二次世界大战的空前浩劫，"达摩克利斯之剑"始终悬在人们的头上。当人类跨入21世纪之后，尽管和平与发展成为当今世界的两大主题，但天下并不太平，局部战争和恐怖主义袭击时有发生，战争的恶魔并没有从地球上消失，"化剑为犁"的时代远未到来。因此，为了人类自身的安全，善良的人们不得不保持高度的警惕，不得不铸造无敌的"宝剑"以捍卫自由与和平。

【本章小结】

阶级是一个历史范畴。剩余产品的出现、生产资料私有制的出现和社会分工和交换的发展是阶级产生的条件。生产力的高度发展必将使阶级和阶级斗争现象成为人类历史的陈迹，阶级的消亡是一个长期的复杂的历史过程。

阶层（stratum）通常指同一阶级中因财产状况、社会地位或谋生方式不同而区分的社会集团。阶层划分的因素主要包括：所有制结构、产业结构、职业结构、分配（收入）结构、文化结构及社会管理结构。必要的社会阶层分化能够刺激社会成员的劳动积极性和创造性，激发社会成员发展社会生产力的内在推动性力量。正确认识当代中国社会阶层结构发生的变化，有利于加强我们对当代中国基本国情的认识，有利于我们制定正确的发展战略和经济社会政策。

国家是经济上占统治地位的阶级为了维护和实现自己的阶级利益，按区域划分原则组织起来的，以暴力为后盾的政治统治和社会管理组织。国家的基本职能是政治统治的职能和社会管理的职能，政治统治以社会职能为基础。国家是阶级矛盾不可调和的产物。当具备一定的条件时，国家将会走向消亡。

法律是由国家专责机关创制的、以权利义务为调整机制并通过国家强制保证的调整行为关系的规范，它是意志与规律的结合，是阶级统治和社会管理的手段，是通过利益调整从而实现社会正义的工具。法律是人类在从原始社会向阶级社会过渡时逐步产生和发展起来的，它经历了奴隶制法、封建制法、资本主义法和社会主义法等发展形态。法律的作用是指法律对社会发生的影响，分为法律对人的作用和法律对社会关系的作用，也就是通常所说的法律的规范作用和社会作用。当前，我们应该坚持"依法治国，建设社会主义法治国家"。

战争是人类社会集团之间为一定的政治目的而进行的武装斗争。它是一种特殊的社会现象，是用以解决民族和民族、国家和国家、阶级和阶级、政治集团和政治集团之间矛盾的最高斗争形式。战争是人类社会发展到一定阶段的产物，并随着人类社会的发展而不断演进。军队和战争形态的发展依赖于不同时代的物质生产水平以及与之相适应的社会制度的性质。战争有正义与非正义之分，战争的正义性与非正义性是判断战争性质的基本依据。战争与和平是一对矛盾。居安思危、有备无患，是爱好和平的国家和人民从世界战争史中获得的最宝贵的教益。

【思考与练习题】

一、填空题

1. 马克思指出："阶级的存在仅仅同_____的一定历史阶段相联系。"

2. 阶级消亡首先必须消灭_____和_____，但最终起_____的条件是生产力的高度发展。

3. 所有制结构、_____、_____、分配（收入）结构、_____及社会管理结构是决定阶层划分的主要经济和社会因素。

4. 改革开放以来，我国的社会结构发生了显著的分化，以_____为基础的新社会阶层分化机制逐渐取代过去以＿＿＿＿、＿＿＿＿和＿＿＿＿为依据的分化机制。

5. 国家的职能是由国家的＿＿＿＿决定的，一般可以分为＿＿＿＿职能和＿＿＿＿职能。

6. 根据国家的经济基础和占据统治地位的阶级利益的不同，我们可以将人类有史以来的国家划分为＿＿＿＿、＿＿＿＿、＿＿＿＿和社会主义国家四种基本类型。

7. 从17世纪中叶至19世纪末，资本主义法律体系得以在西方各主要资本主义国家确立。这一法律体系在形式上形成了＿＿＿＿和＿＿＿＿两大法系。

8. 法律的作用可以区分为法律对人的作用和法律对社会关系的作用，也就是通常所说的法律的"＿＿＿＿"和"＿＿＿＿"。

二、选择题

1. 阶级产生的前提条件是（　　）。

　　A. 生产关系的变化　　　　　　B. 生产力的发展

　　C. 道德关系的破坏　　　　　　D. 私有制的产生

2. 社会阶层划分的基础是（　　）。

　　A. 职业划分　　　　　　　　　B. 收入水平

　　C. 社会地位　　　　　　　　　D. 经济地位

3. 国家的本质是（　　）。

　　A. 公共事务管理　　　　　　　B. 阶级统治

　　C. 调和阶级关系　　　　　　　D. 保护国民的安全

4. 判断战争性质的基本依据是（　　）。

　　A. 战争的结局　　　　　　　　B. 战争的正义性和非正义性

　　C. 战争的力量对比　　　　　　D. 战争各方军事力量的对比

三、名词解释

1. 阶层　2. 国家　3. 法律　4. 英美法系　5. 大陆法系　6. 中华法系

四、简答题

1. 如何认识阶级消亡的条件？

2. 阶层分化的社会作用主要有哪些？

3. 当代社会主义中国社会阶层分化的特点主要有哪些？

4. 如何理解国家的职能划分？

5. 何谓依法治国？

五、论述题

如何正确认识和理解当代社会主义中国的社会阶层分化？

【推荐阅读书目】

[1] 李庆钧. 政治学. 上海：上海人民出版社，2007.

［2］陆学艺. 当代中国社会阶层研究报告. 北京：社会科学文献出版社，2002.

［3］张文显. 法理学. 北京：高等教育出版社，2003.

［4］郭建，姚荣涛，王志强. 中国法制史. 上海：上海人民出版社，2000.

［5］马鼎盛，董嘉耀. 军情观察. 北京：中国友谊出版公司，2007.

第五章　城市化、工业化与乡村社会

🗂 学习目标

　　本章主要讲述了城市的发展、城市化进程和农业文明及工业发展与社会变迁之间的关系。通过本章的学习，学员应了解城市的产生背景与条件，理解城市化出现的逻辑必然性、城市化的规模及其发展趋势，能够从整体上把握农业和工业的产生、发展与人类社会变迁的内在关系。

🗂 学习建议

　　本章共分三节，第一节介绍了城市的产生和发展及城市化发展的趋势；第二节阐述了农业的产生和发展及农业文明与乡村社会的情况；第三节分析了工业的发展过程及工业革命与社会变迁。在学习过程中，学员应结合经济发展水平的决定性作用，着重理解城市化的产生机理、进程与发展趋势；结合人类文明的整体发展进程，理解农业与工业的发展对人类社会进步所产生的巨大促进作用。

第一节　城市与城市化

　　城市是社会生产力发展到一定阶段的产物，它的产生与发展几乎与人类的文明进程相始终。无论是古代统治者出于防御、安全和享乐的需要，还是近代社会经济发展到一定水平之后商品生产与交换的内在要求，城市的发展水平总是一定时期人类文明程度的反映。当人类社会迈入近代以后，城市的发展在速度、规模、功能等方面都有了长足的进步。200 年来，席卷全球的城市化进程进一步加快，城市化的规模、类型都有了巨大发展。

一、城市的产生与发展

（一）城市的产生

所谓城市，钱学森把它概括为：以人为主体，以空间和自然环境的合理利用为前提，以集聚经济效益为目的，集约人口、经济、科技和文化的空间地域系统。

城市的产生可以追溯到人类社会的早期。100多万年前，地球上有了人类。早期人类因生存条件艰难，过着以采集和狩猎为主要生产方式的、漂泊不定的生活，无法形成固定的居住点。后来，随着社会生产力的不断发展，人们获取生活资料的方式有了很大进步。首先，狩猎的发展导致原始畜牧业的产生。其次，在采集野生果实的基础上，人类逐步学会种植植物，原始农业随之出现。在以后长期的斗争中，人类社会有了畜牧业和农业的社会分工，即人类历史上的第一次社会大分工，从而出现了以农业生产为主的固定的居民点。

第二次社会大分工以后，生产力得到进一步发展。一部分金属工具在农业生产中得到使用，这对劳动生产率的提高、农业的发展起到了重大作用。在原始公社制度下，人们虽然形成村落并定居下来，但因为人们在各个氏族公社内部共同生产、共同消费，所以，彼此缺乏交换的基础。随着生产力的进一步发展，早期农民所从事的副业——织布、金属加工、陶器制造等手工业逐步完善，最终成为一些人的专门职业。这样，以手工业与农业相分离为主要内容的第二次社会大分工出现了。两次社会大分工的结果极大地提高了劳动生产率，扩大了交换的范围，增加了交换的频率，从而出现了商品生产的萌芽，促进了商品生产的发展。交换日益频繁、范围不断扩大，逐渐形成一些手工业生产和各类产品交换的集中地，这就是城市的早期雏形。

随着商品交换的日益频繁，交换范围的不断扩大，社会开始需要一些人来专门从事商品交换业务，这些人成为商品生产者之间不可缺少的中间人，于是社会上出现了不从事生产、只从事交换的商人，产生了第三次社会大分工。

三次社会大分工之后，社会财富迅速增长，掠夺战争因之也更为频繁。在原始公社加速解体和奴隶社会产生的同时，国家也逐步形成，以军事防卫和政治文化管理为目的的城市功能的延伸也就成为一种必然。这样，具有市场交换、军事防卫和从事政治统治、宗教文化活动等功能的居民点——城市开始成形。

城市虽然是社会分工的产物，但应该看到，在它发展的最初阶段，这种分工是不彻底的：奴隶制社会的城市没有与农业完全分离，城市中还有大片耕地、果园等。相当一部分城市居民仍在从事农业生产。当然，在很多地方的城市经济中，起主导作用的已不再是农业，而是手工业、商业和高利贷行业。

古代城市的文明是建立在农业基础之上的文明。在东方的城市发展史中，很多城市只是一种独特的、城乡不分的统一体，是奴隶主贵族的营盘。有些城市则是古代农村公社的中心，有着公社所有的土地、大规模的水利工程、大量的奴隶与牲畜。当人类逐渐摆脱野蛮，进入文明时代以后，城市功能日趋多样化。随着奴隶制度在各地的建立，城市的发展进入一个新的时代。

（二）古代城市的发展

早期城市主要分布在两河流域、尼罗河流域、印度河和恒河流域以及黄河中下游和安第斯山脉一线。这些地区是世界文明的发源地，也是人类城市的诞生地。

公元前 3500 到公元前 3000 年，先是在尼罗河流域，然后是两河流域，出现了人类历史上最早的一批城市。公元前 3000 年左右，埃及形成统一的王国，定都在提尼斯，以后又建新都孟菲斯。公元前 3000 年至公元前 2500 年，两河流域的苏美尔地区开始了最初国家的形成过程，出现了许多城市国家，重要的有埃利都、乌尔、乌鲁克、拉伽什等。这些早期城市国家是由几个地区围绕一个中心城市联合而成的。在尼罗河和两河流域文明的共同影响下，公元前 2000 年左右，在小亚细亚的赫梯和地中海东部沿岸的腓尼基也开始出现城市。公元前 19 世纪与公元前 18 世纪之交，赫梯人已建有设防城市，以库萨尔、涅萨和察尔帕最为重要。腓尼基则与两河流域相似，出现很多城市国家，最重要的有乌加里特、阿瓦尔德、毕布勒、西顿、推罗等。腓尼基各城市有发达的手工业和商业，与埃及、克里特等地保持商业往来。同时，东地中海上的克里特岛上也开始出现城市文明。

印度河流域是人类文明的另一个发源地。1922 年，人们先是在信德地区的摩亨卓达罗，后在西旁遮普的哈拉帕发现古城遗址，它们统称为哈拉帕文化。哈拉帕文化的存在时期，估计为公元前 2500 年至公元前 1500 年，但也有一种说法认为哈拉帕文化的存在时期可上推至公元前 3500 年，从而使这两个城市成为世界上已知最早的城市。哈拉帕文化时期的居民主要从事农业，手工业和商业也相当发达。城市有又高又厚的城墙，城市面积也有相当规模，如摩亨卓达罗占地面积达 2.6 平方千米。在公元前 2000 年前后，这两个城市进入繁荣期，人口为 2 万人左右，是当时世界上最大的城市之一。

中国也是世界城市文明的发源地之一，公元前 2500 年至公元前 2000 年，出现城市的雏形，公元前 2000 年至公元前 1600 年出现城市。西周时，出现了一次城市建设的高潮。春秋战国时期，社会经济蓬勃发展，社会开始向封建社会过渡，城市建设又一次被推向高潮。秦国统一六国后，其都城咸阳成为著名的城市。

美洲和非洲作为另外两个城市发源地，其城市的出现略晚一些。在危地马拉热带丛林中发现的一座玛雅人城市——埃尔麦雷多，其兴盛年代是公元前 300 年，产生的年代则应更早一些。在非洲，特别是在津巴布韦、尼日利亚、苏丹等地都发现了城市遗址，其中一些至少在 1 世纪就已经存在。

综上所述，公元前 3000 年至公元前 1500 年是世界上城市产生的主要时期。从此，在亚洲、欧洲、非洲大陆上，城市文明兴盛起来。澳大利亚著名史学家蔡尔德称城市的出现是人类历史上的一次革命，他还强调在产生古代文明的泛滥平原上的灌溉过程与广泛贸易活动的兴起对城市革命的重要性。但政治因素，如王权的兴衰与城市的发展关系也甚为密切。在美索不达米亚的文字中，"商人"这一词汇是到公元前 2 世纪才出现的。从埃及、苏美尔、中国等地城市兴起的原因看，王权制度确实起到了重要作用，但在腓尼基、希腊等地城市兴起的因素中，商业的作用更大一些。因此，各地城市起源的促成因素有所不同。

从公元前 1000 年以后至 5 世纪罗马帝国衰亡为止，欧洲产生了光辉灿烂的希腊、罗马文化，这些文化的出现是与城市的发展息息相关的。在亚欧大陆另一端的中国，产生了可以与希腊、罗马文化相媲美的春秋战国及秦汉文化，它们同样以城市的发展为主要标志。

公元前 8 世纪至公元前 6 世纪，希腊各地社会生产力有了很大发展。生产力发展的一个主导因素是铁矿的开采。随着希腊与地中海沿岸各国的贸易往来，其商业快速发展。这些因素促进了希腊奴隶制关系和阶级分化的发展，城邦国家纷纷兴起。在最初兴起的希腊城邦中，尤以米利都、以弗所、卡尔息斯、科林斯等最为繁盛。雅典和斯巴达则是后来发展的两个最大的城邦。希腊城邦还通过移民在希腊以外的地方建立移民城邦，将城市文明扩散到地中海西部和黑海地区。在新建立的移民城邦中，包括意大利的那不勒斯、叙拉古，高卢南部的马赛利亚，黑海南岸的西诺普等都是重要的工商业中心。

雅典位于希腊东南沿海的阿提卡平原上，这里有肥沃的农田、大片的黏土（用以制造陶器）、丰富的银矿和曲折的海岸线。这种良好的地理条件使雅典的人口不断增加、权力不断扩大、威望不断提高。雅典的人口超过了 40 万人，其贸易往来远达埃及、南俄罗斯、利比亚、意大利和法国南部沿海地区。

古希腊城市是早期城市的典型代表，其特点是：大多数坐落在有利于农业发展、进行防御和贸易的地方；宗教在城市布局和社会结构方面占主导地位；大都有城墙环绕，并有中心广场，广场四周是宗教和政府的建筑物；从中心广场向四周延伸出宽阔的林荫道，在市中心的林荫道两侧居住着富人；从官员住宅的周围一直延伸到城墙的地带是其他人居住的地方；商人和工匠住在他们工作的地方，这些地方称为市；城市统治其周围的农业土地，从农民那里获得粮食，作为回报，城市保护农民不受侵犯。

当希腊文明逐渐衰弱之时，亚平宁半岛上的罗马逐渐强大起来。公元 100 年时，罗马控制了地中海和西欧的大部分地区。罗马的统治者出于不断进行军事征服的目的建立了公路系统。正是这个公路系统，使罗马人在欧洲内陆建立了各类市场、行政中心和军事基地，现今欧洲一些著名的城市，如伦敦、巴黎、科隆、维也纳等均兴起于这一时期。罗马在最盛时，人口曾达到 80 万~100 万人，占地约 206 平方千米。罗马的城市建设也取得了很高的成就，修建了环绕整个城市的长达数百英里（1 英里 ≈ 1 609.34 米）的排水道，还有一些高达 35 米的建筑物，其高度相当于 10 层或 11 层楼。至今，罗马还保存着规模巨大的浴池、斗兽场、宫殿和寺庙的遗迹。虽然罗马城市建设得富丽堂皇，但极其奢侈糜烂。罗马是一个"寄生城市"，后来又发展为一个"病态城市"。美国社会哲学家芒福德称，古希腊文化讲求体魄强壮而又精神健康，而古罗马文化基本上是四肢发达、头脑简单，讲求满足物欲，靠自己的权势过寄生生活。5 世纪时，罗马的城市文明与罗马帝国一起走向了消亡。

在当时的亚洲内陆地带，波斯帝国十分强盛，它不断东征西讨，扩大疆域。波斯帝国的首都苏萨城，以及波塞玻利斯城（今伊朗设拉子附近）都是当时有名的城市。

（三）中世纪城市的发展

传统观点认为，中世纪是欧洲的黑暗时期，城市文明几乎消失殆尽。确实，罗马帝国的消亡使很多城市遭到严重破坏，而南下的日耳曼人以农业耕作为主，对城市的依赖程度较轻，频繁的战争又使商路断绝，手工业、商业萧条，城市居民转入乡村，这些因素使欧洲很多城市衰落，如罗马城由近百万人减至 4 万人。但是，欧洲的城市传统并没有完全消亡，在中世纪的后半期，约从 11 世纪以后开始，城市在整个欧洲再次大量出现。

早在 9 世纪初，欧洲形成了一些新的城市中心，巴黎有 2.5 万人，西班牙的科尔瓦多有 16 万人，土耳其伊斯坦布尔的人口更高达 30 万人。在意大利，罗马有 5 万人、那不勒斯有 3 万人。9 世纪时，随着查理曼帝国的建立，城市生活方式在欧洲复苏。查理曼大帝重新组织了欧洲的政治结构，还通过威尼斯、那不勒斯、热那亚等城市重新开辟了贸易渠道。

10 世纪末，欧洲的封建人身依附关系相对松弛，农业生产也开始恢复。农奴、手工业者成批逃离封建领主的庄园，来到便于销售产品的关隘、渡口、交通要道、寺庙附近及罗马旧城等地方，其聚集地逐渐形成城市。这里需要指出的是，一些封建领主对来到城市的工匠和商人给予了永久定居的各种特权和利益，从而保护了新兴的商人阶级。如果农奴在某法定城镇能够连续居住一年零一天，那么他的农奴身份和义务便被免除了。因此，中世纪城市具有很强的竞争力，吸引了大批从农村转向城市的具有开拓精神和一定技能的人。

尽管中世纪城市初建时的政治需要和军事需要早于经济需要，但随着商人阶级的兴起和商业的繁荣，一些城市"市"的色彩日益浓厚，这是中世纪城市与早期城市的一个显著差别。随着贸易的复兴，城堡的君主也越来越依赖商人，以便从商人那里得到奢侈品，其后果是商人的力量不断增强，他们被允许在城堡外筑起城墙以便自卫。由于城墙的存在以及君主为获得奢侈品而对商人的依赖，城市的局部自治出现了，而且自治的程度越来越高，最终形成"自治市"。

欧洲新城市发展的核心是"自治市"，或称"自由城市""帝国城市"。"自治市"实际上是以城市为中心、辖有周围农村的一种政体。与古希腊城邦不同的是，"自治市"是一种封建制的共和政体。12—13 世纪，意大利的威尼斯、佛罗伦萨、热那亚、锡耶纳等，德意志的汉堡、不来梅、卢卑克、科隆等都属于这样的城市国家。

但是，"自治市"的权力并不能导致实现完全的地方自治，即不受任何外来干涉，因此，一些"自治市"结成同盟以保护自己的政治与商业利益。在这些同盟中，最著名的是汉萨同盟。汉萨（Hansa）一词的德文含义为公所、会馆。最初，只是德意志北部的卢卑克、汉堡、不来梅等城市为维护海上交通安全而联合起来，后来它们正式结盟。参加同盟的城市最多时达 160 个，以卢卑克为首。14—17 世纪，汉萨同盟一直是北欧政治结构中的一个活跃因素，这些城市的自治权力则一直勃兴到 19 世纪中叶的俾斯麦时代。至今，汉堡、不来梅仍拥有庞大的自由港区。

以城市为单元结成政治性同盟，以及以城市为中心形成城市国家、自由城市、帝国城市等政治实体，说明了城市在地区政治、经济结构中的地位，这也是欧洲中世纪城市发展的一个突出特点。欧洲城市的发达促进了欧洲文化的发展，并成为日后欧洲文艺复兴和资产阶级革命的重要舞台。

中国封建时代的城市也得到很大发展。唐代长安城（今西安）的规模甚至超过了著名的罗马城，它人口众多，万方商贾云集，是当时世界上著名的大都市之一。《清明上河图》则形象地描绘了宋代汴京的繁华景象。从明代开始，我国出现了资本主义萌芽，随着手工业和商业的发展，城市经济日趋繁荣，城市人口日益增加，城市规模逐渐扩大，今天的北京、南京、西安、洛阳等都是当时著名的大都市。

（四）工业社会时期的城市

中世纪末期，即15—17世纪初，资本主义在欧洲一些国家发展起来。当时，欧洲发生了两个重大事件：一是文艺复兴运动，二是新航线的开辟。新航线的开辟使资本主义的发展中心从地中海转移到大西洋、北海沿岸，那里随之兴起了很多工商业城市。

17世纪后，欧洲开始产生现代国家，君主制的建立对首都的发展具有深远的影响，欧洲的城市建设很快就达到中世纪从未达到的规模。17世纪初，伦敦、那不勒斯、米兰、巴黎的人口达到约20万人，巴勒莫、罗马、里斯本的人口达到约10万人，塞维利亚、安特卫普、阿姆斯特丹等城市发展得也很快。19世纪初，人口在20万人以上的城市有莫斯科、维也纳、圣彼得堡、里斯本，人口达10万人的有华沙、柏林和哥本哈根。巴黎的人口达54.7万人，那不勒斯有43万人；而伦敦达到86.1万人，成为欧洲有史以来继古罗马之后的最大城市。但是，当时一些工商业城市规模仍较小，如利兹、曼彻斯特这样的工业城市人口不足5万人。

18世纪中叶开始的工业革命迎来了城市发展史上一个崭新的时期。在工业革命的浪潮中，城市发展之快、变化之巨，超过了以往任何时期。

工业革命结束了城市中工场手工业的生产形式，代之以机器大工业的生产形式，使城市中经济活动的社会化、生产的专业化向着更广的范围发展。工厂企业为寻求协作利益和提升竞争能力，在地域上出现了相对集中的倾向。这种倾向直接影响了近代城市内部的扩展形式和城市的区域分布格局。在城市的发展中，蒸汽机的发明导致城市中铁路和火车的出现，中世纪布局紧凑的城市出现了向郊区发展的倾向，成片的工业区和工人住宅区也开始出现。

总之，工业化带动城市的迅猛发展是近代城市发展中的一个重要特点。自此以后，城市化以一种不可遏制的势头在全球展开了。

二、城市化的发展趋势

城市化是指社会生产与生活方式从乡村向城市转化，城市人口占全社会人口比例不断提高的过程。在这个过程中，传统的农业活动逐渐向非农业活动转化，城市文化逐渐替代农村文化，非农产业人口的比例逐渐提高。

（一）城市化的发生动力及其类型

从广义上来说，从城市产生以来，城市化的过程便开始了。但从狭义上来说，城市化的研究起点始于工业革命之后。自 18 世纪欧美工业革命以来，城市规模不断扩大，城市空间迅速膨胀，城市内涵日渐丰富，城市在社会经济生活中显示出举足轻重的力量。

1. 城市化的发生动力

第一，工业化是城市化的前提。18 世纪是工业革命在欧美国家迅猛发展的时代。工业革命造成了城市的大量发展。农业生产中机器的使用大大提高了劳动生产率，促使被替换下来的农业工人为寻求就业而流向城市。同样地，作为乡村经济向城市经济转变的工业社会成长过程中的一个方面，市场的扩大促使制造业更为集中。由此可见，城市化在实质上是工业化所产生的劳动力分工在空间上的反映。

第二，第三产业的发展是城市化的重要推动力。城市中第三产业的发达，与现代社会的发展和工业的现代化密切相关。在现代条件下，整个社会的生产流通容量在加大，市场交换的频率也得以增多。企业在这样的条件下组织生产就需要想方设法提高经济效益，千方百计地为用户服务，以提升自身的竞争能力。这样，一批具有专业性的、非生产性的服务产业出现了，如金融、通信、运输、批发、零售、仓储等行业应运而生。自动化、信息化的发展使第三产业的现代化程度不断提高，并迅速发展成为现代城市的主要就业部门。第三产业的发展进一步加快了城市化的发展进程，吸纳了大量的劳动人口，并为工业企业在区域内分散布局提供了可能。

第三，经济增长是城市化水平提高的基础。从经济学角度看，城市化是在空间体系下的一种经济转换过程，人口和经济之所以向城市集中是集聚经济和规模经济作用的结果。经济增长必然带来城市化水平的提高。经济增长与城市化水平之间呈一种复杂的关系。有学者研究证明，城市化水平随国民生产总值的增长而提高，但提高的速度又随人均国民生产总值的增长而趋缓。进一步分析表明，二者之间相关模式可以分成三个部分：对发达国家来说，当前已处于郊区城市化、逆城市化阶段，因此，用城市人口比例表示的城市化水平与其人均国民生产总值之间不存在显著相关；对中等收入国家来说，由于经济处于起飞阶段，人均国民生产总值与城市化水平之间的相关性最高；对低收入国家来说，经济发展水平之间的绝对差异不大，但是所对应的城市化水平差异很大。

2. 城市化的类型

数个世纪以来，城市化呈十分迅猛的发展态势，并呈现出一种纷繁复杂的发展局面，形成了多种发展类型。

（1）向心型城市化与离心型城市化

城市中的商业服务设施及政府部门、企事业公司的总部、银行、报社等信息部门或传播知识的机构有不断向城市中心集聚的特性，这就是向心型城市化，也称集中型城市化。

向城市中心集聚的这些部门或者是决策部门（如政府机关、公司总部、银行等），或者需要与服务对象进行直接交流（如文化、体育等），或者需要以稠密的人流作为经营对象（如商店、宾馆等）。这些部门的职能特点，要求它们向城市中心聚焦。与上述部门相反，有些城市设施和部门则从城市中心向外缘移动扩散，这种情况称为离心型城市化，也称为扩散型城市化。这些具有离心倾向的部门，有的需要宽敞的用地，如大型企业、自来水厂等；有的需要防止灾害和污染，如煤气厂、垃圾处理厂等；有的需要特殊环境，如传染病院等。

向心型城市化促使城市中心土地的利用率有所提高，向立体发展，形成中心商业事务区；离心型城市化导致城市外围农村地域城镇化，使得城市空间得以拓展。

（2）外延型城市化与飞地型城市化

根据城市离心扩散形式的不同，城市化还可分为外延型城市化和飞地型城市化。如果城市的离心扩展一直与建成区保持接壤，连续、渐次地向外推进，则这种扩展方式称为外延型城市化。如果城市在推进过程中，在空间上与建成区断开，在职能上与中心城市保持联系，则这种扩展方式称为飞地型城市化。

外延型城市化是最为常见的一种城市化类型，在大、中、小各级城市的边缘地带都可以看到这种外延现象，我们通常把正在进行外延型城市化的边缘地带称为城乡接合部。

飞地型城市化一般要在大城市的环境下才会出现，因为大城市的人口多，用地规模十分庞大，各类城市问题较多，所以，跨出中心城市边界，到条件适宜的地区发展，用以分散中心城市的压力就成为一种必然。

（3）直接城市化与职能城市化

直接城市化是传统的城市化表现形式，是指城市性用地逐渐覆盖地域空间的过程。这是一种浅层次的城市化。它包括乡村人口向城市集中，城市人口简单增长；城市空间直接扩大，仅从外观上造成密集的城市景观，所以，我们又称之为景观型城市化。

职能城市化是当代出现的一种新型城市化的表现形式，是指现代城市功能在地域系统中发挥效用的过程。这种城市化表现了地域进化的潜在意识，而不是从外观上直接创造密集的城市景观。职能城市化的出现，对城市地域的划分和城市化水平的衡量有重要影响。目前，国外普遍采用城市功能区来替代城市行政区作为城市的地域范围，并以城市功能区的人口作为城市总人口。

（4）平衡城市化与过度城市化

一般认为，一个国家或地区的城市化水平，体现了该国或地区的经济发展水平，这就是城市化的表征。但在发展中国家，存在着与经济发展不同步的城市化。在拉美的一些国家，城市化水平与最发达的资本主义国家相似，但其经济发展水平远低于后者。因此，与经济发展同步的城市化称为平衡城市化；反之，超前于经济发展水平的城市化称为过度城市化，也称为假城市化。

过度城市化通常产生于农村经济破产或城市经济发展缓慢的情况之下。由于农民在乡村失去了赖以生存的经济条件，只得向城市迁移，表面上造成城市人口增加，事实上却给城市社会的良性运行造成了严重影响。

除上述的几种城市化发展类型外，目前，学术界还存在其他几种分类，本章限于篇幅，不拟多列。

（二）当代城市化的发展趋势

经过几个世纪的发展，到 20 世纪中期，全球范围内的城市化已全面展开，尽管各地的发展水平和发展程度仍有着较大的差异性，但世界各地城市化继续向纵深发展是一个不可逆转的趋势。

1. 各地城市化水平差距拉大

半个世纪以来，全球城市化发展速度进一步加快。不过，发达国家的城市化速度比发展中国家的城市化速度要快。发达国家的城市化水平早在 20 世纪 50 年代就超过总人口的50%，1950—1980 年，其城市化水平又上升了 16.4 个百分点。发展中国家的城市化水平在第二次世界大战后的前 30 年中只增加了 12.2 个百分点，低于发达国家的发展速度，但此后的发展速度将会加快。

在一些发达国家，如澳大利亚、新西兰，以及北欧、西欧和北美等地区，城市化发展水平最高，但近期城市化发展速度明显趋缓，而东欧、南欧等地，以及俄罗斯和日本等国家还处于城市化的发展中期，城市化发展进程十分迅速。在发展中国家，城市化水平最低的是东非、西非、中非和南亚、拉美等地区。这些地区或者是因为长期受到天灾人祸的影响，经济发展水平很低；或者是因为人口稠密，拥有众多的传统农业区，影响了现代化进程的迈进速度。

2. 大都市化趋势明显，大都市带出现

当代，城市化的一个重要特征是大城市化趋势明显，其后果不仅使人口和财富进一步向大城市集中，大城市数量急剧增加，而且出现了超级城市、巨型城市、城市集聚区和大都市带等新的城市空间组织形式。

1920 年，50 万人口以上的大城市的人口占世界总人口的比例为 5%，1960 年上升为12%，1980 年达 17%。50 万人口以上的大城市的人口占世界城市人口的比重，1960 年为30% 左右，1980 年上升为 40%。其中，同类比例在中等收入国家为 48%，在高收入石油出口国家为 53%，在市场经济国家则为 55%，只有非市场经济工业国低于 40%。

在大城市中，百万人口以上的特大城市尤为引人注目，其中，400 万人口以上的城市又称为超级城市。1900 年，全世界百万人口的特大城市仅 13 个；1950 年增加为 71个；1960 年达 114 个，其中，62 个在发达国家，52 个在发展中国家，居住在特大城市中的人口占城市总人口的比例达到 29.5%。1960 年以后，世界的特大城市化有了进一步发展。

3. 郊区城市化、逆城市化和再城市化

第二次世界大战后，若干发达国家从乡村到城市的人口迁移逐渐退居次要地位，一个全新的、规模庞大的城乡人口流动的逆过程开始出现。据统计，在美国，几乎4 000万人（占全美国人口的1/5）因变换工作及其他原因，每年至少搬家一次，而人口的主要流向是城市中上阶层人口移居市郊或外围地带，这就是所谓郊区城市化。以住宅郊区化为先导，市区各类职能部门也纷纷产生了郊区化的连锁反应。首先迁往郊区的是商业服务部门。随后，一些事务性部门也开始外迁。在商业服务部门外迁的同时，工厂也向郊区进行迁移。

20世纪70年代以来，一些大都市市区人口外迁出现了新的动向，不仅中心市区人口继续外迁，而且郊区人口也向外迁移，整个都市区出现了人口负增长，人口迁移到距离城市更远的农村和小城镇，这一过程称为逆城市化。逆城市化首先出现在英国。1961—1971年，伦敦的人口减少了0.8%；1971—1981年，伦敦的人口又减少了10.1%。美国出现逆城市化的时间稍晚。根据美国30个最大的标准大都市统计区（Standard Metropolitan Statistical Area，SMSA）的人口统计，在20世纪60年代，美国有14个SMSA的中心城市人口出现下降，70年代美国有9个SMSA的中心城市人口出现下降，这表明它们进入了逆城市化时期，这些城市大部分为东北部的老城市，如纽约、费城、底特律、巴尔的摩等。这些城市的人口下降固然与中产阶级外迁有关，但更重要的是经济结构老化造成人口向西部和南部迁移。

面对经济结构老化、人口减少的困境，美国东北部一些城市在20世纪80年代积极调整产业结构，发展高科技产业和第三产业，积极开发市中心衰落区，以吸引年轻的专业人员回城居住。加上国内外移民的影响，1980—1984年，纽约、波士顿、费城、芝加哥等7个城市在市区内实现人口增长，出现了所谓再城市化。与此类似，英国伦敦的人口在连续30多年下降后，于1985年开始微弱增长，也出现了再城市化现象。

4. 发展中国家的城市化仍以乡村向城市移民为主

当代发展中国家的城市化，仍然以农村人口向城市迁移为主。由于卫生条件获得改善，婴儿死亡率降低，加上农村经济增长的速度赶不上农村人口增长的速度，导致大量农村劳动力失业，甚至面临饥饿的威胁。这一切推动大量饥饿的失业农民进城，他们希望获得工作机会和较佳的生存条件。这种乡村人口向城市集中的现象称为生计城市化。这些人移入城市后，一部分进入内城贫民窟区，另一部分居住在城市外缘的木屋区。在生活方式上，他们具有二重性，一方面有限地发展了城市性格，另一方面继续维持了相当部分的农村规范和社群关系。在经济上，传统经济与现代资本主义经济相结合，出现了不少家庭工厂、乡里企业，农村集市也在这些城市里以摊贩的形式出现，给移民提供了一定的就业机会。

当前，发展中国家不仅出现城市人口增长过快的趋势，而且由于大城市，特别是首位城市的吸引力，导致大城市的数目激增，首位城市人口膨胀，出现所谓过度城市化的现象，这引起了一些学者的极大关注。

5. 改革开放以来中国城市化的发展

中华人民共和国成立以后相当长的一段时间里，中国城市化进程相当缓慢。据统计，在1950—1980年的30年中，全世界城市人口的比重由28.4%上升到41.3%，其中，发展中国家由16.2%上升到30.5%，但是中国仅由11.2%上升到19.4%。其原因在于我国自20世纪50年代中期建立城乡二元社会结构，通过财产制度、户籍制度、住宅制度、粮食供给制度、医疗制度、就业制度、养老制度等，构成了城乡之间的壁垒，阻止了农村人口向城市的自由流动。甚至在较长的一段时间里，我国实行知识青年上山下乡、市民返乡、干部下放等"反城市化"战略，大规模地将城市人口迁往农村。因此，虽然同期我国工业化进程较快，人均国内生产总值（Gross Domestic Product，GDP）增长高于和等于世界平均水平，并远高于发展中国家平均水平，但城市化水平较低。

改革开放以后，在国民经济高速增长的条件下，我国进入城市化快速发展的时代。随着乡镇企业发展、小城镇建设和一系列鼓励城市化政策的实施，城乡之间的壁垒逐渐松动并被打破，经济的发展提供了大量非农就业机会，使得很多过剩的农村劳动力得以离开农村，大量人口从农村迁移到城市。1978年，我国农村人口占到总人口的82%。1995年，我国大约有8.6亿农村人口，农村人口达到峰值后开始迅速下降。至2010年，我国农村人口数下降到和城市人口一样的水平，各自约6.7亿人，并在此后被城市人口反超。最新的统计显示，2018年，我国城镇常住人口已达8.3亿人，城镇化率达59.58%，有超大城市7个、特大城市11个、大城市210个、中等城市150个，从以农村、农业人口为主的国家变为以城市和城市人口为主的国家，城市化发展取得重大成就。

第二节　农业与乡村社会

一、农业的产生与发展

（一）农业的产生

农业是人类在与自然斗争中长期实践的产物，是人类社会得以存在并能长期延续的重要物质前提。在原始社会长达数百万年的岁月里，人类在努力摆脱大自然束缚的艰苦劳动中，不仅学会了使用石器工具、火和弓箭，还发明了农业和畜牧业，取得了令人瞩目的成就。农业的出现，使人类进入了依靠自己的活动来促进物质生产的新时期，它是人类经济史上的第一次革命，为以后人类社会的进一步发展奠定了坚实的基础。

从世界各地考古发掘的资料来看，农业出现在距今1万年左右的新石器时代。西亚、中美洲和中国是人类最早的三个农业中心。

西亚扎格罗斯山区、小亚细亚半岛南部、东地中海沿岸的约旦、巴勒斯坦、黎巴嫩等地，既是世界上最早的农业发源地，也是大麦、小麦等栽培作物的原产地。考古学家在濒临约旦河的耶利哥遗址（约前8200—前7000年）发现了小麦和大麦种子，这些种子距今约有1万年的历史，并具有明显的人工栽培的特征。

早在公元前7000年左右，中美洲墨西哥中部的原始人就开始栽培玉米。后来，这个地区的居民又成功地培植了南瓜、苋、蚕豆等农作物。

中国是世界上最早产粟的国家，也是水稻栽培的发源地之一。公元前5300多年的河北磁山中有厚达2米的粟类粮食堆积。公元前4900年左右，浙江河姆渡人开始种植水稻。考古学家在他们居住的遗址中发现了大量的稻谷和精制的骨耜。以上说明，我国是世界上出现农业较早的国家之一。

农业的产生是人类社会发展的必然结果，这种必然性主要体现为以下内容：

第一，采集实践中发明了农业。在旧石器时代，人们靠采集和狩猎获得生存资料，但能得到的食物数量不多，还不能保障人们每天的温饱。到新石器时代，随着生产经验的积累和工具的改进，农业的产生与发展由需要变成可能和现实。原始人类在长期的采集实践中，经过反复观察，逐渐了解了一些可食植物的生长发育过程。例如，在土地、水分、季节等条件适宜的情况下，有些植物的种子能够发芽、开花、结果。于是他们经过多次试种终于把可供食用的野生植物栽培成农作物。在试种过程中，他们又制造了适于从事农业生产的各种工具，这样，原始农业逐渐产生了。原始农业从萌芽到形成，经历了数千年的时间。

第二，人口增多迫切要求改变生产方式。在采集、狩猎时期，全世界的人口有1 000万人左右。此后，人口的不断增多要求人类必须改变以采集、狩猎为主的生活方式。农业方面则是在同等面积的土地上，获得较多而又稳定的食物来源的生产方式，因此，从采集、狩猎活动向以农业生产为主要内容的转变成为人类发展的迫切需要。

同时，在一些以畜牧业为主的原始人类中，最早的农业是为了提供牲畜饲料而产生的。例如，住在亚洲地区的古代畜牧民族闪米特人和雅利安人，为了使牲畜在漫长的寒冬里有足够的饲料，就必须种植牧草、栽培谷物，因此发明了农业。

原始农业的最初阶段是刀耕火种农业。人们在选择好计划种植的林地后，用石斧把树木灌丛砍倒，然后放火烧成灰烬，这既提供了天然的肥料，又疏松了土壤。垦辟出来的田地一般不加翻耕，种植一两年地力衰竭后即被抛荒，人们又另行开辟新地。从事农业生产的工具仍沿袭采集、狩猎时的石斧、尖木棒等。这时的农业生产是原始、粗放的，人们通过掠夺和破坏森林资源获得耕地和肥料，完全靠天吃饭，农业产量极其有限，所以，仍然要进行采集与狩猎活动，以弥补食物的不足。

新石器时代农业的出现对人类社会与文化的发展产生了深远的影响。首先，农业的产生使人类由食物的采集者转变为食物的生产者。它改变了人与自然的关系，使人类由完全依赖自然转向依靠自身的努力去利用和支配自然。其次，农业的出现使人类开始了定居生活，它有利于社会的稳定和延续。在定居的基础上，原始人类组成了许多农业村落。再次，它促进了人类对自然界的认识，使原始人增长了天文、地理、史学和动植物学等方面的知识，从而推动了科技和文化的发展。最后，农业的出现导致了人口数量的增加和人类分布区域的扩大，形成了农耕民族与游牧民族之间的相互往来与对抗，结束了长达数千年的种族平衡，并为人类进入文明社会奠定了基础。

（二）农业的发展

农业出现的历史效应在相当长的时间内主导着人类文明产生与发展的历史方向，制约着人类生存的质量和发展速度，决定着人类文明的产生与发展。从原始状态的农业社会到近代工业资本主义产生之前长达数千年的历史阶段，我们可以称之为农业文明时期。在农业发展的基础上，北非尼罗河流域、西亚两河流域、南亚印度河流域和东亚黄河流域，先后出现了发达的农业文明，开启了人类文明的曙光。

1. 古代农业概况

古代埃及文明始于公元前4000年左右，其地理位置大约和今日的埃及相当。尼罗河从南到北贯穿全境，它的定期泛滥带来了农作物所需的肥沃土地。随着炼铜技术的提高和青铜工具在农业生产中的应用，农业生产力水平有了很大提高。古埃及人较早地掌握了使用桔槔汲水灌溉技术，扩大了耕种面积。在生产中，人们推广使用有把手的耕犁，在耕种方式上采用轮作制，在生产中普遍使用奴隶。农业生产在当时达到最高水平，并有力地推动了奴隶制经济的全面繁荣。

西亚地区的古巴比伦王国也有较发达的农业文明。根据《汉谟拉比法典》以及古巴比伦时代其他一些文献，我们可以比较清楚地了解该地区当时的农业发展情况。这时，青铜已得到广泛使用，附有播种漏斗的改良犁出现在田野中，灌溉系统进一步得到改善，比较完善的扬水装置也得到了广泛采用。在古巴比伦的经济生产中，农业显然具有重要意义。在当时的一份文献中写道："难道你不知道田地是国家的生命吗？"

公元前2000年左右的印度河流域也产生了发达的农业。人们从发掘的遗址中发现了10余间大谷仓，总面积超过1 000平方米，这表明当时的印度已有发达的粮食生产。当时，印度棉花的种植面积和棉纺织品的生产量在世界上也是位居前列的。进入孔雀王朝以后，铁器的制造和使用相当普遍，灌溉事业有了很大发展，各地开凿了很多运河、沟渠与水道，地方官员设专司管理水利。这时，印度的农作物品种众多，包括水稻、大麦、小麦、胡麻和甘蔗等。水利的发达，加上印度气候、土质条件比较优越，农业生产达到了相当高的水平，在社会经济生活中占据统治地位。

中国的农业文明在整个人类文明史中占有重要的地位。夏朝时期，农具有木耒、石斧、铲、蚌镰等。传说中的大禹治水、伯夷凿井都说明了当时已有水利灌溉技术。商朝的经济比夏朝的经济有了更大的发展，农业生产工具出现了牛犁，农作物品种有黍、麦、粟等；饮酒成为社会风气，这说明当时的粮食产量相当大。西周的农业工具基本上还是石、木、骨、蚌制品，也有少量青铜镰刀，并开始采用施肥、除草、防治病虫害等管理措施，还实行轮作休耕制度。至春秋战国时期，铁器已经普遍推广使用，生产中逐渐使用铁犁和畜力，都江堰、芍陂等水利灌溉事业的发展，使耕地面积不断扩大、产量有了较大幅度的增长。大体上来说，夏朝末年的生产方式接近农耕畜牧生活，商朝是畜牧兼农耕时代，周朝则是农业盛行之时。

四大文明古国的成就代表了人类早期文明的最高水平。农业是他们的主要经济活动。农业的发展推动了手工业、商业的产生，国家的管理职能中设立了专门的农业水利部门。对外战争的主要目的是掠夺更多的土地和奴隶用于农业的发展。

古代农业的发展，为人类社会的进步提供了巨大的基础性作用。为了计算尼罗河的泛滥时间，解决灌溉工程等农业发展的问题，古埃及人发明了太阳历，并绘制了天体图，掌握了十进位法。金字塔的建造反映了当时以农业为主的经济实力和生产水平。为了准确地掌握农时，古巴比伦人测定出太阳历的准确时间是 29 日 12 时 44 分，比现代天文学家测定的数据只多 1/3 秒。古巴比伦人又发明了 7 天为一周期制度。古印度人在土地丈量的基础上，在几何、三角、代数等方面取得很大成就。中国在农业生产中创造出了自己的历法——农历。

2. 中世纪的世界农业

中世纪早期的西欧社会经济以农业为主，但发展呈低落、萎缩状态。6 世纪，在日耳曼地区，耕地只占土地总面积的 3.5% ~ 4%，森林覆盖面积很大，即使在农业发达地区，森林面积有时也要占 2/5。因此，西欧农业的发展以开垦森林、沼泽，扩大耕地面积为主要内容。5—9 世纪时，西欧农业生产力总体水平不高。铁器工具没有得到全面普及，生产仍以木质农具为主，谷物产量很低，一般收成只有种子的 1.5 ~ 2 倍，农民不得不以渔猎和畜牧作为另外的食物来源。9—10 世纪，农业中逐渐使用带轮的重犁，比牛的速度更快的骡马被用于犁耕和运输，水磨也得到普及。同时，耕作制度也出现了较大变革，三圃制耕作方式的逐步推广，使可耕地面积大大增加。耕作制度和重犁的普及推动了西欧农业的发展。10 世纪中叶至 13 世纪中叶的 300 年间，西欧各地一直在不断地开垦荒地，从而构成了一场声势浩大的"垦殖运动"，封建贵族、教会、农民等各个阶层都积极加入这场运动。"垦殖运动"带来了农业的全面发展，谷物单位产量达到种子的 3 ~ 4 倍，农民有了可以出售的余粮。至 13 世纪时，西欧各地开始种植有肥田功效的豆科植物，铁制农具越普及，犁铧一律包上铁片，农业的发展达到西欧中世纪时期的最高水平。

农业的发展为西欧社会的进步提供了前提条件。在 11—13 世纪，西欧的人口有了较大增长，13 世纪，法国人口的增长率为 0.39%，德国为 0.48%，英国为 0.46%。充足的粮食、快速增长的人口刺激了社会消费的扩大，从而为手工业、商业的发展提供了动力和市场。在 11 世纪、12 世纪，西欧各地涌现出许多乡村市场，封建主也将庄园收入的剩余产品投入市场，甚至在市场上确定了某些商品（如酒、羊毛等）的专卖权。总之，以大垦殖为中心的农业大发展是 10—13 世纪西欧社会运动的主要内容，它绘制了中世纪后期西欧农业经济的基本轮廓。

14 世纪之后，西欧封建农业经济出现了危机，这是由各种因素交织而成的：一是农民在阶级压迫下日益贫困；二是人口增多而耕地不足；三是当时各种自然灾害频发，1348—1349 年横扫西欧社会的黑死病夺走了数百万人的生命，法国在 1418 年遭受大饥荒，仅巴黎一地就有 10 万多人饿死。由于上述原因，西欧粮食的需求总量有所下降，播种面积减少，田地荒芜，农业处于严重的衰退之中。

在面临危机和衰落的同时，西欧农业也经历了一系列自发的调整，比较粗放的农业开始向集约的农业过渡，农业生产率的提高有了新起点，农业开始与畜牧业结合在一起。英国的养羊业、尼德兰的奶牛业都取得长足的进步，产品成为大宗出口货物。人们开始较多地食用肉、奶等食物，谷物的消费量随之下降，豆类、葡萄、亚麻等经济作物的种植面积也大为增加。14—15 世纪是西欧农业史上重要的转变时期，近代西欧农业的许多特点在这个时期得以萌芽和形成。

中国农业社会发端于三代，定型于秦汉，发展于隋唐，深化于明清，形成了一套完整、成熟的农业体系。它是以丰衣足食为根本目的的男耕女织的分散的小农经济。它是由当时生产力水平低下、农业剩余有限和社会分工不足的内外环境因素决定和长期演变的产物，具有较强的适应性、稳定性。

在生产技术方面，中国农业在相当长的一段时期处于世界传统农业的高峰位置。精耕细作的农业技术特点早在春秋战国时就孕育形成，其主要标志是铁制农具和牛耕的出现，此后这些技术分别在黄河流域的旱作区和长江流域的稻作区不断地得到发展。

7 世纪后，随着伊斯兰教的创立，强盛的阿拉伯帝国迅速崛起。帝国的形成极大地刺激了农业经济的繁荣。两河流域等地成为河渠纵横、沃野千里的首富之地，其他荒芜之地也都被辟为良田。阿拉伯帝国的主要农作物有小麦、大麦、水稻、棉花、亚麻等，园艺作物也相当丰富，有椰枣、橄榄、杏、橘子、苹果、西瓜、葡萄和各种蔬菜等。

非洲在中世纪时期社会经济总体发展水平与欧亚大陆相比处于较落后的状态，农业发展水平不高，各地发展不平衡。北非的埃及和马格里布地区的农业比较发达，大量谷物和亚麻被运往国外出售。

美洲在整个人类古代文明体系中比较独特，它与亚欧大陆文明相隔绝，发展比较缓慢。只有玛雅人、阿兹特克人、印加人进入了发达的农耕社会。玛雅人在世界上最早培育出玉米，此外还培育出西红柿、南瓜、甘薯、辣椒等，但生产技术相当落后，尚处于刀耕火种的原始农业阶段。印加人的农业也很发达，培植了 40 余种农作物，以玉米和马铃薯为主要品种。在气候干燥、自然条件十分不利的条件下，印加人发展了庞大的梯田系统和引水灌溉工程。

中世纪时期，世界大部分国家处于以农业为主要生产部门的传统社会。地主所占有的生产资料主要是用于农业生产的土地。一定的生产资料所有制形式决定了整个社会阶级关系。在被统治阶级中，农民是人数最多的阶层，家庭或庄园是独立的经济单位，农民不仅要生产自己所需的农产品，而且要生产自己所需的手工业制品，从而形成一种相当稳固的自给自足的自然经济。土地占有者以地租的形式剥削农民，形成地主与农民两大对抗性的关系。地主通常不直接从事生产，只收取地租，所以，没有提高生产力的主动性和进行积累的动机，农民惨遭剥削，失去扩大生产规模的一切力量。因此，封建社会的再生产只是简单再生产，社会经济长期落后，发展处于极度滞缓的状态之中。相应地，建立在这种经济基础上的封建政治制度也长期得以延续不变。当封建社会内部的商品经济发展到一定程度时，这种旧的生产方式才归于瓦解。

二、农业文明与乡村社会

在漫长的农业发展进程中，人类创造了高度发达的农业文明。劳动工具的不断改进，生产技术的不断进步，农学理论水平的不断提高，都是农业文明不断发展的结果，也是推动农业文明进一步前进的动力。因为世界各地在地理环境、气候条件、资源分布等方面存在较大的差异，所以，各地农业在生产组织方式上也必然具有一定的殊异之处。东方农业以精耕细作为主要特征，而欧洲盛行二圃或三圃耕作制。中西亚和北非地区则因地制宜地创立了灌溉农业模式。世界各地形式各异的农业生产与组织方式，造就了丰富多彩的乡村社会。

乡村社会的形成与发展，从一开始便与农业文明密切相关。早期人类以采集和狩猎为生，无法形成固定的居民点。随着社会生产力的不断发展，人们获取生活资料的方式有了很大进步。首先，狩猎的发展导致了原始畜牧业的产生；其次，在采集野生果实的基础上，人类学会了种植植物，原始农业随之出现。在原始农业生产力条件下，人们结成了经济共同体，在共同生产、共同分配、共同生活中，由一定数量人口组成的定居点日渐稳定下来，原始村落逐渐形成。在村落中，根据劳动分工，人们各司其职。在生产与生活中，村落逐渐形成一系列秩序与规范，根据这些秩序与规范，人们在生产、生活中结成各种关系，乡村社会便由此形成了。

在乡村社会形成的初始阶段，各地的差异并不十分明显。随着生产力的进一步发展、私有制的出现和社会分化的加剧，以农业生产方式与组织形式为基础的世界各地乡村社会的形态差异性显现出来。在东方，由于土质疏松、易于垦作，农业生产条件相对较好，一家一户的独立生产能力较高。此外，在长期治理河水和开垦农田的过程中，东方逐渐形成具有自身特色的封建专制主义，其具体表现形式便是等级制度和自给自足的小农经济。而在西方的很多地区，农业生产条件相对较差，人们经常需要协作劳动。艰难的生产条件对生产工具的改进和生产能力的提高不断提出要求。当金属在东方仅作为兵器或统治阶级豪奢的器皿时，它在西方却较早地应用于农业生产中。在西方，古希腊式的绝对奴隶制保证了相当一部分农业生产者的自由和平等，这构成了西方乡村社会的组织基础。东西方农业文明发展过程中的异途必然导致各地乡村社会形态与发展水平的差异、乡村社会结构的不同和文化习俗中的地域特色。

无论在古代，还是在中世纪或近代，世界各地乡村社会的发展水平都是有较大差异的，各地乡村社会形态也就存在很大的不同。在欧洲，发达的农业文明和浓厚的宗教文化，创造并维系了高度成熟的乡村社会。庄园制经济下的领主和贵族二元统治将乡村变为国家权力的基础所在，而市镇成为国家政权的边缘地带。东方早熟的农业文明是使近乎停滞的乡村社会稳定存在的基石。传统重本轻末的经济思想和以宗族统治为基础的乡村政权体系，使传统乡村社会几乎一成不变地延续了数千年。而在非洲和北美的一些地区，农业生产力长期徘徊在低水平，因此，乡村社会长期处于原始部落的状态。例如，美洲的印第安人在9世纪左右仍然以采集和狩猎为生。简单的生产方式和低水平的生产力决定了这种乡村社会形态只能处于原始部落阶段。

一定的农业文明也决定了一定的乡村社会结构。在早期农业社会，生产力水平十分低下，没有剩余产品、没有私有财产，人们只有共同劳动、共同消费才能维持生存。村落组织分化尚不明显，乡村社会结构单一。随着生产力的进一步发展，剩余产品有了大幅度增加，在乡村中开始出现贫富分化。根据对财产占有情况的不同，人们逐渐隶属于不同的利益群体，形成不同的社会阶层，乡村社会结构开始分化。一部分对财产拥有绝对支配权的人成为乡村社会结构中的权力所有者，他们在乡村生产与生活中拥有较大的支配能力，可以领导民众进行生产、建设和管理；大部分社会成员成为乡村社会结构中的被支配者或利益边缘群体。在早期的欧洲乡村，除公民和自由民中的小农外，农业中大量使用奴隶进行生产。例如，在公元前5世纪的希腊，农业生产中普遍存在奴隶，不仅有国有奴隶和贵族田产中使用的奴隶，而且有自耕农和小农私有并使用的奴隶，甚至一些贫农也常有一名奴隶帮工。到中世纪时，欧洲封建庄园经济逐渐兴盛起来。在9世纪的西欧，一种新的封建农业经济组织形式——农奴劳役庄园开始出现。庄园的土地划分为封建领主自营地和农奴份地。在法律上，农奴依附于封建主，但在经济上，农奴与其他封建农民一样，是一个独立的生产者，他领有份地，有自己的生产工具，有财产，有家室。农奴的特性在于他不仅要在自己的份地上进行耕种，而且要为庄园封建主耕种领主自营地。封建主、自耕农和农奴成为中世纪欧洲乡村社会结构中的基本构成。

在东方国家，如中国、印度和日本，乡村社会结构与欧洲略有不同。以中国为例，传统中国是以自给自足的小农经济为基础的农业宗法社会。在传统乡村社会里，以血缘关系为基础的宗族是处于家庭之上的基层组织。宗族作为社会组织，虽在国家体制之外，但在乡村社会事务中，承担教化、司法、征收赋税等功能。在乡村社会中，宗族首领往往是地方事务中的政治领袖，同时又是经济上的资源支配者，在乡村社会中，他们处于权力中心。大部分的乡村社会成员通常居于权力边缘，一些成员可以拥有少量的土地和生产工具，成为自耕农或自由手工业者；大多数成员或多或少地需要租种地主的土地方能生活，他们成为佃农；也有一些丧失了所有生产资料的成员常年为地主或其他有产者进行劳动，沦为长工或依附农奴。与西方乡村社会中血淋淋的农奴制不同，中国的农业剥削和乡村等级社会蒙上了一层温情脉脉的面纱。

世界各地农业文明的差异也造成了各地乡村社会文化习俗的地域特色。一般来说，乡村社会的习俗风情总是在特定的农业文明中孕育产生的。在早期的农业社会，人们在长期的生产实践中逐渐形成一套能够被众人认可、接受的规范和生活习惯，并在共同生产、生活的基础上产生了一定的群体心理和价值观念。这些是构成乡村社会文化习俗的基本前提。随着社会经济的继续发展，同一经济区域内部的人们形成了与他们的生产活动密切相关的信仰、祭祀、祈祷、禁忌等习俗风情。当然，不同农业文明中乡村社会的文化习俗也有差异。在渔猎社会中，人们在出渔和围猎之前，一般都要举行以渔猎为主要内容的祈祷和祭祀仪式。而在游牧社会中，人们的习俗风情以畜牧生产为主要特征。农耕社会的文化习俗更是深刻地体现了以土地谷物为基本内容的农本文化特色。例如，一些地区的农民出于对土地的依赖和对好收成的企盼，形成了乡村土地祭拜文化。不同地区因自然条件、生态环境以及建立在此基础上的生产方式的不同，形成了各异的乡村文化习俗形式，但乡村文化习俗所折射出的农业文明的本质是相通的。

随着现代农业的发展，乡村社会的形态和结构也在发生变化。农业生产工具的机械化和生产技术的高科技化，使得农业生产力水平空前提高，农业劳动人口相对减少，传统意义上的乡村社会逐渐向现代转型。

三、现代农业的发展

（一）农业资本主义化

农业资本主义化是资本主义农业经济逐步取代封建经济和个体经济的过程，它与世界工业化过程相伴而生。从世界范围来看，资本主义时代是从 15 世纪开始的，1640—1648 年，英国的资产阶级革命标志着人类社会开始从封建主义时代进入资本主义时代、从数千年的农业社会迈入近代工业社会。在英国，农业中的资本主义生产关系是通过 16—18 世纪的圈地运动实现的。地主阶级和新兴资产阶级为了适应国内外市场对羊毛、谷物日益增长的需要，连续 3 个世纪通过暴力圈占农民的公有地和份地，把它们变成资本主义大租佃农场。到 18 世纪末，这种资本主义化的农业在英国占据了统治地位。它极大地促进了农业的发展，在被圈占的土地上，农民打破旧的耕作方式，采用四区轮作制，扩大了实际耕作面积。1783 年，英国出现制犁工厂，1800 年设计出简单的脱谷机和饲料、芜菁加工机械，并采用科学培育法改良了牛的品种，使菜牛的平均重量从 370 磅（1 磅≈0.45 千克）增至 800 磅。由圈地而促进的农业进步是英国工业发展的一个先决条件。

在其他资本主义国家中，由于具体的历史条件不同，农业中的资本主义发展存在两条道路，这就是列宁所指出的普鲁士道路和美国式道路。

1. 普鲁士道路

19 世纪初，普鲁士政府对封建农奴制度进行了改革，宣布取消农民对地主的人身依附关系，但农民须向地主交纳巨额赎金以解除封建义务。得到大量赎金的地主逐渐按资本主义经营方式改造自己的庄园。到 19 世纪 70 年代，100 公顷以上的地主农场拥有普鲁士全部耕地面积的 40%~60%。农业在新生产关系的推动下迅速发展起来，种植业和畜牧业面积扩大了，农产品加工业也日益兴旺，马铃薯、甜菜的收获量居世界首位，马铃薯、白酒畅销国外，农业的进步为德国的工业发展创造了条件。

2. 美国式道路

因为美国不存在根深蒂固的封建制度的影响，所以，其资本主义农业能够在较少受束缚的条件下迅速发展起来，政府以低价把攫取的西部大片土地出售给移民进行垦殖，进而产生大量的资本主义农场。因为美国式道路几乎没有受到旧的生产关系的影响，农业资本家也能够把较多的资本投入农业生产中，所以，美国的农业很快出现了繁荣的景象。经济史学家把从 1776 年美国国家建立到南北战争这一时期称为美国的"农村时代"。到 1859 年，全美约 84% 的人口生活在农村，农业在国民经济中的比重达到了 30.8%，棉花的产量在这一时期超过烟草的产量，成为南部农业的第一大产品。农业技术有了明显的进步，突出的表现就是惠特尼发明了轧棉机，在 19 世纪 30 年代美国人又发明了收割机，此外，农业方面的发展还有牲畜品种的改良、作物产量的提高等。从 1800 年到 1860 年，美国农业生产总值增加了 5 倍多，这样的增长速度在世界农业史上是空前绝后的。

（二）现代农业的走向

我们一般认为，农业劳动力占全国劳动人口的比重下降到 20% 以下，农业投入占农业净产值的比重上升到 40%，就属于现代农业范畴。据此标准，美国于 20 世纪 50 年代首先实现了农业现代化，此后西欧和北欧于 20 世纪 60 年代、日本于 20 世纪 70 年代相继进入农业现代化阶段。虽然各国实现农业现代化过程的时间不一，但它们代表了全球农业发展的总趋势，从中我们也可看出农业现代化进程中的一些共同特点。

农业生产速度快，农民收入高。第二次世界大战结束以来，农业现代化国家的农业劳动生产率增长了 6%~7%，而同时期工业增长仅为 4%~5%；农业经营者全部或大部分实现了企业化经营，农场和农场主家庭分开，实行商品化经营，农场生产的 80% 以上的农产品用于销售；现代农业企业多为没有雇工的家庭农场，并且资金主要来自农业以外的部门，在发达国家和一部分发展中国家，家庭农场占绝对优势，家庭农场多由农场主自己经营，其规模在不同的国家也不一样。例如，日本的家庭农场平均规模只有 1.2 公顷，西欧在 20~30 公顷，北美在 200 公顷左右，澳大利亚却高达 2 800 公顷。

农业机械化是农业现代化实现过程中的一个走向。19 世纪中叶，在一些发达的资本主义国家，农业中普遍使用畜力牵引的简单机械；20 世纪初，一些农业生产中已使用拖拉机；20 世纪 50 年代之后，在很多地区的农业中，大型联合收割机也被应用到生产中。1959 年，美国的农业机械化程度达 100%；20 世纪 60 年代，美国农业中使用拖拉机的总数是 468.8 万台，是 20 世纪 40 年代的 3 倍，大型联合收割机总数为 104.2 万台，相当于 20 世纪 40 年代的 5.5 倍。随着科技的进一步发展，20 世纪 80 年代以来计算机技术在农业生产中越来越发挥出重要的作用，现代农业的自动化程度迅速提高。

在传统农业转变为现代农业的过程中，农业在生产的各个环节上的科技含量日益提高。很多地区的农业生产开始采用转基因育种、光电植保、纳米施肥等技术，其他如微生物技术、生物工程、激光技术等也在农业生产中逐步运用。除生产技术提高外，农业的组织形式和经营方式也不断得到改进，形成了生产地区专门化布局。例如，美国中北部是粮食和牲畜的生产基地，大西洋沿岸北部各州主要供应蔬菜和果品，南部则以提供棉花、甘蔗、烟草为主。另外，在生产和管理过程中，经营者还运用现代化管理的新成果进行信息收集、市场预测、经营决策。

在现代农业生产条件下，随着农业机械化、电气化、信息化程度的不断提高，农业人口数量也日趋下降。美国农业人口由 1945 年的 1 000 万人下降到 1977 年的 415 万人，农业人口在总人口中的比重从原来的 7.2% 下降至 1.9%。农业结构也发生了变化，畜牧业在农业构成中的比重有所上升，种植业则相应地有所下降。例如，1978 年，法国的畜牧业在农业中的比重达到了 55%，而种植业下降至 45%。

当代的农业逐渐向智力密集型方向发展。智力密集型农业也称为后现代农业，是一种广泛采用信息和生物工程技术的新型农业。在丹麦、荷兰、瑞士等一些现代化程度较高的国家的农场已经全面使用计算机技术，通过计算机控制电犁进行耕作。由于信息和生物工程技术广泛运用于生产和管理之中，知识、科技和人的因素成为农民提高收入的关键，人的精神面貌和生产力水平也发生了根本性变化，这一切又极大地促进了农业的进一步发展。

第三节　工业与社会变迁

一、工业的产生和早期发展

（一）手工业与农业的分离

在改造自然的长期劳动中，人类的祖先不断改变着人类自身。在劳动中，人类的双手变得更加灵巧，在采集和狩猎活动中人们学会了用手制造各类石器工具。在旧石器时期，人们制造的工具以打制石器为主，有切割器、刮削器、石矛、石刀等。除石器外，人们还发明了骨针，这说明人们已经能够缝制衣服以御寒。新石器时代出现了磨制石器工具和陶器，后期随着青铜器、铁器的使用，还产生了原始的冶炼活动。

随着人类进入父系氏族社会时期，以及农业、畜牧业的发展和居住生活的稳定，原始的手工业也取得了重大进步。这一时期，金属器具特别是青铜器、铁器的使用，使原始手工业的发展进入了一个新的阶段。制陶、冶金、纺织、酿酒、榨油等手工业劳动部门的产品和技术日趋多样化、复杂化和专业化。其中，制陶业的进步尤其具有代表性，制陶一度是氏族内部一项普及程度颇高、从业人员众多的手工业部门，但是随着制陶工艺技术水平的提高，学习难度也就越来越大，大部分氏族成员都感到力不从心，难以从事这项制作工艺。因为只有少数富有制作经验的家族才能继续从事陶器生产，所以，公共陶窑的数目逐渐减少，分散的单个陶窑的数目日益增多，显然这些陶窑是单个家族的烧窑场所，这就为制陶业的专门化发展奠定了基础，随之也出现了专门从事制陶工艺的人员。

金属器的使用和加工也是这一时期手工业发展的突出成就。金属加工，从原先通过冷锻锤击天然金属制造器物，发展为出现采矿、冶炼、制模、熔铸、热锻等一系列工序，比其他生产部门要复杂得多，金属加工在氏族内部有经验的家族中逐渐形成世袭专业，从农业中分离出来。例如，考古学家在比利牛斯半岛上发现了在金石并用时期以冶金为主的村落，在居屋遗址中几乎都发现了铜矿石、炼铜的瓦罐残片以及用作交换而铸成的铜锭。这些都说明，这里的冶铜业发展到了相当高的水平，铜产品不仅供当地人使用，而且供其他地方的人使用，很显然第二次社会大分工在这里出现了。其他如纺织、酿酒、玉石加工等手工业部门也大致如此，发展日趋复杂化、专门化，而且逐渐形成一批专业人员。在这一背景下，一个人不可能从事多种生产活动，人类社会实现了第二次社会大分工，即手工业开始成为专门的职业，逐渐脱离农业部门而成为一个独立的生产部门。

随着第二次社会大分工的产生，人类社会出现了直接以交换为目的商品生产，金、银等金属开始执行货币交换的职能，从而又出现了不从事生产、专营商品交换的商人。商人的活动加速了私有制的发展和阶级的分化。

（二）工场手工业的发展

在古代社会中，手工业主要以分散的个体家庭为生产单位，我们称为家庭手工业。家庭手工业长期与农业结合在一起，成为农业的副业，生产的主要目的是满足家庭自身从事农业生产与日常生活的需要，这种农业和家庭手工业的结合是自然经济的主要特征。通常，在这些家庭手工业中，生产单位是众多的作坊、城市小屋或农村茅舍，生产者是半农半工的小手工业者。

中世纪时期，农业生产力有了一定的提高，商品经济也有了长足的发展，城市开始成为手工业和商业的中心。在城市附近的大量家庭手工业中，生产目的不再是仅供自己消费，人们开始为交换而生产商品。随着市场的扩大和竞争的加剧，家庭手工业者不得不集中精力从事生产，而原料供应和产品销售则由一些来往于城乡之间的包买商所承担。这就逐渐使小手工业生产者与市场相分离。小手工业生产者实际上变成领取原料在自己家里干活，并据此获得计件报酬的雇佣劳动者；包买商则成为控制生产和销售的新兴资产阶级。分散的农村家庭手工业逐渐演变为资本主义工场手工业，成为资本主义形成和发展的起点。

工场手工业首先出现在意大利的佛罗伦萨和威尼斯，产生时间大约是 14 世纪末。它可分为初级和高级两个阶段。工场手工业的初级阶段是 14—15 世纪在农村出现的分散经营的手工生产。这一时期，工场手工业的形成一般有两种类型：一种是从事不同种类劳动的手工业者联合起来生产一种复杂的产品，从而导致手工工场的产生。例如，制造马车需要木工、钳工、画匠、漆匠等。另一种是从事同类劳动的手工业者通过分工促成手工工场的形成。例如，制鞋业由过去一个人完成全部制作过程，改为分成许多独立的生产工序，如下料、剪裁、制底、上帮等，分工细密，专业化程度越来越高。15世纪末，英国的农村出现许多所谓的"布商"，他们拥有一定数量的资本，购置大宗羊毛并零售给农村的家庭手工业者，这些家庭手工业者把羊毛加工成呢绒制品，然后由"布商"购回，并由"布商"把这些制品投入市场。实际上，家庭手工业者成为"布商"的雇佣工人，而"布商"成为最初的资本家。手工工场的高级阶段是指16—18世纪在西欧一些城市产生的较为集中的工场手工业，它是由手工业行会发展而来的，或者是由农村手工业工场合并而来的。集中的手工工场生产往往是由资本家设置专门的厂房，把原料、工具和工人集中在工场里，分工生产，统一指挥。这种工场分工细，工人多，生产规模也比较大。例如，早期在伦敦西部纽伯里的一家毛纺织手工工场，共有男女纺工、织工和助手600余人，梳毛工和理毛工250人，其他各类工人100人，总计近1 000人。这种集中的手工工场在采矿、冶金、印刷、玻璃制造等行业中也很普遍。16世纪以后，西欧一些国家也积极鼓励和扶持手工工场的发展，如法国从亨利四世时代就开始实行重商主义政策，创办大型官办手工工场；路易十三、路易十四时代也采取同样的政策，利用国家财力创办手工工场。

工场手工业是早期资本主义经济的主要形式，是以劳动分工和手工技术为基础的资本主义生产组织形式。从16世纪中期至18世纪中期，工场手工业在欧洲经济生活中居统治地位，因此，这一时期也可称为工场手工业时期。

到18世纪中期，英国的毛纺织、采矿和冶金等部门的手工工场获得了广泛发展：工艺水平有了较大的提高，分工越来越精细，生产工具机械化程度也越来越高，生产技术不断进步。与欧洲大陆相比，英国的工场手工业更具有面向群众性消费的特点，其产品生产往往具有大批量、成规模、规格化的特点，因此，有利于分工的进一步发展和接受新技术的改造。英国还通过圈地运动、海外贸易和殖民掠夺，为其产品开辟了广阔的国内外市场。市场的迅速扩大推动了工场手工业的技术改造。因为手工技术限制了生产规模的进一步扩大和产品数量的增长，资本主义的社会化生产与落后的技术基础之间的矛盾日益尖锐，所以，从18世纪60年代开始，欧洲一些国家出现了一个技术改造的热潮，工业革命的时代到来了。

二、工业革命与社会变迁

（一）技术进步中的产业变革

17世纪中叶的英国资产阶级革命推翻了封建专制制度，确立了资产阶级的政治统治，为资本主义生产方式的发展扫清了障碍。此后，法国、美国、德国、日本等国家也先后完成了资产阶级革命或资产阶级改革，建立了资产阶级政权。资产阶级取得政权后，新的生产关系与当时生产力的性质基本上相适应，因而大大促进了资本主义经济的发展。从18世纪60年代起，在欧美一些主要资本主义国家，先后发生了以机器生产代替手工劳动、以机器大工业代替手工业的重大变革，这就是资本主义发展史上的工业革命，亦称产业革命。它开始于18世纪60年代的英国，随后是法国、美国、德国等其他资本主义国家。工业革命不仅使生产技术发生了重大变革，大大提高了生产力，而且使社会结构、生产关系发生了重大变化。因此，它是一次社会生产方式的革命。如果说资产阶级的政治革命只是把政权从封建地主手里夺取过来，那么工业革命的结果则是使资本主义制度最终得以确立。

工业革命是资本主义社会经济发展的必然产物：第一，新兴的资产阶级为了追求更多的利润，必须不断地改进生产技术、提高效率、降低成本，因此，客观上产生了采取大机器生产的要求。同时，进入18世纪后，资本主义的国内外市场迅速扩大，原来的工场手工业生产已经远远不能满足市场对工业品日益增长的需求，这也要求采用新技术、新方法迅速扩大生产，为国内外市场提供源源不断的商品。第二，随着16—18世纪西欧资本主义的发展，特别是工场手工业的长期发展，分工越来越细，生产工具日趋专门化，工人也在生产中积累了丰富的操作经验。文艺复兴以来，民主思潮的传播和自然科学的发展，尤其是资产阶级革命的胜利和资产阶级政权的建立，为资本主义经济的迅速发展解除了封建势力的束缚。长期的资本原始积累，使资本家掌握了大量的货币财富和大批自由劳动力。这些都为从人类社会生产过渡到大机器生产准备了物质技术条件。

工业革命首先发生在英国，机械工具的发明和使用是其起点。在英国早期的新兴行业中，纺织工业竞争十分激烈，所以，纺织工业对技术革新的要求十分迫切。英国的工业革命首先开始于棉纺织业。1733年，约翰·凯伊的"飞梭"和1764年詹姆士·哈格里夫斯"珍妮纺纱机"的发明，大大提高了棉纺织业的生产效率，也是英国社会生产从手工业向机器大工业转变的标志。英国棉纺织业的产量从1785年的4 000万码（1码≈0.91米）增至1850年的近20亿码，增长了近50倍。在棉纺织业的带动和刺激下，英国的毛织业、麻织业、丝织业及其他轻工业部门也逐步实现了从工场手工业向机器大工业的过渡。随着机器在生产中的大量使用，对于动力的需要成为一个新的问题，于是出现了蒸汽机。18世纪中后期，蒸汽机的发明使工业摆脱了地理环境和季节的限制。1785年，第一个使用蒸汽机的纺纱厂在诺丁汉建立。自此以后，蒸汽机在工业发展上的巨大意义逐渐显现出来。棉纺织业、毛纺织业、采矿业、冶金业、印刷业、陶瓷业等工业部门都先后采用蒸汽作为动力，这大大加速了工业革命的进程。随着机器的不断发明和广泛使用，铁制机器日益增多，冶铁工业在此情况下取得了突飞猛进的发展。冶铁工业是实现大机器生产的前提。如果没有大量优质的钢铁，各工业部门所需要的机器就无从制造。因此，冶铁工业对于工业革命的重要意义是不言而喻的。英国冶铁工业的迅猛发展，始自18世纪中期。1720年，英国本国生产的精炼铁条只有2万吨，而且由于缺乏木炭，铁产量还在日益减少。1740年，英国的生铁产量也只有 17 350 吨。但是，随着一系列新的炼铁法的发明和技术革新，到 1788 年，英国的生铁产量迅速增至 61 000 多吨；1785 年，又增至 125 000 多吨；到 1825 年时，铁产量达 703 000 多吨；到 1939 年，生铁产量更达 1 437 000 多吨。从 18 世纪末到 19 世纪初，英国开始向外输出铁条，而且输出额不断增长。

冶炼工业的迅猛发展及蒸汽机的广泛使用也带动了煤炭工业的发展。1700 年，英国的煤炭生产量总共只有 261 万吨，1750 年则迅速增至 477 万吨，到 1800 年英国的煤炭生产总量增至 1 160 万吨。19 世纪初期，英国的煤炭产量增长更快，1836 年煤炭生产量达到 3 000 万吨，1846 年更达到 4 400 万吨。采煤工业的迅速发展，对以蒸汽为动力的工业部门及其他制造部门的发展起到了巨大的推动作用。

一个技术革新推动着另一个技术革新，一个产业部门的发展促进着另一个产业部门的发展。当纺织工业、冶铁工业、采煤工业获得发展之后，交通运输问题便提到日程上来。

工业革命之前，各地交通运输非常落后。当时的许多道路根本没有进行专门修筑，路况极差，马车难以通行，就是行人也感到十分不便。这种状况对于工业的发展显然是一个极大的障碍。随着工业的迅速发展，改善交通运输状况也就势在必行。从 18 世纪中叶开始，公路修筑、运河开凿、机车与铁路及汽船等交通运输事业在各地蓬勃发展起来。公路修筑方法的改良极大地提高了驿车的速度。大量运河的开凿及通航，大大减少了长距离货物运输的运费。铁路交通事业的发展更是既省时间又省运费，并且能运送数量巨大和笨重的货物，它对工业革命的进一步发展起了巨大的推动作用。公路、铁路运输飞速发展的同时，水上的交通运输事业也在不断取得新的成就。汽船的发明是工业革命时期水上运输事业中的具有划时代意义的一件大事。交通运输事业的进步，一方面是工业革命的重要内容，另一方面又促进了其他工业的发展。

19 世纪下半叶，自然科学取得了突破性成果。欧洲和美国、日本等先进地区和国家的资产阶级革命顺利完成，第一次工业革命的物质与思想文化成果有了深厚的积淀，大革命以后欧洲保持了 30 年左右的和平发展，这一切都给开展新的技术革命创造了必要的社会条件，注入了强大的推动力。19 世纪六七十年代至 20 世纪初，在主要资本主义国家发生了第二次工业革命。这次革命是人类历史上最重要的变革之一。

第二次工业革命是指新能源的发现和应用，包括新机器、新材料、新工艺的发明与推广，新工业部门的建立与发展，新运输手段的发明与使用，远距离传递信息的新方法和新设备的出现等。第二次工业革命使人类社会从蒸汽时代跨入电气时代、从棉花时代进入钢铁时代、从平面运输时代步入立体运输时代，使工业进入了电气化、自动化乃至信息化的现代工业阶段。人类社会经过漫长而缓慢的演化，终于大踏步地跨入了现代文明的大门。

在冶金工业中，1855 年英国人贝塞麦发明的"吹气精炼法"使钢产量急剧增长。同时，各种特种钢相继问世，使世界工业生产从"棉花时代"跨入"钢铁时代"，为机器制造、电气化工、交通运输、矿山开采、农业机械等部门的高速发展创造了重要条件。

在动力工业方面，这个时期经历了两个方面的重大飞跃：一是在动力机械上，完成了蒸汽机到内燃机的飞跃。二是在动力源上，完成了从蒸汽动力向电力的飞跃。19 世纪，电动机和发电机的相继发明，彻底改变了工业生产的动力结构，使动力的集中生产和分散使用成为可能。在这期间，电话、电灯、电车、无线电通信也先后出现了，全世界开始进入电气时代。同时，这一时期也出现了以化工和电气工业为代表的一系列新兴工业部门，如电机制造、电器材料、人造染料、化肥、炸药等部门。工业部门的迅速发展促进了全世界交通运输业的迅猛发展，世界铁路的总长度成倍增长；汽轮普遍代替帆船；飞机、汽船、汽车迅速成为重要的交通工具。这些都给资本主义社会生产力的提高带来前所未有的广阔空间，使资本主义获得了迅猛发展。1850—1870 年，世界工业生产值只增长了 1 倍多，而 1870—1900 年，世界工业生产值增长了近 2 倍。这一时期，资本主义生产过程日益复杂化、生产日益社会化，出现了资本积累和生产集中的趋势，产生了垄断组织，世界各主要资本主义国家相继从自由资本主义阶段过渡到了垄断资本主义阶段。

（二）深刻的社会变革

工业革命不仅是一场巨大的产业革命，而且是一场深刻的社会变革。工业革命的进行和完成，引起了社会经济生活的深刻变化，生产力水平有了巨大的发展，社会人口增多，社会结构发生分化，经济危机频繁发生，自然科学有了新的进步，等等。

工业革命在经济生活中引起的最大变革是社会生产力水平的巨大提升。机器的普遍使用使劳动生产率空前提高，工业和农业产品产量获得巨大增长。世界煤产量从 1800 年的1 000 万吨增至 1850 年的 4 900 万吨；1800 年铁的产量约为 25 万吨，而 1850 年则增至225 万吨。马克思在《共产党宣言》中说道：资产阶级在它的不到一百年的阶级统治中所创造的生产力，比过去一切时代创造的全部生产力还要多，还要大。自然力的征服，机器的采用，化学在工业和农业中的应用，轮船的行驶，铁路的通行，电报的使用，整个大陆的开垦，河川的通航，仿佛用法术从地下呼唤出来的大量人口——过去哪一个世纪能够料想到有这样的生产力潜伏在社会劳动里呢？在这样巨大生产力基础上的新的生产方式下的大量商品抛售到市场上去后，任何旧的生产方式都无法抵挡。在国内，小手工业和工场手工业的制造品迅速被排挤，一切前资本主义的小生产都遭到毁灭；在国外，巨大的生产力冲破了一切落后国家的大门，使那里自给自足的封建自然经济迅速解体。大机器工业生产的结果，必然是形成一个把世界各个地区都连成一体的世界市场，把所有的国家和民族都卷进资本主义旋涡之中。

随着技术的进步和生产的发展，人们的生活条件也发生了较大程度的改善。市场竞争使得不断降低价格的商品在市场上大量出售，这在客观上扩大了消费范围，使相当一部分商品进入劳动者消费领域，满足并且改善了人们在生活中某一方面的需要。交通工具的技术革新，使得火车、轮船成为普遍乘坐的交通工具，为人们的交通运输带来了极大的便利。衣、食、住、行等条件的改善，反过来又促进了生产力的提高和社会的发展。

工业革命造成的另一结果是人口的骤增。工业革命之前，欧洲人口增长缓慢，瘟疫、战争和歉收带来的饥饿有时甚至使区域人口大幅度减少。虽然不断有新的农业可耕地被开垦，人口也逐渐增多，但由于死亡率高，人口的高增长速度也就相应地受到了限制。

18世纪中叶以后，随着工业革命的不断发展，各地人口增长的速度不断加快。以英国为例，1750年，即工业革命开始前夕，人口为603万人；1821年人口增至1 200万人；到1851年时人口达2 100万人，还不包括在此期间多达几百万的向外移民。在工业革命前，人口增长率为每10年增加3%；但在工业革命期间，人口增长率显著提高。在1781—1791年，人口增长率增加了9%；在1811—1821年，人口增长率甚至增加了18%。从1750—1871年，英国人口增加了2.5倍；而在工业革命前的1086—1750年，英国人口也只是增加了3倍。工业革命的发展，不仅扩大了对劳动人口的需求，而且也因为生产力的发展和经济水平的提高，为人口的迅速增长提供了保障。

工业革命的一个最重要的结果，就是社会阶级结构的变化。工业革命使得原有的社会结构产生了分化，新的社会阶级即工业资产阶级和工业无产阶级得以形成。工业资产阶级是随着工业革命的进展而成长起来的。在工业革命初期，一些商业金融资产阶级开始购买机器开办工厂，成为工厂主，并逐渐转化为工业资产阶级；同时，也有一部分小生产者上升为资本家，他们共同形成工业资产阶级。工业资产阶级通过大机器生产，在经济上获得了一定的地位。同时，他们开始要求获得相应的政治地位，要求分享政治权力。从18世纪60年代起，工业资产阶级开展了一系列政治斗争。在这些斗争中，工业资产阶级依仗其强大的经济力量，并且利用工人和其他广大劳动者要求政治权利的情绪，最终战胜了金融资产阶级和土地贵族，确立了自己在国家政治和经济生活中的统治地位。

在工业资产阶级成长并确立其统治地位的同时，工业无产阶级也成长壮大起来。大机器生产排挤手工劳动，使城市手工业和农村家庭手工业迅速衰败。小生产者通过手工劳动生产出来的产品，无法与大机器生产出来的大量而廉价的产品相竞争，于是，他们只得放弃原有的生产手段，进入使用大机器生产的工厂。过去彼此隔绝和分散的手工业工人都集中到工厂中，在资本家的支配下，成为雇佣劳动大军的成员。随着工业革命的发展，欧美兴起了许多新的工业城市，近代化的交通工具把它们联系起来，这样，就消除了各个地区的手工行业之间的界限。同样都是一无所有而受资本家剥削的工人群众，便在利益一致的基础上逐渐结合形成一个整体，成为一个新的社会阶级——工业无产阶级。

两大新兴社会阶级的产生，是近代社会变迁史上的一件大事。资产阶级和无产阶级之间的斗争，推动了资本主义社会的政治、经济和文化的不断发展。

工业革命使得经济危机频繁发生。工业革命使生产力获得巨大飞跃，显示了资本主义生产方式在上升阶段的历史进步性；但同时，随着工业革命的完成和资本主义制度的确立，资本主义所固有的内在矛盾也进一步尖锐。这个矛盾在社会经济方面的表现就是经济危机。

资本主义经济危机的实质是生产过剩的危机。简单地说，由于生产出来的产品太多，卖不出去，引起商品的大量积压，以致工厂关闭，股票价格下跌，失业人数骤增，生产力遭到严重破坏，整个社会陷入一片瘫痪和混乱的状态之中。这些就是经济危机的突出表现。

资本主义经济危机的根源在于资本主义制度所存在的一个基本矛盾，即生产的社会化和生产资料的私人占有之间的矛盾。经济危机是在机器大工业发展之后才出现的。1825 年，英国发生了资本主义历史上第一次周期性的经济危机。此后，大约每隔 10 年，经济危机就会周期性地出现。在 1836 年、1847 年、1857 年、1866 年和 1873 年，世界爆发了程度不同的经济危机。其中，1847 年爆发的经济危机，不仅发生在英国，而且从英国波及其他国家，最终形成世界性的经济危机。

工业革命促进了自然科学的进步。工业革命期间也是自然科学蓬勃发展的时期。这个时期，自然科学方面的新发现、新学说不断涌现，自然科学领域的研究日益深入，与生产的发展相适应，各门学科都有了重大进展。

首先是物理学方面的热力学及能量守恒和转化定律的发现。蒸汽机的发明和改良促使了热力学的产生，并且成为发现能量守恒和转化定律的一个重要因素。英国物理学家焦耳（1818—1889 年）研究发现并确定了热功当量。此后，人们对能量守恒和转化定律在热力学上的表现进行了进一步研究，发现了热力学第一定律和热力学第二定律。

工业革命期间，各个工业部门生产的发展需要对很多化合物进行定量分析，由此，人们积累了大量有关物质化学成分的资料，并直接促进了化学的发展。法国化学家拉瓦锡（1743—1794 年）发现了质量守恒的基本定律；在此基础上，英国人道尔顿（1766—1844 年）提出了原子论。随着棉纺织、印染及漂白等行业的发展，有机化学的研究也取得了进展。在工业生产中，人们在寻找新染料的过程中发现了许多有机物。化学家对有机物进行了深入的研究，并取得了重大成就。

工业革命为地质学的发展提供了原动力。冶金、煤炭工业的发展，需要寻找大量新的矿藏和其他资源。在采矿和开凿运河的过程中，人们积累了关于地质年代和地层状况的丰富的资料，并从地下有机体遗迹的发掘中找到了地质变化的证据，从而推动了地质学研究的进一步发展。

工业革命还推动了生物学的发展。细胞学说和细菌学是这一时期生物学的两大重要成果。在地质学和生物学的基础上，进化论产生了。达尔文用生物进化论的观点总结了人们长期进行生产斗争的实践经验和自然科学成就，阐明了生物进化的原因，揭示了生物发展的规律。达尔文进化论在近代自然科学史上具有重大的意义。

能量守恒和转化定律、细胞学说和达尔文进化论是工业革命时期最具影响力的重大科学成果。恩格斯对这些成就极为重视，把它们称为 19 世纪自然科学的三大发现。

本章小结

城市的产生是社会生产力发展到一定阶段的产物，它的发展状况与社会经济发展水平相适应。社会分工与农业的发展是城市产生的重要前提。早期城市的功能比较单一，政治统治与军事防御是其主要内容，但随着经济的发展，城市的商业贸易功能开始突出，并最终主导城市的发展方向。由于各地经济发展水平存在较大的差异，世界各地城市化发展水平呈现明显的不平衡性。一般来说，在经济发达的地区，城市发展水平也相应地较高。进入资本主义时期以后，工业化直接推动了城市化，全球范围内的城市化进程开始加快，城市化的规模不断扩大、速度不断加快。至20世纪中叶，城市化在世界范围内成为一股不可阻遏的发展潮流。

农业的产生是人类漫长的生产、生活实践的产物。农业的产生是人类社会不断发展的一个重要物质前提，它是人类文明形成的重要基础。农业的发展导致了数次社会分工，这些社会分工反过来又促进了农业的进一步发展。因自然环境、地理条件、生态状况不同，各地在进入农业社会以后，农业的生产组织形式、生产方式等也存在一定的差异性，形成了各具特色的农业文明。形态各异的世界农业文明造就了各地丰富多彩的乡村社会。工业革命的到来，为传统农业实现向现代农业的转型提供了第一推动力。当人类进入20世纪以后，各种现代科学技术在农业生产中得到了广泛应用，这极大地促进了现代农业的进一步发展。

工业的产生是人类社会第二次大分工的产物。早期手工业是在农业有了一定发展的基础上产生的。手工业与农业分离后，仍具有浓厚的农本特色，所以，在相当长的一个时期内，它只能是农业生产中的副业。到封建社会后期，分散的农村家庭手工业慢慢演变为资本主义工场手工业，成为资本主义工业形成和发展的起点。18世纪开始的工业革命，既是一场巨大的产业中的技术革命，也是一场深刻的社会变革，它在促进产业进步的同时，也对近代社会变迁产生了深远的影响。

🔖 思考与练习题

一、填空题

1. 以_____、_____和农业的分离为标志，人类先后进行了历史上两次社会大分工。

2. 早期的城市主要有_____、_____和_____等功能。

3. 如果城市的离心扩展，一直与建成区保持接壤，并连续、渐次地向外推进，则这种城市化类型为_____。

4. _____、_____和_____是人类最早的三个农业中心。

5. 一般来说，乡村社会中的习俗风情，总是在特定的_____中孕育产生的。

6. 农业劳动力占全国劳动人口的比重下降到_____以下，农业投入占农业净产值的比重上升到_____，就属于现代农业范畴。

7. 在封建社会中，手工业主要以分散的个体家庭为生产单位，我们称之为_____。

8. 工场手工业是早期资本主义经济因素的主要形式，是以_____和_____为基础的资本主义生产组织形式。

9. 工业革命首先在18世纪的_____发生。

二、选择题

1. 下列时段中，（　　）是世界上城市产生的主要时期。

　　A. 公元前 6000 年至公元前 4500 年　　B. 公元前 1500 年至公元前 500 年

　　C. 公元前 3000 年至公元前 1500 年　　D. 公元前 700 年至公元前 200 年

2. 在城市化建设过程中，有些城市设施和部门自城市中心向外缘移动扩散，这种情况称为（　　）。

　　A. 离心型城市化　　　　　　　　　　B. 向心型城市化

　　C. 职能城市化　　　　　　　　　　　D. 外延型城市化

3. "难道你不知道田地是国家的生命吗？"对这句话理解最准确的是（　　）。

　　A. 土地应该属于国有　　　　　　　　B. 农业是国家的最根本产业

　　C. 应该发展国有农业　　　　　　　　D. 农田赋税是国家收入的唯一来源

4. 第（　　）次社会大分工后不久，一个新的社会群体——商人出现了。

　　A. 一　　　　　　B. 二　　　　　　C. 三　　　　　　D. 四

5. 资本主义历史上周期性的经济危机首先发生在（　　）的英国。

　　A. 1823 年　　　B. 1825 年　　　C. 1936 年　　　D. 1847 年

三、名词解释

1. 城市　2. 城市化　3. 普鲁士道路　4. 工业革命

四、简答题

1. 简述城市化的发展类型。

2. 如何认识中国传统乡村社会？

3. 简述现代农业的走向。

4. 工业革命与社会变迁有什么关系？

5. 为什么说工业革命是资本主义社会经济发展的必然产物？

五、论述题

1. 运用有关城市化的理论，并结合当前我国经济发展的形势，分析我国城市和城市化的发展趋势。

2. 以分析工农业发展与社会进步的关系为基础，谈谈应如何认识以经济建设为中心。

📖 推荐阅读书目

［1］芒福德. 城市发展史——起源、演变和前景. 倪文彦，宋俊岭，译. 北京：中国建筑工业出版社，1989.

［2］陈文华. 中国古代农业文明史. 南昌：江西科技出版社，2005.

［3］许永璋. 世界近代工业革命. 沈阳：辽宁人民出版社，1986.

第六章　商贸发展与交通进步

学习目标

　　本章主要对商业贸易的产生和发展、市场经济的基本特征，以及交通进步对社会发展的促进作用等几个方面做了探讨。通过本章的学习，学员应能从纵横两个方面来把握世界商业贸易的基本概况，并初步了解市场经济的产生机制及其特征，能理解交通进步在人类社会发展进程中的巨大意义。

学习建议

　　本章共三节，第一节介绍了人类历史上商业与贸易产生和发展的过程；第二节重点分析了市场经济的发展及其特征；第三节阐述了交通的进步及其对人类社会发展的意义。在学习中，学员应着重把握商业贸易的发展历程，并结合社会生产力的发展阶段性，了解不同时期世界商业贸易的主要形式；从市场经济的运作机制来理解市场经济的基本特征；理解工业革命对现代交通进步的巨大推动作用，并在此基础上把握交通进步与人类社会协调发展的重要意义。

第一节　商贸的发展

　　商业贸易是人类在长期生产、生活过程中产生的一种社会活动形式。人类在进入文明社会以后，商业贸易便作为一种独立的经济活动存在于社会的生产和生活领域。随着生产力的进一步发展，作为社会生活的一个重要组成部分——商业贸易的运作模式也在发生变化。这种变化极大地影响了人类社会的发展与变迁。人类社会进入资本主义时期之后，文明和商业贸易更是相互影响。高度文明的社会物质生活，要求商业的极大繁荣和商业技术的持续进步，这种繁荣与进步又促进了人类需求的丰富与增长。社会进步正是在这种互动过程中实现的。

一、商贸的出现

　　商业贸易，是指通过买卖方式，使货物得以流通的一类经济活动。商业贸易的起源可以追溯到人类社会发展的最初阶段——原始社会。

在新石器时代末期，一些地区的人们开始使用金属工具，社会生产力水平因而得到较大幅度的提高。第一次社会大分工使畜牧业从农业中分离出来。畜牧业和农业两大生产部门之间的交换成为经常的现象，这就形成了最初的商业。当然，限于产品的贫乏和流通量的稀少，这种交易仅是一种物与物之间的交换。尽管如此，原始商业贸易在这种简单的交换过程中也得到了发展。

此后，随着生产力的提高及交换的进一步发展，手工业生产也日趋复杂。铸造、纺织、榨油、酿酒等手工业越来越专门化。这些专门化的生产部门，需要大量的专门生产人员，一部分人必须从农业生产中脱离出来，于是，人类社会发生了第二次社会大分工：手工业和农业相分离。

两次社会大分工之后，生产专业化程度日益提高，出现了直接以交换为目的的生产，即商品生产。这些商品很大一部分是经由专门人员来进行交换的，于是一个新的社会集团——不从事生产而只是经营生产产品交换的集团——商人出现了。商人的出现，标志着人类社会早期商业贸易活动的社会化。

生产的社会分工是商业贸易能够产生的前提，而利益差别的存在是不同生产部门和不同地区之间发生贸易往来的必要条件。此地有剩余，彼地却不足，因此，两地之间必须依赖商业活动来互相调剂有无和多寡。一方面，由于各地在自然条件方面的差异，资源在各地分布也不平衡。例如，对于矿藏，大不列颠岛较为富有，而爱尔兰则比较缺乏。另一方面，交通状况的优劣也是影响早期商业活动范围的一个重要因素。凡是交通便利的地方，商业通常较为发达。早期的重要城市往往临水而建，这正是便利的交通造成城市繁荣的一个明证。在交通不便的地方，货物运输往往不畅，交换减少。例如，在古代埃及周围的沙漠地区，与外部进行商品交换的行为较少；喜马拉雅山一直使我国西藏地区的居民和喜马拉雅山南部的恒河人民鲜有往来。除此之外，气候等因素也是造成各地之间利益差别的重要因素。例如，在热带森林地区，盛产乌木、象牙、香料等；温带草原地区却是牲畜的肉、皮、毛及其制品的王国。在同一种气候带其物产也因地理位置的不同而有所差别。例如，同为温带森林地区，地中海沿岸盛产葡萄酒、水果和橄榄油，而印度多谷物和茶。资源和物产的差异性，使得各地之间交换频繁。商业贸易的界限也由此逐渐扩大。

随着社会分工的日益细化，产品的交换也越来越复杂化。商业贸易在交换规模、数量、次数、手段等方面都有了长足进展。

二、古代社会商贸的发展

在经历了一个漫长而又艰难的野蛮时代之后，人类进入文明社会。随着社会生产力的进一步发展，产品有了更多的剩余，生产专业化程度与过去相比有了很大的提高，交换越来越成为必须；交通工具有了重大改进，交通运输业尤其是航海事业有了初步发展，所有这些都为世界各地商业贸易的进一步发展提供了条件。到中世纪时期，国家走向统一，社会控制体系日益完善，这为社会经济的进一步发展提供了一个相对稳定、有序的环境。科技进步促进了交通工具的改进，为长距离、大规模货物运输提供了物质条件。

（一） 欧洲地区的商业贸易

古代欧洲商品经济的发展程度比较高，商业贸易相对较为发达，历史上曾先后出现辉煌的古希腊文明和"罗马时代"。繁盛的奴隶制经济为欧洲社会经济的快速发展奠定了良好的物质基础。封建制度在欧洲确立后，社会经济继续发展。在封建制度下，生产关系的基础是封建主占有生产资料和不完全占有生产者——农奴。除了封建所有制以外，还存在农民和手工业者以自身劳动为基础的个体所有制。总的来说，当时的社会生产力发展仍处于比较低下的水平，但农奴劳动与奴隶劳动相比，无论在劳动积极性上还是在生产能力上都要高得多。生产能力的进步，增加了荒地的开垦数量，耕地面积不断扩大，粮食和各种经济作物的产量都在迅速增长。这一时期，园艺业如葡萄的种植出现了兴旺的景象，畜牧业在饲养方法上也有了较大的改进。这些行业的兴盛，相应地推动了酿酒、榨油、羊毛纺织等手工业的发展。在 11 世纪左右的西欧，采矿、冶炼和金属加工、制革、制陶、磨粉和建筑等行业更为完善。随着生产力水平的不断提高，封建庄园经济发生了巨大的变化。建立在自然经济基础之上的庄园制度只适应于中世纪早期低下的生产力水平。随着农产品进一步商品化，封建地租也逐渐由劳役地租、实物地租演变为货币地租。这是促进商品经济发展的一个重要变化。封建主用榨取到的货币收入大量购买高级消费品，以满足其奢靡生活的需求。农民则须先用劳动产品换取货币，方能缴纳地租。这时，产品不再是直接供自己消费，而是越来越多地用于交换。

随着商品经济的发展，在集市贸易的基础上城市逐渐形成。这些城市都是当时西欧各个地区的手工业和商业中心，分别散布于英国、法国、德国和意大利等国家。其中，地中海沿岸地区的一些城市最为著名，如威尼斯、米兰、佛罗伦萨、热那亚等均为当时有名的商业贸易城市。在这些城市中，直接经商的人数占城市居民总数的比重并不是很大，但因为他们拥有大量的货币财富，经济实力相当强大，随着商品经济的发展，他们在城市经济生活中的地位越来越突出。

中世纪早期，自然经济在欧洲一直占统治地位，生产主要是用来满足自己的需要，产品的交换还很有限。尽管早在城市兴起之前，商人和商业活动已经存在，但当时欧洲商人的活动与各国内部农业及手工业之间的联系并不是很直接。他们主要是把只能在少数地方生产的商品，如铁、铜、锡、盐以及从东方运来的丝绸、珠宝、武器和香料等运销到各地贩卖。当时，这些商人大都是行商，而且就其活动内容来看，基本上以从事对外贸易者居多。

自从 10—11 世纪城市兴起之后，西欧商品经济获得了比较大的发展。城市手工业者的主要来源是那些以前一直把手工业与农业集中于一身的农民及以往隶属于封建主的农奴。他们从农村人群中分化出来之后，脱离农村而定居城市，因为现在他们可以任意地销售自己的手工业产品，能够无阻碍地进行商业活动，所以大大地推动了城市商业的发展，商人的实力也在不断增强。

随着农业与手工业的进一步分工，直接以交换为目的的劳动产品日益增多，在11—12世纪的西欧城市里，不断地产生一大批不再从事手工业生产、只经营商品交换的商人。这些商人是新的社会阶层，以经营商业作为独立的职业，与早先那种专门从事对外贸易的商人不同，他们是直接与国内市场的发展、与城市手工业产品的出售，以及与城乡商品的交换相联系的。这些商人起初还主要是行商，以后随着城市手工业的发达和商品货币关系的发展，便逐渐定居在交换活动最为频繁的地区，成为坐贾。有些城市的商人还经常把城市商业与外地贸易结合起来，将本地区的商品运销到遥远的地方。城市商业的不断发展对欧洲社会经济生活的影响也越来越大。

（二）古代东方世界的商业贸易

东方商业贸易的发展状况与东方文明的内在本质有着密切的关系。东方专制社会具有典型的农本特色。建立在此基础上的东方商业贸易必然具有较强的封建性，专制政权不允许商业有过度的发展，以免威胁其建立在小农经济基础之上的统治。因此，东方一些国家对商业往往采取抑制政策；有的干脆禁止商业的自由发展，直接以政权的形式来干预交换活动。尽管如此，东方的一些国家，如中国、印度和日本等的商业贸易仍在极其艰难的环境下获得了发展。

位于印度河、恒河流域的印度是世界最早的人类文化发祥地之一。早在哈巴拉文化时期，这一地区就出现了较为规范的商业活动。到公元前6世纪前后，这一地区不仅有发达的国内商业，而且海外贸易往来也十分活跃。印度统一以后，稳定的社会秩序为社会经济的发展提供了较好的环境。在德里苏丹国时期，印度的封建制度有了很大的变化。在商品货币关系发达的地区，开始征收货币租税。14—15世纪时，城市经济和手工业经济有了较大的发展。随着印度封建帝国疆域的扩大，宫廷、军队和封建主的奢侈性消费不断增长，国内地区间的商品交换和对外贸易也都兴旺起来。印度生产的棉织品、纺织品、蓝靛、香料和珠宝等一向闻名于世，在国外市场上享有盛誉。这些产品大都运销到东亚地区的中国、朝鲜和日本，在东南亚地区也很受欢迎。由于地理上的便利，印度的对外商业贸易易于向西扩展，这些商品还被销往波斯、阿拉伯、东非，并且通过巴格达远销至地中海，从而使印度在东西方贸易中占有重要地位。同时，许多外国商品，如中国的茶和瓷器、日本的铜器、东南亚的香料、锡兰的珍珠和象牙、法国的呢绒和葡萄酒等也不断地输入印度市场。

在中国的夏、商、周时期，与发达的社会经济相对应，商业贸易活动也呈现出高度繁荣的景象。春秋战国时期，多元政治格局迫使东周王室和其他各诸侯国的统治者把国力强盛与发展经济联系在一起，这就为商贸活动的开展创造了前提条件。秦统一六国后，打破以前国界关津的限制，并修建驰道，统一货币和度量衡，这些措施无疑对商品流通极为有利。随着封建制度的确立，中央集权的进一步加强，封建社会经济有了一定的发展。由于秦末政治长期动荡，经济遭到严重破坏。汉初统治者不得不实行"无为而治"的休养生息政策，放松了对商业贸易的各种限制，于是商业获得了发展的机会。到汉武帝时，商业活动条件的进一步改善，使商业利润大幅度提高，从事商业活动的商人日渐增多，当时的大商人有盐商、铁商、高利贷商和运输商等。经营成功的巨商大贾往往富比封君、乐同王侯。商人势力的蒸蒸日上使统治者受到很大威胁，为日后的贱商、抑商埋下了祸根。

三国两晋南北朝时期，天下纷争，众国林立。在这种情况下，一国要充实国力，必须依靠商业补给物质，所以，当时各国的执政者都采取一系列有利于商业发展的政策。隋唐之际，社会经济高度繁荣，商业贸易活动异常活跃，国内商业的范围扩大到生活、生产的各个领域，对外贸易也有了长足的发展，茶叶、丝绸、瓷器、服装和书籍等输出量大增。从唐末藩镇割据到五代十国，商业又略有衰落。宋朝建立后，统而不一，先后有辽、金、西夏与其对峙，南宋则偏安于江南一隅，仅踞半壁河山。这一格局对宋代商业的发展有着明显的影响。两宋统治者一方面加强对盐、茶等物品的专卖，另一方面则减弱对商人和商业活动的控制。统而不一的局面造成的冗官、冗兵状态，以及非生产消费人口的增多，对于商业发展是一种巨大的刺激。统而不一的格局使军费和"岁币"的开支极为庞大。政府为应付财政支出，也开始重视海外贸易。此后大一统的明清两朝，由于人口增长速度快，部分地区农产品的商品化程度日益提高，全国商品交易量也有了大幅度增长。但由于封建社会晚期统治的腐朽与落后，国家对商业贸易活动的控制日益加强，对中国资本主义经济的发展造成严重阻碍。

日本是世界上向封建制度过渡较迟的国家之一。大化改新之后，日本的社会经济有了明显的发展。但当时的农民普遍从事家庭手工业生产，官营手工业产品主要供官府、贵族消费，只有消费的剩余才可能用来交换，因此，商品经济不发达，自然经济占统治地位。从镰仓幕府初期起，由于广大农民的辛勤劳动，社会生产力提高了，农业生产技术，如密植法、稻麦双季连作耕作制得到普遍应用，园艺作物品种增多，地头、庄官往往把剥削来的生产物品作为商品出售。因此，在寺庙、神社和交通要道等地出现了集市，有专业商人从事运输、保管、出售、中介买卖等商业活动，这些地方逐渐发展成为工商业城市。国内市场开始形成，经济逐渐走向繁荣。京都的纺织品、毛纺织品和漆品、镰仓的冶炼铸造产品都驰名全国。日本与中国、朝鲜、东南亚国家的贸易来往频繁，又与葡萄牙、西班牙、荷兰、英国发生商业关系。其输出品有兵器、陶器、银、铜、铁、硫黄等，输入品主要有丝、绢、绸、棉布、皮革、染料、砂糖等。从事国外贸易的主要是京都、大阪、长崎等城市的商人。

非洲和美洲商业贸易的发展极不平衡。中世纪时期，北非的埃及和东非的苏丹、埃塞俄比亚等地的商业活动较为发达，其他地区仍处于落后的原始社会或奴隶社会。美洲的社会形态更替较为迟缓。在欧洲殖民者进入非洲和美洲之前，大部分地区仍处于原始社会公社制时期，社会经济发展水平低下，商业贸易大都处于物物交换的阶段。

中世纪时期，世界各地的商业贸易都获得了不同程度的发展。但就其发展程度及发展空间而言，东西方仍有较大的差异。在欧洲，普遍的二元社会为商品经济的自由发展提供了广阔的空间。特别是后期重商主义在商贸政策中的贯彻，为欧洲自由贸易的发展提供了有力支持。与此相反，东方一些国家对商业贸易发展的控制大大超过同时代的欧洲。例如，中国、朝鲜、越南、日本等国家，对内长期实行抑制政策，对外又闭关锁国，限制与其他国家的贸易往来。对待商业发展的两种不同态度，对日后东西方经济、政治以及文化方面的发展带来了较大的影响。

三、资本主义时期世界商业贸易的繁荣和发展

（一）地理大发现与世界商业贸易

14—15 世纪，西欧各国商品货币经济的发展，促进了封建制度的瓦解和资本主义的萌芽。由于商品流通量的扩大，作为一般交换手段的货币的需求量剧增。黄金是当时国际贸易的主要流通工具。但西欧贵金属的开采量甚少，加上在东西方贸易中西欧入超，金银大量东流，因此，西欧社会对黄金的欲望日益炽烈。15 世纪末，西欧一部分国家封建制度的危机不同程度地表现出来，一些封建王公贵族为了摆脱和缓和危机、转移视线，积极准备对外进行殖民扩张。因此，西欧国家在这一时期进行了一系列重大的海外探索活动，取得了包括对美洲大陆的发现以及对通往东方新航路的开辟等重大成果。

地理大发现对世界商业贸易的影响巨大，引起了所谓的商业革命，主要表现为世界市场的扩大、流通商品种类与数量的增多、商路及商业中心的转移和商业经营方式的转变。

通过历次的海外航行，大批地区被陆续发现，新的航路也得以开辟，世界各地区和各民族之间扩大了经济和文化的往来。欧洲与非洲、亚洲之间的贸易更加频繁，并和美洲有了联系。各地区新的商品逐渐在欧洲市场上出现。美洲的烟草、可可，非洲的咖啡，中国的茶叶，都成为国际贸易中的重要商品。传统商品的交易量显著增加。从前通过意大利商人转运到欧洲的胡椒，每年只有 2 100 吨，新航路开辟后，每年仅运往里斯本的香料就增至 7 000 吨。中国的瓷器、丝绸等对西欧的输出量也剧增。17 世纪时，外国货币开始在中国流通。

地理大发现和新航路开辟后，商路和贸易中心也发生了巨大的变动。主要商业中心从地中海转移到大西洋沿岸。意大利的商业地位逐渐被西班牙、葡萄牙、英国、尼德兰所代替。16 世纪中叶，安特卫普成为世界贸易中心。

随着世界贸易领域的扩大，在欧洲，商业的性质和经营形式也相应地发生了变化。来自世界各地的商品，其价格总是很难保持稳定，往往会因为受到各种复杂因素的影响而出现较大的波动。每当政治局势、水陆交通、自然气候、年景收成等外在条件发生变化，或者出现其他难以估计的情况时，物价就会暴涨或暴跌。这一情形为商人牟取暴利提供了广泛的机会，使他们能够利用市场的供求和物价的起落，大肆进行投机倒把、买空卖空的活动。于是正常的商业经营变成了具有很大投机性的事业。另外，在市场扩大之后，许多商品的交易都不再需要通过现货来进行，买卖双方只需订立一纸合同即可成交。因此，在 16 世纪时，首

先是在安特卫普产生了近代的商品和证券交易所，随后类似机构在欧洲其他各地迅速发展起来。这一时期，西欧各国专制王朝为了帮助本国商业资本取得世界商业贸易中心的优势地位，对一些经营对外贸易的商业公司采取了积极的措施加以扶植。这些在地理大发现之后相继建立的商业公司，其性质已经完全不同于中世纪的商人行会，而是一种新型的贸易公司。它们与本国政府的关系极为密切，由国家给予种种特权，有的甚至可以自行铸币、拥有武器、对外宣战和缔结条约，实际上是一个具有国家职能的特殊机构。这些公司在世界各地经营垄断贸易，进行殖民掠夺，其中，最著名的有荷兰西印度公司、英国东印度公司、法国东印度公司等。

（二）资本主义殖民扩张中的世界商业贸易

地理大发现开创了西欧国家的对外扩张事业，导致了近代殖民制度的建立，并且将资本主义推进到原始积累阶段。在此期间，从殖民地掠夺来的巨大财富促进了西欧工场手工业的发展，由此奠定了资本主义经济繁荣的基石。随着对海外的进一步殖民扩张，西欧的人口快速增长，大城市也随之迅速发展起来。居民消费结构逐渐发生变化，社会对各地商品尤其是工业制品的需要急剧增长。商业尤其是对外贸易在这一时期的经济生活中占有特殊的地位，商人成为经济活动中的关键人物。活跃商业、发展经济，要依靠大量金银作为流通工具。因此，西欧各国都执行重商主义政策，鼓励对外贸易，争取贸易顺差，以便获得大量金银的输入。这一时期，欧洲是当时世界上商业贸易最为活跃的地区，逐渐形成若干较大的区域贸易中心：地中海贸易中心、中欧贸易中心、波罗的海贸易中心和大西洋沿岸贸易中心。

地中海贸易是沿地中海的欧洲各国之间，以及这一地区与近东地区之间的贸易。贸易货物有食品、原料和制造品。大宗的食品有粮食、盐、咸鱼、橄榄油、葡萄酒等。原料有羊毛、生丝、棉花、皮革、铜、铅和锡等。制造品则有毛织品、丝织品、皮革制品等。运到地中海地区的货物，还有中国和波斯的丝绸、印度的棉花和宝石等。16世纪时，地中海贸易的活动中心是意大利北部各城市，它们把欧洲地区和外部世界联系起来，一边是近东，另一边是西欧和中欧。从16世纪下半叶起，地中海地区最重要的必需品日益依赖外部世界来供应。荷兰和英国乘虚而入，介入地中海贸易。这样，地中海地区的商业贸易活动便对西北欧产生了较大的依赖，贸易活动中心也逐渐由意大利北部城市转移到了西北欧地区。

中欧、波罗的海、大西洋沿岸的贸易基本上属于欧洲各国之间的贸易。这些地区的贸易大略又可以分成以下几个中心：中欧贸易以莱茵河和多瑙河为中心；波罗的海贸易以易北河一带为集散中心；大西洋沿岸贸易主要集中于直布罗陀海峡到英吉利海峡之间。

除了上述区域贸易外，跨洋贸易也是当时主流的贸易形式之一。当然，就其本质而言，这种跨洋贸易实际上是资本主义扩张过程中的殖民掠夺。尽管如此，跨洋贸易在客观上把欧洲和美洲、亚洲联结起来。这样，以西欧为中心的早期世界市场出现了。

早期世界市场的形成，对商业贸易的进一步发展有着重要的影响。它不仅包括欧洲原有的区域性市场，而且包括亚洲、美洲和非洲的沿海地区。在早期世界市场中，进行贸易的商品种类增多了，进入市场的大宗贸易品从奢侈品扩展到日用消费品。亚洲运出的商品从香料扩展到丝棉织品、咖啡、茶叶等；美洲运出的商品从金银扩展到木材、糖、烟草等；欧洲运出的商品种类也逐渐增多，从毛织品、金属制品扩展到其他消费品。但总的来说，这种商业贸易仍然属于互通有无的性质，尚未建立在国际分工的基础之上；与机器大工业出现以后的世界市场不同，交换的商品基本上还未成为各自再生产过程的必要环节。尽管如此，早期世界市场的出现和商业资本在世界市场上的活动，仍然为18世纪后半期开始的工业革命创造了必要的外部条件，对世界市场的形成和商业贸易的世界一体化进程起到了推动作用。

（三）转型期商业贸易的发展

从18世纪60年代开始，欧洲一些先进国家先后发生了范围广阔、影响深远的工业革命。这场革命，不仅引起了生产技术的革新，使生产力获得前所未有的提高，开创了人类物质文明发展的崭新时代，而且引起了生产关系的重大变革，引发了社会生活各领域的深刻变化。从这个意义上说，世界范围内的社会转型当从此时开始，直到第二次世界大战结束。

18世纪中期到19世纪60年代，英、法、德、美等主要资本主义国家相继开展和完成了工业革命，资本主义生产方式最终确立，自由竞争的资本主义得到充分发展，世界市场空前扩大，形成资本主义世界经济体系。

在这一时期，人类的科技文明取得了重大突破。蒸汽机的出现使得生产发生了重大变革。由于大机器在生产中的广泛采用，社会分工得到进一步发展。随着分工迅速向国际领域扩张，经济发展水平不同的国家或多或少地纳入国际分工秩序之中。国际贸易日益大量地参与到资本主义扩大再生产的过程中，原料取自世界市场，商品输往世界市场。世界市场成为资本主义再生产过程顺利进行所必不可少的条件。

19世纪交通和通信的巨大变革为世界商业贸易的发展提供了物质基础和重要推动力。铁路、轮船、电报等近代交通和通信工具，在19世纪前半期就已出现，但一直到19世纪70年代才完成真正的革命。英、法、德、美等国家的主要铁路干线都已建设并投入运营。印度、拉美等落后国家和地区也出现了建设铁路的热潮。铁路是联系港口和内地的陆路交通工具，而轮船又把世界各地的铁路交通系统联结成为一个庞大的国际交通运输网。国际交通运输体系的建立，大大沟通了世界各国的生产、流通和消费。在此期间，海底电报电缆的铺设更加强了各国的经济联系。1866年，横贯大西洋的第一条海底电报电缆建成；自此以后，电报技术广泛地应用于商业贸易活动之中，这样，通过电报信息，棉花产地、黄麻产地、绸和茶叶产地和咖啡产地等与世界各地直接联系起来。海底电报使电汇取代了原始汇票，方便了国际贸易和国际支付。

19世纪末和20世纪初，以欧美先进的资本主义国家为主，出现了以能源和动力革命、交通运输工具革命为主要内容的技术革命。这些现代技术革命的到来，为商业贸易的进一步发展提供了有力的技术支持。科技进步极大地促进了商业贸易的发展。铁路代替驿道、轮船取代帆船，使商品的运载量不断增加，运输时间大为缩短，运输费用显著降低，商品的运销范围扩大到世界的各个角落。商人携带着大机器生产的廉价商品，乘坐快速的交通工具，利用便捷的通信设施，奔走于世界各地。

在这一时期，世界商业贸易呈旺盛的发展态势。商业贸易的范围遍及世界的每片土地，经营方式也经历了由传统到现代的变革。各国的国内商业活动和国际贸易往来在该国的社会经济生活乃至世界经济活动中都产生举足轻重的影响。甚为可惜的是，世界商业贸易发展的这段黄金时代因第一次世界大战的爆发而告结束。历时4年的第一次世界大战对全球的社会生活产生了巨大的影响。就世界经济而论，第一次世界大战对全球范围内的社会生产力产生了极大的破坏。经济损失难以估量，世界商业活动受到极大的摧残。仅在海战中被击沉的商船就有6 000多艘。据一份资料统计，英国商船在第一次世界大战期间有70艘被摧毁，总吨位达900余万吨，遭袭击而损失的船舶货物价值约达75亿英镑。

当西方战火纷起时，东方却显得较为安宁。由于西方各国家忙于第一次世界大战，无力继续对殖民地半殖民地国家加强和扩大经济控制、掠夺，这就给殖民地半殖民地经济的发展留下了空隙、带来了机遇。于是，中国、印度等国家的民族资本主义工商业都不同程度地发展起来。在中国，帝国主义的商品倾销一直是中国民族工业发展的严重障碍和压力。这种障碍和压力在第一次世界大战爆发期间暂时有所缓和。据海关统计，在1913—1919年，中国商品进口额逐年递减，而由于交战国急需从中国进口大量的面粉和日用百货，出口贸易额出现了年年增长的趋势。由于商品进口减少、出口增加，中国一度出现商业贸易的黄金时期。第一次世界大战之后，世界经济虽有所恢复，但好景不长。20世纪上半叶，资本主义世界经历了5次经济危机。特别是20世纪30年代初的第4次世界性的经济危机长达5年之久，是历史上持续时间最长、影响最为深刻的一次全球性大危机。这一时期，全球商业贸易整体上是在一种极其艰难的环境下进行的。当第二次世界大战全面爆发后，世界商业贸易再一次遭受重大挫折。

第二节　市场经济概说

当人类逐渐走向中世纪封建社会晚期时，随着生产的商品化程度日益提高，条块分割的市场逐渐趋向统一，在自然经济内部萌生了一种新的经济运行形式，即市场经济。所谓市场经济，是指通过市场机制来对资源进行社会配置、通过价值规律来调节经济运行的一种经济运行形式。

一、市场经济的产生和发展

（一）市场经济的产生

在早期人类社会中，因为生产力水平极其低下，人们用于交换的产品十分有限，所以，几乎无市场可言。随着私有制的发展，人类进入阶级社会以后，生产力水平有了进一步的提高，剩余产品有了一定的积累，交换范围不断扩大、交换频率也有了不同程度的增加，早期的市场开始形成。但这种经济不是完全意义上的市场经济，市场在经济生活中并不十分重要，市场机制尚处于初级的形态，人们生产的绝大部分劳动产品并不是用来交换的，而仅是用于维持自己的生存。

进入封建社会以后，生产力水平与过去相比有了较大的提高。但浓厚的封建性的政治与经济制度，极大地阻碍了经济的进一步发展。在封建社会里，农业是主要的产业形式，以人力、畜力和简单劳动为主要内容的生产能力，无论在古老的欧洲还是在中国，都持续了至少数千年。自给自足的自然经济以自我封闭、自我满足、排斥竞争、故步自封为基本特征。忽视价值规律对商品经济的基础性调节作用，正是封建社会经济发展缓慢、农业生产力长期停滞的主要原因。

到封建社会后期，随着资本主义萌芽，社会分工愈益明细，生产专业化程度日益提高，不同生产部门或生产者之间的交换范围日益扩大，市场在整个经济运行过程中的调节作用不断加强，市场经济萌生。14 世纪、15 世纪前后，市场经济首先在地中海沿岸的一些经济较为发达的地区产生，并与西欧早期资本主义的发展相伴前行。

地理大发现和新航线的开辟，为市场经济的进一步发展开辟了新的空间。东印度和中国市场的开辟、美洲的殖民地化、对殖民地的贸易输出、黄金和一般商品的增加，使商业、航海和工业得到空前的发展。

世界范围内的市场不断扩大，对商品的需求不断增加，资本主义工场手工业已无法满足日益膨胀的市场需求。于是，在英国首先出现了蒸汽机和其他大机器在工业中的应用，在技术层面出现了产业革命。现代大工业的产生为世界市场的开拓准备了良好的物质和技术条件。世界市场使商业、航海业和陆路交通获得了巨大的发展，这种发展反过来又促进了工业的发展。世界范围内的市场经济形成的条件已经成熟，市场机制在资源配置中的调控作用已经十分突出，完整意义上的市场经济体系开始建立。

（二）市场经济的发展

从市场经济发展的历史来看，市场经济的发展有三个阶段，即市场经济的萌芽阶段、资本主义市场经济阶段和社会主义市场经济阶段。

1. 市场经济的萌芽阶段

封建社会中后期，虽然由于自然经济的封闭性，无法形成统一的区域内大市场，但劳动产品商品化程度及部分市场要素的孕育都有了一定的发展。钱庄在各地兴起，飞钱、汇票等纸币的产生和大量流通，标志着货币市场萌芽，并成为市场经济萌芽的一个重要基础。在很大范围内，市场对社会生产和流通的调节作用开始显现。在很多地区，无论是在城市的固定市场还是在农村的流动集市中，价格对生产和流通所发生的作用都十分明显。到了封建社会后期，随着工场手工业的快速发展、世界市场的不断开拓，商品市场有了极大的发展。始自西欧以圈地运动为重要手段的资本原始积累，把大批农民从土地上驱赶出来，为劳动力市场的形成提供了前提。至此，市场经济初步形成，并为资本主义的到来奠定了基础。

2. 资本主义市场经济阶段

资本主义市场经济阶段也是市场经济充分发展和不断完善的阶段。在这一阶段，市场体系完全形成。商品市场、劳动力市场、金融市场、技术市场和房地产市场等构成了一个相当完整和发展的市场体系。特别是金融市场的形成和迅速发展，成为市场体系和市场经济的灵魂。在这一阶段，市场规模不断扩大。不仅国内的统一市场已经形成，而且市场的国际化和经济的国际化成为发展的趋势。市场成为社会资源的主要调节者。价值规律和市场成为调节社会经济和主宰人们命运的主要手段。整个社会市场化趋向日益明显。随着市场的日渐形成、市场机制的不断完善，整个社会经济的发展获得了巨大的推动力。在市场经济的环境下，内有利润动力，外有竞争压力，这些都迫使每个人、每个企业奋力拼搏。生存之争、发展之争的社会规则是资本主义市场经济社会发展的主要原动力。

3. 社会主义市场经济阶段

社会主义市场经济阶段是市场经济发展历程中的一个新阶段。自20世纪初社会主义制度在一些国家确立以来，计划经济长期成为这些国家的主流经济运行形式。这种高度集权的计划经济在早期对国民经济的恢复和发展、社会的稳定起到了较大的作用。但随着生产力的继续发展，计划经济的各种弊端逐渐暴露出来。计划经济排斥竞争、强化行政功能、忽视价值规律，极大地阻碍了经济的进一步发展。自20世纪80年代以来，一些社会主义国家开始进行经济体制改革，有步骤地实行由计划经济向市场经济的过渡。我国改革开放以来，逐步确立了具有中国特色的社会主义市场经济制度。社会主义市场经济是以公有制为基础，以市场为资源配置手段，以价值规律为基准的经济运行形式。一方面，它强调遵循市场经济的一般规律，发挥市场在资源配置中的"决定性作用"。市场配置资源是最有效率的形式，市场决定资源配置是市场经济的一般规律，市场经济在本质上就是市场决定资源配置的经济。另一方面，它又具有鲜明的中国特色，强调坚持积极有为的国家宏观调控政策，发挥政府"看得见的手"的作用。政府要承担提供公共产品和公共服务的职能，规范对市场的监管行为，依法行政、依法对市场进行监管，并加快政府职能转变，提供更好的社会保障服务。我国经济迅速发展的实践证明，社会主义市场经济不仅能够更好地发挥市场的调节机制，而且在一定程度上能够避免其他社会形态下以私有制为基础的市场经济的各种弊端，这是社会主义市场经济的重要优势。

二、市场经济的基本特征

市场经济作为协调社会不同经济主体之间利益的一种特殊的经济关系，作为人类社会经济运行的一种特殊形式，具有不同于自然经济和计划经济运行形式的基本特征。

（一）市场主体的自主性

市场主体是市场经济的首要组成要素。市场主体可以是企业，也可以是个人或其他组织。通常所称的市场主体主要是拥有充分自主性的企业。作为市场主体的企业是具有独立利益的主体，具有明确的产权关系，是独立企业法人，以利润最大化为经营目标，并独立地进行自己的生产和经营决策。也就是说，市场经济是作为市场主体的企业自主的经济。每个企业都是自主经营、自负盈亏、自我发展和自我制约的企业。拥有充分自主性的企业，能够从自身的生产发展水平和生产技术条件出发，根据市场情况，自主地选择自己的生产经营项目和方向，从市场上得到生产要素，向市场销售产品，在市场中实现商品价值，通过市场合理地利用资源，有效地开展经济活动。而企业拥有自主性的根本条件和主要标志就是独立的产权。企业只有拥有独立的产权，它们才能成为自主经营、自负盈亏的法人实体。在资本主义市场经济中，企业是以私有制为基础的，拥有独立的产权和充分的自主性。在一些社会主义国家中，现阶段，一切非公有制企业和大部分集体企业基本上能够拥有独立的产权，实现了经营和决策上的自主性。而有一些国有企业则尚未完全实现产权的独立化。

作为市场经济主体重要组成部分的个人就更具有充分的自主权。他们在市场上不仅能够自由地选择和购买所需要的商品，而且能够自由地进行各种方式的投资。当然，这里所说的市场主体在市场中的自主权，也不是一种没有任何制约的自由，而是仍受市场机制制约以及受一定的政府宏观调控政策制约的自主。

（二）市场关系的平等性

市场经济是由一系列的商品交换活动构成的，等价交换是市场经济运行的基本原则。在市场经济中，人们之间的劳动交换表现为商品之间的交换，社会经济的一切活动都直接和间接地表现为商品交换活动。作为市场经济主体的一切商品生产者和经营者，在市场中按照等价交换的原则交换着他们的商品。市场经济不允许计划经济中那种非交换性的产品无偿调拨的存在。因为，损害经济当事人利益的不等价交换特别是无偿占有，正是市场经济的大敌。因此，在市场交换中，必须坚持等价交换原则，买卖双方得到的与付出的在价值上应大体相等。任何人不得利用非经济手段占有他人的劳动成果。

在现实的市场中，由于供求关系不断变化，在大量的商品交换中，市场价格常常会背离它的价值，即市场上的商品经常地、大量地并不是按照价值进行交换。在交换时，其交换价格与价值有时并不相符，有时甚至相去甚远。但这绝不是对价值规律的破坏、对等价交换原则的否定，而是价值规律或等价交换原则在现实经济生活中的表现形式。

（三）市场活动的竞争性

竞争是商品经济的内在本质，是商品经济正常运作的必然要求。它既是市场经济的重要特征，也是市场经济的必然产物。在现代市场中，众多的市场主体为争夺有利的生产和交换条件而展开激烈的竞争。竞争对商品生产者和经营者来说，既是巨大的压力，也是巨大的动力。在"生存危机"的逼迫下，每个商品生产者都要设法去把握市场形势、了解市场需求，使自己的生产经营尽量适应市场需求。现代竞争不再单纯地依靠商品价格低廉化，而是依靠质量、服务、管理等多方面升级的综合竞争，包括广告竞争、服务竞争、人才竞争、价格竞争以及质量竞争、技术竞争和管理竞争等多方面内容。在市场经济中，各个商品生产者和经营者都处在平等竞争的地位，即按照公平、公开、公正的市场规则进行竞争。竞争产生活力，竞争把最广大的人群投入市场经济的第一线，人们为获得最大利益而充分发挥他们的主动性与积极性，因此，人们又把竞争经济称为活力经济。

（四）市场经济的开放性

市场经济的开放性来源于商品的特性。商品是为交换而生产的劳动产品，而自由流通不是形成交换的一个基本前提。充分的开放或者没有地域界线的开放，正是市场经济的内在要求。在社会经济发展史上，正是在商品自由流通的巨大经济力的冲击下，封建政权设置的地区壁垒封锁才会被击破，资本主义市场经济所需要的统一市场才得以形成。随着市场经济的进一步发展，其开放性不仅仅是国内地区间的充分开放，还应该是世界范围内的充分开放。目前，世界市场充分形成，包括世界商品市场、世界资本市场、世界技术市场、世界信息市场及世界劳动力市场的发展，都是市场经济开放性的进一步体现。事实上，我们今日所说的对外开放，其实也是市场经济的内在要求，本质上是商品及其一切要素，如资金、技术、劳动力、信息等在全世界范围内的自由流通。市场经济本质是开放的，是自我封闭自然经济的对立物。

（五）市场体系的完善性

在市场经济中，市场机制对资源配置起到基础性作用，而市场机制作用的充分发挥首先要求有一个较为完善的市场体系。这是供求、竞争和价格发挥调节作用的前提条件。

完善的市场体系，首先，必须有众多的买者与卖者，因此，存在一定的竞争。如果缺乏足够的买者和卖者以及他们之间的充分竞争，就会产生买方与卖方独占市场的垄断现象，就会限制市场机制对资源配置的调节作用。其次，市场机制对资源配置的调节作用，是通过价格的波动和生产要素的转移实现的。而生产要素的转移要求有一个完整的要素市场，使资源能够充分流动。因此，市场经济的运作必须建立在包括商品市场和资本、劳动力、土地、房产、技术等所要求的完善的市场体系结构基础之上。最后，市场经济的运作要求建立统一的法律、统一的税制、统一的货币和统一的市场，必须打破对市场的封锁、分割和垄断，形成全国统一的市场，并与国际市场建立密切的联系。此外，市场经济是以价格为信号对资源进行调节的，因此，价格的形成必须是合理的、自由的，这也意味着要减少在价格形成中出现的人为扭曲和不合理管制的情况。只有形成完善的市场体系和价格体系，才会有发达的市场经济。

（六）市场运作的有序性

市场经济的主体是利益不同的独立企业和个人，他们都在按照不断变化的市场信息进行自主的决策。这看起来似乎是一种无序的经济，其实，从另一个角度来看，它也是一种有序的经济，市场运作的有序性是市场经济运行的内在要求。市场运作的有序性就是使市场有一个正常运行的秩序。它的核心是保证公平交易，为商品的生产者和经营者创造公平、平等的竞争秩序；保证合法经营者应有的权益，保护消费者应有的利益，制止市场中一切不法经济行为。为此，市场主体之间的经济行为应该有序，也就是要形成一整套保证市场正常运作的规则和制度，使进入市场的主体都能严格遵守和执行。市场正常运作的外部环境的有序性充分体现在维护公平交易、等价交换、平等竞争的各种规范、准则、制度上，它对每个交易者都有一定的约束力。同时，我们还必须使市场运作的有序性法制化，以法律形式对其加以确定，也就是把市场秩序建立在法制的基础之上。法制是市场经济有序运行的重要保证。

第三节　交通的进步

人类社会经济的发展总是与一定的交通状况息息相关的。作为一种经济产业，交通业的产生时间并不算长，但作为人类文明中的交通活动，其出现的历史则与人类的文明史一样悠久。

一、古代交通的发展

自从有了人类，作为人类基本活动内容之一的交通便随之出现了。随着地理气候的变迁和开辟新的食物来源地的生存需求增多，人类很早就开始了艰苦而漫长的迁徙。从东非、南非到欧亚大陆，从海德堡人、比尔钦斯勒本人、维特沙洛斯人到元谋人、蓝田人和北京人，人类活动范围日益扩大，迁徙的路线几乎遍布世界各地。这种迁徙是对原始孤立的一种瓦解和松动，是人类征服自然的最初尝试。

当历史进入农业文明时，人类在很大程度上摆脱了以往颠沛流离的迁徙生活，进入相对稳定的定居时代。分散于世界各地的农耕文化的发展、农耕与畜牧的分工和各自相对独立的发展，不仅为各原始村落间的交通发展提供了动力，而且由于各自居住的地域气候和土壤条件的差异，劳动产品各有不同，相互间的交通往来也成为各文明形态发展的内在需求。

事实上，交通状况的好坏直接影响了文明的产生和发展。较为优越的自然条件在赋予该地区人类生存所必需的地理环境和气候条件的同时，又为他们提供了比其他地区更为便利的交通条件。尼罗河流域的埃及文明、美索不达米亚平原的两河文明、黄河流域的华夏文明、印度河恒河流域的南亚文明和地中海地区的爱琴文明，无一不与这些地方拥有优良的河流、港湾等便利交通的自然条件有着密不可分的关系。

在血与火中建立帝国的同时，古代埃及的长年征战与军事扩张在客观上促进了北非与地中海地区的文化交流。在埃及帝国稳定时期，国内交通状况有了明显进步，除有沿尼罗河的水运外，在山地区域还使用驴驮；平地上除使用牲口驮运外，最初限于军用的轮车也开始逐渐用于民间的运输行业。交通运输状况的改善极大地促进了社会经济的发展，为尼罗河文明在相当长的一个时期内保持高度繁荣奠定了基础。

西方文明的源泉之地希腊，凭借其优越而独特的地理交通条件，很早就成为古代西方世界文明的中心。尽管其多山的半岛并不像两河流域的广袤平原那样有便利的陆路交通条件，但曲折的海岸线、优良的港湾也赋予了希腊人便利的海上交通条件。由于位于亚、非、欧三洲交通咽喉，希腊在促进自身文明繁荣的同时，也推动了各文明地区的交流与融合。

在古代中亚地区，吸收并利用了两河文明、亚述文明而迅速崛起的波斯帝国，在大流士时代就成为古代世界上第一个地跨亚、非、欧三大洲的帝国。为了解决中央行政命令无法及时下达并贯彻执行、赋税难以及时征收、各地的不平或叛乱情绪难以及时被中央知晓等问题，大流士开始在全国改善交通状况，并建立驿道制度。驿道沿途设有各级驿站，备有人员和马匹。最长的一条驿道始于苏撒，止于小亚细亚西海岸的以弗所，全长约 2 400 千米。尽管这些设施建设的初衷是出于传达命令、传递信息和调动军队的考虑，但交通状况的改善在客观上有利于社会经济的进步和发展。

在遥远的东方，古老而悠久的华夏文明创造了数个世纪的辉煌。作为繁荣发达的社会经济的产物，古代中国的交通很早就有了相当程度的发展。三代至秦汉时期，交通基本以陆路为主。西周时的周道应该是后世驿道的雏形。春秋战国时期，各地道路、馆舍等交通设施是否完善、齐整，成为检验政府行政效能的重要标尺。远居中原文化边缘的西秦能吞并六国、一统天下，在很大程度上得益于秦人对交通设施的建设与改善。两汉魏晋时期，在原有交通状况逐步改善的基础上，交通工具也有了巨大进步。汉代车辆种类之繁、数量之多，标志着当时的制车技术达到相当高的水平。魏晋时期，造船技术的提高为后世水上运输业的发展奠定了基础。隋、唐、宋三代广开运河，发展漕运，交通事业盛极一时，为后世交通网络的完善、交通方式的革新创造了前提。

古代交通发展的一项重要内容是交通工具的不断完善。人类最早的交通工具除了依靠自身的双腿外，只能凭借一些自然的树木或兽皮来漂河渡水。随着畜牧业的发展，畜动力成为替代人类自身劳力的最早的交通动力来源。马拉、驴驮成为大宗物品运输的主要交通方式。水上运输从独木舟向复式结构的船只转变，最后发展为利用风作为动力的帆船。早期的陆上车辆主要应用于战争，随着社会经济的发展，民间车辆日渐普及，上至达官贵人，下及沽酒老翁，赶一辆牛车过市，并不显得十分新鲜。战国时期，中国有了双辕牛拉车。秦汉时期发明的独轮车被广泛应用于农田运输之中。古希腊的马车最早应用于战争，但随后其在经济发展中的作用可与沿地中海航行的船只媲美。尼罗河的流向与风向常年相逆的独特气候条件是埃及水上运输业发达的前提，它使得船只无论上行或下行，都可以将一定的自然力作为动力。古埃及的造船技术堪称地域之最，它还发明了能控制航向的装置——舵。沿海地区的水上交通工具从单桅船逐渐向双桅以至三桅、四桅等多桅航船发展。但毋庸置疑，无论是东方的陆上车辆，还是西方的水上航船，在动力装置上，始终没有突破古老的畜力、风力和人力的局限，这必然限制了古代人类社会交通事业的进一步发展。

二、现代交通的进步与社会发展

（一）现代交通的发展

18 世纪西欧的工业革命，不仅给生产技术带来了巨大的革新，而且在交通运输领域也引发了深刻的变革。从蒸汽动力的出现到内燃机的发明，人类首次实现了动力革命，并为现代交通工具的发明和交通运输技术的革新提供了前提。当交通方式取得巨大进步、交通能力获得极大提高时，人类的交通范围也有了巨大突破，不仅大洋、大洲之间可以通航直达，人类甚至可以凭借现代交通工具直上蓝天。现代运输事业的突飞猛进既是社会经济发展的必然结果，又推动了人类社会的进一步发展。

现代交通运输工具革命的实现，首先表现为动力系统的突破性进步。牵引动力是交通运输的关键部分。人类从传统社会向现代社会迈进的一个重要标志，就是长距离牵引动力的变革——实现从畜力、人力、风力等自然力向机械力的转化。18 世纪初，人类发明了蒸汽机，宣告了人类受自然力直接制约时代的终结。蒸汽动力在相当长的一个时期内成为交通运输工具的主要动力。蒸汽机在理论上的发展和在实践中的推广应用又为新型动力——内燃机的发明做了准备。内燃机在运作理论、构造结构上都继承了蒸汽机的原理，但在工作效率等方面比蒸汽机优越。经过数代人的努力，1885 年，德国工程师制造出第一台单缸四冲程内燃机。这是运输动力系统上划时代的一件大事，标志着运输效率获得极大的提高。如果说内燃机的发明为机器效率的提高提供了前所未有的装备，那么，1821 年法拉第首先发明的电动机则为实现多种能量之间的转化提供了新的途径。

蒸汽机、内燃机和电动机的先后问世，为全球交通运输工具的革新提供了物质基础。

交通运输工具的革新首先发生在水上运输领域。将蒸汽动力最早应用于交通工具上的是水上航船——汽船。原始的汽船是爱丁堡银行家米勒在邓弗里斯西北的一个深谷中的达尔斯文顿湖上制造出来的。后来美国发明家富尔顿进一步完善了汽船的性能，并首次建立了从纽约到奥尔巴尼的班轮航线。1837 年，佩蒂特·史密斯爵士首次试验了用螺旋桨推进的汽船。19 世纪初期，随着战争的需要和吨位庞大的远洋运输业的发展，船舶的制造材料开始革新，1818 年，英国建成了第一艘铁壳蒸汽船。以此为开端，水上运输领域开始了从木质帆船向蒸汽铁船的更新过程。

当水上运输工具因蒸汽船的发明而发生翻天覆地的变化时，陆上交通工具也因铁路的诞生而经历着一场前所未有的巨变。早期的铁路首先应用于煤矿的开采和运输之中，到 19 世纪二三十年代，随着铁制轨道技术的成熟和蒸汽机车的试制成功，铁路这一新型交通运输工具在经济发展中的潜力全面显现出来。1830 年 9 月，利物浦至曼彻斯特铁路通车营运，标志着人类历史上"铁路时代"的到来。铁路运输在速度、运量和时空上都具有传统运输方式和近代航运业无可比拟的优势。

陆上运输的另一个重要工具——汽车的发明要略晚于铁路机车，但人类对汽车发明的各种尝试早已有之。在蒸汽机发明后不久，人们就开始了汽车发明的艰难历程。但蒸汽机固有的缺陷使得汽车技术在近百年的时间里未能获得突破性进展。19 世纪 70 年代以后，随着内燃机理论和实践的不断发展，汽车技术有了突破。19 世纪 80 年代，双座三轮汽车出现在一些城市的街头，但这种汽车功率小、速度慢，安全方面也缺乏保障。到 20 世纪初，随着内燃机技术的进一步提高和转向装置、制动装置和传动装置的不断改进，汽车的基本技术大体完备。

水陆交通事业进步的同时，人类在航空技术方面也取得了巨大发展。1852 年，法国人季斐制造了世界上第一艘带动力装置的飞艇，其每小时航速为 9.4 千米。1898 年，杜蒙首先将内燃机装到飞艇上，给飞艇后来的制造者提供了新的动力途径。1910 年，齐柏林制成了第一艘运送乘客的飞艇 LZ－7 号，它可以乘坐 20 名乘客，在 9 小时内飞行了 700 千米。20 世纪初，正值飞艇全盛时期，另一种飞行工具——飞机诞生了。人类历史上第一次驾驶飞机自由飞行的是美国人威尔伯·莱特和奥维尔·莱特。此后，飞机作为一种全新的交通运输工具，在促进人类社会的进步中做出了巨大贡献。飞机的发明和应用，使人类交通的发展达到一个前所未有的历史高度。

交通工具和交通技术的变革性突破，大大提高了全球交通效率，极大地开拓了人类活动的空间。在铁路、公路和航空技术不断完善的前提下，世界交通体系初步构建起来。

（二）交通进步与社会发展

交通运输事业取得巨大进步的同时，也促进了人类社会的极大发展。

现代交通的进步促进了工业革命向纵深发展。工业革命的到来引发了交通运输业的深刻变革；反过来，交通运输工具的革新、交通运输技术的进步又极大地促进了工业革命的进一步发展。蒸汽动力应用于交通工具的牵引装置带来了交通工具的全面革新，交通工具的全面革新又对蒸汽效能的提高、蒸汽机械的轻便等方面提出了新的要求。各类新式交通工具的先后问世及商业运营为采煤和冶铁技术的提高提供了广阔的应用空间。铁路建设对材料工业的需求又大大推动了钢铁工业和化学工业的发展。内燃机的发明引起了市场对润滑油和燃料油的强烈需求，这种需求又直接推动了石油工业的发展。诸如此类，交通运输领域中的每项进步必然促进其他相关产业的进一步发展。

现代交通的进步促进了世界经济的迅猛发展。轮船、铁路运载能力与传统运输工具相比有了极大提高，可以实现千百吨大宗货物的长距离运输。巨额的利润吸引了更多资本持有者将目光瞄准交通运输市场。1830—1850 年，英国交通运输业中的投资率急剧上升，资本形成总量占国民经济的比重由不到 7% 骤升至 10% 以上。国际贸易也因交通事业的进步有了长足发展。从 1881 年到 1913 年，33 个主要国家的贸易总额就从 129 亿美元激增至 361 亿美元。在国际市场上，传统的贸易项目优势依旧，如棉织品、羊毛、呢绒、木材等，其贸易额都在继续增大。与新兴钢铁工业、汽车工业、化学工业和材料工业发展密切相关的商品，如石油和石油产品、煤、铁、钢及钢制产品、各种机械、橡胶等，成为世界市场贸易中的重头戏。世界市场的形成和发展，在很大程度上得益于世界交通运输领域的变革性进步。

现代交通的进步加快了人口流动，促进了各地区文化的进一步交流。席卷全球的工业革命带动了以运河、汽船和铁路为主要标志的"运输革命"，为人口流动、食物和燃料的供应和销售提供了廉价、快捷、安全、可靠的运送工具。1 800 年以前，约有 20 万日耳曼人离开家园前往新大陆。1846—1930 年，离开欧洲的移民有 5 200 万人；19 世纪末 20 世纪初，波兰有 260 万移民来到美国；20 世纪最初的几十年，前往北美、南美的移民达到了高峰。外来移民不仅提供了重要的劳动力和技术发明，而且推动了各地社会经济结构的合理化和城市产业的发展。人口随交通进步而出现的大迁徙，为不同文化的交流与融合开辟了渠道。先进的生产技术、交往方式，组织经验的传播与交流，无一不是通过人口的迁徙来实现的。

本章小结

商业贸易是人类的一种社会经济活动形式，是社会经济发展到一定阶段的产物。人类社会的几次大分工是商业贸易产生的前提。人类在进入文明社会以后，商业贸易便作为一种独立的经济活动存在于社会的生产和生活领域。在古代，世界上形成了几个重要的商业贸易区域。随着生产力的进一步发展，商业贸易的运作模式也在发生变化。这种变化极大地影响了人类社会的发展与变迁。人类社会进入资本主义时期之后，地理大发现和新航路的开辟为世界市场的开拓带来了契机，工业革命为传统商业贸易实现向现代转型奠定了坚实的基础，并推动了全球范围内商业贸易的快速发展。

中世纪晚期，随着商业贸易与社会经济的进一步发展，市场在经济生活中的重要性日益显现，市场经济开始孕育形成，并大体经历了三个发展阶段。资本主义时期，市场经济不断发展并完善，市场体系的各项要素日益成熟。社会主义市场经济是市场经济发展的新阶段。作为一种不同于自然经济的新的经济运作形式，市场经济的运行有其鲜明的特点。

无论是经济水平的提高，还是商业贸易的发展，除了受人类社会生产力的纵向发展水平的影响外，还从根本上取决于人类社会横向运动——交通的发展状况。交通历来与人类社会的发展密切相关。古代交通的每一步发展都反映了社会生产力的提高，同时也体现了社会经济发展的内在要求。工业革命的到来，使交通运输的工具、交往通达的范围有了空前的发展，这一发展又为人类社会的进步提供了物质条件。

思考与练习题

一、填空题

1. _____的出现，标志着人类社会早期商业贸易活动的社会化。

2. 在古代东方社会，如封建时期的中国，统治者出于维护统治的需要，通常奉行_____的治国政策。

3. _____对世界商业贸易的影响十分巨大，引起了所谓的商业革命。

4. 地理大发现之后欧洲一些国家相继在殖民地建立了一种商业公司，其中，最著名的有荷兰的_____、英国的_____和法国的_____等。

5. 市场经济由一系列的商品交换活动构成，_____是市场经济运行的基本原则。

6. 市场经济是作为市场主体的企业自主的经济。每个企业都是_____、_____、自我发展和_____的企业。

7. 人类历史上第一次驾驶飞机自由飞行的是美国人_____和_____。

8. 1830年9月，利物浦至曼彻斯特铁路通车营运，标志着"_____"的到来。

二、选择题

1. (   ) 是商业贸易能够产生的前提。

　　A. 商人的出现　　　　　　　　B. 生产的社会分工

　　C. 自然环境的变动　　　　　　D. 国家的产生

2. 15世纪前后，(   ) 是当时国际贸易的主要流通工具。

　　A. 白银　　　B. 美元　　　C. 黄金　　　D. 英镑

3. 与封建时期的中国不同，16世纪以来的西欧通常奉行 (   ) 政策。

　　A. 抑商　　　　　　　　　　　B. 闭关锁国

　　C. 重本轻末　　　　　　　　　D. 重商主义

4. 在市场经济中，企业拥有自主性的根本条件和主要标志是 (   )。

　　A. 独立的产权　　　　　　　　B. 积极参与竞争

　　C. 自主经营　　　　　　　　　D. 成为市场主体

5. 人类实现从传统交通向现代交通转变的重要标志是 (   ) 的突破性变革。

　　A. 蒸汽机　　　　　　　　　　B. 动力系统

　　C. 自动化装置　　　　　　　　D. 转向装置

三、名词解释

1. 商业贸易　2. 商业革命　3. 市场经济

四、简答题

1. 简述资本主义殖民扩张时期世界商业贸易的发展概况。

2. 何谓市场经济？简要回答市场经济的基本特征。

3. 现代交通进步如何促进社会的发展?

五、论述题

1. 结合商业贸易发展与市场经济产生的内在机理,试析东西方社会经济在近代走上不同发展道路的必然性。

2. 怎样理解现代交通事业的突飞猛进既是社会经济发展的必然结果,又推动了人类社会的进一步发展?

推荐阅读书目

[1] 威廉斯. 世界商业史. 北京:中国商业出版社,1989.

[2] 吴振坤. 市场经济学. 北京:中共中央党校出版社,1994.

[3] 黄家城,陈雄章. 交通与历史横向发展变迁. 北京:人民交通出版社,1999.

第七章 宗教、民俗与社会生活

学习目标

通过本章的学习，学员应了解宗教产生和发展的阶段、世界主要宗教的基本情况以及民俗的产生和人类社会生活各方面发展的情况，掌握我国的宗教政策，并能运用有关原理分析宗教产生和发展的原因、民俗的功能等问题。

学习建议

本章共分三节，第一节阐述了宗教产生和发展的阶段以及世界主要宗教的基本情况；第二节分析了民俗的构成和功能；第三节介绍了人类丰富多彩的社会生活。在学习中，学员应抓住重点和难点，特别要注意理解宗教的本质和我国的宗教政策等问题。

第一节 宗教的产生和发展

宗教是一种普遍的社会历史现象，世界上很多民族和社会都曾具有某种宗教信仰。宗教是人类社会发展到一定历史阶段的产物，有其自身产生、发展和消亡的历史过程。宗教的产生和发展一般经历了自然宗教、古典宗教和现代宗教三个重要的发展阶段。

一、自然宗教的起源和发展

（一）自然宗教产生的原因

宗教是人类社会特有的历史现象，是人类改造自然的能力和智慧发展到一定历史时期的产物。

生物进化和考古研究表明，人类是从古猿进化而来的。人类的进化经历了猿人、古人、新人和现代人这样一个漫长的发展阶段。在人与猿相揖别之后的一个很长的历史阶段，人类没有宗教信仰，直到发展到新人阶段之后，才出现了宗教的萌芽。

1856 年，考古学家在德国的杜塞尔多夫尼安德尔河区的洞穴中发现了属于新人时代的古人类遗骸，遗骸的位置通常是头东脚西，与日出东方和日落西方的自然现象相吻合，遗骸的周围还散布着作为随葬品的红色的碎石片和工具。1930 年，在中国北京周口店地区发现了"山顶洞人"的葬礼遗迹，遗骸的周围撒有含赤铁矿的红色粉末，随葬品中有死者生前的装饰品，如石珠、骨珠、钻空的兽牙等。在古人看来，红色象征光明、温暖的火和具有生命力的血。这两处遗址所发掘出的材料表明此时的古人已经具有宗教意识的萌芽。这之后，在欧洲、苏联、巴基斯坦等地，先后发现了许多类似的古代宗教萌芽遗迹。例如，1952 年，考古学家在苏联发现了雕刻于约一万年前的 2 个木雕女像，雕像的腹部和臀部很大，被认为是用来祈祷人口繁盛和生产兴旺的象征。

为什么人类进化到一定程度、社会发展到一定阶段就会产生宗教意识？是什么原因导致出现自然宗教？关于宗教的起源，有"鬼魂说""恐怖观念说""神秘观念说""精灵说"等不同的说法，我们可将其归结为"灵魂主义"和"畏惧自然说"两大类。"灵魂主义"认为，原始人类由于无法对人的死亡和梦境等现象加以解释，以为有可以脱离人的肉体的灵魂存在，而这些灵魂具有超人的活动能力，这种灵魂观念直接导致了宗教的起源。"畏惧自然说"则认为，宗教是原始人类恐惧自然，并将他们所畏惧的自然力赋予人格和意志的结果。上述两种宗教起源说存在着严重的缺陷，但也具有一定的合理成分。

历史唯物主义认为，自然宗教起源的根本原因应从社会的物质生活，即社会经济基础上去寻找。当人类进入氏族社会之后，社会生产力发展到了狩猎和采集阶段，生产的范围有所扩大，人与人之间的社会关系逐步复杂化，人们的抽象思维能力也有所提高，人类逐步认识到自然现象与自己生活的联系，并力图更多地认识和控制自然现象。但是，由于当时社会生产力水平十分低下，原始人类的生存条件非常恶劣，人们在严酷的自然界的沉重压迫下，不得不屈从于它的淫威，从而在观念中把自然力和自然物神化，导致原始自然宗教的产生。正如马克思所指出的，在劳动生产力处于低级阶段时，"与此相应，人们在物质生活生产过程内部的关系，即他们彼此之间以及他们同自然之间的关系是很狭隘的，这种实际的狭隘性，观念地反映在古代的自然宗教和民间宗教中"[①]。

崇拜自然是最原始的宗教。从考古发现和世界各地原始部族的资料可以看出，原始人往往将自然神化、人格化，赋予自然现象某些超自然的成分，从而将自然物或自然现象幻想为几种类型的神：一是能经常给自己带来好处，具有善意、能保护自己的神灵；二是经常给自己带来危害和不幸，具有恶意、与人为敌的恶魔；三是有时善良，有时邪恶，有时带来好处，有时带来危害，是原始人幻想中喜怒无常的神灵。这种情况表明了原始自然宗教与原始人类物质生产和社会生活的联系，反映了由于社会生产力低下，人们在自然力面前软弱无力，只好祈求、讨好大自然，通过祈祷、礼拜、献祭、巫术等宗教仪式，与幻想中的神进行

---

① 马克思，恩格斯. 马克思恩格斯全集：第二十三卷. 中共中央马克思恩格斯列宁斯大林著作编译局，译. 北京：人民出版社，1972.

联系和交往，以祈求善神多多赐福、恶神不要降祸，对于善恶不定、喜怒无常的神，则希望它赐福、免祸。由此可见，自然宗教是人类处于恶劣的物质生活条件和自然界的沉重压迫之下，将自然力和自然物神化的结果。

（二）自然宗教的基本形式

自然宗教是人类进入文明时代以前的宗教形态，有一个由低级到高级的发展过程，在其不同的发展阶段出现了不同的宗教形式。

1. 自然崇拜

崇拜大自然是原始人类最初的崇拜形式之一，是原始社会中一种普遍的现象。原始人类神化与自己生活直接有关的自然物和自然力，反映了他们对自然界的依赖、对自然界异己力量的臣服。大自然崇拜的对象与原始人类的生活环境有关，同时，这些对象被崇拜的程度与它们在人们生产和生活中的重要程度息息相关。因此，土地、天体、山峰、岩石、水、火等普遍成为原始人类崇拜的对象。

土地是原始人赖以生产、生活的基础，也是万物生长的重要条件，因此，它理所当然地成为人们崇拜的重要对象之一。原始人认为，在生产和生活中对土地的翻耕是对地神的冒犯，必须通过一定的宗教仪式来祈求地神的宽恕。我国古代有"血祭社稷"的记载，社稷是土神和谷神的总称，祭祀时要用人或动物的血。为了报答土神和谷神的恩惠，原始人在收获农作物之后，往往要举行宗教仪式，或用收获的果实和动物献祭，或采取舞蹈、唱歌的方式向土神和谷神表示谢意。

天空无边无际，神秘莫测，日、月、星辰和云、雾、雷、电、风、雨、霜、雪等现象有时会影响人们的生存、生产和生活，因此，对天体的崇拜就成为原始部落中一种普遍的现象。在对天体的崇拜中，太阳崇拜的影响范围最大，因为太阳带来光明和温暖，是人类生存和生活的重要前提，所以，太阳被尊崇为日神，有些原始部落也由此把太阳作为本部族的来源，流传着许多关于太阳的神话传说。除了日神崇拜外，有些原始部落还存在着月神崇拜，如南美洲和非洲中部的一些原始部落都崇拜月神。除了对日神和月神的崇拜外，有些地区还有星星崇拜，人们把星星与人类的命运、气象变化联系起来，认为星星是与人对应的。

除此之外，其他与原始人类生产、生活有关的一些自然现象也成为人类崇拜的对象。例如，山有山神，河有河神，湖有湖神，井有井神，海有海神，火有火神等，甚至石头也有灵性，人们都要对它们顶礼膜拜。

2. 动植物崇拜

动植物崇拜是原始宗教的重要形式之一，它是由当时人们的物质生活条件决定的。在狩猎和采集经济时代，动植物是原始人类最基本的生活来源，因为狩猎和采集的生活极其不稳定，所以，原始人类力图通过特定的宗教仪式祈求动植物的善意恩赐，并给予动植物一定的补偿，以免受到动植物的报复。原始人类的生活环境不同，各地区动植物的分布存在很大差异，各历史时期的生产和生活情况也有很大变化，因此，动植物崇拜的对象和方式也出现了许多变化。

动物崇拜的最早遗迹是在法国拉塞尔山洞发现的约创作于 20 000 年前的一个浮雕，浮雕的主角是一个右手拿着牛角的妇女，她正在主持与狩猎有关的一个宗教仪式。在许多古代岩画上都画有猎人围绕中箭受伤流血的动物跳舞的内容。我国古代文献中也有许多动物崇拜方面的记录，如《山海经》中不管是历史传说人物还是各地区的神灵都被描写成与动物有关，书中还有许多关于奇鸟怪兽的出现与旱、涝、风、瘟疫联系在一起的记载。

植物崇拜的产生晚于动物崇拜，其影响范围也没有动物崇拜广泛。在原始人类看来，植物也是有灵性的，人类在伤害它们时也要进行祭祀。有的原始部族在砍伐大树时，要先供奉一些祭品，让树木的"精灵"离开，然后才开始砍伐。

3. 鬼魂崇拜和祖先崇拜

鬼魂崇拜和祖先崇拜是对自然崇拜和动植物崇拜的进一步发展，是自然宗教极为普遍的重要形式之一。原始人认为，人人都具有灵魂，当人死亡之后，灵魂脱离了肉体就成为鬼魂，鬼魂依然关注着部落成员或家庭成员，并且有善恶之分，人们只有通过一定的宗教仪式才能与鬼魂沟通，使善鬼帮助自己，使恶鬼不对自己作恶，而去作祟自己的敌人。在鬼魂崇拜产生之后，人们的丧葬方式发生了很大变化。早期，有些原始部落把尸体吃掉，有些则将尸体弃之不管，后来转变为举行隆重的葬礼，并演化为土葬、火葬、水葬、风葬等各种不同的葬法。鬼魂崇拜与逐步形成的血缘观念联系在一起，就发展为祖先崇拜。原始人一般是将祖先的鬼魂当作能保护子孙后代的善灵来崇拜的，所以，要定期举行隆重的仪式，向祖先献祭。这种祖先崇拜的观念在一些地区流传至今，只是在祭祀的内容、方式上有所不同。

4. 图腾崇拜

图腾崇拜产生于原始社会的后期，是自然崇拜、动植物崇拜、鬼魂崇拜和祖先崇拜相结合的产物，是存在于全世界的一种原始宗教形式，我们几乎从每个原始部族中都可以找到图腾崇拜的踪迹。图腾往往被当作氏族或部落的标记和名称。图腾的形象大多来源于动植物，以动物居多，范围非常广泛。有人调查，在澳大利亚收集到的 704 种图腾中，动物图腾就有648 种之多。各个原始部族崇拜的图腾数量不等，大洋洲有的部族图腾多达几十、几百个，而美洲部族的图腾一般不超过 10 个。图腾崇拜的对象一般与本部族或氏族有特殊的联系，具有鲜明的个性色彩，原始部族或把崇拜对象作为本部族的祖先，或将其作为自己的保护神。

5. 灵物崇拜和偶像崇拜

灵物崇拜和偶像崇拜是自然宗教中较高级的崇拜形式。与其他形式的自然崇拜相比，灵物崇拜并不是崇拜灵物本身的自然形态，而是崇拜灵物以外的自然威力或灵物中体现的人本身和社会现象中的神秘力量。任何一个自然物都可以与灵性结合起来，被当作灵物来崇拜。例如，非洲西部原始部族往往在蜗牛或鹿角的尖端装进配料来制作灵物。在其中放进豹爪或毛，就制成了壮胆的灵物；在其中放进一块动物的脑髓，就制成了使人聪明的灵物。在其中放进一个动物的眼珠，就制成了使人眼睛明亮的灵物；等等。在灵物崇拜的基础上，如果经过人为的加工，把崇拜的对象形象化，涂上色彩，勾画出五官，灵物就变成了偶像，具有了超人的能力，因此，偶像崇拜是原始宗教后期发展起来的一种崇拜形式。

二、古典宗教的产生和发展

（一）古典宗教的形成和基本特征

所谓古典宗教，是指人类进入古代文明社会之后所形成的宗教，包括上古、中古、近古时代的宗教。古典宗教是伴随着人类社会政治、经济、文化的发展，由自然宗教经过长期缓慢的演变发展而来的。由原始社会的氏族宗教、部落宗教发展为古代文明社会的民族宗教、国家宗教、世界宗教，是人类宗教发展史上一次质的飞跃。

1. 古典宗教产生的原因

社会生产力的发展是古典宗教形成的根本原因，阶级的出现、社会分工的扩大和人类抽象思维能力的提高是其产生的社会历史原因。

第一，阶级的出现是自然宗教演变为古典宗教的第一个决定因素。随着社会生产力的发展，剩余物质资料开始出现并被少数氏族首领所占有，原始社会后期逐渐产生了私有制和阶级，人类社会进入了奴隶社会。宗教作为一种特定的社会意识形态，是一定的社会存在的反映。在奴隶社会中，奴隶主阶级掌握了政治、经济的统治权，也必然要掌握思想的统治权，即神权。因此，原始时代的自然宗教逐步丧失了它的集体性和全民性，神权由社会成员共同占有，被奴隶主阶级所垄断，成为他们进行思想统治的强有力的工具。同时，自然宗教中平等的诸神也产生了分化，有的升格为大神，有的成为臣服于大神的下属神，有的则被抛弃。此外，古典宗教中还出现了凌驾于众神之上的万能的最高神，其成为国家最高统治者国王的象征。可见，天上众神的等级化是人间阶级分化的反映。

第二，社会分工的复杂化是自然宗教演变为古典宗教的第二个决定性因素。原始社会氏族内部也存在着简单的分工，分工的根据是集体生活的需要和个人的能力、经验以及在氏族中的威信，主持宗教仪式的祭司、巫师是经过民主推选产生的临时职位。当生产力发展到有了较多剩余产品之后，一部分人就有可能脱离体力劳动，专门从事脑力劳动和其他社会活动，这样，就逐步出现了专职的甚至世袭的祭司、巫师。这些专职的祭司、巫师成为神的代言人，充当神与人之间沟通的中介，具有至高无上的权威，同时，他们有足够的时间来考虑和研究神学理论，使神学观念系统化和理论化，这对于古典宗教的建立有重要的意义。

第三，人类思维能力的发展是自然宗教演变为古典宗教的第三个决定性因素。人类的思维能力是随着人们对客观世界改造的深入而逐步发展起来的。原始社会低下的生产力状况，决定了原始人类的思维能力只能处于具体概念阶段，反映在宗教观念上则表现为原始宗教幻想的直观狭隘性，受到自然条件、生产状况、地域范围的种种限制。人类由石器时代进入青铜器时代后，改造自然的能力有了较大的提高，思维能力也产生了质的飞跃，发展到能以一般的抽象概念来思考问题，在此基础上，人们的宗教观念也逐步脱离现实生活的局限，将自然崇拜中诸神的职能抽象化，再按照人类生活的需要实行职能的重组、兼并，创造出一元化、社会化的神，从而使宗教思想逐步实现理论化。

2. 古典宗教的基本特征

古典宗教作为人类进入文明时代和阶级社会之后产生的一种崇拜形式，与原始社会的自然宗教相比，具有以下鲜明的特征。

第一，古典宗教是典型的"人为宗教"。任何宗教都是将自然力量、社会力量和人类智慧力量异化的产物，都具有主观的人为因素。但是，原始宗教是在强大的自然力量的压迫之下出现的一种异化现象，因而具有更多的自发性和直观性。古典宗教产生之后，统治阶级为了巩固自己的统治地位，需要利用宗教形式来加强对被统治阶级的精神控制，于是专职神职人员成为人与神之间的中介，他们垄断神权，力图通过宗教意识、宗教组织、宗教仪式、宗教器物等，强化人们的神权意识，从而强化宗教的人为因素。

第二，古典宗教是一种理性的宗教。原始社会的自然宗教具有原始感性、直观性思维的特征，不可能形成完善的宗教理论体系，所以，它要么逐步被历史淘汰，要么演变为一种民间信仰。古典宗教则在其发展的历史进程中，逐步建立完善的宗教神学理论体系。留存至今的世界各主要宗教都有其神学体系，并以经书的形式广泛流传，如基督教的《圣经》、伊斯兰教的《古兰经》、佛教的《大藏经》等。

第三，古典宗教是高度制度化的宗教。建立严格的宗教制度是古典宗教与自然宗教的主要区别之一。原始社会的宗教活动与氏族、部落的日常生活融为一体，没有建立独立的宗教制度。进入古典宗教阶段后，为了维持宗教实体的有序运转并发挥其宗教功能，宗教制度越来越严密，主要包括教阶制度、礼仪制度、教规制度和修行制度。例如，教阶制度包括教皇制、教区制、教堂制和寺院制等，它将宗教社会分成多个层次，层次越高，神权和教权就越大。

（二）世界三大宗教概述

经过长期的社会变迁，各种宗教在人类历史的长河中不断演变、发展，甚至湮灭，基督教、伊斯兰教、佛教、道教等依然发挥着重大影响。特别是基督教、伊斯兰教和佛教，突破了国家和民族的界限，被世界不同地区、不同民族所接受，产生了世界性的影响，成为著名的三大世界性宗教。

1. 基督教

基督教（Christianity）有信徒10亿人以上，是世界上传播范围最广、影响最大的宗教。耶稣是基督教的创始人。基督是希伯来语"弥赛亚"即救世主的意思。1世纪时，基督教产生并流行于罗马帝国。早期基督教反映了广大贫民和奴隶反抗奴隶制度，要求自身解放的意愿。它提倡先知、救世和奇迹说，宣扬驯良、温顺和忍耐，同时强调人人皆是上帝的子民，应该博爱、平等。由于它藐视权势等级，反对奢侈享乐，因而遭到罗马帝国的抑制，但它在下层民众中得到了广泛传播。4世纪时，基督教被罗马帝国定为国教，它大量吸收东方宗教和古希腊、古罗马哲学的理论，充实和完善了自身的教义。此后，基督教得到广泛的传播，在3—4世纪时传入中国，后被称为景教。19世纪时基督教传播到世界各地，成为名副其实的世界主要宗教之一。

在长期的发展过程中，基督教内部出现了分裂，并爆发了大规模的宗教改革运动，逐渐形成了天主教、东正教、新教等主要教派，还有东方的几个独立教派以及散见于世界各地的许多小教派。基督教的经典是《圣经》，其教义认为上帝是天地万物的创造者和主宰，是三位一体的至高无上的神，即上帝的本体为一，但又是圣父、圣子和圣灵三位，所以，基督徒的祝福词说："愿主耶稣基督的恩惠、上帝的慈爱、圣灵的感动，常与你们众人同在。"人是上帝按照自己的形象创造出来的，由于人在伊甸园里偷吃了智慧之果，构成了原罪，所以要不断地进行赎罪，才能在死后进入天堂。基督教建立了严密的教会组织，教会大多采取主教制，由主教主持集体的宗教仪式，除此之外，教徒还可以进行个人祈祷和家庭祈祷仪式。

2. 伊斯兰教

伊斯兰教（Islam）有教徒8亿多人，是影响范围仅次于基督教的世界性宗教之一。阿拉伯语中"伊斯兰"意为"顺从"，就是要求信徒以顺从唯一的神——安拉的意志为己任。7世纪时，穆罕默德在阿拉伯半岛创立了伊斯兰教，穆罕默德也就被奉为阿拉伯世界的先知。之后，伊斯兰教逐步发展为传播范围横跨欧、亚、非三大洲的世界主要宗教之一。

信奉伊斯兰教的民族繁多，文化背景存在很大的差异，因此，伊斯兰教内部出现许多派别，主要有逊尼派和什叶派，二者又各分成许多支派。伊斯兰教的教义主要集中在《古兰经》中，主要内容包括：信奉安拉为唯一的神；穆罕默德是最后的、最大的先知，是安拉的使者；尘世的一切都是由安拉创造的。《古兰经》是安拉用于启示信徒的圣典；人死后将会在世界末日复活，并接受审判等。信奉伊斯兰教的人称为穆斯林。穆斯林平时的宗教功课有"五功"，即念功、拜功、课功、斋功、朝功。伊斯兰教有自己的教历，纪元起自622年即穆罕默德自麦加迁至麦地那的一年。

3. 佛教

佛教（Buddhism）有信徒3亿多人，大部分集中在亚洲地区，是世界性三大宗教之一。公元前5世纪时佛教兴起于印度，其创始人为乔达摩·悉达多，因为他出生于今尼泊尔南部边境氏族释迦族，所以，后世佛教徒尊称他为释迦牟尼。佛教兴起时，作为反对当时的婆罗门教的思潮之一，主要在印度各地传播。公元前3世纪，由于阿育王的信奉和大力支持，佛教开始向外传播，在亚洲各地产生了广泛的影响，逐步发展成为世界性宗教之一，并形成许多具有民族特色的教派。其中，流传于斯里兰卡、缅甸、柬埔寨、印度尼西亚等国家的南传佛教，属于小乘佛教；流传于中国、朝鲜、日本、越南、尼泊尔等国家的北传佛教，属于大乘佛教。在印度，佛教在13世纪时归于消亡，但到了19世纪后逐渐复兴。

佛教是由教主、教义、教徒组织、清规戒律和宗教礼仪制度等构成的综合体，佛、法、僧是构成佛教整体的三大支柱，称为佛教的"三宝"。佛祖的教义最初都是由其弟子口传的，后经过佛教徒长期的归纳、整理，最终形成独特的宗教理论体系，其基本教义主要有四圣谛、八正道、五蕴说、十二因缘说、三印法等。

三、现代社会的宗教发展

(一) 现代宗教的世俗化趋向

随着现代社会政治、经济、文化的迅速发展，现代宗教也发生了许多新的变化，其中，一个特别明显的变化就是宗教越来越民间化、世俗化。这主要表现在以下两个方面：

一方面，现代宗教越来越强调人权高于神权。古典宗教的基本特征之一就是以神权否定人权，认为人间的一切都是神创造的，神具有支配人类命运的绝对权力，人类只不过是神的子民，只能俯首帖耳地按照神的旨意行事。在奴隶社会和封建社会里，这种神权往往通过教权和王权体现出来。进入现代工业社会后，人们改造自然和社会的能力大大提高，要求通过自身的努力获得生存权、发展权和民主权利的意识日益增强，反映在宗教方面，就表现为出现了以人权替代神权的要求。这种情况从 16 世纪欧洲文艺复兴运动以来逐步发展，在 20 世纪则更加明显。例如，西方于 20 世纪 50 年代出现了"上帝已死神学"和"解放神学"等神学理论，这些理论提出不能依靠上帝来拯救人类，而要依靠人类和信徒自己的力量来改变不公平的现实世界，为平民百姓争取自身权利的观点。第二次世界大战后，社会思想领域还出现了宗教社会主义思潮，包括基督教社会主义、伊斯兰教社会主义和佛教社会主义，其共同特征是重视人的独立的人格权利，要求把上帝和神明的启示与人类自身的努力结合起来，在现实世界中创造一个宗教式的社会主义社会。

另一方面，现代宗教越来越强调人性和人道。在古典宗教中，神性和神道是至高无上的，而人性和人道则是被批判的对象，特别是人的欲念更是罪恶的根源，因此，宗教中存在着各种形式的禁欲主义，要求信徒通过修身养性，甚至"苦行"的方式，消除自身的欲念。随着现代工业社会的发展，人们从神性和神道的束缚中解脱出来，享受现世人生的欢乐，实现自身的个性解放，并运用科学知识能动地改造客观世界。这种形势迫使宗教顺应这一历史潮流，信徒将视野从天国返回到人间，更多地关注世俗世界的事务，以求得自身的发展。正是在这样的背景下，现代宗教的世俗精神越来越强化，更多地高举人性和人道的旗帜。1993年在美国芝加哥召开的世界宗教大会就明显地体现了这种变化趋势。全世界 250 多个不同宗教教派的 7 700 多名代表参加了这次大会。大会对破坏环境的行为表示遗憾，谴责种族歧视和性别歧视，批判各种违反法律的社会暴力活动，并反对以宗教的名义进行侵略等。会议发表的《全球伦理宣言》，立足于人权、人性、人道这一人类的共同性要求，将人类的伦理概括为"四项不可取消的规则"，即"坚持一种非暴力与尊重生命的文化""坚持一种团结的文化和一种公正的经济秩序""坚持一种宽容的文化和一种诚信的生活""坚持一种男女之间的权利平等与伙伴关系的文化"。现代宗教出现的这种历史性的进步，使其适应了现代社会的发展需要，不断扩大了自身的影响范围。

（二）新宗教运动

当代宗教世俗化的重要表现之一，就是出现了不同于传统宗教的一些新兴宗教，有些社会学家把它称为"新宗教运动"。这一运动发端于第二次世界大战以后，在20世纪六七十年代达到高潮，20世纪80年代后发展势头逐步减弱。目前，信仰新宗教的人仍有相当数量，成为一个具有相当社会影响力的社会群体。

新兴宗教的表现形式多种多样，大致可归纳为三种类型：第一类是源于东方传统文化而出现的新宗教。它们主要受印度教、佛教和伊斯兰教的影响，其宗教教义大多来源于亚洲哲学和宗教文化。第二类是源于西方传统文化而出现的新宗教。它们大多是从西方传统宗教中分化出来的，希望采取一种内在的、非强制的宗教体验。第三类是邪教。

新兴宗教是人类进入高度商品生产社会、人们的宗教信仰趋于多元化的产物。20世纪后期，世界经济、政治、文化，特别是科技的发展，使整个世界的面貌发生了很大的变化，但同时也出现了许多新问题，使人类面临许多新挑战。例如，发达国家即将进入后工业社会，社会发展、科技发展一方面使经济加速发展，人们的生活水平提高；另一方面也使人们产生了许多新的精神迷茫。第三世界国家在向工业社会发展的过程中，社会急剧转型引发社会的激烈动荡，使各种社会矛盾更加复杂化、尖锐化，致使传统的精神支柱趋于崩溃。社会生活的新变化促使一些人寻求新的精神寄托，这就为新兴宗教的产生提供了土壤。

（三）反对邪教

邪教是新宗教运动中出现的一颗毒瘤，在世界各地造成了恶劣的社会影响。据不完全统计，世界上各种狂热的宗教教派超过1 000个，其中，被认为"极具危险性"的邪教团体数以百计，具有代表性的有"大卫教派""科学教派""太阳圣殿教""耶和华教堂""天堂之门""恢复上帝十戒运动"等。邪教具有反人类、反社会、反科学的本质，与一般的宗教相比，其特征：一是教主崇拜。在邪教中，都有一个教主代替了传统宗教中的神而成为教徒崇拜的对象，教徒对教主要绝对服从，甚至要为教主而死。例如，"人民圣殿教"的教主琼斯宣称自己几千年前就生活在这个世界上。再如，日本邪教"真理之友"的7名女教徒，在教主去世后，为了能去"天国"护侍教主并寻求通往"天国"的路，聚集在海滨集体自焚。二是实行精神控制。邪教组织编造了种种歪理邪说，采用各种欺骗的方法让人加入，并对教徒实行强制性的洗脑和精神控制。邪教的一个共同特点是利用人们对天文奇观、自然现象和社会危机的困惑，宣扬"世界末日将至，人类在劫难逃"，只有加入他们的组织才能逃避"劫难"、升入"天国"的谬论。邪教还通过各种精神操纵的办法，使加入其组织的信奉者脱离社会的正常生活，甚至与社会对立，仇视社会。三是秘密结社。邪教一般都建立了以教主为核心的严密的组织，通过隐秘的方法进行活动。典型的如"奥姆真理教"模仿日本的国家行政机构，在教团内部设立了22个"省厅"，各"省厅"均设"大臣""次官"，教主麻原自称"神圣法皇"，在其之下依次为"正大师""师长""师""师补""沙长""沙门""见习"等。这种等级森严的组织形式是"奥姆真理教"控制其信徒的重要手段。四是危害社会。为了实现政治图谋，邪教教主往往鼓动信徒采用极端的手段与社会对抗，甚至不惜以牺牲信徒的生命为代价，制造反社会、反人类的事件。例如，1978 年 11 月 4 日，"人民圣殿教"的教主琼斯率领教徒在南美原始森林中集体服毒自杀，死亡 914 人；1995 年 3 月 20 日，"奥姆真理教"在日本东京地铁中施放"沙林"毒气，造成无辜群众 5 500 余人中毒，其中，12 人因中毒过量死亡；2000 年 3 月 17 日，在教主宣扬的所谓"圣母玛利亚显灵"的日子里，"恢复上帝十戒运动"的信徒在乌干达集体自焚，死亡 530 人，现场惨不忍睹；2001 年 1 月 23 日，我国"法轮功"的信徒在天安门广场集体自焚。

因为近年来邪教组织频频在世界各地制造恶性事件，所以，各国政府都加强了对邪教的打击力度，采取了制定或完善关于惩治邪教的法律、法规，取缔邪教组织，惩办邪教头目，普及科学知识，增强民众的防范意识等措施，甚至多国联合行动围剿邪教团伙，有力地遏止了邪教的蔓延。

四、宗教的本质

（一）宗教的本质和特征

宗教在人类社会的政治、经济、科技、文化艺术等领域都产生着重要的影响。但是，恩格斯指出："一切宗教都不过是支配着人们日常生活的外部力量在人们头脑中的幻想的反映，在这种反映中，人间的力量采取了超人间的力量的形式。"① 这一表述，精辟地揭示了宗教的本质，被国际学术界所认可，同时也为我们把握宗教本质的内涵指明了方向。

第一，宗教是一种特殊的社会意识形态，是对客观现实间接的、扭曲的反映。在人与自然力量的关系上，宗教把自然力量人格化；在人与社会力量的关系上，宗教把社会力量神秘化；在人与人的本质力量的关系上，宗教把人的本质异化。因此，宗教以一种非理性化的形式来反映客观世界，它剥夺了人的一切，将人交给冥冥之中的"万物之神"，让人心甘情愿地按照"神"的意志和命令行事。

第二，宗教是一种颠倒了的世界观，是人们的主观世界对客观世界的异化反映。世界观是人们对世界的总的看法，有唯物主义和唯心主义之分。宗教是一种唯心主义世界观，与一般哲学唯心主义相比，它不是运用逻辑的理性力量来建立自己的唯心主义体系，而是主要依靠信仰的非理性的情感力量建立自己的唯心主义体系，因此，两者在本质上仍然是一致的。

第三，宗教是阶级社会中的一种精神"麻醉剂"。它在承认现实社会制度合理性的前提

---

① 中共中央马克思恩格斯列宁斯大林著作编译局. 马克思恩格斯选集：第三卷. 北京：人民出版社，1972.

下，给人们描绘了一个虚幻的"天国"世界，它关注的不是现实的痛苦，而是"来世"的幸福，不是引导人们面向现实，而是要人们把幸福寄托在虚构的天堂。因此，宗教完全是一种虚幻的自我安慰，是"人民的鸦片"。

（二）我国的宗教政策

宗教是随着社会的发展而不断发展的。在社会主义社会里，宗教这种特殊的意识形态，也必须适应社会主义社会的总体要求，改变其是统治阶级麻痹人们的工具或让人们逃避现实的"避风港"的功能，使其成为个人信仰的私事。《中华人民共和国宪法》第三十六条规定："中华人民共和国公民有宗教信仰自由。任何国家机关、社会团体和个人不得强制公民信仰宗教或者不信仰宗教，不得歧视信仰宗教的公民和不信仰宗教的公民。国家保护正常的宗教活动。任何人不得利用宗教进行破坏社会秩序、损害公民身体健康、妨碍国家教育制度的活动。宗教团体和宗教事务不受外国势力的支配。"可见，我国宗教信仰自由政策的基本内容主要包括：尊重和保护宗教信仰自由，在允许人们信仰宗教的同时，也允许人们有不信仰宗教的自由，坚持宗教与政权、司法、教育分离的原则，使宗教信仰真正成为公民自由选择的私事；对宗教界人士采取争取、团结、教育的方针，教育他们爱国守法，拥护社会主义，拥护祖国统一和民族团结；充分发挥爱国宗教组织的作用，使其在宪法和法律的范围内活动，并成为党和政府争取、团结、教育宗教界人士和信教群众的桥梁；既要积极开展宗教方面的国际友好往来，又要坚决抵制外国宗教敌对势力的渗透，坚持独立自主、自办教会的原则；坚持党对宗教工作的领导，把宗教工作作为党的群众工作的一个重要组成部分，认真抓紧抓好。

2016 年 4 月，习近平总书记在全国宗教工作会议上的讲话中指出：宗教问题始终是我们党治国理政必须处理好的重大问题，宗教工作在党和国家工作全局中具有特殊重要性，关系中国特色社会主义事业发展，关系党同人民群众的血肉联系，关系社会和谐、民族团结，关系国家安全和祖国统一。要坚决抵御境外利用宗教进行渗透，防范宗教极端思想侵害。2017 年 10 月，党的十九大报告进一步强调，要全面贯彻党的宗教工作基本方针，坚持我国宗教的中国化方向，积极引导宗教与社会主义社会相适应。这是对马克思主义宗教理论的丰富和发展，对于加强、改善党和政府的宗教工作，具有重要的意义。

第二节　民俗的构成和功能

世界上不同的地区、不同的民族都有自己的民俗。民俗作为不同民族历史发展长河中的一种文化积淀，使我们生活的世界更加多种多样，使我们的日常生活更加丰富多彩。

一、民俗的产生和构成

（一）民俗与民俗学

民俗这一概念在我国古文献中早已有之。如《礼·缁衣》中就有"故君民者，章好以示民俗"的句子，其中，"民俗"指的是民间习俗。《史记·孙叔敖传》也记载有"楚民俗，好庳车"，这指的是当时楚国民众的生活习俗。因此，民俗，一般指由长期的历史积淀而形成的民情风俗或民间习俗。在长期的社会发展过程中，各个国家、各个民族都形成了独具特色的民情风俗。以我国各民族的婚嫁为例，汉族古代婚俗有六大礼仪，包括纳彩礼、问名礼、纳吉礼、纳征礼、请期礼、亲迎礼。每个方面又包含丰富的内容，如纳采礼中有请媒提亲礼、双方家长议婚礼和男方求婚礼等。而由于文化发展的差异，少数民族的婚嫁习俗则与汉族有很大的不同。鄂伦春族的传统婚嫁习俗包含四个部分：第一项是求婚，由媒人代表男方到女方家求婚；第二项是认亲，男方与亲朋好友携带酒肉到女方家，举行认亲礼；第三项是过礼，男方往女方家送马匹、野猪、酒等彩礼，并议定迎娶日期；第四项才是迎娶，男方带领本部落的亲属骑马去女方部落，女方也派出送亲队伍迎至半路，双方会合后燃起篝火，喝酒吃肉，然后新娘故意骑马离去，新郎骑马追赶，后共同到男方家赴宴，婚礼至此结束。

因为民俗反映了一个国家或民族的特殊文化，所以对民俗现象的研究历来受到人们的重视，并逐渐成为一个新兴的学科，即民俗学，英文名为 folklore。这个名词是英国考古学家汤姆斯在 1846 年用撒克逊语的 folk 和 lore 两个词合成的，其原意为"民众的知识"或"民间的智慧"，作为学科名称可以直译为"关于民众知识的科学"。在这之前，英国学者非常注意研究古老的风俗，在学科称谓上却五花八门，比较普遍的名称有"民间古俗"，有时还称为"民间口头文学""残存文化""神话学"等。汤姆斯创造的这个名词得到了英国学术界的普遍承认和运用，随后传到了欧洲大陆和亚洲的日本、中国等地。我国的民俗研究具有悠久的历史，很长时间一直使用"风俗学""谣俗学""民间学""民风学"等名称。1922年 12 月 17 日，北京大学《歌谣》周刊在《发刊词》中第一次使用了"民俗学"这一专业名词。1927 年 11 月，广东中山大学成立了我国第一个民俗学会，次年出版了《民俗周刊》，"民俗学"的名称才在我国得到广泛的认可。

早期的民俗学研究往往与民族学、文化人类学、神话学等联系在一起，或是上述学科的一部分，但是，随着人们对民俗现象研究的重视，民俗学也逐渐与其他学科相分离，成为一个独立的学科。在民俗学的发展过程中，关于它的研究对象历来有广义和狭义之分。广义的民俗学认为它是一门综合学科，是以城乡民间生活为研究对象的，既研究文明民族的民间生活，也研究后进民族甚至原始民族的民间生活。狭义的民俗学一开始是以民间口头文学为研究对象，后来则发展为以民间生活的某一方面作为研究对象。关于这一点，不同的学者有不同的观点，有些人认为民俗学只研究远古遗留下来的信仰、风俗和传统，有些人认为民俗学以研究文明民族的民间生活为主，还有些人认为民俗学只研究民间生活中的仪式、祭祀和禁忌等现象。今天的民俗学研究则逐渐由狭义向广义方面转变。

（二）民俗的形成

任何一个国家或民族的民情风俗都是经历了长期的历史发展，在人们的社会实践过程中逐步形成的，我国有一句成语叫"约定俗成"，它比较恰当地概括了民俗的形成特点。也就是说，在俗民群体长期的共同生活过程中，一种行为习惯经过社会生活的实践，逐步得到了众人的认可和接受，使俗民群体达成共识，从而成为大家有意或无意所共同遵守的风俗习惯，这样，民俗得以形成。民俗形成后，就成为人们生活中必不可少的习俗规则；反过来，它又对人们的日常生活产生制约作用，并成为人们所共同拥有的文化财富。

例如，人类为了生存，就必须满足衣、食、住等最起码的生活需要，因此，原始时代的古人类群体使用自己制造的简陋的原始工具在草原、森林里从事采集、狩猎等生产活动，他们一次又一次地实践，不断地总结经验，使最成功的和最有效的方式和手段，包括制造工具的方式和手段、处理猎物的方式和手段、集体围猎的方式和手段等成为习惯，并且不断地传承下去。后来，人类进入了农耕社会，居住在固定的土地上种植作物，耕地、播种、栽培、收获、贮存等生产实践代代相传。这样，就形成了与人们的生产活动密切相关的信仰、祭祀、祈祷、禁忌等民俗。原始民族在围猎之前一般都要举行祈祷或祭祀仪式，获取猎物之后也要围着猎物跳舞，舞蹈动作往往与捕猎有关。处于农耕阶段的民族也往往具有与农业生产紧密联系的民俗。例如，在我国封建社会里，皇帝每年都要举行祭天大典，祈求风调雨顺，使国家能够获得好收成；广大农民则由于对土地的依赖形成了对"土地神"的迷信，由于对旱涝灾害的恐惧和求雨的需要形成了对"龙王爷"的迷信等。同时，与人们的社会生活、消费生活、血缘系统以及所处的自然生态环境等相联系，世界各地形成了各具特色的民俗。

（三）民俗的研究范围和分类

早期的民俗研究范围十分狭窄，主要限于研究古老的观念与迷信、礼俗、游戏、口头语言与文艺等。1890 年英国民俗学会出版的《民俗学概论》指出："引起民俗学者注意的，并非锄头的形式，而是农夫把锄头插入泥土里时所举行的仪式；并非渔网或鱼叉的制作，而是出海渔夫所遵守的禁忌；也并非桥梁或住宅的建筑术，而是那伴随着建筑的牺牲和人们的社会生活。"[①] 因此，他们研究的迷信内容主要是对自然物、动植物、精怪、冥界的迷信观念，以及巫医、魔法、占卜等行为；他们研究的习俗内容主要是岁时节令、礼俗、游戏及地方风俗；他们研究的民间俗语主要是韵语、谜语、谚语、绰号等；他们研究的口头文学主要是童话、笑话、寓言、自然神话、歌谣等。可见，这时的民俗研究还没有把社会的生产、生活习

---

① 乌丙安. 中国民俗学. 沈阳：辽宁大学出版社，1999.

俗都纳入研究范围。到了 20 世纪上半叶，民俗的研究范围逐步扩大，陆续将社会政治制度、生产习俗、消费习俗、民间工艺、建筑等内容纳入研究领域。

当今的民俗研究范围十分广泛。从空间上来看，它既研究先进民族的民俗文化，也研究后进民族的民俗文化；既研究观念形态的民俗文化，也研究人们的生产、生活中的民俗文化。从时间上来看，它既研究世世代代传承下来的民俗文化，也研究这些民俗文化在现实中的影响和变化。但是，对于民俗研究具体应该包括哪些内容，究竟怎样进行分类，则是仁者见仁、智者见智。有人认为民俗研究的内容应该包括：物质民俗，即衣、食、住、行、生产等方面的民俗；社会民俗，即家庭、亲族、村落、民间组织等方面的民俗；岁时民俗，即各种节日的习俗；人生礼仪民俗，即生育、成年、婚嫁、丧葬等方面的民俗；精神民俗，即巫术、宗教信仰、禁忌等方面的民俗；口头传承民俗，主要指长期流传于民间的各种通俗文学等以及音乐、美术等方面所表现出的民俗特征。也有人认为民俗的研究范围应包括以下四方面："一是经济的民俗，它是以生态民俗、民间传统的经济生产习俗、交易习俗及消费习俗为主要内容的。二是社会的民俗，它是以家族、亲族、乡里村镇的传承关系、习俗惯制为主要内容的。其中，社会往来、组织、生活仪礼等习俗是重点。近来都市社会民俗也被扩展为对象。三是信仰的民俗，它是以传统的迷信与俗信的诸事项为主要内容的。四是游艺的民俗，它是以民间传统文化娱乐活动（其中也包括口头文艺活动）的习俗为主要内容，也包括竞技等事项在内。"[①]

（四）中华民族民俗举要

一个国家或一个民族在长期的历史生活中逐步形成了自己特有的民俗风范。这些民俗风范成为自己民族文化的重要组成部分。中华民族作为一个具有悠久历史的民族，同样形成了具有鲜明民族特色的中华民俗，构成了绚丽多彩的中华文明。

1. 节庆民俗

节庆民俗是民族文化遗产的一个重要方面，是人们的社会行为的历史积淀。我国是一个多民族的国家，各民族在长期的社会生活中形成了形式多样的节庆活动，几乎月月有节日，一年之中的节日有数百个之多。据统计，仅每年的 7 月，就有 62 个民间节日。民间节日活动是中华民族在漫长的历史长河中自然形成的，每个节日几乎都有一个或一系列优美生动的神话传说，这些神话传说赋予这些节日丰富的感情色彩，寄托着人们对美好生活的向往。例如，春节是我国各族人民的共同节日，春节又叫过年，"年"这个词中蕴藏着丰富的文化内涵。据史书记载，古代关于"年"的概念是从新石器时代初期开始的，它的最初含义来自农业。"年，谷熟也。""五谷皆熟为有年，五谷大熟为大有年。""有年"就是有好收成。甲骨文中的"年"字就反映出果实丰收的形象。另外，民间传说太古时有一种凶恶的怪兽叫"年"，每隔 365 天的晚上，"年"就要出来伤害人畜，毁坏田园。为了驱逐这个怪兽，

---

① 乌丙安. 中国民俗学. 沈阳：辽宁大学出版社，1999.

人们要穿红衣，燃放爆竹。后来，"年"逐步演变成预祝丰收喜庆的节日。人们在年末岁首，通过敲锣打鼓、燃放爆竹来驱邪消灾，祈望五谷丰登、人畜兴旺，谓之"过年"。

2. 婚嫁民俗

男大当婚，女大当嫁。婚姻是人生的大事，中华民族的婚姻制度源远流长。据历史记载，早在新石器时代后期，古人即有"夫妻之道"。从伏羲时代开始，男女婚嫁的礼仪就存在了，规定以"俪皮"（两张鹿皮）为礼，"俪"为成双，取其配偶之意，这可能就是聘礼的由来。到了夏、商时代，婚礼逐渐完备。到了周代，婚姻制度日益繁杂，要举行六礼之仪。而且，由于时代的发展、民族的不同、地域的差异，我国形成了各具特色的婚嫁民俗。例如，中国传统婚姻礼仪中有"父母之命，媒妁之言"的习俗，男女双方一般要经人从中说合，才能结"秦晋之好"。因此，说媒成为许多民族婚姻礼仪中必不可少的一个环节。但是，在中国一些少数民族的婚俗中，也有着类似于今天自由恋爱的婚姻方式。例如，基诺族就盛行以花为媒的婚姻方式。当基诺族女子到了婚恋年龄时，母亲就会给自己的女儿缝制一套美丽的服装，小伙子看到姑娘穿上这套具有特殊标记的服装时，就可以通过对歌的方式来追求她。但男青年不可以直接向姑娘求爱，只能由姑娘提出。当姑娘选中某个小伙子时，就准备一朵美丽的鲜花托人送给那个小伙子，如果小伙子也喜欢那个姑娘，就收下鲜花向姑娘提出订婚，然后向双方父母公开他们的爱情并商定婚期。

3. 丧葬民俗

古人相信灵魂不死，认为人死后还可以投胎转世，因而将死与生看得同等重要。人死后，他的家人会举行隆重的丧礼，这不仅对生者有利，而且对死者也有利。早在《礼记·檀弓上》里，就有"丧三日而殡"的记载，这是说在人死了之后，他的家人要举办 3 天的丧事活动才能将他安葬。后来，我国逐步形成一整套传统的丧葬礼仪，包括送终、报丧、入殓、哭丧、守铺、居丧、搁棺、出殡、落葬等。与丧葬民俗有关，民间还形成了重要的祭祀仪式，特别是举行隆重的祭祀祖先的仪式。追忆先人，饮水思源，祈求祖先保佑子孙繁衍发达，成为传统民俗中重要的组成部分。祭祀祖先分为家庭祭祀和祠堂祭祀两种。祠堂祭祀在宗祠或支祠举行，由宗族中的长者主持，全体族人参加，祭祀活动成为一种公开的、群众性的家族聚会。家庭祭祀则在自己家中举行，祭祀仪式与祠堂祭祀大体相同，但由于各个家庭的背景、风化、遗教不同，祭祀也有一些特殊的地方。另外，每年清明时节进行的扫墓活动也是祭奠祖先的重要仪式。

4. 游艺民俗

游艺民俗的范围很广，包括民间舞蹈、民间体育竞技、民间工艺美术等。娱乐性是游艺民俗的最大特征。尽管它的源头可能来自人类的生产、生活实践，或者来自宗教祭祀仪式，随着社会的发展，附着其上的神秘色彩渐渐消失，蕴含其中的娱乐性却经久不衰地流传下来。例如，许多地方在端午节时都有龙舟竞渡的传统，据说这种传统最早是为了祭祀伟大的爱国主义诗人屈原，现在则成为具有竞技色彩的体育活动。游艺民俗有时是与其他的民俗活动相伴而生并具有固定时节性的娱乐活动，常常成为某些节日活动的组成部分。元宵节赏灯的风俗就是如此。元宵节在魏晋南北朝时主要是一个祭祀节日，其目的一是祭祀门户，二是祭祀蚕神。随着历史的发展，原来的一些祭祀活动内容逐渐消亡，而燃灯供奉佛祖的内容沿袭下来，并被发扬光大，形成丰富多彩的以点灯娱乐为主的元宵节活动。到了唐代，人们制造出各种各样的灯饰，有灯楼、灯树、灯山、灯塔等，来欢度元宵节，时间也由 1 夜延长到了 3 夜。明代永乐年间，元宵灯节的时间更延长到 10 夜。今天，各地有不同的"闹元宵"的形式，如浙江温州要举行盛大的灯会游行。此外，元宵节的灯饰形式多种多样，如金华有板凳灯、海盐有滚灯、湖州有田蚕灯、黄岩有橘灯等。

除了以上所列举的民俗外，在衣食住行、社会生产、寿辰禁忌等许多方面，中华民族都形成了自己特有的民俗文化，体现了我国各民族鲜明的特色。

二、民俗的传承和功能

（一）个体的习俗化

一定的习俗被社会群体广泛接受之后，就成为习俗惯制，并凝结在一定的民族文化中，通过文化的传递而代代相传。但是，就个体来说，对于社会群体的习俗有一个接受或适应的过程，称为个体的习俗化。习俗化既指个体在其社会生活中，通过对习俗体系的学习增长习俗知识、培养习俗意识和能力、逐渐熟悉环境中的习俗惯制的适应过程，也指社会群体对其成员进行习俗体系的灌输和教育，使其逐步适应习俗惯制的养成过程。

在个体习俗化的过程中，使用工具获得产品的习惯、社会生活的习惯、语言交流的习惯的形成，是个体习俗化的三个主要方面。例如，社会生活习惯的养成就包括使个体逐步适应其所生存的自然环境的客观规律和人的自身生物特性的习惯，如与寒来暑往、风雨雷电、昼消夜长等自然现象相联系而形成的人们的生活方式，以及与人的需求相适应的关于饮食、服饰、婚制等生活习惯。在个体习俗化的内容上，既包括习俗知识的积累，也包括习俗技能的养成。例如，清代末年我国北方的家长往往教儿童背诵一首《青菜成精》的童谣："一个大嫂上正东，碰着一园青菜成了精，青头萝卜登了殿，红头萝卜掌正宫。河南反了白莲藕，一份战表进了京城。豆芽菜跪倒奏一本，胡萝卜挂帅去出征，白菜打着黄罗伞，芥菜前部做先行，小葱使得是银枪杆，韭菜使得是双刃锋。牛腿瓠子掌大炮，青豆角子掌火绳。只听得，骨碌碌，三声大炮响隆隆，打得茄子满身青，打得黄瓜满身刺，打得扁豆扯成蓬。打得豆腐尿黄尿，凉粉吓得战兢兢。藕王一见心害怕，一头钻进稀泥坑。"这种近似快板书式的童谣，不仅使儿童掌握了经常食用的菜名及其特点，而且训练了儿童的语言能力。

人的习俗化是与人的自然成长过程相伴而行的。新生儿出生后，就开始了个体习俗化的过程，从出生到成年是个体习俗化的重要时期。人们在这个时期学会了日常生活实践需要掌握的知识，提高了生存生活的能力，从而为进入社会、参与社会生活做好准备。因此，这一时期既是人的习俗化的养成阶段，也是人的一生中最为关键的文化养成阶段，对人的生活和事业产生了重要的影响。俗话说，"三岁看大，七岁看老"，虽然有命定论的嫌疑，但它指出了人的童年行为习惯对于人的一生的意义，这是有一定道理的。

（二）民俗的作用和文化意义

在社会生活实践中，民俗提供了人们所要遵守的一般性的行为规则，对人们的日常行为加以控制。这种控制表现在两个方面：一是社会群体要求其成员按照习俗规范约束自己的行为，如果模范遵守就会受到表彰，如果违规越轨就会受到惩罚。在家庭和家族的范围内所形成的家教、家规、家法、族规等，就是群体对其成员的一种有目的、有意向的民俗控制；而在村寨和社区范围内所形成的乡规民约、村寨习惯法、社区规约等，则是村社对其成员的一种有目的的、制度性的民俗控制。在中国封建社会，这种民俗控制的势力十分巨大，甚至可以发展到生杀予夺的地步。例如，妇女的贞洁是封建时代极力推崇的传统道德，一女不侍二夫，丈夫死后以身殉节者不仅给予物质奖励，而且采取竖牌坊、立传记、赐封号等方式予以褒奖。而妇女守寡后再嫁则会受到人们的耻笑，如果妇女有所谓的淫乱行为则要受到族规的审判，甚至被乱石砸死或沉塘淹死等。在现代社会，民俗的作用虽然不像过去那样极端，但仍然具有较大的影响力。例如，社区民众制定的精神文明公约，就要求大家共同遵守，对社区每个成员都具有约束力。二是某些民俗在个体习俗化的过程中潜移默化地成为社会成员的行为习惯，自然而然地对其产生控制力，社会成员一旦违反这些习俗，就会在心理和精神上产生巨大的压力，从而形成一种自我约束力或自我惩罚。为了达到这种控制的目的，社会群体内部常常采取一种隐喻的形式，通过民间神话、传说、故事、寓言、笑话等民俗文艺活动，运用口头传播的方式，寓教于乐，宣传群体所推崇的是非观、价值观、道德观，以对群体成员进行教育。例如，许多丰富多彩的民间故事就具有这种隐喻的功能。中国民间故事常常出现"善有善报，恶有恶报"的主题，故事里的人物性格特征鲜明，正义与邪恶、忠诚与狡诈、真实与虚伪、善良与邪恶、美好与丑恶形成强烈对比，鲜明的人物形象隐含着丰富的道德内容，从而对社会成员的行为产生自律作用或对违规的行为形成警诫作用。

除了以上所述的民俗的作用之外，民俗的重要性还在于其本身所蕴含的文化意义。在各民族的习俗风情中，无论是关于人们衣、食、住、行的日常生活习俗，关于人从出生到死亡所经历的礼仪习俗，关于采集、狩猎、捕捞、放牧、农耕等生产习俗，还是神话传说中关于日月星辰、风雨雷电、天地运转、昼夜更替的奇幻景象，以及民间故事中关于精忠报国、忠贞节烈、善恶有报、秉公执法的丰富情节，都是各民族特有的文化现象，都是人类所创造的文化的重要组成部分。正是由于有了民俗文化的内容，人类的物质文化生活和精神文化生活才更加丰富。同时，随着各民族习俗风情的世代传播，随着人类的迁徙和文化的交流，各民族的民俗文化不断交融和发展，从而形成各具特色的民族文化，使世界文化大家庭更加多姿多彩。

第三节　社会生活的丰富多彩

随着社会生产力的发展，人类的社会生活也日益丰富和发展，衣、食、住、行等社会生活的许多方面，既满足了人类生活的需要，也成为民族文化的重要组成部分。

一、社会发展与社会生活的日益丰富

（一）饮食和烹饪的发展

"民以食为天"，饮食是人类生存的第一需要。人类处于原始状态的时候，为了维持生存，只要是能果腹的东西，都成为人类的食物。因此，原始社会时期，人们的食物范围非常广泛，许多食物甚至令今人难以接受。例如，澳大利亚的土著居民的食物包括植物的块根、块茎、嫩树叶、软质树心、草籽和硬果等，以及蜗牛、蜥蜴、老鼠、蛇和各种昆虫、鸟卵等。非洲许多地区的土著居民往往把毛毛虫、甲虫、苍蝇、白蚁等当成美味佳肴。而我国的饮食素以原料来源丰富著称，只要是天上飞的、地上跑的、水里游的、土里长的，没有中国人不吃的。这些看似荒谬的饮食习惯，实际上反映了远古时代的人类为了在恶劣的自然条件下生存下去而勇于尝试的精神。

关于饮食的方法，法国著名的人类学家列维·施特劳斯提出过一个著名的公式：生/熟＝自然/文化。也就是说，人类饮食的方法最初是生食，在学会使用和控制火之后，才逐步发展为熟食，这样才出现了烹饪。据考证，原始烹饪的发展先后有三种方法：一是烧烤，即直接把食物放在火上烤，或者放在原始的炉子（如坑穴）里烘。这种方法在现今我国鄂伦春族人的饮食习惯中尚有遗存，他们在狩猎之后，往往把割下的肉块直接扔进火堆，待肉烧至焦黑时取出，用猎刀刮去黑焦的部分，切开加上佐料吃。二是煮食，即把食物放到沸腾的泉水里进行"水煮"，或者把烧热的石头投放到有食物的水中，进行"石煮"。我国台湾地区高山族的排湾人以椰壳当锅，把石头烧热放入"椰锅"中煮肉；云南西双版纳的傣族人吃一种傣语叫"捣"的青苔，吃法是将"捣"和调料放入大碗中，加清水，再放进烧红的鹅卵石，水沸之后将之捏进糯米饭团中就汤菜而食。三是用原始的炊具烹饪，当人类发明陶器之后，就开始用原始的陶罐烧煮食物，这在许多原始民族的考古中都有所发现。

烹饪的发展是与人类社会的发展同步的，是人类进入文明社会的标志之一，反映了人类文化的进步。当人类由居无定所的游牧状态进入农耕社会之后，社会生产力的发展使人类的食物来源稳定下来，定居生活以及在此基础上形成的社会关系的日益丰富，使饮食习惯逐步形成并深深根植于民族文化之中。孙中山先生就曾在《建国方略》一书中指出："烹调之术本于文明而生，非深孕乎文明之种族，则辨味不精；辨味不精，则烹调之术不妙。中国烹饪

之妙，亦足表明进化之深也。我中国近代文明进化，事事皆落人之后，唯饮食一道之进步，至今尚为文明各国所不及。"

促进饮食文化高度发展的一个重要原因是其中所蕴含的社会功能。一方面，饮食对于家庭生活具有特殊的意义。一日三餐的饮食活动把一家人联系在一起，"家"的概念深入人们的观念之中，餐桌上长幼尊卑的次序，也使伦理观念渗入人们的心目之中，饮食成为家庭生活的一项重要内容和维系家庭关系的重要纽带之一。另一方面，在传统社会中，饮食活动对于传统的生活秩序具有维系作用。人们不仅可以通过饮食聚会联络感情，加强人与人之间的交往，而且可以通过"有交接长幼之序，为制乡饮之礼"，饮食活动具有了区分亲疏、尊卑的伦理功能。因此，在传统村社、宗族的饮食仪式上，礼仪规定非常严格。座席的分配和斟酒、敬酒的次序都有明确的规定，长者为尊的敬老习俗和贵者为尊的社会等级制度在餐饮活动之中体现出来，并潜移默化地渗透进人们的意识之中。而且，饮食文化发展到一定程度后，人们往往以食具的等级来区分人的高低贵贱。例如，中国古代的食器往往分为许多等级，"爵"是古代的一种酒器，不同等级的人用不同的爵来饮酒，以至使"爵"的词义有了许多引申和扩展，被借用来区分人的地位，这就是"爵位"一词的由来。"鼎"原来是一种煮饭的炊具，随着社会生活的发展，它逐渐变成装盛供奉神明祭品的礼器，后来又被神圣化，成为国家权力的象征，这样就有了黄帝铸鼎于荆山、夏禹收九州之金铸为九鼎的故事。

（二）服饰的起源和发展

早期的人类是赤身裸体的。后来，为了满足保暖防寒、抵御日晒雨淋，以及防止蛇虫叮咬和荆棘划破皮肉等需要，原始人类逐渐发明了衣服。人类最初用来制作衣服的原料完全来自自然界，包括树叶、树皮、兽皮、鱼皮等。衣服的式样最初是将一块完整的兽皮披在肩背部，或围系于下身。《白虎通义》记载："太古之时，衣皮韦，能覆前而不能覆后。"后来，人们将兽皮中间穿一个洞，或在一边割出一个凹口，套在脖子上，这就是最早的"套头衫"和披风斗篷。随着衣服制作技艺的缓慢发展，原始人类逐渐掌握了缝纫技术，他们以骨为针，以肠作线，将两片兽皮缝合起来，这就成为最早的"裙子"。考古发掘的旧石器时代晚期的骨头尖锥和精巧的带孔骨针，说明这时的人类学会了缝纫技术。在新石器时代，原始的纺织技术得到发展，出现了原始的织机，人们可以用亚麻、大麻、棉花、毛和丝来织布。我国古代传说中有黄帝的元妃教民养蚕的故事。考古发现殷商时期已有丝织物，甲骨文中已有蚕、衣、裳、帛等象形文字，这些都表明当时衣服的材料和形制更加丰富。一般认为，我国上身有衣下身有裳的基本服装制度，形成于5 000多年前。之后，帽子和鞋相继产生。帽子的产生最初也是出于防暑御寒的需要。人们把一大片树叶遮在头顶，或用一块毛皮包在头上，这就成为最早的"帽子"。鞋子首先创造于北方寒冷地区，北方多以毛皮制作，南方则多用草或麻编制成鞋。

随着人类社会的不断发展，衣服除了具有满足人类生理需要的功能之外，逐渐具有满足人类装饰打扮的审美功能。原始人类逐渐掌握了染色技术，各种色彩缤纷的花布给他们带来了美的感受。同时，人们为了美化自己或祈求得到图腾的庇护，装饰也开始出现并日益丰富。装饰一般可分为三种类型：一是佩戴或悬挂在身上的装饰品，如项链、戒指、耳环等首饰。二是化妆型的装饰，如涂脂抹粉、梳束不同的发式、在面部及身上绘制各种图案等。三是毁饰，如凿齿拔牙、文身文面、穿耳裹脚等。装饰品出现于旧石器时代晚期，例如，北京地区的山顶洞人已知道用石珠、兽牙、鱼骨和骨管装饰自己；大汶口文化遗址中也出土了许多骨制装饰品。发式的变化是先有披发，后来才出现结发和编发。

服饰是人类生活的需要，因为它具有不可缺少的实用价值和日益增长的审美价值，所以，逐渐成为民族文化的象征，以至成为一个民族的"族徽"。例如，我国少数民族的服饰就具有鲜明的民族文化特色。四川凉山彝族传说其祖先是一只黑虎，因而他们崇尚黑色，古代作为统治等级的黑彝往往穿一身黑衣。朝鲜族崇尚纯洁的白色，藏族崇尚土红色和蓝靛色，回族喜欢戴小白帽，哈萨克族喜欢用草原上的花草纹、羊角纹、牛角纹、双马图等作为刺绣图案。服饰甚至具有适应统治需要的社会功能。《易·系辞》中指出："黄帝尧舜垂衣裳而天下治。"当人类进入阶级社会之后，社会阶级和等级的差别就在服饰上明显地反映出来。到了周代后期，在服饰上的等级区分走向系统化，如冕服有六冕之分，弁服也有三弁之分。《礼记》《周记》《仪礼》等书中，明确规定了不同的社会等级在不同的场合必须穿着不同的服饰，必须具有不同的打扮。

（三）住所的演变

人类脱离动物界组成社会后，为了避免风霜雨雪的侵袭，防止水患和兽害，以及保护火种来御寒保暖，因而需要有住所。人类最早的住所是自然界提供的天然场所，如树洞、山洞、树巢、灌木丛等，这些都是原始人类的天然栖身之处。早期智人的代表德国的尼安德特人，就居住于洞穴中或岩石下面。我国距今25万~60万年的北京周口店地区的北京猿人，也是早期穴居人的典型例子。同时，原始人类还学会了"构木为巢，以避群害"。非洲南部的布须曼人，至今仍具有将较大灌木的树皮编织起来作为住所的习惯。

大约在旧石器时代后期，人类开始建造住所。最初的人造住所十分简陋，仅仅是一些窝棚、地穴、土窑、天幕等原始住所。在法国的特拉·阿马塔地区发现了21间棚屋，据考古确认，这些棚屋是距今12万年前人类建造的住所。生活在距今1万~5万年前的欧洲晚期智人的代表克罗马农人，已经会架设天幕和窝棚。同时期，我国许多地方也出现了"巢穴风篱式"的住所，地面上有用树枝、树皮等搭建的风篱挡风，地下有地穴，树上还有树屋。数十年前，我国台湾高山族的山地支系、黑龙江流域的赫哲族渔民，以及大兴安岭的鄂伦春族、鄂温克族的住所建筑，尚有远古时代"巢穴风篱式"住所的遗风。例如，鄂伦春族和鄂温克族搭建的"仙人柱"，就是以木杆为搭架，外面覆盖树皮或兽皮，这种住所既便于搭建，也便于搬迁。

进入新石器时代之后，人类开始建造比较坚固、宽敞的房屋。建造房屋的材料多种多样。公元前7000年左右，生活在约旦河谷的初民学会用砖来建造房屋。史前时代的瑞士居民会建造水上居屋，他们将木桩打进水底或淤泥中，在木桩上架起木板平台，然后在平台上建造房屋。我国的河姆渡人则建造出世界上最早的较成熟的木结构建筑，他们把木桩打入泥土里作为房屋的柱子，在梁柱间采用卯榫结合的方式，建成上下两层的房屋。房屋的建筑是在人类社会生产力得到一定发展的情况下出现的，它是人类创造力充分发展的表现，同时，对于原始人类由居无定所走向定居生活，以及促进原始农牧业的发展，都具有积极的意义。

随着人类社会发展逐步由低级阶段向高级阶段迈进，建筑的发展速度也越来越快，并逐步由实用向美化方向发展。除了房屋以外，具有各种功用的建筑纷纷出现。例如，为了满足宗教的需要，人们建造了教堂、庙宇、清真寺；为了满足防御的需要，人们建造了堡垒、城池；为了满足娱乐的需要，人们建造了剧院、歌舞厅等。而且，世界上不同地区和不同民族都形成了各具特色的建筑风格，它们成为民族文化的象征。经过长期的历史发展而留存下来的古建筑也往往成为民族文化的瑰宝。例如，谈到埃及文化，人们就会想到金字塔；谈到古希腊、古罗马文化，人们就会想起意大利罗马城的圆形斗兽场；而中国的故宫、天坛等，则成为古老东方文化的代表。

除了以上所列举的衣、食、住之外，社会生活还有许多方面，如人们的娱乐生活、体育活动、家庭生活、社会关系等，它们的发展趋势或者随着社会的发展由简单变为复杂，或者由讲求物质实用变为注重精神享受，从而使人们的社会生活更加丰富多彩。

二、社会生活的地区差异

任何一个民族总是生活在一个特定的地理环境和生态环境之中，环境因素对其发展必然产生重大的影响。同时，不同的环境也制约着文化的发展，形成了具有不同特点的民族文化。当人类社会发展到一定阶段之后，环境因素和文化因素交互作用，就使不同地区人们的社会生活产生较大差异。

从食物方面来说，不同地区的人类有不同的饮食习惯。以我国各民族的主食为例，北方的主要粮食作物是小麦、玉米、高粱、土豆等，所以，北方居民多以面食为主；南方盛产稻米，所以，南方居民喜欢吃米饭；以农业为主的民族多以植物性食物为主，而生活在内蒙古、新疆等畜牧业地区的少数民族，则以肉类、乳类为主要食品，以粮食为辅助食物。在具体的吃法上，同样是吃米饭，各地区吃的方式却有很大的差别。维吾尔族人民喜欢吃抓饭，将大米、羊油、羊肉、胡萝卜、葡萄干、洋葱等混合在一起，煮成米饭，吃的时候用手抓着吃。黎族人民则喜欢吃竹筒饭，砍一节较粗的竹子，装入淘洗好的当地特产的香糯米，或再加入一些瘦肉和盐，封口后放在火堆上烧烤，等到饭熟后用刀剖开后食用。不同国家的人，其饮食习惯差异更大。例如，同样是吃面食，中国人将面粉做成面条、水饺，西方人则将其烤制成面包；同样是吃鱼，日本人要吃生鱼片，埃及人则喜欢烤着吃。各国家、地区的饮食习惯往往带有民族文化的色彩。例如，关于喝茶，我国云南白族有三道茶的待客风俗，三道茶即"头苦二甜三回味"，体现了白族人礼貌好客的文化传统。而日本的茶道成为传统日本文化的典型代表。

建筑受地理环境的影响更大，地区差异更加明显。我国传统建筑风格受远古先民早期建筑的影响，形成了三个发展方向：一是从利用天然洞穴到开凿人工洞穴的发展，形成了今天在河南和西北地区普遍可见的窑洞式建筑；二是由构木为巢发展起来的干栏式建筑，这种建筑广泛分布在我国广西、云南、贵州、海南等地；三是由穴居和巢居结合发展而成的土木建筑，这种建筑遍布于我国黄河流域和长江流域的许多地区，以至我们今天往往将建筑工程称为"土木工程"或"大兴土木"。人类进入文明社会之后，文化差异对建筑的影响越来越大。阿拉伯地区气候干燥，降水较少，其建筑除了具有干旱地区的特色之外，还深受阿拉伯文化的影响；欧洲的教堂建筑明显反映出基督教文化的色彩；中国宫殿式建筑的大屋顶则成为东方文化的象征。

千姿百态的服饰更反映出不同民族的风貌。我国北方民族的传统服装以皮袍、长裤为主，冬装和夏装有明显区别，服装原料多使用毛皮，穿着各种靴子，刺绣和饰物较少。南方民族的服装与北方相比有较大的不同。以女性服装为例，除生活在高寒地区的之外，大多穿着短上衣和裙子，而且衣服上有漂亮的刺绣装饰，并佩戴大量的首饰和佩饰。服饰反映出民族的生活方式，也是民族文化的载体，甚至带有文化交流的痕迹。战国时期赵武灵王提倡胡服骑射，实行军事改革，反映出农业文化与游牧文化的交流。旗袍原是满族妇女的传统服装，今天则演变为中国的"国粹"，成为中华民族妇女的代表服装。而中国人着西装、系领带，更是东西方文化交流的集中表现。

总之，"千里不同风，百里不同俗"。各国、各民族、各地区社会生活的差异是一种普遍的社会现象。只有这样，我们生活的这个世界才能更加多姿多彩，我们的社会生活才能更加丰富多样。

📖 本章小结

宗教是人类社会发展到一定历史阶段的产物。宗教的产生和发展一般经历了自然宗教、古典宗教和现代宗教三个重要的发展阶段。

自然宗教是人类将自然力和自然物神化的结果。它是一个由低级到高级的发展过程，在其不同的发展阶段出现了不同的宗教形式。

古典宗教是人类进入古代文明社会之后所形成的宗教，包括上古、中古、近古时代的宗教。它的产生是社会生产力的发展、阶级的出现、社会分工的扩大和人类抽象思维能力提高的结果。基督教、伊斯兰教和佛教是古典宗教中著名的三大世界性宗教。

现代宗教越来越民间化、世俗化，同时，也出现了不同于传统宗教的、所谓的"新宗教运动"。邪教是"新宗教运动"中出现的一颗毒瘤，具有反人类、反社会、反科学的本质。

宗教是一种特殊的社会意识形态，是一种颠倒了的世界观，是对客观现实的间接的、扭曲的、异化的反映，在阶级社会中，宗教成为人民的一种精神"麻醉剂"。在社会主义社会里，宗教必须适应社会主义社会的总体要求，成为一种个人信仰的私事。因此，我国制定并实施了宗教信仰自由政策。

民俗作为一种文化积淀，是在人们的社会实践过程中"约定俗成"的。今天的民俗研究范围十分广泛。中华民族作为一个具有悠久历史的民族，形成了具有鲜明的民族特色的中华民俗，构成了绚丽多彩的中华文明。

个体对于社会群体的习俗接受或适应的过程称为个体的习俗化。使用工具获得产品的习惯、社会生活的习惯、语言交流的习惯的形成，是个体习俗化的三个主要方面。民俗提供了人们所要遵守的一般性的行为规则，对人们的日常行为加以控制：一是社会群体要求其成员按照习俗规范约束自己的行为；二是某些民俗已经潜移默化地成为社会成员的行为习惯，自然而然地对其产生控制力。民俗本身所蕴含的文化意义，使其成为民族文化的重要组成部分。

衣、食、住、行等人类社会生活的基本方面，首先是为了满足人类生活的需要，其次成为民族文化的重要组成部分。随着社会生产力的发展，人类的社会生活也日益丰富和发展，并显示出地区和民族的差异。

思考与练习题

一、填空题

1. 宗教产生和发展一般经历了_____、_____和_____三个重要的发展阶段。

2. 在很长的一个历史阶段，人类没有宗教信仰，只是发展到_____阶段之后，才出现了宗教的萌芽。

3. 自然宗教是人类处于恶劣的物质生活条件和自然界的沉重压迫之下，将自然力和自然物_____的结果。

4. 古典宗教形成的根本原因是_____的发展，_____的出现、_____的扩大和人类抽象思维能力的提高是其产生的社会历史原因。

5. 恩格斯指出："一切宗教都不过是支配着人们日常生活的_____在人们头脑中的幻想的反映，在这种反映中，人间的力量采取了_____的形式。"

6. 民俗指的是_____，它是在社会生活中"_____"的。

7. _____的习惯、_____的习惯、_____的习惯的形成，是个体习俗化的三个主要方面。

8. 在社会生活中，民俗提供了人们所要遵守的一般性的_____，对人们的日常行为加以控制。

9. 节庆民俗是民族文化遗产的一个重要方面，是人们的_____的历史积淀。

10. 游艺民俗的范围很广，包括民间舞蹈、民间_____、民间工艺美术等。它的最大特征是_____。

11. 衣、食、住、行等人类社会生活的许多方面，既满足了人类生活的基本需要，也成为_____的重要组成部分。

12. 当人类社会发展到一定阶段之后，_____和_____交互作用，就造成了不同地区人们的社会生活的较大差异。

二、选择题

1. 人类历史上所出现的最原始的宗教是（　　）。

　　A. 崇拜自然　　　　　　　　　B. 崇拜偶像

　　C. 崇拜神灵　　　　　　　　　D. 崇拜祖先

2. 古典宗教产生的根本原因是（　　）。

　　A. 阶级的出现　　　　　　　　B. 社会分工的扩大

　　C. 社会生产力的发展　　　　　D. 人类抽象思维能力的提高

3. 世界三大宗教是（　　）。

　　A. 犹太教、基督教、印度教　　B. 天主教、伊斯兰教、道教

　　C. 神道教、佛教、伊斯兰教　　D. 基督教、伊斯兰教、佛教

三、名词解释

1. 自然宗教　2. 古典宗教　3. 世界三大宗教　4. 民俗　5. 个体的习俗化

四、简答题

1. 宗教产生的原因是什么？

2. 简述世界三大宗教的基本情况。

3. 如何认识宗教的本质和特征？

4. 什么是我国的宗教信仰自由政策？

5. 什么是民俗？它是如何形成的？

6. 为什么说社会生活是民族文化的重要组成部分？

五、论述题

1. 在学校工作中应如何做到既坚持我国宗教信仰自由的政策，又坚决反对邪教？

2. 如何认识现代社会中民俗的作用和文化意义？

推荐阅读书目

[1] 陈麟书，陈霞. 宗教学原理. 北京：宗教文化出版社，1999.

[2] 乌丙安. 民俗学原理. 沈阳：辽宁教育出版社，2001.

[3] 裔昭印. 世界文化史. 上海：华东师范大学出版社，2000.

第八章　时代主题与世界政治多极化

📖 学习目标

　　通过本章的学习，学员应了解雅尔塔体制、东欧剧变、联合国的建立等重大的历史事件，掌握世界政治格局、时代主题等基本概念，理解和平与发展的时代主题和我国的外交政策，并能联系实际分析当今世界政治领域中出现的重大问题。

📖 学习建议

　　本章共分三节，第一节介绍了第二次世界大战后（以下简称战后）以美、苏两大阵营对抗为标志的世界政治格局的形成与最终瓦解；第二节分析了战后世界时代主题由战争与革命向和平与发展的转换；第三节阐述了世界政治格局的多极化发展趋势、联合国的作用以及我国的外交政策。在学习中，学员应注意联系当前世界政治的实际，加深对和平与发展的时代主题、多极化的发展趋势和我国独立自主的外交政策的理解。

第一节　战后两极世界的政治格局

一、雅尔塔体制的建立

（一）以欧洲为中心的世界政治格局的崩溃

　　世界政治格局是指在特定的历史时期，国际社会中各个行为主体相互联系、相互作用而形成的一种相对稳定的政治结构和状态。世界资本主义的发源地在欧洲，因此，欧洲长期以来一直是世界政治斗争的中心。到了 19 世纪末 20 世纪初，世界资本主义进入帝国主义阶段，资本主义列强之间的竞争逐渐走出欧洲大陆，发展到了世界范围。1914—1918 年爆发的第一次世界大战就是欧洲列强之间矛盾激化的结果。第一次世界大战后建立的凡尔赛—华盛顿体系，暂时维持了世界政治格局的稳定，但也表明以欧洲为中心的世界政治格局开始发生变化，美国在世界政治角逐之中的影响越来越大。1929—1933 年，世界范围内爆发的大规模的经济危机加剧了资本主义世界的矛盾，英国、法国等老牌资本主义国家的经济由于受危机的冲击而逐步衰落，德国、日本则由于将经济发展纳入战时轨道而实力大大增强，这就使资本主义各国之间的力量对比产生了很大变化，并在欧洲和远东地区分别形成以德、日为代表的战争策源地。

第二次世界大战爆发之初，世界政治舞台上三足鼎立，以德、日、意为代表的法西斯国家，与以英、法、美为代表的所谓"民主"国家和以苏联为代表的社会主义国家之间，矛盾错综复杂。1941年，德国法西斯对苏联发动了突然袭击，日本偷袭珍珠港导致太平洋战争爆发，战争的发展使反法西斯主义国家逐渐走到了一起。世界范围内形成了以德、日、意为代表的法西斯主义轴心国和以美、苏、英、法、中为代表的反法西斯主义同盟国两大阵营的对立，世界政治力量出现了重新组合。战争的结果以反法西斯主义同盟国的胜利和法西斯主义轴心国的失败而告终。在战后的世界政治格局中，欧洲各国由于经受战争的蹂躏而经济萧条，丧失了主宰世界政治格局的地位，美国、苏联两国的军事实力和经济实力则大大增强，延续了3个世纪之久的以欧洲为中心的世界政治格局最终崩溃了。

（二）雅尔塔会议

1945年2月4日至11日，美国总统罗斯福、英国首相丘吉尔和苏联部长会议主席斯大林在雅尔塔召开秘密会议，讨论战胜德国后的占领计划和对日本作战的问题。与会各国经过艰苦的讨价还价，最后按照美、苏当时的力量所及划分了各自的势力范围。会议决定将德国划分为几个由美、英、法、苏的军队分别占领的地区，柏林则由四国共同占领，这一会议使德国走上了战后分裂的道路。同时，整个欧洲也一分为二，西欧属于美国的势力范围，东欧则属于苏联的势力范围。在远东及对日作战问题上，与会国形成了一个秘密协定，苏联同意在德国投降及欧战结束后2~3个月内参加对日作战，美国在中国未参加会议的情况下，居然答应苏联在战后可重新取得1904—1905年日俄战争中所丢失的权益，即收回库页岛，取得千岛群岛的控制权，承认蒙古的独立，把中国的大连港国际化、把旅顺港租借给苏联作为海军基地，中、苏共同经营中东、南满铁路等。作为交换条件，苏联则承认美国对日本的控制和占领，认可美国在中国的权益。会议还一致决定在战后建立一个国际组织——联合国，并决定在联合国安理会中，作为常任理事国的大国具有否决权。

雅尔塔会议的召开，对于结束第二次世界大战，彻底消灭德、日法西斯主义起到了积极作用，但是，这次会议也开始了以大国利益为基础的对战后世界政治格局的安排。雅尔塔会议和其后召开的一系列国际会议，大国之间达成的对战后世界政治秩序重新安排的协议和谅解称为雅尔塔体制。这一体制虽然奠定了不同社会制度和意识形态国家之间和平共处的基础，客观上减弱了美、苏之间激烈对抗的程度，使战后的世界政治秩序获得了相对稳定的局面，但是，这一体制又不折不扣地是大国强权政治的产物，它严重地侵犯了广大中小国家的主权，损害了中小国家的利益，成为战后世界政治局势紧张和动荡的根源。

二、两大阵营的对峙

（一）两极对抗的世界政治格局的形成

战后初期，世界政治舞台上的力量对比出现了一些新的变化。一方面，美国在第二次世界大战中经济实力和军事实力急剧发展，理所当然地成为资本主义世界的霸主。早在1943年4月，美国总统罗斯福就授意雷斯特·戴维斯发表了《罗斯福的世界蓝图》一文，描绘了罗斯福所设想的通过美、英、苏等大国的合作，建立国际政治和经济组织，确立以美国为主宰的战后世界秩序的构想。但是，这一构想尚未付诸实施，罗斯福就在1945年4月12日突然去世。杜鲁门继任美国总统后，改变了罗斯福的大国和平缓进战略，转而对苏联采取强硬政策。1946年3月5日，英国首相丘吉尔在美国富尔敦威斯敏斯特学院发表了著名的"铁幕"演说，他宣称："从波罗的海的斯德丁到亚德里亚海边的里雅斯特，一幅横贯欧洲大陆的铁幕已经降落下来。"因而他呼吁美、英合作对付苏联的威胁和扩张。这一演说成为美国对苏联发动"冷战"的信号。为了遏制苏联，美国制定了帮助欧洲经济复兴的"马歇尔计划"，通过经济援助的形式来加强对西欧的控制，使西欧与美国结成联盟。1947年3月，美国又抛出了"杜鲁门主义"，使美国与苏联之间的矛盾全面爆发并不断升级，从而成为"冷战"开始的标志。1948年6月爆发的第一次"柏林危机"，既是美、苏之间"冷战"的结果，也加剧了国际局势的紧张。1949年4月，美国与英国、法国、加拿大、意大利、比利时等12个国家建立了北大西洋公约组织，标志着以美国为首的资本主义阵营最终形成。

另一方面，苏联作为第二次世界大战中唯一的社会主义国家，不仅为世界反法西斯主义战争的胜利做出了贡献，而且其政治影响和军事实力也得到了空前提高。同时，第二次世界大战使罗马尼亚、波兰等东欧国家和中国、朝鲜等许多殖民地和半殖民地国家摆脱了资本主义的统治，建立了社会主义制度，社会主义国家冲破了资本主义世界的长期包围，将欧亚大陆连成了一片。面对美国全面遏制的"冷战"政策，苏联在政治、经济、军事等方面采取一系列针锋相对的政策，与美国进行斗争。1947年9月，苏联、波兰、南斯拉夫、罗马尼亚、保加利亚、匈牙利、捷克斯洛伐克、法国、意大利9个国家的共产党和工人党成立了情报局，以协调各国共产党之间的政策，共同反对美国的"冷战"。1949年，苏联又与东欧5个国家建立了经济互助委员会，以加强与东欧社会主义国家的经济联系和合作。1950年2月，中、苏签订了《友好同盟互助条约》，形成了中、苏两个社会主义大国的政治、军事同盟。1955年5月，苏联又与德意志民主共和国（以下简称民主德国）、波兰、罗马尼亚、保加利亚等东欧社会主义国家在华沙举行会议，签订了《友好合作互助条约》，华沙条约组织正式建立。从此，在欧洲大陆形成了北约和华约两大军事同盟的直接对立；在全球范围内，则形成了资本主义阵营和社会主义阵营的全面对抗，美苏两极对立的世界政治格局最终确立。

（二）美苏争霸与世界政治力量的分化

从 20 世纪 50 年代开始至 80 年代末，美、苏之间为争夺世界霸权在世界范围内展开了激烈的斗争，这也是当时国际政治形势的鲜明特征。战后初期，美、苏争夺的重点在欧洲，因为当时苏联的实力远远不如美国，所以，在双方的争夺中美国长期处于优势地位。1962年的古巴导弹危机就是一个鲜明的例证。但是，进入 20 世纪 70 年代之后，情况发生了重大的变化，苏联的实力大大增强，尤其是在军事力量的对比方面改变了美国占优势的局面。1950 年，苏联的国民收入只相当于美国的 31%，工业总产值只相当于美国的 30%；而到了1970 年，苏联的国民收入上升到美国的 65%，工业总产值上升到美国的 80%，而且许多重要的工业产品如石油、钢铁等的产量都超过了美国。在军事力量方面，20 世纪 70 年代，苏联不仅在常规军事力量方面超过了美国，而且在战略核力量方面逐渐与美国取得了均势。在这样的情况下，苏联的对外战略出现重大的调整：在欧洲施放"缓和"烟幕的同时，在第三世界则与美国展开激烈的争夺，美、苏争夺呈现出苏攻美守的态势。

1972 年 11 月 22 日至 1973 年 6 月 8 日，33 个欧洲国家和美国、加拿大出席了在芬兰赫尔辛基召开的"欧洲安全和合作会议"的筹备会议。之后，经过长期马拉松式的谈判，与会各国于 1975 年 8 月 1 日签订了《欧洲安全和合作最后文件》（又称《赫尔辛基宣言》）。"欧洲安全和合作会议"是苏联倡导欧洲"缓和"的重要成果，但是，这次会议签署的最后文件是一个没有任何强制性的文件，无论是以美国为首的西方集团还是以苏联为首的东欧集团的签字国，都不受它的约束。同时，苏联加紧在经济和军事上追赶美国，并在亚洲和非洲等地采取一系列咄咄逼人的攻势行动。例如，苏联在非洲的安哥拉挑起战争，支持门格斯图在埃塞俄比亚发动政变，对南、北也门进行渗透，以及在亚洲支持越南入侵柬埔寨，直接出兵占领阿富汗等。面对苏联的攻势，美国自然不甘落后，在 20 世纪 80 年代初里根担任总统后，他提出了"重振国威"的口号，开始实行"星球大战"计划，力图振兴美国经济，扭转与苏联争夺中的被动局面。在经历了 20 世纪 70 年代的大规模扩张后，在 20 世纪 80 年代后半期，苏联国内经济一蹶不振，在国际上，其百万大军陷入阿富汗战争中不能自拔，因此，美苏争霸的态势又发生了微妙的变化，出现了美攻苏守的趋势，美国利用苏联内外交困的时机，逐步收回 20 世纪 70 年代的"失地"。

在美、苏展开激烈争夺的过程中，世界政治力量还出现了大规模的分化和改组。一方面，由于资本主义政治经济发展不平衡的规律发生作用，加上 20 世纪 50 年代后期世界新技术革命的到来，资本主义世界的力量对比发生了重大变化。西欧和日本的经济发展速度不断加快，经济实力不断增强，而美国的经济发展速度缓慢，霸主地位走向衰落，资本主义阵营的分化趋向日益明显。在西欧，以法国和德国为轴心，成立了欧洲经济共同体，法国还奉行以"戴高乐主义"著称的不依附美国的独立外交政策；在亚洲，日本由于经济的快速发展，不仅要求摆脱美国的控制，成为政治上独立的主权国家，而且强烈希望能在世界政治舞台上拥有发言权，成为一个政治大国。这样，资本主义阵营逐步分化，资本主义世界形成了美、欧、日三足鼎立的局面。

另一方面，由于苏联实行霸权主义政策，社会主义阵营也逐步趋于解体。在社会主义阵营内部，苏联因为是世界上第一个社会主义国家，其政治、经济、军事实力最强，所以，具有特殊的地位。但是，苏联在处理与其他社会主义国家的关系时，推行大国沙文主义和民族利己主义政策，使社会主义阵营内部的民族矛盾暴露出来，出现了裂痕。特别是在1956年苏联共产党第二十次代表大会之后，中、苏两党的分歧逐渐公开化，它们围绕国际共产主义运动中的许多重大问题产生了激烈的争论，加之两国边境地区流血冲突不断，至20世纪60年代末期，中、苏两个最大的社会主义国家之间的关系最终完全破裂。1968年，苏联又以保卫社会主义大家庭的利益为借口，公然出兵占领了捷克斯洛伐克，引起许多社会主义国家的强烈不满及反对，社会主义阵营最终解体。

在资本主义和社会主义两大阵营内部分化的同时，世界政治格局出现了一个新的变化，这就是广大第三世界国家的觉醒和壮大。第二次世界大战的一个重要结果就是促进了广大殖民地和半殖民地国家的民族解放运动的发展。战后，亚、非、拉地区的民族解放运动进入全面高涨的新阶段，一大批殖民地和半殖民地国家获得了独立。1955年4月，29个亚非国家领导人在印度尼西亚的万隆举行了第一次亚非国家首脑会议，这表明第三世界国家开始团结起来并作为一种独立的政治力量出现在世界政治舞台。1961年9月，有25个成员国参加的不结盟国家政府首脑会议在南斯拉夫的贝尔格莱德召开，这标志着第三世界国家力量不断发展和壮大。进入20世纪70年代以后，美、苏对世界霸权的激烈争夺严重地损害了第三世界国家的独立和安全。第三世界国家反对霸权主义的斗争逐步深入，有力地推动了世界政治格局向多极化方向发展。

三、东欧剧变——两极世界政治格局的崩溃

20世纪80年代末，世界政治形势出现了令人眼花缭乱的重大变化，东欧剧变、德国统一、苏联解体，一系列重大的事件连续发生，使战后以美苏两霸主宰世界事务的政治格局最终崩溃。

东欧剧变起始于波兰和匈牙利。1989年1月，波兰统一工人党决定实行政治多元化和工会多元化，有条件地承认团结工会为合法组织。1989年2月，波兰统一工人党与反对派举行会议，宣布波兰将实行西方式的"三权分立制"和"议会民主制"。1989年6月，团结工会在议会选举中取得胜利，获得了议会和参议院的多数席位。1989年11月，波兰提前举行总统大选，团结工会领导人瓦文萨当选总统，波兰统一工人党丧失了全部权力。1989年12月，波兰议会取消了宪法中关于波兰统一工人党的领导作用和国家的社会主义性质的条文，东欧出现了第一个非社会主义国家。1989年2月，匈牙利社会主义工人党决定实行多党制和"民主社会主义的新模式"。1989年10月，匈牙利社会主义工人党在国家的领导地位被取消，匈牙利人民共和国也改名为匈牙利共和国。在1990年3—4月的国会大选中，反

对派领导人根茨·阿尔柏德当选总统，匈牙利政局发生根本性的变化。在这些剧变之后，紧接着民主德国、捷克斯洛伐克、保加利亚、罗马尼亚、南斯拉夫、阿尔巴尼亚等东欧社会主义国家，如多米诺骨牌一样不断地发生变化，不仅共产党失去了国家的领导权，国家改变了社会主义性质，而且在有些国家甚至导致了国家和民族的分裂。例如，1990年1月，南斯拉夫社会主义制度的瓦解引发了一场规模空前的内战，南斯拉夫分解为克罗地亚、斯洛文尼亚、马其顿、波黑、南斯拉夫联盟共和国（以下简称南联盟）5个国家。1993年1月，捷克斯洛伐克联邦解体，分裂为捷克和斯洛伐克2个独立国家。

1989年5月，匈牙利宣布开放奥匈边界之后，民主德国的公民立即像潮水一样通过匈牙利和奥地利逃往德意志联邦共和国（以下简称联邦德国），民主德国的政局出现了剧烈动荡。1989年10月，民主德国发生了一系列的群众集会游行，民主德国统一社会党总书记克伦茨被迫下令打开了柏林墙。1989年12月，德国统一社会党改名为民主社会主义党，民主德国政治制度发生剧变。同时，联邦德国总理科尔加快了德国统一的步伐。1990年5月，两德签署了关于建立经济和社会联盟的国家条约。1990年8月，他们又签署了统一条约，在两德统一的道路上迈出了关键性的一步。之后，美、英、法、苏4个国家和民主德国、联邦德国就德国统一问题达成了协议，1990年10月，民主德国并入联邦德国，实现了德国的统一。德国分裂是战后东西方之间"冷战"的产物，德国的统一则打破了美、苏之间在欧洲争夺的"均势"，对两极对抗的政治格局走向崩溃产生了重大影响。

1991年，继东欧剧变之后，世界上第一个社会主义国家苏联也宣布自行解体。20世纪80年代初，苏联社会发展面临深刻的危机，对传统的社会主义模式进行改革势在必行。在戈尔巴乔夫的领导下，苏联开始进行政治、经济、外交方面的改革。1985年3月至1988年6月为戈尔巴乔夫改革的第一阶段，改革的目标是"完善社会主义"，改革主要集中在经济体制方面，力图实现从以行政管理为主的方法向以经济管理为主的方法的过渡。同时，戈尔巴乔夫在苏共中央全会上提出振兴经济的"加速发展战略"，试图在20世纪末使苏联国民收入和工业产值翻一番。但是，这一改革并没有取得预期效果，反而使苏联经济明显衰退、人们的生活水平下降。从1988年6月苏联共产党第十九次代表大会到1990年7月苏联共产党第二十八次代表大会为戈尔巴乔夫改革的第二阶段，改革的重点转为进行政治体制改革，目标是"建立人道的民主的社会主义"。苏联共产党第十九次代表大会放弃了苏联共产党是苏联政治体制核心的提法，把国家权力重心从党中央转移到最高苏维埃。1990年2月，苏共中央全会宣告放弃苏联共产党对国家的领导权。1990年7月，苏联共产党第二十八次代表大会通过了新的党纲，苏联共产党的性质发生了根本变化。戈尔巴乔夫企图以政治体制改革来推动陷入困境的经济体制改革，结果却加剧了政治混乱和社会动荡，使苏联社会出现全面危机。随着苏联社会危机的逐步发展，民族主义思潮卷土重来，民族冲突不断发生。从1990年3月开始，立陶宛、拉脱维亚、爱沙尼亚、俄罗斯等各加盟共和国纷纷宣布脱离苏联，建立独立的主权国家。1991年8月19日至21日，苏联发生了要求戈尔巴乔夫下台的未遂政变。8月24日，戈尔巴乔夫宣布辞去苏共中央总书记职务，并建议苏共中央"自行解散"。1991 年 12 月 21 日，俄罗斯、白俄罗斯、乌克兰等 11 个独立国家在哈萨克斯坦首都阿拉木图签署了独立国家联合体协议。1991 年 12 月 26 日，苏联最高苏维埃共和国院举行最后一次会议，通过了一项宣言，宣布苏联停止存在。至此，世界上第一个社会主义国家——苏维埃社会主义共和国联盟在历史舞台上消失了。

苏联的解体，对世界政治格局形成极大的冲击，它使两极对抗中的一极不复存在，给世界政治力量对比和国际关系带来重大的影响，表明战后形成的两极对抗的世界政治格局最终崩溃，世界政治格局进入一个新的历史时期。

第二节　当代人类社会发展的时代主题——和平与发展

一、战后世界时代主题的转换

时代，指的是人类社会发展的一个大的历史时期，时代主题则反映了该历史时期世界范围内具有普遍性的重大问题。正确判断时代主题，是一个国家制定发展战略的基本依据，也是一个政党制定纲领路线的出发点，历来被人们所重视。因此，我们必须"首先估计到区别不同'时代'的基本特征（而不是个别国家历史上的个别情节），我们才能以此为根据来估计这里或哪国的更详细的特点"[①]。19 世纪末 20 世纪初，人类社会的发展出现了许多新情况，针对当时的现实，列宁指出，俄国十月社会主义革命的胜利开辟了人类历史的新纪元，从此开始了人类社会从资本主义向共产主义过渡的"历史时代"。后来，他也曾使用"帝国主义时代""无产阶级革命时代""无产阶级社会主义革命时代"等提法来概括当时的时代特征。在此基础上，斯大林在《论列宁主义的基础》的演讲中，首次将列宁的上述提法归纳为"帝国主义和无产阶级革命时代"。长期以来，这一论断成为我们观察和认识国际事务的一个根本出发点。

战后，资本主义和社会主义两种意识形态和两种社会制度的矛盾，在相当长的一个时期内成为影响世界政治格局的主要问题。围绕这一矛盾，以美、苏为首的东西方之间出现了尖锐的对立和斗争，这场以"冷战"著称的全球性的对抗和冲突成为世界动荡的主要根源。在长达 40 多年的时间里，美、苏两个超级大国为了争夺世界霸权，拼命扩军备战，特别是以发展导弹核武器为中心进行核军备竞赛。到 20 世纪 80 年代中期，美、苏所拥有的核武器数量占世界核武器总数的 95% 以上，共有 5 万枚核弹头，总爆炸当量达到 200 亿吨，可以把整个地球毁灭 20 多次。由于两个超级大国之间的争夺，战后局部战争和武装冲突从未停止。而且，中华人民共和国成立后，以美国为首的帝国主义阵营对中国采取了敌视和封锁的政策，企图将新生的人民政权扼杀在摇篮之中。面对这样严峻的形势，中国一直强调并重视战

---

① 列宁. 列宁全集：第二十一卷. 中共中央马克思恩格斯列宁斯大林著作编译局，译. 北京：人民出版社，1985.

争的危险性，毛泽东明确提出了"备战、备荒、为人民"的口号，认为爆发世界大战不可避免，要求做好反侵略战争的准备。同时，战后殖民地半殖民地民族解放运动的兴起，使中国错误地认为世界已进入"帝国主义全面崩溃和社会主义走向全世界胜利的时代"，提出"当前世界的主要倾向是革命"这种片面的论断。因此，战争与革命就成为我们认识战后时代主题的两个基本点，成为我们制定国家发展战略的依据。

进入 20 世纪 80 年代以后，世界形势发生了许多重大变化。一方面，战争的危险依然存在，但和平的力量也在不断增强，战争是可以避免的。邓小平指出："虽然战争的危险还存在，但是制约战争的力量有了可喜的发展。日本人民不希望有战争，欧洲人民也不希望有战争。第三世界，包括中国，希望自己发展起来，而战争对他们毫无好处。第三世界的力量，特别是第三世界国家中人口最多的中国的力量，是世界和平力量发展的重要因素。"① 事实正是如此，战后世界政治格局变化的一个明显的特点，就是占世界总人口 3/4 的第三世界的崛起和壮大。广大第三世界发展中国家摆脱了帝国主义、殖民主义的控制，开始掌握自己的命运，为了发展民族经济，他们迫切需要一个和平的国际环境，为了巩固政治上的独立，他们要反对霸权主义、反对超级大国的控制和干涉，因此，他们成为维护世界和平的主要力量。同时，欧洲和日本也存在着摆脱超级大国控制，谋求独立自主的倾向。在此基础上，全世界和平运动深入发展，成为有效遏制世界战争的重要因素。

另一方面，国际经济发展不平衡、经济关系不平等问题日益突出。这主要表现为北方发达国家与南方发展中国家之间的经济发展的不平衡和经济关系的不平等。广大南方发展中国家虽然在政治上取得了独立，但在经济上的落后状况并没有得到多大改变。这主要表现为全球范围内的南北差距不仅没有缩小，反而有扩大的趋势。例如，从国民生产总值和国民收入来看，发达国家人口占世界总人口的 1/4，收入却占世界总收入的 4/5。而发展中国家人口占世界总人口的 3/4，收入仅占世界总收入的 1/5；从人均国民收入来看，1980 年发达国家人均国民生产总值为 9 684 美元，而同年低收入的发展中国家人均国民生产总值仅 245 美元，前者是后者的约 39 倍；发达国家与发展中国家人民之间的生活水平差距更是触目惊心。20 世纪 70 年代末，发展中国家生活在绝对贫困线以下的有 8 亿多人，到 20 世纪 80 年代末，这一数字又增加了 2 亿多……这种情况表明，南北问题不仅是落后国家的发展问题，实际上也是整个人类的发展问题。如果占世界人口 3/4 的发展中国家永远处于落后状态，那么发达国家的进一步发展也会受到限制。因此，不解决南北问题，人类的发展会遇到困难，这将是一个全球性和长期性的问题。

在科学地分析世界形势的基础上，邓小平从 20 世纪 80 年代初开始就提出了"和平与发展是当代世界两大主题"的论断。他明确指出："现在世界上真正大的问题，带全球性的战略问题，一个是和平问题，一个是经济问题或者说是发展问题。和平问题是东西问题，发展

---

① 邓小平. 邓小平文选：第三卷. 北京：人民出版社，1993.

问题是南北问题。概括起来，就是东西南北四个字。南北问题是核心问题。"① 邓小平关于时代主题问题的科学分析，对于我们正确地判断世界形势，并以此为基础确定国家的发展战略和外交方针，都具有重大的现实意义。

二、和平与发展是当代世界的两大基本潮流

当代世界的时代主题由战争与革命转换为和平与发展，并不表明世界战争的危险已彻底消除、全球发展的问题已得到解决，而是表明和平与发展成为影响人类社会进一步发展的重大问题，应该引起全人类的高度重视，并采取必要的措施加以解决。

（一）当今世界的和平问题

"冷战"时代结束之后，虽然发生世界大战的危险大大降低，但整个世界并不太平，局部战争、地区冲突依然不断出现，霸权主义和强权政治依然威胁着世界的和平与稳定。

1. 地区冲突连续不断

早在 20 世纪 70 年代至 80 年代，地区主义就成为国际政治领域中一个十分突出的问题。越南统一之后，依仗其强大的军事实力，公然入侵柬埔寨，企图建立所谓"印度支那联邦"。印度吞并锡金，以及克什米尔地区的印巴冲突，使南亚次大陆烽烟四起。这些都成为威胁世界和平的隐患。进入 20 世纪 90 年代之后，随着原有的两极世界格局的崩溃，美、苏两个超级大国对世界许多地区的控制力有所减弱，但由地区冲突所导致的局部战争呈现出此起彼伏的态势。其中，尤以伊拉克入侵科威特所引起的海湾危机最为典型。海湾危机和战争是"冷战"后出现的一次重大的国际性危机和局部战争。伊拉克为了追求其地区性军事强国的地位，公然入侵一个主权国家，从而在国际关系中开创了一个很坏的先例，给世界和平留下了阴影。海湾危机虽然在美、英等国的军事干涉下得到解决，但它表明：在美、苏两个超级大国对世界事务的制约作用进一步削弱、世界向多极化趋势发展的情况下，国际权力容易出现分散化的倾向，一些地区性的强国就有可能企图填补权力真空，从而引起地区冲突和局部战争。

2. 民族主义愈演愈烈

世界性的民族主义浪潮的重新抬头，对世界的和平造成重大影响。"冷战"后世界政治格局的调整，引发了许多民族主义问题。例如，苏联各加盟共和国在苏联解体之后，围绕处理彼此的财产、领土、军事等利益关系所产生的矛盾和斗争；独立后的各加盟共和国内部的民族问题，如俄罗斯的车臣问题、格鲁吉亚的反政府武装问题等；南斯拉夫联邦分裂后所引起的巴尔干地区的民族矛盾和战争，如波黑的穆斯林、克罗地亚人与塞尔维亚族之间的民族冲突和战争，南联盟与阿尔巴尼亚之间的科索沃之争引发的南联盟与科索沃阿族人的战争，

---

① 邓小平. 邓小平文选：第三卷. 北京：人民出版社，1993.

阿尔巴尼亚与马其顿之间关于居住在马其顿的阿族人问题的冲突，等等。因此，这些新出现的民族主义与原有的第三世界国家中的民族主义和西方国家内部的民族主义结合在一起，形成一股席卷世界的民族主义大潮，它对世界和平的影响和破坏性是显而易见的。

3. 恐怖主义日益猖獗

随着各种矛盾和冲突的激化，恐怖主义成为危及世界和平的一个重大的社会问题。无论是在发达国家还是在发展中国家，各种各样的绑架、暗杀、爆炸、抢劫等恐怖事件比比皆是。而且，这些恐怖活动通常与种族主义和宗教问题联系在一起，造成的影响往往具有国际性，所造成的破坏往往更加惨烈。例如，美国的"9·11"事件就给整个世界敲响了警钟，要求我们更加关注恐怖主义问题。

除此之外，苏联解体之后，以美国为首的北约组织以"世界警察"自居，动辄对主权国家进行军事干涉，推行霸权主义和强权政治，也是引起世界不安宁的重要因素之一。特别是美、英等国绕开联合国，以伊拉克拥有大规模杀伤性武器和支持恐怖组织为由，大举入侵伊拉克，推翻了萨达姆政权，在世界政治中开创了一个很不好的先例。可见，战后世界形势的发展，使爆发世界大战的危险降至最低点，但距离实现真正的世界和平的目标仍然还有较长的路程，维护世界和平依然是世界人民的重大责任。

（二）当今世界的发展问题

20 世纪 80 年代以来，随着国际关系的进一步缓和，发展问题成为一个十分突出的国际问题。解决发展问题主要是指解决发展中国家所面临的经济问题，也就是要对长期以来所形成的国际经济秩序进行调整。

第二次世界大战结束后，世界经济虽然有了较大的发展，许多发展中国家也初步改变了贫穷落后的面貌，但是，以资本主义国际分工为基础的国际生产体系、以不平等交换为基础的国际贸易体系和以垄断资本为基础的国际金融体系，至今依然是维系发达国家与发展中国家之间经济关系的基础，并且成为影响发展中国家经济迅速发展的重要根源。例如，由于发达国家竭力维护殖民时代所形成的旧有的国际分工，"工业欧美、原料亚非拉"的世界经济布局并没有得到很大的改变，广大发展中国家依然以输出农矿初级产品和劳动密集型产品为主，许多国家形成了具有很大依赖性的畸形的经济结构，这一畸形结构严重影响了这些国家的经济发展。而且，随着世界经济向知识化和信息化方向的发展，发达国家又将一些高污染、高能耗的工业转移到发展中国家，使其受害更深。在国际贸易中，发达国家依靠自己强大的经济实力，对世界市场加以操纵，抬高工业制成品的价格，压低原料和初级产品的价格，利用价格的这种剪刀差来对发展中国家进行盘剥。当发展中国家工业有了一定发展之后，发达国家则利用其出口的大多是资本密集型和技术密集型的产品，而发展中国家大多出口的是劳动密集型产品的情况，采取压低劳动密集型产品的价格或限制其出口数量等手段，使发展中国家继续处于一种不平等的贸易体制下，贸易条件继续恶化。在国际金融方面，发展中国家由于经济发展水平低，国际收支长期处于逆差，往往财政拮据，外汇储备不足，或欠着巨额外债无力偿还，在国际金融机构中处于被动的地位，无法参与国际金融的决策。因此，要实现世界各国的共同发展，首先必须解决发展中国家的发展问题，也就是要打破旧有的国际经济秩序，建立一个公正、合理、公平的国际经济新秩序。

总之，和平与发展是当今世界的主题，已成为影响世界形势发展的两大潮流。和平与发展的两大主题是相互联系、密不可分的，两者互为条件、相辅相成。维护世界和平是人类社会发展的根本前提。没有一个和平的国际环境，就不可能实现世界经济的持续发展，追求一个和平的国际环境是实现各国经济发展的必不可少的条件；反之，促进世界经济发展则是维持和平的根本保障。因为世界性的发展不平衡、贫富差距的扩大，是造成矛盾和冲突的深层次原因。国际经济合作的扩大、广大发展中国家的经济发展和世界贫富差距的缩小，以及由此出现的世界的繁荣和发展，将成为制约战争、维护世界和平与稳定的决定性因素。

第三节　世界政治格局的多极化

一、当代世界政治格局向多极化方向的演变

（一）新旧世界政治格局的转换

从历史上看，战争往往是旧格局的终结者和新格局的催生人。但是，战后形成的两极对抗的世界政治格局是在和平条件下终结的，这就大大增加了新格局诞生的复杂性，使新旧格局转换的过程充满了错综复杂的矛盾和斗争。

目前，世界各主要政治力量都处于一个战略调整时期。因为各种政治力量之间的分化、改组需要一定的时间，所以，目前世界正处于一个动荡不定、新旧格局交替的过渡时期。为了应对"冷战"结束后的新形势，各个国家都在积极进行战略调整，希望能在未来的世界政治新格局中处于主导地位或能发挥更大的作用。美国长期与苏联争霸使其实力相对减弱，虽然想独立控制世界却显得力不从心。为此，美国也希望通过积极地进行战略调整，保持其在国际事务中举足轻重的地位。其他一些主要的政治力量由于实力有限，目前尚不具备与美国直接抗衡的力量，但它们之间的分化与改组在不断地进行。因此，向世界政治新格局的过渡必然会出现一个各种政治力量此消彼长的过程，必然会经历一个较长的和平发展的历史阶段。

同时，旧格局的终结虽然使围绕美、苏之间激烈争霸的矛盾有所缓解，但使两极对抗态势下所掩盖的矛盾尖锐了起来。例如，欧洲原来是美、苏争夺的重点，长期以来，北大西洋公约组织和华沙条约组织对峙，西欧与东欧对立，维持着一种局部的力量平衡。但是，随着东欧剧变、两德统一，"两约"变成了"一约"，造成严重的力量失衡，致使原来退居次要地位的民族矛盾急剧激化，民族冲突、民族复仇、民族分离事件不断出现，这些问题成为欧

洲和平与安全的重大威胁。而且，在苏联解体和东欧国家剧变的过程中，战后形成的主权国家的边界不可更动性的原则被打破，民族纠纷往往导致原来的主权国家的分裂，边界纠纷、边界冲突、边界争夺的危险不断增加，造成局部的动荡。世界各地区冲突不断发生，如中东地区的巴勒斯坦与以色列的冲突，伊拉克侵占科威特所引发的海湾战争等，以及与宗教因素联系在一起的阿富汗的内战、各种恐怖组织制造的恐怖事件等。与此同时，美国和西方支持的"颜色革命"在独联体国家和中亚地区此起彼伏，参与者通常采用一种特别的颜色或者花朵来作为他们的标志，拥护"民主、自由"等所谓"普世价值"，企图通过非暴力手段来抵制他们所认为的独裁政府。"颜色革命"在塞尔维亚、格鲁吉亚、乌克兰和吉尔吉斯斯坦等几个国家实现了政权更迭，推翻了原来的亲俄罗斯政府，建立了亲美国和西方的政府。"颜色革命"在一定意义上是当年美、苏争霸的延续，服务于美国自身地缘政治利益的需要，它所伴随的激烈的社会动荡和发展停滞对这些国家未必是福音。这一切表明：当今世界并不太平，世界政治新格局必然伴随着局部地区的激烈动荡才能最终形成。

（二）世界政治格局的多极化发展趋势

两极格局崩溃之后，世界各主要政治力量之间展开了以争夺在新格局中的主导权为特征的国际角逐和竞争，从而推动了世界政治格局向多极化方向发展，并初步出现了五大力量并立（也有人称为"一超四强"）的世界新政治格局的雏形。美国具有强大的政治、经济、军事实力，它企图构筑以其为主导的单极世界，以实现其世界经济霸权、军事霸权、文化霸权以及在此基础上的政治霸权；俄罗斯继承了苏联主要的军事力量和工业基础，虽然目前社会动荡、经济发展低迷，但仍具有比较雄厚的实力和发展潜力，其发展目标是力图维持大国地位；欧洲地区以统一的德国和法国为首，进一步加强了联合，并在原来的欧洲经济共同体的基础上建立了欧洲联盟，作为一个整体的政治力量与其他政治力量抗衡；日本的经济实力强大，但作为第二次世界大战的战败国，它在世界政治舞台上一直没有多大的发言权，为了改变这种状况，日本力图扩大自己的政治影响，积极参与国际事务，以实现其由经济大国向政治大国转变的目标；中国作为世界上人口最多、地域辽阔的国家，历来在国际事务中发挥着重大的作用，改革开放40多年来，中国的综合国力大大增强，在世界上的影响也越来越大。

这五大政治力量共同构成了世界政治格局的框架，它们之间的竞争和较量，直接影响了世界的政治形势。在安全关系上，美国和日本、美国和欧洲结成联盟，中国与俄罗斯结成战略协作伙伴关系，中国与美国结成建设性战略伙伴关系，这样，在欧洲出现了美国、欧洲、俄罗斯新的"大三角"，在亚洲形成了美国、日本、中国新的"大三角"；在经济与政治上，这五大力量之间的关系错综复杂，欧洲、俄罗斯、日本、中国为了维护自身的利益，反对美国建立单极世界的图谋，有相互配合与美国竞争的趋势。这五大力量之间所形成的双边、多边的利益关系，以及围绕它们所构成的世界各国、各利益集团之间的相互依存、相互牵制、相互矛盾、相互斗争的关系，使世界政治形势呈现出十分复杂的局面。

世界政治格局向多极化方向发展是不可逆转的历史潮流，但是，美国担心这种多极化趋势将会影响其霸主地位，因此，对其国家安全战略进行了重大的调整。早在1991年，当时的布什政府就提出了建立美国领导下的"世界新秩序"的战略，鼓吹"美国在建立世界新秩序的努力中承担着重要的领导责任"。克林顿上台之后，于1993年提出所谓"扩展战略"，其目标是"谋求扩展民主制""扩大这个世界由市场民主制国家组成的自由大家庭"，也就是要求整个世界在美国的领导下，按照西方资本主义的模式发展。1997年年初，美国政府发表了《新世纪国家安全战略报告》，提出了以"营造—反应—准备"为核心的战略方针，其主要内容是要营造一个符合美国国家利益和安全的国际环境，如出现危害这一环境的"危机"，美国应该做出迅速、有效的反应，进行军事干涉、有限打击。在这一战略的指导下，1999年3月，美国对南联盟发动"空中打击"；2001年10月，以美国为首的联军发动了阿富汗战争；2003年3月，美国以伊拉克拥有大规模杀伤性武器为由发动了一场全面战争，共有美国、英国、澳大利亚和波兰4个国家参与作战；等等。2009年，奥巴马政府提出所谓"亚太再平衡"战略，强化美国在亚太地区的存在和力量，以遏制亚太地区新兴大国的迅速崛起。之后，从利比亚内乱到叙利亚战争，一场美国支持的所谓"阿拉伯之春"席卷中东地区，中东地区的内乱开始在各个国家爆发，一度偃旗息鼓的极端组织迅速反扑，威胁美国本土甚至全球的安全，难民危机使欧洲背上沉重的包袱。美国的这种霸权主义和强权政治的推行使许多局部地区的形势更加复杂化，成为解决地区冲突问题的主要障碍。因此，在两极对抗的政治格局崩溃之后，霸权主义和强权政治依然是威胁世界和平与稳定的主要根源，反对霸权主义和强权政治依然是一项长期而艰巨的任务。

二、政治生活的国际化和联合国

当前，国际政治新格局形成的一个基本特征就是各个主权国家的政治、经济、文化等活动日益国际化。首先是经济生活的国际化。随着世界经济一体化的进程加快，各国之间的经济联系日益密切，许多发展中国家原来保守、孤立的经济生活被打破。国外商品的大量涌入、外国投资的纷至沓来，使各类社会群体的价值观念、生活方式、消费心理等发生了重大变化。与经济生活国际化相伴的还有文化生活的国际化。西方文化借助电影、广播、电视等大众传播媒介，纷纷涌入发展中国家，对这些国家的本土文化、原有的价值观念等产生了冲击。经济生活和文化生活的国际化必然导致政治生活的国际化。在美国等西方国家提出的"有限主权论""国界无意义论"，经常以所谓"人权"的名义干涉别国内政的情况下，各个国家内部的政治矛盾、政治事件已不仅仅是其国内的政治行为，还经常与国际政治联系在一起，演化为全球性的政治事件。

在政治生活国际化的背景下，各国必须依靠国际组织来协调国与国之间的关系，化解各种矛盾，维护世界的安定。国际组织是国家之间为了实现既定的目标和任务，根据共同认可的国际条约而成立的常设性组织。它是一种跨国界的多国联合机构，有政府间的国际组织，也有民间的国际组织，还有一些区域性的国际组织，如欧洲联盟、非洲统一组织、东南亚国家联盟、石油输出国组织等。目前，各类国际组织大约有 2 200 个，中国加入了其中的 500 多个。

就政府间的国际组织而言，联合国是当今世界上最大、最重要、最具代表性和权威性的综合性国际组织，现有 193 个会员国，总部设在美国纽约。联合国是在第二次世界大战中产生的。1943 年 10 月 30 日，美、英、中、苏 4 个国家外长在莫斯科会议上通过了《关于普遍安全的宣言》，决定了战后建立普遍安全组织的共同方针和基本原则。1944 年 8 月 21 日至 10 月 7 日，在美国的敦巴顿橡树院召开的国际会议上，与会各国决定在战后建立名为联合国的国际组织，并就联合国的章程、机构和职权达成了协议。1945 年 4 月 25 日，50 多个国家的代表出席了在美国旧金山举行的联合国国际组织的会议。1945 年 6 月 26 日，出席会议的各国代表在《联合国宪章》上签字。1945 年 10 月 24 日，经多数签字国批准，《联合国宪章》开始生效，联合国正式成立。因此，每年的 10 月 24 日就成为世界联合国日。

联合国是世界反法西斯国家互助合作和战后各国人民要求和平的产物。作为一个普遍性、综合性的国际组织，其宗旨为：维护国际和平与安全，制止侵略行为或其他破坏和平的行为；发展国际以尊重人民平等权利及自决原则为根据的友好关系；以国际合作解决国家间有关经济、社会、文化及人类福利性质的国际问题；成为协调各国行动的中心。为了实现上述宗旨，《联合国宪章》规定联合国及其成员国必须遵守的基本原则有：各会员国主权平等的原则；以和平方法解决国际争端的原则；不得以威胁或武力侵犯国家领土完整和政治独立的原则；不得干涉国家内政的原则；和平共处的原则等。这些原则对于协调国与国之间的分歧和利益、以和平手段解决矛盾和冲突，具有十分重要的作用。

联合国设有 6 个主要机构，即联合国大会、安全理事会、经济及社会理事会、托管理事会、国际法院和秘书处。其中，联合国大会由全体成员国的代表团组成，是联合国的主要审议机构，有权讨论《联合国宪章》所规定的所有问题，有权选举安理会非常任理事国和经济及社会理事会、托管理事会的理事国，以及国际法院大法官等。安全理事会是联合国负责维护国际和平与安全方面的主要机构，由 5 个常任理事国和 10 个非常任理事国组成，常任理事国为中国、美国、英国、法国、苏联（苏联解体后由俄罗斯继任），在重大的国际问题上 5 个常任理事国必须取得一致，任何一个常任理事国都拥有否决权，非常任理事国则由大会选举产生，任期 2 年，每年改选 5 个，任期届满不准连任。经济及社会理事会是就世界经济、社会、文化、教育、卫生等问题进行研讨并向联合国大会提出建议的机构。托管理事会是联合国负责监督托管领土的行政管理机构。国际法院是联合国的司法机构。秘书处则是负责联合国日常事务性工作的机构。除此之外，联合国还设有一些专门机构，如国际劳工组织、联合国粮食及农业组织、联合国教育、科学及文化组织、世界知识产权组织、国际民用航空组织等。

按照《联合国宪章》的规定，一切爱好和平的国家，接受《联合国宪章》所载的义务，经安全理事会的推荐，由联合国大会 2/3 以上选票表决通过，就可以成为联合国会员国。中国是联合国创始国和常任理事国之一，但中华人民共和国成立后，由于受到以美国为首的西方国家的阻挠，中国的席位长期被中国台湾所霸占。1971 年 10 月，第二十六届联合国大会以 76 票对 35 票的绝对多数通过恢复中国在联合国的合法席位的提案，将中国台湾清除出联合国及其他国际组织，使中国能够在联合国中发挥更大的作用。

战后，以联合国为代表的国际组织在加强各国之间经济、文化方面的交流与合作，维护世界的和平与安定方面做了许多工作。但是，在美、苏两个超级大国争夺世界霸权的影响下，联合国作用的发挥受到很大影响。"冷战"结束以后，和平与发展成为世界的主题，世界政治格局向多极化方向发展，以联合国为代表的国际组织日益发挥出其在维护世界和平、促进世界经济发展、推动国际合作解决人类所面临的共同问题方面的重要作用。例如，在维护世界安全方面，联合国维和行动的次数大大增加，而且维和内容扩展到组织和监督大选、人道主义救助、协助维持治安、参加临时权力机构等方面。在促进经济发展和解决共同的国际问题方面，联合国为建立国际经济新秩序做了大量的工作，并成为倡导国际合作、解决人类面临的共同问题的主要机构。

三、世界政治多极化格局中的中国

作为世界上最大的发展中国家，中国在经济、军事、科技等方面还比较落后，离世界先进水平还有较大差距，但中国是一个有 13 亿多人口的大国，虽然人均国民生产总值不高，但综合国力位居世界前列，是稳定亚太局势以至世界局势的十分重要的力量。特别是改革开放 40 多年来，我国国民经济一直持续、稳定、高速发展，综合国力迈上了一个新的台阶，这使我国的国际地位和影响日益提高，成为世界多极化政治格局中的重要一极。

面对国际政治形势的变化，我国也在积极进行外交政策的调整，逐步形成自己外交政策的目标和基本原则，主要包括以下内容：

第一，奉行反对霸权主义、维护世界和平的外交政策。[①]"冷战"结束之后，世界并未因此得到永久和平，"冷战"思维依然存在，霸权主义、强权政治并未消失，它们依然是世界和平的主要威胁。霸权主义主要来自超级大国和少数西方发达国家，它们凭借雄厚的经济和军事实力，在国际关系中强制推行西方的价值观，造成了世界上许多地区的矛盾和冲突。对于以美国为首的西方国家推行霸权主义和实行强权政治的图谋，中国一直以密切关注并一贯持坚决反对和抵制的态度，一直把维护世界和平和地区稳定作为对外政策的重要任务。为此，中国在国际政治舞台上团结爱好和平的国家及人民，反对大国主宰和分割世界的强权政治，在联合国和其他国际组织中，支持世界上一切爱好和平的国家提出的和平建议，支持各国维护主权独立，反对帝国主义、霸权主义和种族主义的斗争。同时，中国与第三世界国

---

① 邓小平. 邓小平文选：第三卷. 北京：人民出版社，1993.

家同属发展中国家，虽然与大多数国家的社会政治制度不同，但在反对帝国主义、霸权主义和殖民主义，求得国家的独立和发展的目标方面是一致的。因此，中国把与第三世界国家的团结、合作作为自己对外政策的立足点和基础，并一直把维护第三世界国家的利益作为自己应尽的义务，对第三世界国家反对外来干涉和侵略的正义斗争都给予道义上和政治上的支持。中华人民共和国成立以来，向亚、非、拉80多个国家和地区提供了上千个援助项目，并坚决支持"南北对话"，积极参加"南南合作"，支持广大发展中国家维护和发展本国民族经济。而且，中国作为联合国安理会常任理事国之一，积极支持联合国及安全理事会在维护世界和平、推动裁军进程、促进全球发展及解决国际争端方面发挥重要的作用。此外，我国在朝鲜半岛危机、南亚水下核竞赛、巴以冲突、南斯拉夫地区冲突和科索沃危机等世界"热点"问题的解决和处理上也发挥了积极的作用。实践证明，中国是维护世界和平与地区稳定、反对霸权主义的一支重要的力量。

第二，坚持以独立自主作为我国对外关系的根本原则。近代以来，中国长期遭受帝国主义的侵略和蹂躏，饱受丧权辱国之苦，争取国家独立、民族解放，使中华民族能够自立于世界民族之林，是中国人民多年奋斗的主要目标之一。因此，在中华人民共和国成立之初，毛泽东就明确宣告：中国的事情必须由中国人自己做主，不允许帝国主义国家再有一丝一毫的干涉。中国的宪法也明确规定：中国坚持独立自主的外交政策。独立自主就是要坚持国家的主权独立，坚持国家在处理对内对外事务时具有自主性，具有不受其他国家和外部势力干涉的权利。独立自主原则是中国处理国际关系的根本原则，它要求中国在对外交往时，要坚持中华民族和中国人民的根本利益，维护国家领土和主权不受侵犯，维护民族尊严，也就是说"中国的事情要按照中国的情况来办，要依靠中国人自己的力量来办。独立自主，自力更生，无论过去、现在和将来，都是我们的立足点"[1]。同时，中国不仅自己坚持独立自主的外交政策，也尊重别国人民奉行独立自主的政策，主张各国的事情应由各国人民自己做主，世界上的事情应由各国人民协商解决，在处理国际事务中，应反对大国沙文主义和民族利己主义，不管大国还是小国应该一律平等，不允许以大欺小、以强凌弱。

第三，坚持以和平共处五项原则作为处理对外关系的基本原则之一。和平共处五项原则包括互相尊重主权和领土完整、互不侵犯、互不干涉内政、平等互利、和平共处五个方面，是相互联系、不可分割的统一整体。其中，互不干涉内政是这一原则的核心，互相尊重主权和领土完整、互不侵犯、和平共处是这一原则的基础，平等互利是这一原则在处理经济关系方面的体现。这一原则的实质是反对各种形式的帝国主义、霸权主义和强权政治，尊重各个国家和人民的独立自主和选择符合自己特点的发展道路的权利，维护世界和平。由于它反映了大多数国家和人民的根本利益，符合《联合国宪章》的精神，从而成为当代国际社会公认的处理国际关系的基本准则。1953年12月，周恩来总理在会见印度政府代表团时，首次提出应以和平共处五项原则作为处理中印关系的基础，并获得印度方面的赞同。1954年6

---

① 邓小平. 邓小平文选：第三卷. 北京：人民出版社，1993.

月，周恩来总理分别访问了印度和缅甸，中印、中缅双方在发表的《中印联合声明》和《中缅联合声明》中，正式倡议将和平共处五项原则作为指导国际关系的基本原则。1955年4月召开的万隆会议、1961年9月召开的第一次不结盟国家和政府首脑会议和以后的一系列国际会议都重申以和平共处作为处理国际关系的准则，从而使这一原则被越来越多的国家所接受。中国作为和平共处五项原则的倡导国之一，始终坚持这一原则，与世界上160多个国家建立了外交关系，与200多个国家和地区开展了经济、科技、文化交流和合作，并与所有邻国和周边国家建立了睦邻友好关系，与大多数邻国妥善处理了历史遗留下来的边界问题，在国际事务中主持公道、不谋私利，为推动国际合作、维护世界和平与地区稳定做出了重要贡献。

面对世界政治格局的大变动，中国坚持实行积极的外交政策，主动调整与各大国之间的关系，履行自己作为一个大国对国际事务应尽的责任。中美两国建立了"建设性战略伙伴关系"；中俄两国建立了"战略协作伙伴关系"；中日两国关系虽然由于日本对待历史问题的态度而步履艰难，但就建立"睦邻友好合作关系"达成共识；中国与欧洲国家的关系良好，中法两国建立了"全面战略伙伴关系"，中德、中英之间的交往和合作日益频繁。进入21世纪以后，巴以流血冲突不断升级，恐怖主义的袭击事件频频发生，世界政治依然处于多事之秋。面对国际风云的变幻，中国始终坚持在世界政治格局的大变动中要有所作为的战略思想，实行正确的外交政策，积极促进亚太地区的和平、发展和稳定，为中国改革开放和现代化建设建立一个有利的国际环境。

进入中国特色社会主义新时代之后，中国经济规模已居世界第二位，国家实力和所处的国际环境都发生了巨大变化。面对纷繁复杂的国际形势，中国统筹国内国际两个大局，形成全方位、多层次、立体化的中国特色大国外交格局。中国明确提出中国特色大国外交的根本目的是为实现"两个一百年"奋斗目标和中华民族伟大复兴的"中国梦"塑造良好的外部环境，历史任务是推动构建新型国际关系和人类命运共同体。为此，中国倡导以合作共赢为核心的新型国际关系理念，深化了对和平共处五项原则、和平与发展时代主题和国际政治民主化的论述，坚持国家不分大小、强弱、贫富一律平等，带头走"对话而不对抗，结伴而不结盟"的国与国交往新路，构建全球伙伴关系网；中国提出"共建一带一路"倡议，倡导成立亚洲基础设施投资银行和金砖国家新开发银行，并在全球和地区治理框架中不断提出新理念、新方案；中国坚定走多边主义道路，坚定维护联合国在全球治理中发挥核心作用，推进大国协调和合作，构建总体稳定、均衡发展的大国关系框架，对世界和平与发展事业做出重大贡献。

本章小结

世界政治格局是指在特定的历史时期，国际社会中各个行为主体相互联系、相互作用而形成的一种相对稳定的政治结构和状态。第二次世界大战后，整个世界政治格局发生了重大的变化，欧洲丧失了其保持数百年之久的世界政治中心的地位，以雅尔塔体制的建立为标志，以美、苏两大阵营对抗为鲜明特征的新的世界政治格局形成了。之后，随着美、苏两个超级大国争夺世界霸权的斗争愈演愈烈，世界政治在矛盾斗争中不断发展，直至 20 世纪 90 年代东欧剧变，两极世界的政治格局最终走向崩溃。

时代，指的是人类社会发展的一个大的历史时期，时代主题则反映了该历史时期世界范围内具有普遍性的重大问题。在世界政治格局变化的同时，战后世界的时代主题也发生了重大变化，即由战争与革命转变为和平与发展。虽然和平与发展成为当今世界的两大潮流，但世界战争的危险依然存在，全球发展的问题依然严峻，这应该引起我们的高度重视，并采取措施加以解决。

当今世界正处于新旧政治格局的转换时期，虽然世界政治格局有向多极化方向发展的趋势，并初步形成了五大政治力量，但是，整个世界并不太平，地区冲突、民族冲突不断发生，世界政治领域里依然充满了矛盾和斗争。在这种情况下，我们应该充分发挥以联合国为代表的国际组织在解决国际问题中的作用。同时，中国要坚持独立自主的外交政策，以和平共处五项原则作为处理对外关系的基本原则，反对霸权主义，维护世界和平。

思考与练习题

一、填空题

1. 资本主义的发源地欧洲，长期以来一直都是_____的中心。

2. 1946 年 3 月 5 日，英国首相丘吉尔发表了著名的"_____"演说，成为"冷战"开始的信号。

3. 1949 年 4 月，_____的成立，标志着以美国为首的资本主义阵营最终形成。

4. 由于资本主义政治经济发展不平衡的规律发生作用，资本主义阵营逐步分化，形成了_____、_____、_____三足鼎立的局面。

5. 1968 年，苏联公然出兵占领了_____，使社会主义阵营最终解体。

6. 20 世纪 80 年代的东欧剧变起始于_____和_____。

7. 第二次世界大战之后，时代主题由_____转变为_____。

8. 当前，世界政治格局正在向多极化方向发展，初步出现了美国、_____、_____、_____、_____五大政治力量并立的局面。

9. 1971 年 10 月，第二十六届_____通过了恢复中国在联合国合法席位的提案，将中国台湾清除出联合国及其他国际组织。

二、选择题

1. 第二次世界大战后，美、苏之间全面"冷战"开始的标志是（　　）。

    A. 雅尔塔体制的形成　　　　　　B. "马歇尔计划"的实施

    C. "杜鲁门主义"的出笼　　　　　D. 柏林危机的出现

2. 战后，导致两极世界政治格局形成的基础是（　　）。

    A. 凡尔赛—华盛顿体系   B. 雅尔塔体制

    C. "马歇尔计划"   D. 北大西洋公约组织

3. 20 世纪 80 年代末至 90 年代初，两极世界政治格局最终崩溃，它的标志是（　　）。

    A. 东欧剧变和苏联解体   B. 美国实力的衰落

    C. 华沙条约组织解散   D. 美、欧、日三足鼎立局面的出现

4. 1955 年召开的（　　），表明第三世界国家开始作为独立的政治力量出现在世界政治舞台。

    A. 日内瓦会议   B. 开罗会议

    C. 万隆会议   D. 雅尔塔会议

三、名词解释

1. 雅尔塔体制   2. 世界政治格局   3. 东欧剧变   4. 联合国

四、简答题

1. 如何认识雅尔塔体制建立后的世界政治格局？

2. 简述和平与发展的关系。

3. "冷战"结束后，影响世界和平的不稳定因素主要有哪些？

4. 简述苏联解体的原因。

五、论述题

1. 为什么说两极对抗的世界政治格局崩溃具有历史必然性？

2. 如何理解当今世界政治格局向多极化发展的趋势？

3. 在建立国际政治新格局中，我国外交政策的目标和基本原则是什么？

🔖 推荐阅读书目

[1] 都培炎，王蔚. 当代世界经济与政治. 上海：上海教育出版社，2003.

[2] 胡鞍钢. 中国走向. 杭州：浙江人民出版社，2000.

第九章　现代化、全球化与知识经济时代

学习目标

通过本章的学习，学员应了解现代化的含义和人类社会走向现代化的发展历程以及我国现代化的曲折经历；了解第二次世界大战后世界经济发展的基本脉络，认识当代人类社会经济发展的全球化及其对发展中国家的挑战；了解知识经济的含义和人类社会向知识经济时代发展的趋势。

学习建议

本章共分三节，第一节分析了现代化的含义及世界和我国现代化的发展历程；第二节介绍了第二次世界大战后世界经济的发展和世界贸易组织等问题，以及经济全球化的发展趋势对中国和广大发展中国家的影响；第三节阐述了知识经济的由来和发展情况。在学习中，学员应该掌握现代化、全球化和知识经济的基本含义，并紧密联系我国走向现代化的曲折经历和改革开放所取得的丰硕成果、紧密联系世界经济发展的实际及现实社会生活的实例，以加深对基本概念和基本理论的理解。

第一节　当代人类社会发展的目标——现代化

一、现代化的含义

现代化是一个在政治学、经济学、社会学、历史学等社会科学研究中经常被使用的概念，也是在人们日常生活中经常被提及的名词。但是，现代化的具体含义是什么？学术界至今没有一个公认的定义。从各种常见的说法来看，人们对现代化的理解一般有以下几个角度：

第一，现代化的实质是工业化，是指经济落后国家通过科技革命，大力发展现代工业，实现由农业国向工业国转变的过程。因此，现代化实际上是工业化的代名词。但是，对于什么是工业化的理解则有一个发展的过程。早期人们所理解的工业化是指 18 世纪后半期从欧

洲开始的工业革命所引起的工业化过程，实现现代化就要像欧洲国家那样发展工业生产，使国民经济中工业产值的比重超过农业产值。随着对现代化认识的加深，人们又提出了现代化实际上是指人类社会由传统农业社会向现代工业社会转变的过程的观点。因此，从欧洲开始的工业革命只是世界工业化的第一个浪潮，第二次世界大战后，许多国家都把工业化列为自己的主要奋斗目标，从而掀起了一个新的工业化的浪潮，推动了世界工业化的进程。20 世纪 50 年代之后，经济增长成为世界性的问题，一个新兴工业国的主要标志就是其经济的持续增长，由此，工业化被赋予了新的含义，成为经济现代化的同义语，工业化的指标则变成以经济指数为标准的一系列经济变动。

第二，现代化是指近代自然科学革命以来人类社会急剧变动过程的总称。这种观点与前一种观点的不同之处在于它不是将现代化看作一种单纯的经济行为，而是强调经济发展与社会制度变化的关系，认为自然科学革命造成人类知识的急剧增加，使人类得以控制其生活的环境，并产生特殊的社会变迁方式，使各种传统的社会制度因此发生各种功能性的变化。人类社会随着科学革命的发展而进行的这种适应和调整的过程就是现代化。西方现代化研究中的结构功能学派就持此观点，但具体解释则各种各样。例如，美国学者布莱克认为，现代化就是在科学和技术革命的影响下，社会已经发生和正在发生的转变过程。这一转变过程涉及社会政治、经济、思想等各方面的变化。

第三，现代化是一种"文明的进程"，主要指人类的心理态度、价值观念、生活方式由传统向现代的改变过程。这种观点主要从社会学、文化人类学、心理学的角度来考察现代化。德国著名社会学家和历史学家马克斯·韦伯认为，欧洲资本主义的产生和发展不仅是因为经济和社会结构方面的变化，"归根到底，产生资本主义的因素乃是合理的常设企业、合理的核算、合理的工艺和合理的法律，但也并非仅此而已。合理的精神，一般生活的合理化以及合理的经济道德都是必要的辅助因素"[①]。按照这种观点，现代化就是一种"合理化"，就是人类对自然环境和社会环境的合理性控制的扩大，就是一种全面的理性的发展过程。因此，在现代化的过程中，人的现代化具有关键性的作用。美国著名的社会学家英格尔斯提出，现代化的最终要求是人的素质的变化，也就是要实现从传统的人向现代的人的转变。他通过对 6 个发展中国家的考察，提出了衡量现代人的 12 条标准，认为发展中国家要实现现代化，仅仅强调工业化和经济现代化是不够的，如果不能使自己的国民成为具备现代人格、现代品质的现代人，发展中国家就不能成功地从一个落后国家进入现代国家的行列。可见，现代化不仅依赖经济发展，还要注重政治发展及社会的文化发展和精神发展。

由于现代化是一个多层次、多阶段的历史过程，加之人们认识的角度不同，自然会形成不同的观点。而且，以上几种关于现代化的观点在具体内容上也存在着互相渗透、互相交叉的现象。我国著名学者罗荣渠先生在《现代化新论——世界与中国的现代化进程》中指出："从历史的角度来透视，广义而言，现代化作为一个世界性的历史过程，是指人类社会从工

---

① 罗荣渠. 现代化新论——世界与中国的现代化进程. 北京：北京大学出版社，1993.

业革命以来所经历的一场急剧变革，这一变革以工业化为推动力，导致传统的农业社会向现代工业社会的全球性的大转变过程，它使工业主义渗透到经济、政治、文化、思想各个领域，引起深刻的相应变化；狭义而言，现代化又不是一个自然的演变过程，它是落后国家采取高效率的途径（其中包括可利用的传统因素），通过有计划的经济技术改造和学习先进世界，带动广泛的社会改革，以迅速赶上先进工业国和适应现代世界环境的发展过程。"[①] 罗荣渠先生对如何理解现代化做了比较全面的解释，这种解释有助于我们对现代化含义的把握。

对现代化的研究还表现在对其衡量指标的分析上。在 1960 年日本箱根召开的近代日本研究国际会议上，各国学者提出了"现代化"的 8 条标准：一是人口相对高度的集中于城市和整个社会不断上升的城市中心趋势；二是较高程度的无生命动力能源的利用，商品流动和服务设施的增长；三是社会成员大范围的相互交流以及这些成员对经济和政治事务的广泛参与；四是公社性和世袭性集团的普遍瓦解以及通过这一瓦解在社会中造成更大程度的社会流动性和更加多样化的个人活动领域；五是通过个人对其环境的世俗化和日益科学性的选择，广泛普及文化知识；六是一个覆盖面广泛、渗透深入的大众传播系统；七是大规模的政治、商业、工业社会制度的存在，以及其中官僚管理组织的成长；八是在一个单元（如国家）控制下大量人口不断趋向统一，在一些单元（如国际关系）控制之下相互影响不断加强。这 8 条标准的内容十分广泛，既涉及社会的政治、经济和文化领域，也涉及具体的社会组织、社会管理以及社会信息传播等，几乎覆盖了社会生活的各个方面。英格尔斯也曾提出一个量化的社会现代化指标，具体内容：一是人均国民生产总值在 3 000 美元以上；二是农业生产总值占国民生产总值的比重在 12% 以下；三是服务产业占国民生产总值的比重在 45% 以上；四是非农劳动力占总劳动力的比重在 70% 以上；五是识字人口占总人口的比重在 80% 以上；六是适龄年龄组中大学生的比重在 15% 以上；七是每名医生服务的人数在 1 000 人以下；八是平均预期寿命在 70 岁以上；九是城市人口占总人口的比重在 50% 以上；十是人口自然增长率在 1% 以下。之后，许多学者通过研究也提出了各种不同的现代化衡量指标。

二、现代化发展的历史进程

人类社会由农业社会进入工业社会的过程，即走向现代化的进程，是人类文明史上最为复杂的变革过程。实现这一变革具有"独特的历史规定性"，必须进行各种历史因素的长期积累和撞击，以逐渐形成向现代化定向发展的趋势，也就是说，必须形成启动现代化的必要的前提条件。

人类社会最早是在西欧、主要是在英国出现了现代化变革的前提条件。欧洲文明与中国

---

① 罗荣渠. 现代化新论——世界与中国的现代化进程. 北京：北京大学出版社，1993.

文明、印度文明、阿拉伯文明具有不同的特征，即它是一种典型的地中海商业文明，因为长期接受多种文明的挑战，所以与纯粹的农业文明相比，它具有更大的包容性和发展弹性。从15世纪后期开始，欧洲社会在克服了中世纪的桎梏后出现了新的发展势头，特别是16世纪的地理大发现和随之而来的海外扩张，在经济上促进了大西洋贸易的繁荣和各国商业资本的迅速发展，随之出现了政治上的王权兴起和国家的中央集权化过程，以及思想上的宗教改革、以实验和数学为基础的科学革命和启蒙运动……这一切孕育了早期现代化的基本条件，形成了社会变革的动力。

在西欧各国中，英国在17世纪首先具备了推动社会变革的物质技术条件和社会前提，逐步形成了领先发展的优势地位。这一优势主要包括：①内战后国家政治稳定，行政统一，社会协调，是欧洲最大的国内自由贸易区，从而较早形成全国市场；②农业革命先行，传统农业社会的经济增长率高，土地、劳动力的商品化程度较高，并在农村中最早出现农村手工业区；③得天独厚，早期工业革命所需的煤、铁资源丰富；④传统政治结构多元化，土地贵族权势衰落，王权经历资产阶级革命而受到限制；⑤社会分化程度较高，市民阶级兴起，社会内部未出现大分裂，地主和商人阶级关系相当融洽；⑥宗教世俗化较早，清教主义的神祐理性与谋利精神；⑦科学革命先行，英国在近代科学、技术方面突出的领先地位；⑧国家脱离罗马教廷而独立自主，在经济上不依赖外国，并拥有海峡的独特战略性地利。[①] 正是这些得天独厚的有利条件，使英国成为最早走向现代化的幸运儿。18世纪中叶以后的100年间，英国经济迅速发展，人口增长了3倍，人均收入增长了1倍多，农业在国民经济中的比重大大下降，城市化进程不断发展，在世界各国中率先实现了社会发展的历史性转变。

现代化的历史进程在英国的启动，标志着人类社会的发展开始由农业文明时代进入工业文明时代，人类社会的历史进入一个激烈变革的过渡时期。按照罗荣渠先生的分析，迄今为止，人类社会的现代化进程大约经历了三次大的现代化浪潮。

1. 第一次现代化浪潮

第一次现代化浪潮开始于18世纪后期截至19世纪中叶，是一次从英国开始然后向西欧扩散的工业化进程。这场社会大变革具有双重动因：一方面，它与第一次工业革命密切相关。第一次工业革命以使用非生物性能源和机器大生产为明显特征，其物质技术基础是煤和铁的生产、蒸汽机的使用和各种机器的发明，这些都极大地推动了社会生产力的发展。另一方面，伴随着经济革命而出现的政治革命，如与英国工业革命同期发生的北美独立革命（1776年）、法国大革命（1789年），有力地推动了世界工业化的进程。

由于当时整个社会的技术水平较低，英国工业化的进程首先从轻工业特别是棉、毛纺织业开始，然后逐步扩散到国民经济各个部门。在地域上，工业化则基本是沿着煤、铁蕴藏丰富的地区推进，即首先从英国开始，然后向比利时、瑞士、法国和德国的部分地区发展，进而向世界各地扩展，使整个世界按照新的生产方式进行国际分工。到19世纪中叶，西欧那

① 罗荣渠. 现代化新论——世界与中国的现代化进程. 北京：北京大学出版社，1993.

些疆域不大、资源丰富和农业生产效率高的国家的工业化得到了一定程度的发展，但只有英国真正发生了结构性的变革。1841年，英国国民经济结构发生重大变化，农业产值下降到仅占社会总产值的22%，农业劳动力下降到仅占总劳动力的23%，英国成为世界上第一个初步实现工业化的国家。到1860年，英国这个人口数量仅占世界总人口2%的岛国，拥有的商船舰队数量占世界总量的1/3，生产的工业品数量占世界工业品总产量的45%，出口额占世界出口总额的1/4，进口额则占世界进口总额的1/3，建立了地跨五大洲、使世界历史上任何大帝国都相形见绌的殖民大帝国。

随着第一次现代化浪潮的发展，农业革命以来的第二次社会大分化形成了，人类社会发展进入了一个新的经济时代。以英国为首的新兴工业国的经济发展逐渐由第一产业向第二产业推进，并逐步把拉丁美洲变为自己的热带作物种植基地和矿藏的开采基地，把从非洲到东南亚的广大地区变为自己的贸易殖民地。因此，世界各文明区在发展上第一次拉开了差距。以新兴工业国和工业文明为一端，社会生产力迅速发展，社会逐步向现代转型；以传统农业国和古典农业文明为另一端，经济基础依然以农业为主，社会发展处于停滞和徘徊阶段。

2. 第二次现代化浪潮

第二次现代化浪潮开始于19世纪下半叶截至20世纪初。工业化和现代化在欧洲核心地区取得巨大成就后，继续向周围地区扩散，并从欧洲向世界其他地区传播。继英国实现工业化之后，比利时、瑞士很快基本实现工业化，成为进入现代化的先驱国，并促进了北欧其他国家的现代化进程。法国在经历了半个世纪的政治动荡、德国和意大利在实现了政治统一之后，也相继走上了现代化的道路。同时，在北美洲，美国在取得独立之后，经济和社会快速发展，很快进入现代化国家的行列，20世纪初，美国在经济实力上超过了英国。美国的发展对加拿大、澳大利亚、新西兰等移民国家起到了示范作用，开启了这些国家的现代化发展之路。

这一时期的现代化浪潮表现出典型的"欧化"或"西化"的特征。步入工业化的西方国家，依靠工业文明所生产的洋枪、大炮，疯狂地向海外扩张，把世界上许多国家都卷入了这一浪潮。面对西方世界的扩张压力，中国、日本、埃及、土耳其等东方国家不得不改变原有的社会发展方式，力图通过输入工业化的方式来探索一条防御型现代化的道路。但是，只有日本通过制度重建实现了经济的快速增长，很快进入了工业化阶段，其他东方国家依然在西方世界的压迫下苦苦挣扎，徘徊在现代化的边缘。

第二次现代化浪潮的物质技术基础是电动机、内燃机的发明和使用，其技术水平远远超出蒸汽机的发明和使用，因此，它所带来的社会生产力的增长速度也大大超过了第一次现代化浪潮。从19世纪下半叶开始，世界铁路建设迅速发展，机器化大生产快速推行，科技革命风起云涌，这一切促使世界经济出现了爆炸性的增长。西欧、北美作为资本主义工业化的核心地区初步实现了现代化，各国的发展水平趋于接近，形成世界的发达工业区。就全球而言，在一个世纪内世界工业产品的产量增长了30~40倍，而同期世界人口仅增长了1倍多；

世界经济的人均增长率在 18 世纪是每年不到 0.1%，而在 19 世纪上升为每年 2.6%，这表明人类社会进入了一个新的发展时代。

3. 第三次现代化浪潮

第三次现代化浪潮开始于 20 世纪下半叶，一直延续到今天。第二次世界大战后，世界范围内的工业化发展突飞猛进，真正出现了全球性的社会大变革。这次现代化浪潮的初期发展是与第三次工业革命同步进行的，其物质技术基础是非再生性石油能源的使用及微电子技术和人工合成材料等新技术、新材料的利用。到 20 世纪末，随着世界新技术革命的出现，人工智能技术的进步和互联网的发展，以及生物、空间、海洋、新材料等方面的技术革命，使科学技术直接转化为现实的社会生产力，有力地促进了世界规模的经济增长，大大加速了世界现代化的进程。

在这次现代化的突进运动中，西欧、北美、日本等前期实现现代化的地区和国家进入现代化的高级阶段，社会生产力的发展超越了工业化阶段，第三产业在国民经济中占有重要的地位，出现了以资本密集、技术密集为特征的生产的高科技化、专业化和多样化。第二次世界大战后世界殖民主义体系的瓦解和民族解放运动的兴起，使世界上许多落后国家获得了民族独立，从而步入了现代化发展的大潮。中国、东欧等一些战后建立的社会主义国家，按照不同于资本主义现代化的道路发展了自己的工业化，改变了现代化似乎等同于西方资本主义化的世界发展格局。新加坡、马来西亚等国家，以及中国香港、中国台湾等地区，探索出一条以出口导向为特点的现代化道路，以远远超出早期工业化国家相同阶段的发展速度跳跃式地实现了现代化。西亚、北非等阿拉伯国家依赖丰富的石油资源，大量引进外国资本和技术，由半农半牧社会走上了经济突发性增长的道路，形成以石油工业为支柱的畸形的工业化。拉丁美洲的巴西、墨西哥、阿根廷等国家，也通过探索自主性工业化的道路，正在向现代工业社会过渡。现代化成为一个遍及全球的社会现象。

分析两个多世纪以来的世界现代化的历史进程，我们可以发现世界各国走上现代化的道路是各不相同的。我们可以按照现代化变革因素的来源，将各国走向现代化的道路分为内源的现代化和外源的现代化两大类型。前者主要是由于自身社会发展出现的创新因素，导致了自发的、自下而上的、渐进性的社会变革，经过漫长的社会变革道路，使社会发展进入现代化。后者变革的动因主要来自外部因素的影响和诱导，由于受外部的冲击而导致各种社会矛盾尖锐化，引起内部的思想和政治变革，进而推动经济变革，促使其社会发展走向现代化。因此，内源的现代化是社会自身发展的产物，是一个自然而然的过程，外来的影响居于次要地位；外源的现代化则是在国际环境的影响下产生的，外部因素成为社会发展的主要推动力，内部创新居于次要地位。欧美发达国家走向现代化的道路是典型的内源的现代化，是与工业革命的爆发以及资本主义生产方式的出现紧密联系在一起的。而亚、非、拉广大发展中国家的现代化道路则是典型的外源的现代化，是由对西方工业文明的回应而引起的。但是，无论是内源的现代化，还是外源的现代化，现代化都给人类社会的发展提供了源源不断的动力，使世界由农业文明时代进入工业文明时代。在这一两百年里，社会生产力的发展速度远远超过人类历史上任何一个时代。据估计，1750 年以来，全世界工业生产量增加了约 430 倍，人口增长了约 6 倍，人均国民生产总值增长了约 10 倍，现代化变魔术似地使世界财富涌流，使人类社会的发展进入现代阶段。

值得指出的是，近年来，我国许多学者提出了二次现代化的理论。他们认为，从资本主义工业革命以来，人类社会所经历的是以工业化和城市化为特征的第一次现代化。这一次现代化在 20 世纪五六十年代出现高潮。进入 20 世纪 70 年代之后，随着工业化国家第一次现代化的完成，经济发展的非工业化和社会发展的非城市化的现象日益明显。因此，从 20 世纪 90 年代开始，人类社会发展进入第二次现代化，这次现代化以知识化和信息化为鲜明特征，目前正在世界各国迅猛发展。如果按照两次现代化的理论来分析，从 1950 年到 2000 年，世界上完成或基本完成第一次现代化的国家由 2 个增加到 61 个；进入第二次现代化的国家则从无到有，增加到 24 个。世界现代化的地区差距十分明显。现代化水平最高的地区是北美、北欧和西欧地区。在世界各大洲中，欧洲的现代化水平最高，美洲和亚洲的现代化水平略低于欧洲，非洲的现代化水平较低，而大洋洲的发展很不平衡，澳大利亚和新西兰的现代化水平较高，其余地区的现代化水平则很低。

三、我国现代化问题的提出及实践

我国是世界著名的文明古国，自秦国统一六国以来，尽管也有短期的分分合合，但大一统的封建王朝统治一直相当稳固。在这种大一统的政治格局下，中国形成了灿烂的农耕文明，其独特的、高效能的农业生产基础直到 18 世纪依然保持较高的技术水平；通过严密的科举制度选拔官吏所形成的官僚机器及国内商品生产和贸易的繁荣等，也长期处于世界领先地位。但是，正如亚当·斯密所指出的那样"中国一向是世界上最富的国家，就是说，土地最肥沃，耕作最精细，人民最多而且最勤勉的国家，然而，许久以来，它似乎就停滞于静止状态了。今日旅行家关于中国耕作、勤劳及人口稠密状况的报告，与五百年前视察该国的马可·波罗的记述比较，几乎没有什么区别"[1]。事实确实如此，当西方世界开展工业革命，开辟新航路，进行海外贸易和扩张，开始实现由农业文明向工业文明转型时，清政府却实行了严厉的闭关锁国政策，割断了中国与世界发展潮流的联系，中国的社会和经济发展几乎处于停滞状态。直到 1840 年鸦片战争爆发，堂堂中华泱泱大国居然不敌属于"蛮夷"之列的英吉利岛国，资本主义的坚船利炮终于敲开了中国的大门，促使中国开始探索走上现代化的道路。

中国走上现代化之路不是由于自身社会发展的创新，而是迫于西方世界的压力和拯救民族危亡的需要，因此，中国的现代化是一种典型的外源式的、防御型的现代化，必然要经历一个十分坎坷的艰苦历程。因此，在鸦片战争之后一个相当长的时期里，尽管西方列强的大

---

① 斯密. 国民财富的性质和原因的研究：上卷. 郭大力，王亚南，译. 北京：商务印书馆，2017.

炮迫使中国打开了大门，但当时的清政府并没有认识到整个世界发展的形势，依然坚持所谓"天朝中心"和"夷夏大防"的陈腐观念，力图维持封建王朝的落后统治。直至第二次鸦片战争失败，中国不仅割地赔款，西方列强还打到了京城。同时，沙皇俄国还趁机侵占了我国100多万平方千米的土地。在来自外部的沉重压力之下，清朝统治者才真正意识到问题的严重性，开始了"师夷长技以制夷"的洋务运动。

如果以19世纪60年代的洋务运动为中国现代化的起点，那么，迄今为止，中国的现代化运动可大致分为以下三个阶段：

第一阶段，从1860—1911年，即清王朝最后近50年中统治者为挽救其衰亡命运所做的现代化的努力。这一时期的现代化是在传统制度和权力结构内进行的，推动现代化的力量主要来自封建士大夫阶层，主要由三个截然不同但又互相联系的运动所组成：1860—1894年的洋务运动、1895—1898年的维新运动、1905—1911年的立宪运动。洋务运动是清政府在内忧外患的形势下为了维持其统治而采取的自强运动，主要目的是追求船坚炮利，以实现防卫性现代化。在洋务运动开展的30多年间，中国出现了一大批现代化的军事工业、民用工业和交通运输业，这些工业对以后的中国经济现代化发展具有重要的作用。但是，甲午战争的失败表明，单纯追求经济现代化的道路是行不通的。因此，这之后出现的维新运动和立宪运动都力图对封建的政治制度进行现代革新，以实现政治的现代化。虽然这些运动都以失败而告终，但围绕这些运动所展开的讨论，所采取的如废科举、建新军、成立具有现代意义的行政机构等措施，对中国的政治、经济、文化思想等各方面都产生了积极的影响。

第二阶段，从1912—1949年中华人民共和国成立之前，即中国进入共和时代后，按照西方资本主义模式实现现代化的努力。辛亥革命之后，中国进入社会变革加速的新时期。随着旧秩序的崩溃，中华民族逐渐觉醒，群众性的社会动员和革命运动风起云涌，民族资本主义得到了一定程度的发展，中国社会向现代化的方向缓慢地转变着。同时，第一次世界大战暴露了资本主义发展的危机，俄国十月革命的爆发又使俄国脱离了世界资本主义体系，走上了与资本主义相对立的社会主义现代化发展道路。这些都对中国现代化产生了重大的影响，促使中国的知识分子开始深入探讨现代化的问题。1933年7月，《申报月刊》为纪念创刊周年而刊出了"中国现代化问题号"特辑，在中国首先使用了"现代化"这一术语。该专辑共发表了26篇论文，重点讨论了如何按照现代化的方向来促进中国社会的发展，以及中国现代化的方式是社会主义的还是个人主义的；是靠外国资本促成，还是靠民族资本自发地实现现代化；中国现代化需要哪些先决条件等问题。这之后进行的"中国本位文化"与"全盘西化论"的论战，可以说是关于中国现代化问题所进行的深入的讨论。当中国人正在寻求中国现代化道路，中国资本主义工业化正在缓慢推进的时候，1931年日本悍然发动了全面的侵华战争，中断了中国的现代化进程。只有先救亡图存，才能进行经济建设，因此，进行政治变革成为中国发展的首要问题。在中国共产党的领导下，中国人民取得了抗日战争的胜利，推翻了国民党反动派的统治，建立了中华人民共和国，开辟了一条在民族独立基础上的新的现代化道路。

　　第三阶段，从 1949 年中华人民共和国成立至今，即中国在中国共产党的领导下，按照社会主义现代化的道路实现现代化的努力。中华人民共和国的成立，标志着中国人民真正能够独立自主地探索中国现代化的道路。在当时的历史条件下，我国先是照搬苏联社会主义现代化的模式，按照苏联的做法，建立了独立的工业体系，初步实现了国家的工业化。进入 20 世纪 60 年代之后，由于中、苏关系的恶化以及中国共产党在阶级斗争问题上的失误，我国实行了一定程度的闭关锁国政策，现代化之路也出现了曲折。20 世纪 70 年代之后"拨乱反正"，我国重新走上改革开放、寻找一条适合中国国情的具有中国特色社会主义的现代化道路，现代化建设的步伐也日益加快。进入 21 世纪之后，我国在整体上进入了小康社会，现代化的实现程度进一步提高。中国现代化战略研究课题组和中国社会科学院中国现代化研究中心发表的《中国现代化报告》采用定量分析和定性分析相结合的研究方法，对世界 131 个国家（人口超过 100 万人和统计数据比较齐全）的现代化实现状况进行追踪研究，从 2001 年开始每年发布一份报告。按照《中国现代化报告2016——服务业现代化研究》的测算：截至 2013 年，在世界 131 个国家中，中国的现代化发展大约处于发展中国家的中间水平，进入初等发达国家行列，与世界中等发达国家的差距比较小，但与发达国家的差距还比较大。其具体表现为：2013 年中国第一次现代化指数约为 98，世界排名第 52 位；中国第二次现代化指数为 41，世界排名第 57 位；综合现代化指数为 40，世界排名第 67 位。目前，我国现代化实现程度存在很大的地区差异。2013 年，中国内地 31 个地区中，北京、上海、天津、浙江、广东和江苏 6 个地区已经完成以工业化和城市化为主要特征的第一次现代化，福建、辽宁、山东、重庆、内蒙古、吉林、山西、陕西、湖北、宁夏、湖南、江西、河北、黑龙江、安徽、青海和四川 17 个地区基本实现第一次现代化；在以知识化和信息化为主要特征的第二次现代化水平方面，北京和上海已经达到发达国家的水平，天津、江苏、浙江、广东、辽宁、重庆、山东和福建 8 个地区已经达到中等发达国家的水平，陕西等 19 个地区达到初等发达国家的水平；按照综合现代化指数评价，北京、上海、天津、浙江、江苏、广东和辽宁 7 个地区达到中等发达国家的水平，福建等20 个地区达到初等发达国家的水平。2013 年，我国香港、澳门和台湾地区的现代化水平处于中国地区水平的前列。我国香港、澳门和台湾地区的第一次现代化指数都已达到 100，并已经进入第二次现代化，其中，我国香港和澳门地区进入第二次现代化的发展期，我国台湾地区进入第二次现代化的起步期。

　　随着世界新技术革命的迅速发展，知识经济初见端倪，综合国力竞争日趋激烈，我国虽然基本实现第一次现代化，但还面临着实现第二次现代化的艰巨任务。如何适应这一新的形势，继续推进中国现代化的步伐，实现中华民族的伟大复兴，依然是摆在每个中国人面前的严峻课题。

第二节　世界经济的全球化

一、战后世界经济的发展

1. 世界经济的产生和早期发展

在资本主义出现之前，虽然各个国家、各个民族之间也存在着一定范围的贸易往来，有些地方如地中海地区的国与国之间、地区与地区之间的贸易十分发达，但是从全球来看，世界经济基本上还处于一种分割、分散的状态。资本主义生产方式的出现是世界各国经济由分散走向统一的根本原因。18世纪60年代开始的第一次产业革命，使资本主义生产实现了由工场手工业向机器大工业的过渡，促进了资本主义经济的迅速发展，以英国为代表的少数资本主义国家成为世界工厂，向世界各地进行大量的商品输出，争夺廉价原料和商品市场成为这一时期资本主义竞争的鲜明特征。随着商品交换与国际贸易的发展，全球范围内逐步形成世界性的大市场和国际分工体系，广大亚、非、拉国家沦为资本主义国家的原料产地和商品输出地。

19世纪70年代至第一次世界大战前，资本主义完成了由自由竞争向垄断的过渡，资本输出成为这一时期资本主义生产的鲜明特征。资本主义凭借资本和大炮向世界各地扩张，世界最终被资本主义从经济和领土上瓜分完毕，统一的资本主义世界经济得以形成。随着资本和生产向国际化方向发展，资本主义生产方式也实现了国际化，极少数先进的资本主义国家在资本主义世界经济体系中占据着主导地位，而大多数殖民地、半殖民地和落后的民族国家则处于被压迫、被剥削的地位，宗主国与殖民地、资本与劳动之间的矛盾和斗争十分激烈，出现了世界范围内贫富两极的对立。但是，资本主义世界经济的形成，打破了各个国家、各个民族在经济上的闭关自守，使世界经济在交流中不断得到发展，因此，在人类社会发展的历史上具有重大的意义。

1917年俄国十月社会主义革命爆发后，世界上诞生了第一个社会主义国家。社会主义经济制度的出现，打破了资本主义经济的一统天下，世界经济进入资本主义和社会主义两种经济制度并存的历史阶段。世界经济关系也出现了复杂的局面，既存在帝国主义国家与殖民地、半殖民地国家之间的掠夺与被掠夺的关系，以及帝国主义国家之间的经济矛盾和斗争，也存在帝国主义国家与社会主义国家之间在经济上的相互依存、相互斗争，以及社会主义国家与落后民族国家之间的经济关系。同时，第一次世界大战后，世界资本主义进入一个相对稳定发展的历史时期，资本主义经济得到了很大发展。但是，由于资本主义政治、经济发展不平衡规律的作用，英、法等老牌资本主义国家的经济发展比较缓慢，德、日等新兴资本主义国家的经济则迅速发展，资本主义国家之间争夺世界市场和重新分割殖民地、半殖民地的矛盾和斗争日趋激化，终于爆发了第二次世界大战。战争使参战国遭受了巨大的经济损失，使世界经济的发展处于停滞状态，也极大地改变了世界经济的格局。欧洲大陆由于受到战火的蹂躏而使经济倒退、人民生活困苦，美国则是参战国中唯一没有因为战争而遭到直接破坏的国家，经济反而由于战争的刺激得到了很大发展，因此，美国的经济地位上升，在国内生产、对外贸易和金融地位等方面都大大超过了其他国家，出现了西方资本主义国家只能依靠美国的经济援助和军事援助而勉强支撑的局面。

2. 布雷顿森林会议和布雷顿森林体系的建立

为了维护美国在战后世界经济体系中的霸主地位，第二次世界大战末期，美国就开始筹划如何在战后重建世界经济体系，并从贸易、投资和金融等方面设计了一套方案。在美国的倡导下，1944 年 7 月 1 日至 22 日，44 个国家在美国新罕布什尔州的布雷顿森林举行了联合国货币金融会议，即著名的布雷顿森林会议。在这次会议上，美国依赖其强大的政治、经济实力，迫使与会国接受了它提出的方案。会议通过的《最后议定书》，以及《国际货币基金组织协定》和《国际复兴开发银行协定》2 个附件，统称为"布雷顿森林协定"。其主要内容包括：第一，实行美元与黄金挂钩，其比价为美国政府于 1934 年规定的 35 美元兑换一盎司黄金，美国政府承担国际货币基金组织会员国的中央银行和政府机构按照这一价格用美元兑换黄金的义务。第二，各会员国的货币与美元挂钩，并与美元固定比价，各国政府要维持其货币汇率的变动不得超过货币平价上下各 1% 的范围，并有责任维持汇率与金价的稳定。以"布雷顿森林协定"为基础建立的这种双挂钩的国际货币制度称为布雷顿森林体系。

布雷顿森林体系确立了美元作为国际储备货币的特殊地位，形成了以美元为中心的世界货币体系，对战后资本主义世界贸易乃至世界经济的发展起到了积极的推动作用。此外，它也奠定了美国在战后世界经济格局中的霸权地位，使美国获得了一种特殊的权利，即可以无限制地对外支出美元，其国内的经济政策基本上不受国际收支状况的影响。但是，以单一货币美元作为世界储备货币具有内在的不稳定性，容易导致出现美元危机，影响其他国家的金融稳定和经济发展，存在着严重的缺陷。

根据"布雷顿森林协定"，1945 年 12 月国际货币基金组织和国际复兴开发银行（世界银行）正式成立。这两大金融组织是维持布雷顿森林体系正常运行的重要机构。国际货币基金组织的主要职能是：监督双挂钩的固定汇率制；通过资金融通，向国际收支困难的国家提供短期财政援助；建立储备基金。国际复兴开发银行（世界银行）的主要职能是：为成员国提供生产性长期贷款和各种技术援助。由于美国在这两个机构中认缴的资金份额最多，按照规定，它也就拥有了最大的表决权，因此，这两个世界性的金融机构实际上被美国所控制，成为美国推行经济霸权主义的重要场所。

3. 多极化的世界经济格局的形成

战后初期，美国的经济实力雄踞世界首位。1948 年，美国的工业产量占资本主义世界的 1/2，出口量占整个世界出口总量的 1/3，黄金储备占资本主义世界的 3/4，美国还是世界上最大的债权国，因此，在战后建立世界经济新秩序的过程中，美国理所当然地处于主导地位。开始的时候，苏联对美国关于建立战后国际经济秩序的构想比较赞同，参加了布雷顿森林会议，成为国际货币基金组织的发起国，并认缴了12亿美元的资本。但是，随着战后美、苏之间矛盾的逐步发展和日益激化，苏联拒绝批准"布雷顿森林协定"，拒绝加入国际货币基金组织和国际复兴开发银行（世界银行）。1947年3月，美国向苏联正式发动"冷战"。之后，随着两大阵营对峙的政治格局的形成，东西方逐步出现了相对隔离的社会主义和资本主义两大经济体系。

1947年6月5日，美国国务卿马歇尔在哈佛大学的演讲中提出了"欧洲复兴方案"，史称"马歇尔计划"。1948年4月，美国国会通过了《美国对外援助法》，使"马歇尔计划"具备了法律形式，从而得以实行。按照这一计划，美国拨款100亿美元用于援助西欧国家作为复兴战后经济之用，同时要求受援国家开放国内市场，减少与社会主义国家的贸易，把进步力量排挤出政府等。英国、法国、意大利、联邦德国等17个欧洲国家分别接受了这些条件，与美国签订了双边协定。1949年11月，在美国的提议下成立了巴黎统筹委员会（简称"巴统"），参加者有美国、英国、法国、意大利、日本等国家。这一组织主要对社会主义国家实行出口管制和经济封锁，当时被禁运的商品占国际市场上流通商品的50%左右。1951年，美国国会又通过了《巴特尔法案》，规定凡"巴统"成员国向社会主义国家出口所谓的战略物资，将会受到剥夺获得美国军事、经济和财政援助的惩罚。通过以上措施，美国将西欧国家和日本与自己在经济上紧密地联系在一起，形成以美国为首的、与社会主义国家相对立的资本主义经济体系。

苏联在战后加快了经济恢复和发展的步伐。在第二次世界大战中，苏联遭受了极大的损失，共有1 700多座城镇和7万多个村庄被毁，死亡人数达2 700多万人，直接经济损失高达5 000亿美元。经过几年的努力，到1950年，苏联的工业总产值比1940年增长了73%，生铁、钢、煤炭、石油等主要工业产品的产量均超过战前水平。同时，为了在经济上与美国抗衡，苏联还加强了与东欧国家以及其他社会主义国家的经济合作。而且，资本主义国家对社会主义国家的经济封锁和贸易禁运，人为地割断了东西方之间正常的贸易往来，使社会主义国家无法利用国际分工和世界市场来加快自己的经济发展，迫使它们只有通过社会主义国家之间的经济合作和交流来发展经济。1949年1月，在苏联的倡导下，经济互助委员会（简称"经互会"）在莫斯科成立，成员国有苏联、保加利亚、匈牙利、罗马尼亚、波兰和捷克斯洛伐克，先后参加经互会的还有阿尔巴尼亚、民主德国、蒙古、越南等国家，南斯拉夫、芬兰、伊拉克、墨西哥等国家也曾与该组织签订合作协定。因此，经互会这一由苏联与东欧社会主义国家组成的地区性经济合作组织，逐步扩展为多边的国际经济合作组织。社会主义国家之间的经济联系迅速加强，最终使"统一的无所不包的世界市场瓦解"，出现了与资本主义世界市场互相平行、互相对立的社会主义世界市场，与资本主义经济体系对立的社会主义经济体系最终形成。

在"马歇尔计划"的援助下，西欧国家的国民经济于1950年恢复到了战前水平。1951年4月，法国、联邦德国、意大利、比利时、荷兰、卢森堡6个国家签订了《欧洲煤钢联营条约》，决定以法国和联邦德国的煤钢工业为核心，将西欧国家的煤钢工业部门联合起来。

1957 年 3 月，以上 6 个国家又在罗马签订了《欧洲经济共同体条约》。1958 年 1 月 1 日，欧洲经济共同体正式成立。1959 年，欧洲自由贸易联盟成立。西欧国家的联合扩大了内部市场，增强了对外的经济竞争力，有力地推动了这些国家的经济发展，使欧洲的经济实力急剧上升。同时，在美国的扶植下，日本经济也于 1955 年恢复到了战前水平。从 1956 年开始，日本经济进入高速发展阶段，年均经济增长率和年均国民收入增长率都达到 10% 左右。日本的国民生产总值在 1966 年超过法国，在 1967 年超过英国，在 1968 年超过联邦德国，成为资本主义世界中仅次于美国的经济大国。西欧和日本经济实力的上升，严重影响了第二次世界大战结束初期形成的美国经济的优势地位。从 20 世纪 50 年代中期开始，美国经济发展缓慢，国际收支恶化，黄金大量外流，美元的信用大大下降。1960 年，资本主义世界爆发了战后第一次美元危机。之后，美国的国际贸易赤字猛增，已无法维持统一的美元黄金官价。1971 年 8 月 15 日，美国被迫宣布停止各国中央银行用美元向美国兑换黄金，美元与黄金脱钩。同年 12 月，美元在战后第一次贬值，宣告布雷顿森林体系开始崩溃。1975 年，美国的工业产量、出口贸易额和黄金储备分别降为资本主义世界的 38.7% 、13.4% 和 27% 。随着美国经济地位的下降和西欧、日本经济地位的上升，在资本主义世界中，美国、西欧、日本三足鼎立的经济格局终于形成。

二、经济全球化的出现和发展

1985 年，"经济全球化"的概念由提奥多尔·拉维特在《市场全球化》一文中首先提出。1986 年，经济合作与发展组织的首席经济学家 S·奥斯特里对"经济全球化"概念的运用，使这一概念逐步被人们所接受。之后，"全球化"成为学术界、企业界、政界频繁使用的一个概念。"全球化"在广义上可指经济、政治、文化的全球化，但在通常的意义上主要指经济的全球化。对"经济全球化"的含义，不同的人有不同的理解，但一般认为全球化是一种跨越民族、国家疆界的经济活动的扩展，它使各国经济之间相互依存、相互依赖的程度加深，使国际经济合作和国际贸易的规模不断扩大、范围迅速扩展，从而促使各国经济走向开放、走向市场化，促使世界经济在某种程度上趋向一体化。

"经济全球化"的概念是在 20 世纪 90 年代提出的，但是，经济全球化作为一种经济现象则早已出现。马克思、恩格斯在《共产党宣言》中就指出："美洲的发现、绕过非洲的航行，给新兴的资产阶级开辟了新天地。东印度和中国的市场、美洲的殖民化、对殖民地的贸易、交换手段和一般商品的增加，使商业、航海业和工业空前高涨……以前那种封建的或行会的工业经营方式已经不能满足随着新市场的出现而增加的需求了。工场手工业代替了这种经营方式。"随着需求的增加、生产的发展，"甚至工场手工业也不能满足需要了。于是蒸汽和机器引起了工业生产的革命。现代大工业代替了工场手工业……但是，市场总是在扩大，需求总是在增加……大工业建立了由美洲的发现所准备好的世界市场。世界市场使商业、航海业和陆路交通得到了巨大的发展。这种发展又反转过来促进工业的扩展"①。而且，"资产阶级由于开拓了世界市场，使一切国家的生产和消费都成为世界性的了。……资产阶级挖掉了工业脚下的民族基础。古老的民族工业被消灭了，并且每天都还在被消灭。它们被新的工业排挤掉了，新的工业的建立已经成为一切文明民族的生命攸关的问题；这些工业所加工的，已经不是本地的原料，而是来自极其遥远的地区的原料；它们的产品，不仅供本国消费，而且同时供世界各地消费了。旧的、靠本国产品来满足的需要，被新的、要靠极其遥远的国家和地带的产品来满足的需要所代替了。过去那种地方的和民族的自给自足和闭关自守状态被各民族的各方面的互相往来和各方面的互相依赖所代替了"②。可见，随着对外贸易的扩大、世界市场的形成，以及资本主义机器大工业的发展，封建时代的那种经济上的自给自足和闭关自守必将被打破，经济发展必将趋向全球化。

进入 20 世纪 50 年代之后，关税及贸易总协定（General Agreement on Tariffs and Trade，GATT，简称关贸总协定）、国际货币基金组织和世界银行等国际经济组织的建立，使各国在经济上的合作和联系更加紧密，促使世界经济进一步向国际化方向发展，特别是现代科技的发展，给经济全球化带来了巨大的推动力。

从世界经济发展的历程来看，每一阶段的经济发展都是与科技的进步和革命紧密相连的。人类历史上经历了三次科技革命，世界经济的发展也经历了三个发展阶段。以蒸汽机的发明和使用为代表的第一次科技革命发生在 18 世纪，它使机器大工业代替了资本主义工场手工业，伴随着机器大工业的发展和产业革命先后在英国、美国、法国、俄国、日本等国家的完成，全球范围内形成了以商品交换关系为基础的世界市场，出现了以"商品国际化"为特征的世界经济。资本主义机器大工业所生产的廉价商品打破了自给自足的自然经济的束缚，使世界上大多数国家的生产和消费具有世界性；以电动机的发明和使用为代表的第二次科技革命发生在 19 世纪，它使资本主义生产的规模不断扩大，加速了资本的积累和集中，从而使资本主义由自由竞争阶段过渡到垄断阶段，资本主义国家在输出商品的基础上，发展为向国外大量地输出资本，纷纷在殖民地、半殖民地国家开办工厂，利用当地廉价的劳动力和原料，生产的产品也基本上在当地销售，形成了以"资本国际化"为特征的世界经济；第三次科技革命开始于 20 世纪，以通信和计算机、生物化学、材料科学等方面的技术发展为标志，使世界经济进入跨国生产和经营的阶段，从而出现了以"生产的国际化"为特征的世界经济，也就是通常所说的经济全球化。20 世纪 70 年代以后，随着第三次科技革命向更高层次的发展，经济全球化成为一种普遍的经济现象。

根据联合国贸易与发展会议的报告，经济全球化应该包括自由市场、投资流动、贸易和信息的一体化等，也就是使货物、服务、生产要素能够更加自由地、跨国界地流动，使世界大部分国家和地区的经济形成一个统一的、紧密联系的经济运行体系。一般来说，经济全球

---

① 中共中央马克思恩格斯列宁斯大林著作编译局. 马克思恩格斯选集. 2 版. 北京：人民出版社，1995.
② 同①.

化主要表现在以下三个方面：

第一，贸易的全球化。随着各国社会生产力的不断发展，进入世界市场进行国际贸易的国家和地区不断增多，世界贸易的规模不断扩大。据统计，1950 年世界出口贸易额仅为 610 亿美元，1970 年增加到 3 150 亿美元，1990 年达到 34 470 亿美元，1998 年则上升到 65 150 亿美元，1998 年比 1950 年增长了近 107 倍。而且，世界贸易的结构也发生了重大变化。货物贸易的比重有所下降，服务贸易的比重有所上升，全球服务贸易占全球贸易总量的比重由 1980 年的 17% 增加到 1993 年的 22.2%。在货物贸易中，初级产品的比重迅速下降，工业制成品的比重快速上升，在 1937 年的世界货物贸易中，初级产品和工业制成品的比例为 63% 和 37%，1973 年这一比例变为 38% 和 62%，1997 年则变为 18% 和 82%，而且在近几年，工业制成品中高附加值的机械零部件、信息技术产品的比重上升速度较快。在服务贸易中，传统的劳动密集型的服务出口比重下降，而以金融、保险、邮电通信为代表的信息服务业、知识与资本密集型的服务出口比重上升较快。同时，国际贸易的关税壁垒进一步消除，世界贸易越来越趋于自由化。经济发达国家工业制成品的关税由原先的平均 40% 下降到 4% 左右，发展中国家的关税也下降到 11% 左右，而且进口配额、进口许可证、出口补贴等受到一定限制，减少了国际贸易发展的障碍。随着"冷战"的结束，国际贸易的范围也不断扩大，从一般商品的贸易扩大到敏感商品的贸易，从有形的商品贸易发展到无形的服务贸易，从单纯商品贸易领域扩展到与贸易有关的知识产权、投资、金融甚至环境等领域。世界贸易组织于 2019 年 4 月发布的《全球贸易数据与展望》报告显示，2018 年，全球商品出口总额为 19.475 万亿美元，全球商品进口总额约为 19.867 万亿美元，全球贸易总额约为 39.342 万亿美元。其中，中国贸易进出口总额为 4.62 万亿美元，同比增长 12.6%，占全球贸易总额的 11.75%，继续保持全球第一的货物贸易国，并赶超了美国。世界贸易的发展有力地促进了世界经济的发展，从而成为经济全球化的重要基础。

第二，生产与经营全球化。当今世界，跨国生产和经营成为一种普遍的现象。例如，关于波音飞机，其零部件的生产可以在中国、法国或其他国家，组装可以在美国，销售则可以遍及全世界。耐克品牌的鞋的设计在美国，生产在马来西亚，然后运到中国或世界各地销售。跨国生产和经营可以充分利用全球的生产要素，并对全球范围内的生产要素进行最佳的配置和组合，有助于促进世界经济结构的调整。由于发达国家和发展中国家的经济发展阶段和工业化发展水平不同，它们的产业结构的变化也不一样。主要发达国家的产业结构向高层次发展并将较低层次的产业（主要是制造业）向发展中国家转移，出现了第三产业（服务业）在国民经济中的比重迅速上升、第二产业稳中有降、第一产业急剧下降的情况；由于经济发展，新兴发展中国家的第二产业和第三产业在国民经济中的比重都有不同程度的上升，第一产业的比重则有所下降。产业转移和经济结构的调整，可以充分发挥社会化大生产的作用，获得较好的经济效益，同时也引发了世界范围的投资浪潮，推动了国际贸易的发展和各国经济的发展。

在这股生产与经营全球化的浪潮中，跨国公司通过国际直接投资和各种经济合作方式，成为国际化生产与经营的载体、组织者，对经济全球化起到了重要的推动作用。因此，在经济全球化的发展过程中，跨国公司也得到很大的发展。根据联合国贸易与发展会议发表的《1998 年世界投资报告》统计，1997 年全世界跨国公司母公司约有 53 000 家，附属于它们的外国企业约有 45 万家，总资产达到 13 万亿美元，它们掌握了全世界 1/3 的生产、2/3 的国际贸易、2/3 的国际投资、2/3 的国际专利。根据 1998 年美国《财富》杂志统计，全球最大的 500 家跨国公司的营业收入为 11.44 万亿美元，利润为 4 044 亿美元，资产为 33.27 万亿美元，雇员人数为 3 552 万人。营业收入超过 1 000 亿美元的跨国公司有 11 家。其中，美国通用电气公司的销售额为 1 683 亿美元，接近中国当年的出口额；美国的沃马特公司是全球最大的零售商，其营业收入在 1998 年达到 1 450 多亿美元，是中国全年社会零售货物总额的 45%；资产额最大的是日本东京三菱银行，其资产在 1996 年就达 6 965 亿美元，远高于中国当年国有工业总产值。许多跨国公司的经济实力甚至超过了国家的经济实力，如果把跨国公司也当作一个独立的经济体来看，那么全世界 100 个最大的经济体当中，跨国公司占 51 个，另外 49 个才是国家。

第三，金融全球化。金融全球化首先表现为随着国际投资的发展，金融市场逐步国际化。国际直接投资规模直线上升，1960 年为 680 亿美元，1992 年增加到 19 480 亿美元，1997 年达到 34 560 亿美元。国际金融市场飞速发展，1973 年国际外汇交易市场每天的交易额仅为 150 亿美元，1983 年达到 600 亿美元，1992 年达到 9 000 亿美元，1997 年则发展到 14 000 亿美元；另外，国际证券、股权和借贷等交易也迅速发展。其次表现为金融机构的国际化。除了国际货币基金组织、世界银行之外，世界上还出现了一些区域性的国际金融机构，如亚洲开发银行、非洲开发银行、伊斯兰开发银行、欧洲复兴开发银行等。而且，跨国银行的力量日益增强，它们大多集中在欧美国家。例如，1998 年公布的按海外资产排名的全球前 50 名银行中，美国、法国各 5 家，英国、加拿大、德国各 4 家，中国仅有中国银行 1 家入选。金融全球化是经济全球化进程的一个十分重要的方面，它通过金融市场网络，用资金的纽带将各国经济联结在一起，构成了国际化大生产的基础，推动了国际贸易和国际经济合作的发展，使经济全球化进一步深化。

总之，经济全球化是当今社会发展的一个客观的历史进程，是社会生产力发展的必然结果。从整体和长远来看，它对于世界经济的发展起到了积极的推动作用。这表现为：经济全球化推动了国际贸易的发展，有利于国际贸易在更大的范围内实现供求平衡；它也推动了各种生产要素向低成本国家流动，有利于发展中国家的经济发展。据统计，1990—1997 年，流入发展中国家的国际资金增长了 5 倍，年均流量达到 2 650 亿美元，从而为发展中国家带来了发展活力和新的机遇。

但是，经济全球化从一定意义上来说是由发达国家主导的世界经济进程，对于发展中国家则是一把"双刃剑"。它既有推动世界经济发展的积极影响，也有进一步扩大发达国家与发展中国家之间贫富差距的消极影响；既提供了利用外资、技术和世界市场，利用发达国家的产业转移提高发展中国家工业化水平的机遇，又使发展中国家的经济命脉在一定程度上掌握在别人的手中，当国际贸易或金融市场出现风吹草动的时候，就可能使发展中国家的经济发展受到影响，甚至出现严重的危机。因此，经济全球化也是一场挑战，如果不能有效地控制它的消极因素，发展中国家的经济发展就有陷入困境的可能，而发达国家最终也将难逃其影响。例如，东南亚金融危机导致东南亚各国经济发展的衰退，并波及发达国家就是明证。2018 年 11 月，针对世界保护主义、单边主义抬头，在经济全球化遭遇波折之际，习近平主席在首届中国国际进口博览会开幕式主旨演讲中明确指出："世界上的有识之士都认识到，经济全球化是不可逆转的历史大势，为世界经济发展提供了强劲动力。"顺应经济全球化的历史大势，就应坚定开放合作信心，坚持开放的政策取向，旗帜鲜明地反对保护主义、单边主义，推进贸易和投资自由化、便利化，才能让经济全球化的正面效应更多地释放出来，共同应对风险挑战；就应积极推动开放合作，共同建设开放型世界经济，推动经济全球化朝更加开放、包容、普惠、平衡、共赢的方向发展，才能让各国人民共享经济全球化和世界经济增长成果，实现共同发展。

三、经济全球化与区域经济一体化

在经济全球化发展的过程中，出现了区域经济一体化的现象。所谓区域经济一体化，指的是特定区域内的国家或地区，通过签订协定和条约或通过组建一定的经济合作组织，消除各种贸易壁垒，实现区域内生产要素的自由流动和生产分工的最优化，直至在一定程度上达成各国或各地区经济政策及经济体制上的统一。

区域经济一体化的组织形式多种多样，按照一体化目标由低到高我们可将其分为以下几种形式：一是自由贸易区。在这一组织形式下，区域内各国取消内部关税和各种非关税贸易壁垒，但各成员国保留经济主权，对外贸易等各项经济政策仍保持独立，如欧洲自由贸易联盟。二是关税同盟。这是在区域内部自由贸易基础上发展起来的经济合作形式，它要求同盟各成员国建立统一的对外关税，并在对外贸易政策上取得某种程度的一致。三是共同市场。除了关税同盟之外，各成员国还允许资本、劳动力、技术等各种生产要素在区域内自由流动。四是经济联盟。在共同市场的基础上，经济联盟几乎将协调机制延伸到成员国的国民经济的各个领域，在财政政策、金融政策、贸易政策、产业政策、区域发展政策、社会保障政策等方面达成一致，并建立超越国家主权之上的经济协调管理机构。五是完全的经济一体化。在这一组织形式下，区域内形成超越成员国主权的国民经济体制，建立的超国家的管理机构拥有区域内各成员国所认可的经济、政治、社会等领域的立法权、司法权和行政权，各成员国成为区域一体化组织内部的各个经济地区。

在 20 世纪 50 年代，以欧洲煤钢联营和其后欧洲经济共同体的建立为标志，欧洲开始了区域经济一体化的进程。进入 20 世纪 90 年代以后，区域经济一体化有了很大的发展，几乎成为一种世界性的浪潮。区域经济一体化组织不断增多。据统计，在 20 世纪 60 年代，区域经济一体化组织只有 9 个，70 年代发展到 28 个，80 年代发展到 32 个，到 20 世纪 90 年代，由 2 个或 2 个以上国家参加的各种形式的区域经济一体化组织超过 100 个，其中，能正常运行并取得成效的有 40 多个。1996 年，世界贸易组织统计的区域经济合作组织的数量已达 144 个，几乎所有国家都参加了某项区域一体化的活动，有些国家甚至参与了多项区域一体化组织的活动。例如，美国和加拿大既是北美自由贸易区成员，又是亚太经济合作组织和太平洋经济合作理事会的成员。

在各种类型的区域经济合作组织中，因为西欧、北美、东亚三大区域是世界经济最发达的地区，所以，其区域经济一体化的进程发展得很快，区域经济合作组织也最有成效。其中，欧洲联盟于 1993 年 11 月 1 日正式成立。其前身是于 1957 年成立的欧洲经济共同体。1993 年欧洲经济共同体演化为欧洲联盟，并建成欧洲统一的大市场，实现了商品、资本、人员和服务的自由流动，建立了统一的对外关税。1994 年，欧洲联盟与欧洲自由贸易联盟联合，建立了包括 15 个国家参加的最大的经济一体化组织。1998 年，加入欧洲联盟的 15 个国家的人口总计 3.73 亿人，面积 355 万平方千米，国内生产总值近 9 万亿美元，货物出口贸易额 21 700 亿美元，服务出口贸易额 5 390 多亿美元，均占全球货物和服务出口的 42% 左右。1999 年，欧元正式启动，除英国、瑞典、希腊、丹麦 4 个国家，欧盟其余 11 个国家率先实现货币联盟，由欧洲中央银行统一对 11 个国家的金融、货币政策进行协调，并于 2003 年由欧元取代各国货币。欧洲联盟是目前世界上一体化层次最高的区域性经济合作组织，其经济实力与美国相当。但它并不仅仅满足于欧洲 15 个国家的经济一体化合作，还制订了东扩和南下的 3 个"同心圆计划"，准备进一步构筑以欧洲联盟为核心、以欧洲经济区为中间层、以东欧为外层的泛欧自由贸易区，并准备就建立跨大西洋自由贸易区与美国进行谈判，如获成功，将形成一个世界上最大的洲际自由贸易区。

"冷战"结束后，为了适应世界经济向全球化和一体化方向发展的需要，1986 年 6 月，美国和加拿大开始进行自由贸易谈判，并于 1988 年 1 月正式签署《美加自由贸易协定》，为北美自由贸易区的建立奠定了基础。1992 年 2 月，美国、加拿大、墨西哥 3 个国家开始进行会谈，并于 1992 年 8 月正式签署《北美自由贸易协定》。1994 年 1 月 1 日，北美自由贸易区正式开始运作，标志着一个包括 3.6 亿人口，拥有 9 万多亿美元国内生产总值，经济实力最强，自然资源最为丰富的经贸集团正式诞生。北美自由贸易区的目标是到 2008 年最终取消 3 个国家之间的关税和非关税壁垒，实行贸易自由化，但各自保留对外关税。这一地区经济合作组织的建立是美国积极倡导的结果，也是美国为了在经济上与欧洲联盟、日本相抗衡，实现其全球经济战略的重大步骤之一。以此为基础，美国积极发展与其他拉美国家的经贸关系。1994 年 12 月，在美洲国家首脑会议上，美国又提出创建美洲自由贸易区的建议，希望在 2005 年以前结束关于建立北起美国的阿拉斯加、南至阿根廷的火地岛的美洲自由贸易区的谈判，美国的建议得到了拉美国家的积极响应。这次会议是一个重要的里程碑，标志着美洲国家的经济合作将进入一个新的阶段，而且，它也开始了南北国家之间的经济合作，为区域经济一体化提供了一种新的类型。

在亚太地区，许多国家也积极谋求建立区域经济一体化的合作组织。1980 年，由政府官员、学者、企业界人士参加的太平洋经济合作组织成立了。1986 年，中国被接纳为正式会员。1989 年，澳大利亚、美国、加拿大、日本、韩国、新西兰和东盟在堪培拉会议上决定成立亚洲太平洋经济合作组织（以下简称亚太经合组织）。1991 年 11 月，中国在亚太经合组织首尔会议上正式加入该组织。之后，亚太地区的许多国家都先后加入该组织，使这一组织成为涉及 21 个国家和地区、人口超过 20 亿人、国内生产总值达 13.4 万亿美元的世界上最大的区域经济合作组织。亚太经合组织明确提出经济合作的方式应与世界贸易组织的自由贸易原则相一致，以不损害其他经济实体的利益为前提，而且凡与亚太地区有强有力的经济联系、同意接受组织的目标和原则的国家和地区都可以申请加入。1994 年 11 月，亚太经合组织印度尼西亚茂物会议召开，会议明确提出在 2010 年发达国家、2020 年发展中国家实行贸易和投资自由化。2001 年 10 月，亚太经合组织领导人第九次非正式会议在中国上海召开，20 个经济体的领导人出席了会议。会议讨论了在经济全球化和"新经济"日益发展的形势下，如何加强亚太地区的经济合作以及共同打击恐怖主义的问题。会议发表的《领导人宣言》指出："我们决心共同努力，促进经济可持续增长，共享全球化和新经济的收益，推进贸易投资自由化和便利化，从而使亚太经济在新世纪更加充满活力。"[①] 会议还重申了实现目标的决心，并通过了《上海共识》《数字化 APEC 战略》等文件，发表了《亚太经合组织领导人反恐声明》，取得了重大成效。因此，亚太经合组织所遵循的始终站在全球和区域经济发展的前沿，尊重多样性、坚持协商一致、自主自愿等原则构成的"APEC 方式"，对于增强亚太地区的凝聚力、缩小成员之间的差距、进一步推动亚太地区的经济合作与发展具有重大的意义。2013 年 9 月和 10 月，习近平主席分别提出了建设"新丝绸之路经济带"和"21 世纪海上丝绸之路"的合作倡议。2015 年 3 月，国家发展改革委、外交部、商务部联合发布了《推动共建丝绸之路经济带和 21 世纪海上丝绸之路的愿景与行动》。"一带一路"倡议旨在借用古代丝绸之路的历史符号，高举和平发展的旗帜，依靠中国与有关国家既有的双多边合作机制，借助既有的、行之有效的区域合作平台，积极发展与沿线国家的经济合作伙伴关系，共同打造政治互信、经济融合、文化包容的命运共同体，受到了联合国的赞许和许多国家的欢迎。

四、由关贸总协定到世界贸易组织

20 世纪初，各国都奉行高关税的贸易保护主义，严重阻碍了国际贸易的发展，并成为 20 世纪 30 年代世界经济危机的一个主要原因，这一教训使各国意识到加强贸易协调和合作的重要性。第二次世界大战即将结束的时候，美国出于在战后全球经贸关系中居于主导地位的目的，于 1943 年提议成立一个旨在削减关税、促进贸易自由化的国际贸易组织，这一提议获得世界上许多国家的赞同。1944 年 7 月召开的布雷顿森林会议就建立这一组织达成了

---

① 佚名. 迎接新世纪的挑战. 人民日报, 2001 - 10 - 22 (2).

初步协议。第二次世界大战结束后，美国即向刚成立的联合国经济和社会理事会提出召开世界贸易和就业会议的建议，并起草了《国际贸易组织宪章》草案。1947 年 4 月，各国在日内瓦举行关税减让谈判，签订了 123 项关税减让协议。同年 10 月在哈瓦那最后制定并通过了《国际贸易组织宪章》。后因美国等国家的立法机构认为该宪章与其国内法相抵触，国际贸易组织未能正式成立。但是，各国将在关税谈判中取得的协定和《国际贸易组织宪章》中有关贸易政策合在一起，形成了关税与贸易总协定（以下简称"关贸总协定"），共有 23 个国家和地区作为创始缔约方签署了这一协定。

关贸总协定于 1948 年 1 月 1 日开始实施。其宗旨是："充分利用世界资源，扩大商品生产和交换，促进各缔约国的经济发展，彼此减让关税，取消其他贸易壁垒和消除国际贸易上的差别待遇。"围绕此宗旨，与会各国还确定了一系列相应的原则和具体的条款。关贸总协定是世界历史上成立的第一个准国际贸易体系，它同国际货币基金组织、世界银行并称为调节世界经贸关系的三大支柱，具有重大的意义。

在关贸总协定生效后的 40 多年里，各成员组织了数次多边贸易谈判，使发达国家的关税从 40% 左右减少到 3.8% 左右，发展中国家和地区的平均关税也下降到 12.3%，达成关税减让的商品有 10 多万种，其成员之间的贸易额占到世界贸易额的 90% 以上。特别是 1986 年开始的乌拉圭回合谈判，不仅参加谈判的国家和地区达到 128 个，超过以往任何一次多边贸易谈判，而且谈判的范围和新制定的多边规则从传统的货物贸易领域扩展到服务贸易等新领域。同时，与会各缔约方也认识到，随着经济全球化的发展，迫切需要建立一个面向未来的全球性多边贸易组织——世界贸易组织，并就此问题进行了多边磋商。1994 年 4 月 15 日，各缔约方在摩洛哥签署了《世界贸易组织协定》。1995 年 12 月 12 日，关贸总协定的 128 个缔约方举行最后一次会议，宣告延续 48 年之久的这一世界贸易体系历史使命终结，其职能被世界贸易组织所取代。

世界贸易组织（World Trade Organization，WTO）是在关贸总协定的基础上于 1995 年宣告成立的，1996 年 1 月 1 日其正式取代关贸总协定，成为一个有 135 个国家和地区参加的全球最大的多边贸易组织。世界贸易组织主要有以下三大职能：

第一，制定和规范国际多边贸易规则。世界贸易组织制定和实施的多边贸易规则范围非常广泛，几乎涉及当今世界贸易和经济往来的各个方面，包括货物贸易、服务贸易、电子贸易，以及与贸易有关的知识产权、投资政策、贸易与环境、竞争政策、贸易与劳工标准等。

第二，组织多边贸易谈判。世界贸易组织通过多边贸易谈判使各缔约方大幅度削减关税和取消非关税壁垒，从而适应经济全球化的形势，促进世界经济贸易的发展。

第三，解决成员之间的贸易争端。世界贸易组织建立了相应的国际贸易争端的解决机制，以解决各缔约方之间在国际贸易方面的矛盾，为国际贸易的顺利开展创造稳定的环境。

为了履行以上三大职能，世界贸易组织确定了以下基本原则：

第一，非歧视原则。这一原则由无条件"最惠国待遇"和"国民待遇原则"组成，是世界贸易组织的基石。"最惠国待遇"是指开展国际贸易时，在关税、费用等方面，一成员给予任一成员的优惠和好处，必须立即无条件地给予所有成员。"国民待遇原则"指在征收国内税费和实施国内法规时，成员对进口产品和本国（本地区）产品要一视同仁，不得歧视。

第二，市场开放原则，即要求其成员依据自身的经济状况和竞争力，通过谈判不断降低关税和非关税壁垒，逐步开放其国内市场，实行贸易自由化。

第三，公平贸易原则，即禁止其成员采取补贴或倾销等不公平竞争手段干扰正常的贸易行为，并允许采取反补贴和反倾销的贸易补救措施，保证国际贸易在公平的基础上进行。

第四，权利和义务平衡的原则。即要求所有的成员都要履行世界贸易组织的义务，如遵守世界贸易组织的基本规则、履行承诺的关税减让义务、确保贸易政策法规的透明性等。同时，所有成员也享受世界贸易组织所赋予的权利，如参与制定多边贸易规则，在贸易伙伴不履行义务而造成损失时，可提出磋商或诉诸世界贸易组织的贸易争端解决机制，或在其他贸易领域获得补偿。而且，当某一成员在特殊情况下确实无法履行其义务时，可以申明理由，经过协商可暂停或延期履行相关义务。

围绕上述原则，世界贸易组织各缔约方签订了一系列协议，主要有关贸总协定、服务贸易总协定、与贸易有关的投资措施协议、与贸易有关的知识产权协议等，并通过贸易政策审议机制和贸易争端解决机制对国际贸易中出现的问题进行协调、处理，从而使世界贸易组织成为各国（各地区）与国际经济体系相连接和合作的重要桥梁，推动世界贸易和投资的发展。

五、中国从"复关"到"入世"的历史进程

早在第二次世界大战结束时，中国就参加了关于成立世界贸易组织的谈判，并签署了有关文件。1948 年 4 月，中国政府正式签署关贸总协定《临时适用议定书》，并从当年 5 月正式成为关贸总协定 23 个缔约方之一。中华人民共和国成立后，台湾当局在 1950 年 3 月以所谓"中华民国"的名义照会联合国秘书长，决定退出关贸总协定，从此，中国失去了在关贸总协定中的合法席位。1965 年 1 月，台湾当局提出以观察员的身份出席缔约国大会的申请，获得批准。1971 年 11 月，随着中国在联合国的合法席位的恢复，关贸总协定第 27 次缔约国大会决定取消台湾当局的观察员资格。中国实行改革开放政策之后，中国与世界各国的经济交往日益增多，因此，中国于 1980 年开始参与关贸总协定的活动，并于 1982 年 11 月获得观察员地位。1986 年 7 月，中国照会关贸总协定秘书长邓克尔，正式提出申请恢复中国在关贸总协定中的合法席位，从此，中国开始了漫长的"复关"和"入世"的谈判历程。

从 1986 年 7 月到 1994 年年底是中国就恢复中国在关贸总协定中的合法席位而与各方进行谈判的时期。1986 年 9 月，中国出席在乌拉圭召开的关贸总协定部长级会议，全面参与乌拉圭回合的多边贸易谈判。1987 年 3 月，关贸总协定理事会设立关于中国缔约方地位的

中国工作组，邀请所有缔约方就中国的外贸体制提出问题和质疑。1987年11月，中国向关贸总协定正式递交关于中国外贸体制的答疑稿。之后，关贸总协定中国工作组多次召开会议，对中国"复关"的问题进行多边磋商。1994年4月，中国与其他122个缔约方签署了乌拉圭回合多边贸易谈判的最后文件。同时，由于关贸总协定即将转为世界贸易组织，中国表示希望成为世界贸易组织的创始成员国。1994年12月，关贸总协定中国工作组第十九次工作会议举行，与会各方未能就中国成为世界贸易组织创始成员国达成协议，因此，中国失去了在世界贸易组织成立之前"复关"并成为其创始成员国的机会。

从1995年11月开始，中国"复关"谈判转为加入世界贸易组织的谈判。自1996年3月起，中国就加入世界贸易组织问题与各成员方进行多边磋商，并在1997年5月世界贸易组织中国工作组第四次会议上取得重要进展，会议就中国加入世界贸易组织议定书中关于非歧视原则和司法审议两项主要条款达成协议，表明我国愿意在对外贸易工作中遵守国际通行规则，维护无条件最惠国待遇、非歧视等国际多边贸易体制中最为重要的原则。之后，中国又主动采取进一步降低关税、消除非关税壁垒和取消农产品补贴等重大措施，受到各成员方的普遍欢迎，推动了谈判工作的进展。1999年4月，中、美两国在华盛顿就中国加入世界贸易组织举行会谈，取得突破性进展，签署了相关协议并发表联合声明，从而扫除了中国"入世"的最大障碍。之后，中国先后同欧盟、日本、墨西哥等达成协议。2001年10月，世界贸易组织中国工作组在日内瓦宣布结束所有会谈，中国"入世"进入最后阶段。2001年11月11日，在阿联酋多哈召开的世界贸易组织部长会议通过了《中国加入世界贸易组织议定书》，该议定书将在一个月后正式生效。因此，2001年12月11日，中国正式加入世界贸易组织，成为其第143个成员。

加入世界贸易组织是中国适应经济全球化的发展趋势，主动将本国经济发展纳入世界经济体系的一个重大举措。一方面，世界贸易组织需要中国。中华人民共和国成立50多年来，我国年均经济增长7%，远远高于同期世界经济年均增长3%的速度。特别是改革开放20多年来，中国经济更是取得了长足的发展，大大缩小了与发达国家之间的差距。我国的经济总量已居于世界前列，许多重要的工农业产品的产量居世界第1位或第2位，进出口总额在世界贸易中的排名也跃升至世界前10位，外汇储备居世界第2位，并连续多年成为世界主要资本输入国，可见，中国因为经济贸易规模和发展潜力巨大而在世界贸易体系中具有举足轻重的地位。而且，中国经济与世界各国经济具有很大的互补性。中国劳动力成本低，自然资源极为丰富，并且具有12亿多人口的巨大市场，这对于那些缺乏劳动力和自然资源的国家具有极大的吸引力，也为外国商人提供了巨大的商业机会。因此，世界贸易组织如果没有占世界人口1/5的中国的参加，将是一个不完整的世界贸易组织；没有中国这个巨大市场的加入，国际市场也将难以实现真正的统一。

另一方面，中国也需要世界贸易组织。邓小平曾指出，关起门来搞建设是不能成功的，中国的发展离不开世界。中华人民共和国成立以来正反两方面的经验表明，闭关自守是中国经济长期缓慢发展的主要原因，改革开放才能促进中国经济快速发展。特别是在经济全球化的形势下，加入世界贸易组织，将使我国与其他成员国和地区取得无歧视的贸易待遇，减少多边和双边贸易中的摩擦，使我国的出口渠道更加通畅，出口数量将会有较大增加，从而有利于我国充分利用国际资金、技术、管理和市场资源，促进我国的经济发展。当然，加入世界贸易组织之后，在享受权利的同时我们也要履行相应的义务，承担开放市场的风险和压力，这对我国民族工业的发展将带来一定的影响，这就要求我们采取相应对策，趋利避害，使我国经济在全面进入世界经济体系后，在与各国公平贸易竞争的前提下得到更快、更大的发展。

事实证明，中国加入世界贸易组织以后，严格遵守世界贸易组织规则，认真履行应尽的义务，始终坚持走改革开放道路，不断完善营商环境，促进了中国经济持续稳定发展，成为世界上最大的贸易国。同时，中国坚定支持开放型世界经济，是多边贸易体制的维护者、建设者、贡献者，为多边贸易体制的有效运转和发展做出了重要贡献。

第三节　世界经济发展的知识化和信息化

一、知识经济的含义和特征

20 世纪 70 年代以来，新科技革命飞速发展，科学技术对经济发展的推动作用也越来越明显，针对人类社会和经济发展的这种新趋势，人们提出了各种各样的观点和看法。20 世纪 70 年代初期，美国前总统国家安全事务助理布热津斯基在《两个时代之间——美国在电子技术时代的任务》中认为我们处在一个"电子技术时代"；美国社会学和未来学家托夫勒在《第三次浪潮》一书中将其称为"后工业社会"；1982 年，美国经济学和未来学家奈斯比特在《大趋势》中认为我们进入了"信息社会"；1986 年，英国的福莱斯特在《高技术社会》中使用了"高技术经济"的提法；1990 年，联合国有关研究机构首次使用"知识经济"的概念；1996 年，联合国经济合作与发展组织在一份题为《以知识为基础的经济》的报告中，对"知识经济"首次给予了明确的定义，认为一个区别于农业经济、工业经济的新的经济形态正在兴起。之后，各国政要、各种机构纷纷接受了"知识经济"的说法。例如，1997 年 2 月，美国总统克林顿就采用了"知识经济"的提法。1998 年 2 月 4 日，江泽民就中国科学院《迎接知识经济时代，建设国家创新体系》的研究报告做了重要批示：知识经济、创新意识对于我们 21 世纪的发展至关重要。同年 5 月 4 日，他又在《在庆祝北京大学建校一百周年大会上的讲话》中指出："当今世界，科学技术突飞猛进，知识经济已见端倪，国力竞争日趋激烈。"①

什么是知识经济？知识经济有哪些特征？对这些问题的回答目前还是仁者见仁、智者见

---

① 江泽民. 在庆祝北京大学建校一百周年大会上的讲话. 人民日报, 1998 - 05 - 05 (1).

智，大多数人经常引用的是国际经济合作与发展组织的定义："知识经济是建立在知识和信息的生产、分配和使用之上的经济。"该组织提出，知识经济是与农业经济、工业经济相对应的一个概念，是人类社会进入计算机信息时代以后出现的一种新型的、富有生命力的经济形态，它的出现将对人类社会的发展产生极为深远的影响。

在人类社会发展史上，知识历来具有十分重要的地位，人类社会取得的每一点儿进步，都是与知识的不断积累和使用分不开的。正是由于人类认识自然的知识的不断积累，人类才告别了原始状态，进入农耕社会；也正是由于以蒸汽机、电动机等为代表的近代科学技术的发展，才导致了工业革命的爆发，使人类社会进入飞速发展的工业经济时代。因此，培根早在 16 世纪就指出："知识就是力量"，他充分肯定了知识在社会发展中的作用。既然知识在人类社会发展的每个阶段都是十分重要的，那么，我们为什么要用知识经济这一概念来给即将到来的社会经济形态命名？换言之，知识在当代人类社会的发展进程中的特殊地位何在？国际经济合作与发展组织在 1996 年发表的题为《技术、生产率和工作的创造》的报告中，对知识在当代社会发展中的地位和作用做了总结，指出："今天，各种形式的知识在经济发展过程中，起着关键性的作用，无形资产投资的速度远快于对有形资产的投资，拥有更多知识的人获得更高报酬的工作，拥有更多知识的企业是市场中的赢家，拥有更多知识的国家有着更高的产出。"[①] 也就是说，在推动当今人类社会发展的各种力量中，知识具有至高无上的地位，在一定意义上，知识的创造、储存、学习和使用，决定着人类社会进步和发展的速度、方式。知识经济又称为"新经济"，与农业经济、工业经济这些传统的经济形态相比，具有以下几个方面的主要特征：

第一，知识经济是一种信息型经济。微电子技术、信息技术的充分发展是知识经济的基础。在一定意义上，知识经济是社会信息化的产物，是一种信息社会的经济形态。1946 年，世界上第一台大型实用电子计算机在美国诞生。之后，由于微电子技术的发展，电子计算机的发展速度十分迅速，体积越来越小、容量越来越大、运行速度越来越快、功能越来越强，有力地推动了社会信息化的发展。1957 年，苏联成功地发射了世界上第一颗人造地球卫星，为实现全球通信提供了可能。随后，美国发射了第一颗实用国际通信卫星，实现了跨越大西洋的电视转播，接着又发射了地球同步卫星，使全球通信成为现实。今天，地球同步卫星几乎覆盖了整个世界，人类信息传输发生了变革，整个地球成为一个"地球村"。信息技术的进步促进了信息产业的发展，对传统产业的改造产生了极大的推动作用，更重要的是它使人类社会的经济增长方式发生了根本性的变化。如果说农业经济时代的土地和劳动力、工业经济时代的资本和资源是经济增长的决定性因素，那么，在知识经济时代，是否拥有劳动力、资本和资源不再是经济发展的主要制约因素，决定经济增长的最主要因素变成对高新技术的掌握，以及隐藏在高新技术背后的知识创新和对有用信息的及时获取。特别是网络技术的崛起，更是极大地改变了人类的经济运

---

① 王兴成，卢继传，徐耀宗. 知识经济. 北京：中国经济出版社，1999.

作方式，经济的发展与信息技术的进步已密不可分，社会生产、分配、消费的每个环节都与信息的获取、加工、传递、储存和使用联系在一起，整个社会经济生活日益信息化、数字化。

第二，知识经济是一种创新型经济。创新是人类社会发展的动力，人类所取得的每一点儿进步都是与创新分不开的，每次技术创新也同样推动了社会经济的发展。但是，在人类社会发展史上，技术创新的时间比较漫长，技术创新的范围也十分有限。而在知识经济时代，技术创新的速度大大加快，范围则覆盖了人类社会生活的所有方面，技术创新成为经济增长的最主要的推动力量。据科学家研究，20 世纪 50 年代以来，人类知识更新的速度越来越快，新知识、新技术运用于生产的周期大大缩短，技术对经济增长的贡献率也越来越大。例如，从 1831 年发现电磁感应的原理到 1872 年生产出第一台电动机，用了 41 年的时间；从 1925 年发现雷达的原理到 1935 年制造出雷达，用了 10 年的时间；从 1952 年提出集成电路的设计思想到 1959 年集成电路的正式生产，只用了 7 年的时间；从 1974 年提出无线移动通信的设想到 1978 年生产出移动电话，仅用了 4 年的时间。而且，有人测算，技术对经济增长的贡献率，在 20 世纪初是 5% ~ 20%，70 年代至 90 年代在西方发达国家增长到 70% ~ 80%，当人类社会进入信息高速公路时代之后，将提高到 90% 以上。也就是说，21 世纪的经济增长主要依靠知识和技术的创新。因此，江泽民于 1998 年 2 月指出：“创新是一个民族进步的灵魂，是国家兴旺发达的不竭动力。”[①]

第三，知识经济是一种智力支撑型经济。有人认为，知识经济也可称为智力经济，人类正在步入一个以智力资源的占有、配置，知识的生产、分配、使用（消费）为主要因素的经济时代，也就是“科学技术是第一生产力”的时代[②]。在知识经济时代，智力、知识、信息等无形资产的投入、占有成为经济发展的决定性因素，财富和权力不再取决于有形的资产，而取决于所拥有的信息、知识和智力。比尔·盖茨作为一个大学的肆业生，没有巨额投资，也没有大量的雇员，仅靠计算机软件起家，很快就成为世界首富，将美国通用汽车公司等传统的大企业远远地甩在后面就是明证。因此，智力成为未来社会最紧缺的资源，谁掌握了智力资源，谁就拥有了财富，谁就具有了经济发展的主动权。智力资源的基础是人才，因此，在知识经济时代，人才的培养和人力资源的开发就具有特别重要的意义。而且，知识经济以高科技产业作为经济发展的支柱，高科技产业必须依赖高素质的人力资源，尤其是具有创造性的人力资源，因此，人才的竞争，特别是创造性人才的竞争就成为企业和企业之间以及国家与国家之间争夺的焦点。

第四，知识经济是一种可持续发展型经济。在工业经济时代，社会经济的增长主要依靠对自然资源的疯狂掠夺，人们创造了日益丰富的物质财富，促进了人类文明的发达和繁荣，但是，也导致了自然资源的急剧枯竭和自然环境的严重污染，破坏了自然界的生态平衡，从

---

① 杨振武. 迎接 21 世纪挑战，必须重视发展信息产业. 人民日报，1998 - 02 - 15（1）.
② 吴季松. 知识经济学　理论、实践和应用. 北京：北京科学技术出版社，1999.

而最终损害了人类赖以生存的地球、影响了人类的长期发展。在一定意义上，知识经济就是在人类社会面临发展危机的时候产生的，它是解决人类社会可持续发展问题的唯一正确的选择。事实也正是如此，随着科学技术的进步，新技术大量运用于生产，促使社会产业结构发生重大变化，高能耗、高污染的传统产业的比重不断降低，低能耗、低污染的高新技术产业不断发展，使社会经济发展实现了由劳动密集型向知识密集型的过渡，而且，人们运用新技术对传统产业进行改造，也使传统的制造业、建筑业、农业等产生变革，不仅能够更有效地利用自然资源，而且可以用更清洁的可再生的能源代替传统的矿物能源，从而大大节约了能源、减少了污染，使人类社会进入可持续发展的轨道。

二、知识经济与各国的对策

知识经济作为一种全新的经济形态，它的出现将引起人类社会的价值观念、经济结构、管理理论、文化教育、生活方式等方面的重大变革，对各国的经济和社会发展也将产生重大的冲击，因此，引起世界各国的广泛关注。为了应对即将到来的知识经济时代的挑战，各国都在进行经济和社会发展战略的调整，其共同点是加强科技和教育的发展，以期在21世纪的全球经济竞争中处于有利地位。

第二次世界大战后，世界上许多国家受战乱的影响，百废待兴，美国成为世界上政治、经济、军事实力最强大的国家，并长期在世界经济舞台上独领风骚。但是，进入20世纪70年代之后，日本和西欧的经济迅速崛起，美国经济的增长速度缓慢，美国的经济优势逐步缩小。因此，克林顿政府上台之后，针对美国所面临的形势和挑战，提出了以科技和教育"重建美国"的发展战略。1993年2月，克林顿以总统名义发表了关于科学政策的正式声明，题为《技术为美国经济增长服务——加强经济实力的新指导方针》，宣布要加强政府对科技的投入。1994年8月，克林顿和戈尔签署了《为了国家利益发展科学》的科技政策文件，提出了一系列发展科技的政策措施。1996年7月，美国科技委员会发表《科学与国家利益》的报告，再次强调知识经济时代科学技术的重要地位，认为到20世纪末，信息将成为世界经济体系中最重要的资源，美国创造知识的速度及利用新知识的能力将决定其在21世纪国际经济竞争中的地位。为此，美国重点发展以微电子和信息技术为核心的高新技术产业。1993年，美国就首次提出建立"信息高速公路"的设想，认为由通信线路、计算机、数据库及日用电子产品组成的互联网络，能使所有的美国人享用并传递信息，从而极大地促进美国经济的发展。此外，美国还加大对空间技术、生物工程技术、新材料和新能源技术等方面的投入，使其得到快速发展。为了给高新技术的发展提供人才，美国十分重视改革和发展教育。美国国家科学技术委员会教育与培训部于1995年3月发布了美国教育与培训的战略计划，要求在国家科学技术委员会的领导下，协调和支持政府各部门的教育和培训工作，一方面加强面向全体国民的教育培训的研究和开发，确保他们接受高质量的教育和培训；另一方面加强科学、数学和工程教育，提高美国公民的科学、数学和工程技术素养，并培养和造就 21 世纪最优秀的科学家和工程师。之后，美国重点对基础教育的课程、教学内容等进行了一系列改革，加大了科学教育的比重，培养具有创新精神的人才。美国政府推出的一系列科技与教育发展战略，有力地促进了高新技术产业的发展，为美国的经济发展提供了源源不断的推动力，促使美国经济在 20 世纪 90 年代不断地增长，进一步巩固了美国在世界经济领域的霸主地位。

日本经济在第二次世界大战后的迅速发展得益于其对科学技术和教育的重视。在 20 世纪五六十年代，日本实行的是"吸收性发展技术"的经济发展战略，大力引进国外的先进科学技术。据统计，在 1955—1970 年，日本几乎吸收了全世界半个世纪开发的全部科技成果，走完了欧美各国科技发展的半个世纪的历程。到 20 世纪 70 年代，日本的科技发展水平与欧美国家旗鼓相当，在钢铁、汽车、家电等工业部门还处于世界领先地位。科技引进大大促进了日本经济的发展。在 1950—1970 年，日本年均经济增长率为 9.7%，远远高于同期发达国家的平均水平，这一成果的取得 60% 来自技术的引进。在 1965—1980 年，日本制造业的生产能力扩大了约 11.4 倍，其中，技术进步的作用占 30%。到 1967 年，日本国民生产总值跃居资本主义世界的第二位，从而以较低的代价、较短的时间实现了工业化。分析日本在战后崛起的原因，除了大规模的技术引进，大力发展教育也是重要原因之一。1980 年，日本初中毕业生升入高中的达 95%，这一比例与美国相当，高于法国和德国的同期水平。1984 年，日本的大学升学率为 38%，低于美国的 45%，但高于欧洲各国平均水平 20%。教育的发展培养了规模宏大、素质优良的科技队伍，直接促进了日本科学技术的发展，也提供了大批合格的劳动力，推动了日本经济的发展。20 世纪 80 年代以后，随着知识经济的兴起，日本人认识到单靠技术引进而不是创造知识，是无法保证国家经济持续发展的。因此，日本经济发展战略出现了重大的调整。1980 年，日本通产省发表《80 年的通商产业政策构想》，提出"科学立国是日本的奋斗目标。有效地利用智力资源进行创造性的技术开发，提高竞争能力和经济实力是日本的唯一道路"。1994 年 6 月，日本政府又提出"新技术立国"的政策，并于同年 11 月发布《科技白皮书》，决定将高新技术领域的经费增加 1 倍，以推动高新技术的发展。而且，日本还加大对教育科研体制改革的力度，培养具有创造精神和创造能力的人才，力图在高技术领域"挑战美国"，以继续在 21 世纪保持其经济大国的地位。

欧洲曾经是世界经济的中心，它的兴起得益于第一次和第二次科技革命所导致的产业革命。但是，第二次世界大战之后，欧洲如同一个衰迈的老人，其经济风光不再。为了振兴欧洲经济，欧洲各国采取有效措施，调整发展战略，推进科技进步，以应对 21 世纪知识经济的挑战。早在 20 世纪 80 年代，英国前首相撒切尔夫人就预言："21 世纪的竞争是科学技术的竞争。"1993 年 10 月，欧共体科技首脑会议召开，会议指出如果欧洲国家对科技发展再不予以足够的重视，有可能在 21 世纪被一些发展中国家超过。为了发展科学技术，抢占高新技术的制高点，欧洲各国进一步加强了科技合作。从 20 世纪 80 年代开始，欧洲就提出了旨在发展高科技的"尤里卡计划"，参加该计划的有 21 个国家，总投资达 242 亿欧洲货币单位。1994 年 4 月，欧盟通过了《第四个科技发展和研究框架计划》（1994—1998 年），总投资达 123 亿欧洲货币单位，要求集中力量攻克具有重大经济和社会效益的关键项目，优先发展信息、遥感、能源等易于产业化的科技项目，并重视科技成果的普及和推广。同年 9 月，欧盟还成立了科学技术代表大会，以加强对欧洲科技发展的统一协调和管理。欧洲各国加大了对科学技术的经费投入。据统计，1994 年，欧盟成员国用于高科技领域的研究与开发费用达 275 亿美元，比 1993 年增加约 4.2%，占当年全世界该项费用的 20.8%；1995 年达 293 亿美元，比 1994 年增加 6.5%，占当年全世界该项费用的 21.5%；在 1996 年和 1997 年这些费用继续增长，而且增长的幅度越来越大。欧洲各国还加快了产业结构调整的步伐，采用高新技术改造传统产业，使欧洲的传统工业如化学工业、机械制造业、汽车工业、造船业、钢铁工业等实现高科技化。同时，欧洲各国还大力发展教育事业，加强智力开发，加快引进世界先进人才，充分发挥人力资源的优势，以在 21 世纪与美、日等国竞争。

1991 年年底苏联解体后，俄罗斯成为苏联的法定继承者。1992 年 1 月，俄罗斯开始实行"休克疗法"，全面推行向市场经济转型的经济改革，大规模推进私有化进程，但这一改革引发了社会动荡，导致经济大幅度滑坡。1990—1993 年，俄罗斯国民经济总体实力下降 40% 以上，国内生产总值下降 44.5%。普京总统上台后，采取了一系列发展经济的措施，使俄罗斯经济在一定程度上获得恢复。目前，俄罗斯经济发展虽然遇到很大困难，但它毕竟是横跨欧亚大陆的大国，拥有世界上面积最大的领土和丰富的自然资源，并继承了苏联的科技遗产，在空间技术方面成绩卓著，在战略核武器和核技术方面处于世界前列，也是唯一能与美国在军事上相抗衡的国家。而且，俄罗斯具有比较雄厚的科研基础和大量的科研人力资源，国民受教育程度较高，在基础科学如数学、力学、化学、生物学等方面的研究处于世界领先地位，因此，具有巨大的科技、经济发展潜力，有可能通过发展高科技，获得较快的经济发展，缩小与西方发达国家的差距，甚至超过某些西方国家。

中国是世界上最大的发展中国家。中华人民共和国成立以来，中国经济和社会发展取得了巨大的成就，特别是改革开放以来，中国进入经济高速发展的时期，创造了世界经济发展史上的奇迹。但是，进入 21 世纪之后，面对知识经济的挑战，中国与世界先进国家之间在科技、教育等方面的差距依然是巨大的。目前，世界上公认的创新型国家有 20 个左右，如美国、日本、芬兰、韩国等。这些创新型国家，其科技创新对经济发展的贡献率一般在 70% 以上，研发投入占 GDP 的比重超过 2%，技术对外依存度低于 20%。在科研经费投入方面，中国在 1997 年才达到 0.5%；在科技产出方面，中国科研机构的成果不仅数量少，而且科技成果的转化率不高；在科技人才方面，中国科技人才的绝对数不低，但如果从每百万人口中科技人才的比例来看远远低于发达国家；在教育水平和国民素质方面，中国人均教育投入、国民素质均处于世界较落后国家的行列；等等。这些因素导致中国科技综合实力较低，国际竞争力不强。这种状况使中国在知识经济到来之时处于非常不利的地位，如果我们在 21 世纪不奋起直追，中国与世界先进国家的经济发展差距将进一步拉大，中华民族的伟大复兴也就成为一句空话。同时，知识经济对中国的经济发展既是一次挑战，也是一次难得的机遇。按照托夫勒的说法，在知识经济时代，发达国家和发展中国家都处于同一起跑线上。只要我们能够抓住知识经济发展的契机，加大科技和教育的投入，加快高新技术的发展，就能迎头赶上发达国家，使我国进入先进国家的行列。为了实现这一目标，1995 年 5 月，党中央、国务院制定了《关于加速科学技术进步的决定》，提出要坚定不移地实施科教兴国战略。实施科教兴国战略是党中央、国务院为实现我国经济和社会发展宏伟蓝图而做出的重大战略部署，也是实现中华民族在 21 世纪伟大复兴的必由之路。在这一战略的指导下，我国加快了科技体制改革的步伐、加大了对科技和教育的投入，并全面启动了国家创新体系建设，实施了"技术创新工程""知识创新工程""211 工程"等一系列科技和教育发展计划，有力地推动了我国科技和教育的发展。进入 21 世纪之后，我国提出"信息化带动工业化"的战略方针。2014 年，国家又制定"中国制造 2025 规划"，提出加快机械、航空、船舶、汽车、轻工、纺织、食品、电子等行业的智能化改造，推动智能交通工具、智能工程机械、服务机器人、智能家电、智能照明电器等产品研发和产业化，推动形成基于消费需求动态感知的研发、制造和产业组织方式等。2017 年 10 月召开的党的十九大，针对新一轮科技革命和产业变革与我国加快转变经济发展方式的历史机遇，强调实施"创新驱动发展战略"，加快建设"创新型国家"。习近平在十九大报告中明确指出，创新是引领发展的第一动力，是建设现代化经济体系的战略支撑。我们要瞄准世界科技前沿，强化基础研究，实现前瞻性基础研究、引领性原创成果重大突破；加强应用基础研究，拓展实施国家重大科技项目，突出关键共性技术、前沿引领技术、现代工程技术、颠覆性技术创新，为建设科技强国、质量强国、航天强国、网络强国、交通强国、数字中国、智慧社会提供有力支撑。对于其他发展中国家来说，随着 20 世纪 80 年代以来科技革命的迅速发展，它们所具有的丰富资源和廉价劳动力的相对优势进一步削弱，它们与发达国家之间的知识差距、科技差距进一步拉大，经济发展乏力，南北贫富差距进一步扩大。同时，发展中国家也出现分化现象。以巴西、韩国、印度、马来西亚、印度尼西亚等为代表的一些国家，借助第三次科技革命的推动，利用发达国家产业转移的机会，使自己进入了新兴工业化国家的行列。另外，一些国家不仅没从知识经济的发展中获得利益，反而出现政局动荡不安，甚至战乱频仍，经济发展停滞，甚至倒退，社会矛盾日益尖锐的现象，使世界经济发展不平衡的状况进一步加剧，这些都成为世界经济发展中的疑难问题，也使世界政治、经济形势更加错综复杂和动荡不安。

本章小结

现代化是当代人类社会发展的目标。人们一般从三个角度来定义现代化：现代化就是工业化；现代化是指近代科学革命以来人类社会急剧变动过程的总称；现代化是一种"文明的进程"。罗荣渠先生从广义和狭义两方面对现代化进行的分析有助于我们把握现代化的含义。

现代化变革在英国启动，之后，人类社会发展经历了三次现代化浪潮。第一次现代化浪潮发生在 18 世纪后期到 19 世纪中叶，是一次从英国开始然后向西欧扩散的工业化进程；第二次现代化浪潮发生在 19 世纪下半叶到 20 世纪初，它使现代化由欧洲扩展到了世界范围；第三次现代化浪潮从 20 世纪下半叶开始延续至今，它促使现代化进一步向深度和广度发展。按照现代化变革因素的来源，我们可以将各国的现代化道路分为内源的现代化和外源的现代化两种类型。

中国的现代化从 19 世纪 60 年代的洋务运动开始，经历了三个发展阶段，即 1860—1911 年，清末的早期现代化尝试；1912—1949 年，按照西方资本主义模式所做的现代化的努力；1949 年之后，在中国共产党领导下进行的社会主义现代化。

"全球化"主要指的是经济的全球化。一般认为，它是一种跨越民族、国家疆界的经济活动的扩展，它使各国经济之间的相互依存、相互依赖的程度加深，使国际经济合作和国际贸易的规模不断扩大、范围迅速扩展，从而促使各国经济走向开放、走向市场化，促使世界经济在某种程度上趋向一体化。

经济全球化主要表现为贸易的全球化、生产与经营的全球化、金融的全球化等。它对世界经济的发展具有积极的推动作用，但对发展中国家而言是一把"双刃剑"。

区域经济一体化是经济全球化过程中的特有经济现象，它的组织形式多种多样。

在经济全球化的过程中，关税与贸易总协定（GATT）和世界贸易组织（WTO）先后应运而生。世界贸易组织具有三大职能并确定了四大基本原则，成为各国（各地区）与国际经济体系相连接和合作的重要桥梁。2001 年 12 月，中国正式加入世界贸易组织。这是我国适应经济全球化的发展趋势，主动将本国经济发展纳入世界经济体系的一个重大举措。

知识经济是建立在知识和信息的生产、分配和使用之上的经济。知识经济是一种信息型的经济、创新型的经济、智力支撑型的经济和可持续发展的经济。为了应对知识经济时代的挑战，各国都在进行经济和社会发展战略的调整，其共同点是加强科技和教育的发展。

思考与练习题

一、填空题

1. 人类社会走向现代化的进程最早是在西欧、主要是在_____启动的。

2. 按照现代化变革因素的来源，可将世界各国的现代化道路分为_____和_____两种类型。

3. 战后随着资本主义各国经济的发展，在资本主义世界中，逐步形成了_____、_____、_____三足鼎立的经济格局。

4. 区域经济一体化的组织形式多种多样，按照一体化目标由低到高可将其分为自由贸易区、_____、共同市场、_____、完全的经济一体化等组织形式。

5. _____是世界历史上成立的第一个国际贸易体系，它与国际货币基金组织、世界银行并称为调节世界经贸关系的三大支柱。

6. 2001 年 11 月，在阿联酋的_____召开的世界贸易组织部长会议通过了《中国加入世界贸易组织议定书》，同年12月，我国正式加入世界贸易组织，成为其第_____个成员。

7. 1996年，_____在一份题为《以知识为基础的经济》的报告中，首次给"知识经济"以明确的定义。

8. 知识经济作为一种全新的经济形态，其出现将引起人类社会的_____、经济结构、管理理论、文化教育、_____等方面的重大变革。

9. 农业经济时代的_____和劳动力、工业经济时代的_____和资源，是推动经济增长的决定性因素。在知识经济时代，决定经济增长的最主要因素变成对高新技术的掌握，以及隐藏在高新技术背后的_____和有用信息的及时获取。

二、选择题

1. 中国的现代化是一种典型的外源式、防御性的现代化，它的起点是（　　）。
   A. 洋务运动　　　　　　　　　B. 戊戌变法
   C. 立宪运动　　　　　　　　　D. 辛亥革命

2. 确立美元为国际储备货币的特殊地位，奠定美国在战后世界经济格局中的霸主地位的是（　　）。
   A. "马歇尔计划"　　　　　　　B. 布雷顿森林体系
   C. 关贸总协定　　　　　　　　D. 巴黎统筹委员会

3. 在经济全球化的浪潮中，国际化生产和经营的载体和组织者是（　　）。
   A. 国际贸易组织　　　　　　　B. 主权国家
   C. 地区经济集团组织　　　　　D. 跨国公司

4. 在区域经济集团组织中，经济一体化程度最高的是（　　）。
   A. 东南亚国家联盟　　　　　　B. 北美自由贸易区
   C. 欧洲联盟　　　　　　　　　D. 亚太经合组织

5. 不属于世界贸易组织基本职能的是（　　）。
   A. 制定和规范国际多边贸易规则
   B. 组织多边贸易谈判
   C. 决定跨国公司经营发展的重大问题
   D. 解决成员之间的贸易争端

三、名词解释

1. 内源的现代化　2. 外源的现代化　3. 布雷顿森林体系
4. 经济全球化　5. 区域经济一体化　6. 知识经济

四、简答题

1. 什么是三次现代化的浪潮？
2. 简述我国走向现代化的曲折经历。
3. 战后世界经济格局演变的过程和特点是什么？
4. 如何认识经济全球化与区域经济一体化之间的关系？

5. 世界贸易组织的职能和基本原则是什么？

6. 如何认识知识经济的基本特征？

五、论述题

1. 为什么说当代人类社会发展的目标是现代化？

2. 什么是经济全球化？为什么说经济全球化对于广大发展中国家是一把"双刃剑"？

3. 联系我国经济和社会发展的实际，分析我国加入世界贸易组织的意义。

4. 什么是知识经济？人类社会应该如何面对知识经济的挑战？

📖 推荐阅读书目

[1] 罗荣渠. 现代化新论——世界与中国的现代化进程. 北京：北京大学出版社，1993.

[2] 何传启. 中国现代化报告 2016：服务业现代化研究. 北京：北京大学出版社，2016.

[3] 乌杰. 经济全球化与国家整体发展. 北京：华文出版社，1999.

[4] 赵宏，郭继丰. 知识经济呼唤中国. 北京：改革出版社，1998.

第十章　文化的产生、发展与整合

学习目标

通过本章的学习，学员应了解什么是文化、文化的类型、文化的起源和发展等基本理论，认识当代世界文化发展的趋势，并能联系实际分析当代世界和中国文化发展的问题。

学习建议

本章共分两节，第一节介绍了文化的定义、文化类型等文化理论知识；第二节分析了当代世界的文化发展，并提出了建立统一性和多样性相统一的世界文化是人类文化发展方向的观点。在学习中，学员除了要掌握文化的基本理论外，重点要认识当代世界文化发展的趋势和文化冲突的情况，并能联系现实中的文化问题分析当代中国文化的发展。

第一节　文化的基本含义

在日常生活中，文化是一个被广泛使用的概念，我们经常可以听到各种各样关于文化的说法，如民族文化、大众文化、精英文化、传媒文化、希腊文化、中国文化等，甚至学生到学校去读书，也可被认为去学文化，这就从一个侧面表明了文化含义的复杂性。

一、文化的定义

据考证，西方的"文化"一词源于拉丁文"Cultura"，主要意思是指人类创造的东西。例如，人工栽培的庄稼、原始人打造的石器等，这些经过人类的耕作、加工所发展的事物就是"文化"，而野生的禾苗、天然的燧石等自然存在的事物则不属于"文化"的范畴。随着人类历史的发展，"文化"概念的含义逐渐丰富。在古希腊、古罗马时期，文化被理解为人们参加社会生活和政治生活的品质和能力。欧洲中世纪时，一切事物都被打上了神学的印记，"文化"也被"祭祀"一类的术语所代替。文艺复兴和启蒙运动之后，文化摆脱了神学的羁绊，与人的形成和发展特别是人类理性的发展联系起来，成为与

"野蛮""不开化"相对立的概念。19 世纪以来，随着人类学、社会学研究的深入，人们开始试图界定文化的概念。1871 年，英国著名的人类学家爱德华·泰勒出版了《原始文化》一书，给文化下了一条经典性的定义："文化是一种包括知识、信仰、艺术、道德、法规、习俗以及所有作为社会成员的个人所获得的其他能力和习惯的复合整体。"这之后，人们从价值观念、风俗习惯、行为模式、物质文明和精神文明的总和等不同的角度对文化的含义进行了分析。1952 年，美国人类学家克鲁伯和克拉克洪在《文化，关于概念和定义的检讨》一书中，统计了自泰勒之后到 1951 年的 80 年间，欧美国家学术界关于文化的定义有 164 种之多。

我国古籍《周易》中就有"观乎人文以化成天下"的说法，表明文化一词在我国早有使用。但是，我国古代的文化主要是指文治教化的意思，与现在所说的文化的含义不同。五四运动之后，伴随着中国文人、学子向西方学习的热潮，在中国思想界围绕什么是文化和中国文化的发展问题曾引起激烈的争论。1920 年，梁漱溟先生在《东西文化及其哲学》一书中提出："文化乃是人类生活的样法"，它包括精神生活、物质生活和社会生活三方面的内容。1922 年，梁启超在《中国文化史目录》中列举了朝代、种族、饮食、服饰、宅居、农事、政治、法律、教育、交通等方面的内容，表明他对文化含义的理解非常广泛。1926 年，胡适发表《我们对于西洋近代文明的态度》一文，对文化与文明的概念进行了区分。他指出，文明（civilization）是一个民族应付它的环境的总成绩，而文化（culture）则是文明所形成的生活的方式。这之后，许多人开始研究文化问题，但关于文化的具体含义则是仁者见仁、智者见智。直至 20 世纪 80 年代，在思想解放的热潮中，我国学术界出现了一场东西文化比较的热潮，学者发表了大量的文章，并出版了不少关于文化理论方面的书籍，但对于什么是文化，依然众说纷纭。

1982 年，在墨西哥召开的世界文化大会发表的《总报告》和《宣言》中，对文化含义的描述得到了大多数人的认可。其主要内容为："文化是体现出一个社会或一个社会群体特点的那些精神的、物质的、理智的和感情的特征的完整复合体。文化不仅包括艺术和文学，而且包括生活方式、基本人权、价值体系、传统和信仰……""文化赋予我们自我反思的能力。文化赋予我们判断力和道义感，从而使我们成为有特别的人性的理性的生物。我们正是通过文化辨别各种价值并作出选择。人正是通过文化表现自己、认识自己、承认自己的不完善、怀疑自己的成就、不倦地追求新的意义和创造出成果，由此超越自身的局限性。""文化可以被理解为每一个人和每一个共同体独一无二的特征，以及思考和组织生活的方式。文化是每一个社会成员虽然没有专门学习但都知晓的知识领域和价值观念。"[①]

可见，文化的含义十分广泛，人类社会所创造的一切成果和人类生活的各个方面都可以纳入文化的范畴。

---

① 拉兹洛. 多种文化的星球——联合国教科文组织国际专家小组的报告. 戴侃，辛未，译. 北京：社会科学文献出版社，2001.

二、文化的起源和发展

（一）文化的起源

文化到底源于何处？这是我们在研究文化现象时必须予以回答的问题。中国古代著述往往将文化的产生归于"圣人"之作。例如，《周易》说伏羲氏结绳以为网，并"仰观天象，俯察地法"而发明了八卦；神农氏断木以为耜，揉木以为耒，并"尝百草之滋味，水泉之甘苦"而创造了中医；黄帝、尧、舜则制作出最早的衣饰。因此，《周礼·冬官·考工记》中指出："百工之事，皆圣人之所作也。烁金以为刃，凝土以为器，作车以行陆，作舟以行水，此皆圣人之所作也。"

西方社会对于文化起源问题的研究经历了一个发展的过程。在古希腊、古罗马时期，文化起源于神造的观点占据主导地位。柏拉图认为，世界万物都是神创造的，不仅物质文化如此，精神文化也来自"神示"。例如，诗人创作诗歌，就是由于诗神给予了诗人灵感。这一时期，文化起源于人类的经验说也有一定的影响。例如，亚里士多德认为，文化是人类依靠习惯、经验模仿许多事物创造的。到中世纪时，神创论成为文化起源问题上的绝对真理。人是由上帝按照自己的形象创造的，人类的文化也是上帝的创造物，人类的文化史就是上帝创造人类的历史。进入近代社会之后，随着商业、贸易和航海事业的发展，西方人更多地了解到世界各地、各民族的风俗、民情、生活方式等，眼界大大开阔。文艺复兴和启蒙运动的发展，则使神创论在思想界和学术界越来越没有市场。因此，19世纪以来，出现了许多关于文化起源的理论。例如，孟德斯鸠认为地理环境决定了文化的起源，不同的地理环境造就了不同类型的文化。孔多塞提出了人类文化进化的图式。此外，学术界还有文化传播论、文化功能论、文化心理论等。这些理论都从某个侧面揭示了文化产生的原因。但是，要真正揭示文化产生的原因，我们还必须从人类自身的发展、从人类的劳动中去寻找根源。

"文化是人类在劳动中创造的，是人类认识自然界、改造自然界的同时，不断提高自己的思维能力，从而不断对外部世界各种事物进行价值思维肯定所创造的。"① 从猿进化到人一般经历了攀树的古猿、正在形成中的人和完全形成的人的过程。攀树的古猿成群生活在树上，是人类的祖先。由于气候的变化，森林面积减少，一部分古猿来到地面活动。长期的地面生活使古猿的手和脚有了分工，双脚可以直立行走，这就迈出了由猿到人转变的具有决定意义的一步。直立行走使古猿的前肢得到解放，前肢的解放则使古猿能够经常使用石块、木棒等天然工具进行劳动，这就使古猿成为正在形成中的人。这之后，随着古猿的脑和头部各种感觉器官的进化，集体生活和劳动又促使了语言的产生。语言和劳动成为两个最主要的推动力，使猿脑逐渐变为人脑，手也越来越灵巧，最终发展为可以自己制造工具，成为完全形

---

① 司马云杰. 文化社会学. 北京：中国社会科学出版社，2001.

成的人。可见，劳动创造了人类自身，劳动也使自然界成为人们认识和改造的对象。人类在劳动中学会了制造工具，人类开始制造工具的时候也就是人类文化真正起源的时候。

根据考古发现，正在形成中的人的代表是生活在远古时期的腊玛古猿和南方古猿，他们已经开始使用天然石器，并且有了简单的语言，从这个意义上来说，他们有了初步的文化。但是，这种文化只不过是对天然物的简单利用，只能说是出现了人类文化的曙光，还不是严格意义上的文化。大约300万年前，正在形成中的人经过长期的进化，自己开始制造劳动工具，从而真正实现与动物界的分离，成为完全形成的人，同时，真正的人类文化也得以诞生。非洲的奥杜威文化和中国云南的元谋文化，就是最早产生的人类文化的典型代表。这之后，人类制造的工具越来越精细，人类的智力发展得越来越快，人类文化也越来越绚丽多彩。在人类社会，不仅物质文化得到更快的发展，而且精神文化也日益丰富。

分析人类文化的起源，我们可以看到：一方面，文化是人类独有的现象，只有人类才是文化的创造者。现代生物学的研究表明，一些高等动物也具有与早期人类相似的行为，如黑猩猩能够使用简单的自然物取得食物，具有喜、怒、哀、乐等与人类类似的感觉和知觉，但是，动物的这些行为只是其长期形成的本能表现，而人类则具有主观能动性，可以有意识地制造和使用工具。马克思曾经形象地指出："蜘蛛的活动与织工的活动相似，蜜蜂建筑蜂房的本领使人间的许多建筑师感到惭愧。但是，最蹩脚的建筑师从一开始就比最灵巧的蜜蜂高明的地方，是他在用蜂蜡建筑蜂房以前，已经在自己的头脑中把它完成。"① 另一方面，文化起源于人类的劳动，正是人类在改造自然和认识自然过程中的创造性的劳动，才使人类最终脱离动物界，创造出人类独有的文化。

（二）文化的发展

文化的发展历来是文化研究中的一个重要课题，也是文化研究的斯芬克斯之谜。文化发展由什么力量推动？文化发展有无规律？文化采取什么途径发展？围绕这些问题的研究，人们提出了许多不同的学说，形成了各种各样的学派。

1. 文化发展的原因

文化发展是诸多因素合力作用的结果，其主要原因一般有以下三个方面：

第一，从人与自然之间的关系来看，主客体之间的矛盾运动是文化生成和发展的一个重要原因。亿万年前，地球上还是一片蛮荒之地，没有人，更谈不上文化，只有混沌未分的大自然按照其自身固有的规律缓慢地运动着。作为自然进化的结果，人类逐渐与自然界相分离，开始出现人与自然之间的矛盾。人类为了维持自己的生存，首要的、最基本的条件就是获得必需的生活资料，如赖以填饱肚子的食物、借以遮体御寒的衣物等。这些都必须通过劳动这种人类特有的实践活动，从自然界中获取。人类在对自然加以改造的过程中，给自然打

---

① 马克思，恩格斯. 马克思恩格斯全集：第二十三卷. 中共中央马克思恩格斯列宁斯大林著作编译局，译. 北京：人民出版社，1972.

上人类的印记，"人化"为人类认识和改造的客体，文化作为人类改造自然的成果就在这种主体与客体之间的矛盾运动中应运而生。而且，人类的需要总是随着对自然改造的深入发展而逐渐由简单到复杂，由单一到越来越多样化。解决了温饱问题之后，人类还要追求舒适和享受。满足了物质方面的需要，人类又产生出精神方面的需求。人类需求的不断增多，就为人类文化的发展提供了永不衰竭的推动力。

第二，从人与人之间的关系来看，人类社会系统内部的矛盾运动是文化发展的直接动力。人是一种社会的动物，总是生活在一定的社会有机体中。文化是人类实践活动的集中体现，而人类的实践是社会的实践，人们是依靠社会的力量实现对自然的认识和改造，创造出人类特有的文化的。人类社会最基本的职能是生产。社会生产包括物质生产和精神生产，作为这两种生产的产物，文化相应地表现为物质文化和精神文化。因此，社会生产的过程也就是人类文化生成和发展的过程。社会是人的有机集合体，人与人之间在社会生活中结成了各种各样的社会关系，包括经济关系、政治关系、阶级关系、血缘关系等，人就生活在社会关系的网络之中。各种各样的社会关系以及由此产生的各种社会矛盾及其运动，就成为推动人类文化发展的动力。同时，文化还是人类社会总体创造力的集中体现，人类个体都是生活在社会中创造文化的。假如人类个体真的像鲁滨孙那样脱离社会，将连自我生存都不能维持，更不用说创造文化。因此，在一定意义上我们可以说，文化是社会的产物。

第三，从文化自身来看，不同文化系统之间的交流，甚至矛盾和冲突也是文化发展的重要因素之一。在人类文化的大家庭中，有各种不同类型的文化系统。某一特定的文化系统形成之后，总要以起源地为中心放射性地向四面八方传播，形成空间上的文化圈（或文化区）。在文化传播的过程中，文化系统不断向外扩张，文化圈越来越大，不同的文化系统必然相遇，从而出现不同文化圈的交叉、重合的现象。关于不同文化系统间的交流，其主要表现形式为文化的和平传播。例如，随着具有不同文化背景的民族和个人的经济往来，他们之间用于交换的物品就成为传播文化信息的工具，双方生活方式、宗教信仰、价值观念等也对对方产生潜移默化的影响。但是，文化系统之间的矛盾常常伴随着政治、经济、宗教，甚至种族冲突，解决矛盾的方式经常表现为领土扩张、武力征服等暴力形式。特别是在人类早期文化发展史上，战争经常成为文化扩张的强有力的手段。例如，《荷马史诗》中的《伊利亚特》被视为古代希腊文学最高成就的代表作，在世界各地广为流传。《伊利亚特》叙述的特洛伊之战的故事是以历史事实作为依据的，是当时东西方文化矛盾尖锐化的产物。这场战争的发生地——小亚细亚半岛的特洛伊地区，是发源于两河流域的西亚文化与古希腊伯罗奔尼撒地区的迈锡尼文化之间发生冲突的前沿地区，经过历史上东西方文化多次激烈的交锋，才最终形成今天荟萃东西方文明的土耳其文化。

2. 文化发展的方式

文化发展的方式多种多样，最基本的方式为文化系统的自我更新。所谓自我更新，指的是文化系统在其文化核基本稳定的基础上，通过文化核的增殖或损益，以及文化系统表层结构的变化，使文化得到发展。任何文化系统发展的特定阶段都可能出现这种文化的自我更新，但在悠悠的历史长河中，只有中国文化一直采取这种自我更新的方式，不断地向前发展，以至生生不息，蔚为大观。值得指出的是，文化系统的自我更新并不排斥不同文化系统之间的交流，任何一种源远流长的文化都是在多种文化的交流中形成的。而且，在自我更新的文化系统内部，始终存在着文化的继承和创新的矛盾，如何对待文化传统的问题常常是决定文化系统能否顺利发展的关键。

文化发展的另一种方式是文化的变迁。所谓文化变迁，指的是文化的跳跃性发展，或文化的突发性变化。文化变迁的表现形式多种多样。一种文化变迁为文化发展的突然中断。例如，提到埃及文化，人们首先想到的是金字塔和狮身人面像，实际上它们就是古埃及文化的象征。公元前4世纪亚历山大大帝征服埃及，古埃及文化与古希腊、古罗马文化相接触，以至逐渐融合，埃及文化发展进入希腊化时期，成为西方文化圈的重要组成部分。7世纪中叶以后，阿拉伯人征服尼罗河河谷后，埃及文化发展又进入伊斯兰教文化时期，埃及社会隶属于伊斯兰教社会，阿拉伯语成为国语，古代埃及文化的影响大大缩小，西方文化也遭到无情的扫荡。可见，一部埃及文化的发展史，实质上是一部文化发展的变迁史。另一种文化变迁为文化的迁移，即某一文化因素在其发源地的影响已微乎其微，却在异国他乡得到广泛传播，甚至成为占主导地位的文化。例如，佛教在其发源地印度已没有多大影响，却在东南亚、中国、日本等地得到很大发展，成为这些地区重要的宗教之一。泰国、柬埔寨等东南亚国家深受佛教的影响，形成一种典型的佛教文化。

文化的停滞是文化发展的一种特殊形式。文化产生之后，并不是自然而然地向前发展，如果不具备文化发展的条件，文化发展就会出现停滞，甚至倒退的情况。文化发展的停滞不等于文化的消亡。任何文化系统一经建立，便在世界文化大系统中获得一定的地位，必将以各种各样的方式对人类文化发展产生影响，无论其自身的发展状况如何，都不可能成为完全意义上的文化消亡。因此，文化发展的停滞只是文化发展进程中的一种现象，或者说一个发展阶段。文化停滞既可能是由于人与自然之间的关系处于一种简单的平衡状态，文化发展失去了驱动力；也可能是由于文化系统的自我封闭性，隔断了文化对话的渠道，使文化系统之间的交流无法实现；或者是由于文化系统之间的不平等对话，处于强势的外来文化利用政治和经济的优势压制本土文化的发展，使本土文化的发展归于停滞。

三、文化类型和文化冲突

（一）文化类型的划分

1896年，李鸿章以清朝"钦差头等出使大臣"的身份赴圣彼得堡祝贺沙皇尼古拉二世加冕，并出访德、法、英、美等国。有一次在饭店宴请宾客时，他以东方特有的谦虚方式对来宾说了许多如招待不周的客套话，却引起了饭店老板的强烈不满，认为他损害了饭店的声誉，因此招致了一场诉讼案。这件事情虽然反映的是东西方国家之间在待人接物方面的不同，其背后则隐藏着东西方文化之间的巨大差异。谦恭待人在东方国家是一种美德，在西方国家却可能被认为是虚伪，会遭到人们的摒弃。为了研究人类文化之间的差异，许多学者使用了文化类型的概念。但是，在对具体的文化现象进行研究时，他们对于文化类型概念的理解存在很大的不同。

早在 1936 年，美国民族心理学家拉尔夫·林顿的《人的研究》就曾使用了这一概念，其含义与通常所说的"文化区域"类同。1955 年，美国现代进化论者斯图尔德认为不同的民族文化之间存在着本质差异，因此，他在《文化变迁论》一书中提出，文化类型是不同民族文化适应环境而产生的各种文化特质构成的核心特质丛，不同民族的文化之间存在着本质差异，具有特殊的历史发展过程，人类文化是沿着多条途径进化的。德国的历史学家斯宾格勒认为，文化类型是人类文化在不同社会历史发展的空间范围内的最基本单位。按照这一理论，他在《西方的没落》一书中，将人类文化或文明划分为埃及的、希腊的、罗马的、印度的、中国的等 8 种类型。英国著名历史学家汤因比延续了这一观点，在其名著《历史研究》中，进一步将历史上出现的人类文化划分为 26 种文明。苏联著名的美学家卡冈则认为，文化类型就是人类文化在不同的历史发展阶段上出现的各种形态。此外，还有许多学者也对文化类型提出了不同的看法。

分析各种关于文化类型的理论，我们可以看出其中所存在的局限。一种观点是强调各种民族文化之间的差异，却否定了它们发展、变迁所具有的共同规律。例如，斯图尔德、斯宾格勒和汤因比等人的观点就是如此。另一种观点则强调人类文化发展所具有的共同规律，却否定了各民族文化之间的差异。卡冈的观点就是典型代表。我们认为，文化类型是对历史上形成的各种文化形态的本质特征的概括。对文化类型的分析应该将空间和时间结合起来，既要看到人类文化发展共性的一面，也要注意不同民族文化发展的差异。一方面，从历史发展的角度看，人类文化随着人类社会生产力的发展和社会形态的更替而不断进化，每个时代的文化都有其相同或相似之处，由此我们可以将不同历史时期出现的人类文化划分为不同类型，如蒙昧时代的文化、奴隶制时代的文化、封建时代的文化、资本主义文化和社会主义文化，以及游牧文化、农耕文化、工业文化等。另一方面，从区域分布的角度看，由于各个民族所生活的地理环境和历史发展的轨迹不同，不同民族的文化之间存在着很人的差异，从而形成不同类型的文化。例如，起源于古希腊、古罗马的西方文化与以中国为代表的东方儒家文化属于不同的文化类型；同为宗教文化，佛教文化、基督教文化、伊斯兰教文化、道教文化也有很大的差异。

任何类型的文化总是在各种因素交互作用的情况下形成的，这些因素也就成为文化类型的划分依据。

第一，自然环境如地域、气候等因素，对人类文化类型的产生和发展具有重要的制约作用。一定的空间区域构成了人类文化存在的基本条件，也制约着文化发展的方向。四大文明古国分别起源于尼罗河流域、两河流域、黄河流域和印度河流域，亚洲的喜马拉雅山脉两侧和非洲的撒哈拉沙漠的南北分别形成具有不同风格和特征的文化形态，就是明证。气候条件是影响人类文化发展的重要因素之一。例如，周期性的季节变化与适量的降水相结合的气候条件，促使生活在大河流域的居民选择了农耕和定居的生活方式，并由此发展为农耕文化。生活在干旱和降水不足的草原、沙漠地区的居民则选择了逐水草而居的生活方式，并由此形成游牧文化。

第二，不同的社会结构形态制约着文化类型的产生和发展。人类在长期的历史发展过程中形成了具有很大差异的社会结构，特定的社会结构导致人类文化的创造活动沿着不同的途径发展，从而塑造出具有不同特征的文化形态。古希腊时代的斯巴达和雅典都是奴隶制城邦国家，但两者在具体的社会结构形态上存在着很大差异。斯巴达国家的经济基础是单一化的农业经济形态，采取了国有奴隶制的社会阶级结构形态，社会的政治结构实行的是奴隶主寡头制的政体，处于社会上层的斯巴达人不必从事物质资料的生产，其主要职责就是习武和参与战争，这样的社会结构形成了一种具有强烈战争色彩的文化。在雅典国家，恶劣的农业生产条件促使其发展为多业并举、以外向型工商业为主的经济形态，实行私有奴隶制的阶级结构形态，在社会等级制度的基础上形成了奴隶主民主制的政体，这种社会结构形态保证了雅典文化健康、正常地发展，使整个社会充满崇尚智慧、勇于探索的风气，出现了如梭伦、苏格拉底、柏拉图等许多文化精英人物。正是由于社会结构形态的差异，导致了古希腊文化向两个方向发展，使斯巴达文化和雅典文化成为古希腊文化两种类型的代表。

第三，不同的语言也是影响文化类型的重要因素之一。语言是人类特有的一种文化能力，是人类文化发展到一定阶段的产物。语言是为了适应某一人类共同体内部人们交流信息的需要而产生的，它通过语音与词义相结合的方式说明不同的事物，并逐渐成为一种以语法结构规律为框架的语言体系。一种语言体系必然与某一特定的文化体系相联系，并成为这一文化体系的重要体现。而且，使用一种共同的语言，对于一个民族具有巨大的文化凝聚力，它成为维系某一民族共同体的纽带，深深地影响着人们的行为方式、情感方式、思维方式、认识方式和价值取向，起到促进民族文化定向发展的作用。中国人历来将"同文同种"联系在一起。自秦代"书同文"之后，2 000多年来，统一的汉字一直影响中华民族文化的发展。汉字不仅作为交流符号维系着汉民族及其文化，而且还以象形的特征影响中国人，使他们形成一种类比、直观的思维方式。同时，语言产生之后，就成为不同人类共同体之间相互交往的工具。由于人类各民族语言具有复杂多样性，导致了人们对同一事物理解的差异，这种差异往往反映为文化特征上的不同。这时候，语言就成为不同文化系统之间的一种隔离机制，促使统一的人类文化形成不同的类型。

除了以上所列举的因素，不同的人种、不同的文化心理、不同的文化传统等都能够成为一种文化的隔离机制，影响文化类型的产生。

（二）文化冲突的出现

人类文化分为不同的类型。不同的文化类型之间在文化心理、价值观念、思维方式等方面存在着巨大的差异。当不同类型的文化相遇时，它们之间必然会产生文化矛盾，从而导致文化冲突。文化冲突是不同类型的文化之间矛盾性的集中体现，是在文化交流过程中经常出现的一种文化现象。

文化冲突的原因和表现形式是多种多样的。

第一，不同的民族文化或区域文化之间的冲突。特定的民族文化造就了特殊的民族思想、感情和行为方式，当具有不同特点的民族文化相遇时，就会出现民族文化与外来文化之间的竞争乃至冲突。例如，清政府入主中原之后，满族统治者强力推行满族文化，表现在服饰上要剃发、换装，否则就有杀头的危险，但是一些坚持汉民族文化传统的士大夫宁愿被砍头也不愿剃发，这就鲜明地表现出汉民族的传统文化与满族的游牧文化之间的激烈冲突。即使在同一民族文化内部，生活在不同区域的人们之间也会出现文化冲突。比较开放的城市文化与相对封闭的乡村文化之间，以及存在不同风俗习惯的地区之间，也常常会发生文化冲突。

第二，不同时代的新旧文化之间的冲突。文化体系一经产生，就具有相对的稳定性和保守性。但是，随着社会生产力的发展和社会进步，文化也在不断进化，在旧的文化系统内部会出现一些新的文化因子。这些代表文化发展方向的新文化因子在兴起和传播的过程中，会受到旧文化的排斥和抵制，从而酿成新旧文化之间的冲突。当社会处于激烈的变动时期，这种新旧文化的冲突往往表现得更加激烈。中国在鸦片战争之后，面临着亡国的危险，社会动荡不安，是固守中国传统文化，还是学习西方文化，实现中国文化的更新，这不仅涉及中西文化之间的冲突，也反映出中国文化内部的新旧之争。清末的文化冲突集中表现在变法问题上，一部分封建士大夫坚持"祖宗之法不可变"，或者只能"中学为体、西学为用"；以康有为、梁启超为代表的维新派则强调要学习西方文化，变革传统的典章制度。五四新文化运动也突出反映了新旧文化之间的激烈冲突。

第三，不同的社会阶级、阶层或社会群体之间的文化冲突。在阶级社会中，文化被打上了阶级的烙印，从而具有阶级性。而且，在社会生活中，每个社会成员总是归属于不同的社会阶层或社会群体集团，不同的社会阶层和不同的社会群体集团都有自己的文化，这种文化之间也会产生矛盾，出现文化冲突。例如，西方文艺复兴时期，德国牧师马丁·路德领导的新教运动，不仅是基督教内部新旧文化之间的冲突，而且反映出当时社会各阶级、阶层利益上的冲突。春秋战国时期诸子百家之间的论争，董仲舒提出的"罢黜百家、独尊儒术"等，都是社会不同文化集团之间文化冲突的具体表现。

因此，文化冲突是人类文化发展过程中的普遍现象，但文化冲突的性质和具体表现形式是不一样的。有的以和平的方式进行，如不同学派之间的争论；有的则以暴力的形式出现，如东西方之间的宗教冲突所导致的两次十字军东征。而且，文化冲突是文化发展的重要动力。它促成了文化的分化，打破了旧的文化体系，诞生了新的文化体系；它导致文化的整合，使不同的文化系统在矛盾冲突过程中相互吸收、融合，逐步趋于一体化。因此，在一定程度上我们可以说，文化冲突是文化发展的必经阶段，对于推动文化的发展具有积极意义。

第二节　当代社会的文化发展

一、当代世界文化发展的背景

第二次世界大战以后，人类社会的文化发展面临着许多新的形势，出现了许多新的变化。

第一，世界政治格局的复杂多变，给文化发展设置了重重政治藩篱。战后初期，在雅尔塔体制的基础上形成了资本主义和社会主义两大阵营对峙的局面，美、苏两个大国处于世界政治格局的中心，为了争夺世界霸权展开了激烈的斗争。20世纪五六十年代，第三世界的崛起动摇了美、苏两强对抗的政治格局，社会主义阵营的解体和资本主义阵营的分化使世界政治力量出现了大分化和大改组，世界出现了向多极化趋势发展的局面。从20世纪80年代末开始，东欧剧变、德国统一、苏联解体等重大政治事件的发生，使战后世界政治的两极格局最终崩溃，整个世界政治格局处于新旧转换的特殊历史时期。政治因素是影响文化发展的重要因素之一，无论是两大阵营的尖锐对立，还是国与国之间的矛盾斗争，都必然反映到文化方面，影响文化发展的轨迹。

第二，世界经济发展的重大变化，对世界文化发展的方向产生重大影响。战后初期，美国经济实力雄踞世界首位，在它的极力倡导下，国际社会大体构建了战后世界经济制度——一个稳定的国际货币体系和自由开放的国际贸易体系。之后，随着新技术革命的兴起，世界经济的加速发展，西欧、日本的经济实力不断上升，资本主义世界出现了三足鼎立的经济格局。广大发展中国家在取得民族独立之后，大力发展经济，部分国家改变了经济落后的局面，初步实现了现代化，但是，大部分发展中国家的经济发展依然处于落后状态。同时，各国经济和贸易的发展，使世界经济进入全球化时期。在经济全球化的新形势下，生产、贸易、投资等都成为世界性的经济行为，各种生产要素在世界范围内进行合理配置和重组，使各个国家、各个地区、各个民族之间在经济上的相互依存、相互影响日益加深。经济基础决定上层建筑。世界经济发展的全球化必然对世界文化发展的总体趋向产生深远的影响，特别是以美国为首的西方发达国家借助其强大的经济实力，向全世界极力灌输西方的生活方式、价值观念，严重阻碍了广大发展中国家的文化发展。

第三，世界新技术革命的发展，改变了各个文化系统之间交流的方式。20世纪四五十年代，以原子能、电子计算机和空间技术为标志的第三次技术革命兴起。20世纪70年代以来，又出现了以微电子技术为核心，以信息技术、新能源技术、新材料技术、生物技术、空间技术和海洋技术为标志的新技术革命。新技术革命的发展，不仅对人类社会的政治、经济发展产生重大影响，而且使世界文化发展面临新的格局，特别是信息技术的发展，使人类的信息交流方式发生了重大变化，使整个世界变成了"地球村"，信息传输的速度大大加快，信息传输的范围日益扩大，这表明人类文化交流的方式出现了重大变革。信息传输手段的变化有利于打破文化系统之间交流的屏障，为文化的传播、交流、融合开辟了一个崭新的天地，大大促进了世界文化的发展。但是，信息技术的进步也会在信息传输、分享过程中带来一系列社会问题，会产生新的文化矛盾，甚至导致文化冲突。

二、当代世界的文化冲突

20 世纪是文化大碰撞、大分裂和大融合的时期。如果文艺复兴和启蒙运动以来所形成的古典文化以和谐为特征，那么，20 世纪的文化则是以对立冲突为基本特征的。刘登阁所著的《全球文化风暴》一书描绘了 20 世纪文化冲突的全景图。他认为，20 世纪文化"存在着个体与社会、精神与物质的对立冲突；存在着青年和老年、青年文化与成人文化的冲突；存在着男权与女权、男性中心主义和女性主义的冲突；存在着城市文化与乡村文化、城市化与反城市化的冲突；存在着技术与艺术、科技的工具理性与审美感性及艺术个性、科学主义思潮与人文主义思潮的冲突；存在着文化中心主义与文化相对主义、文化激进主义与文化保守主义的冲突；存在着追求自由与逃避自由、个性与平等的冲突；存在着人道主义与反人道主义、人性善与人性恶的冲突；存在着文化与自然、文明与愚昧的冲突；存在着现代主义与后现代主义的冲突；存在着原始主义与现代主义、工业文明与农业文明、工业文明与后工业文明的冲突；存在着全球化与本土化、民族主义与世界主义的冲突；存在着情感与理智、疯狂与正常、英雄与凡俗的冲突；存在着崇高与庸俗、理想与世俗的冲突；存在着审美与审丑、艺术与生活的冲突；等等"①。如果我们以西方文化与非西方文化作为划分标准，那么，20 世纪的文化冲突对于这两种类型的文化具有不同的含义。

（一）当代西方文化发展的裂变

美国文化相对主义的主要代表赫斯科维茨认为，文化发展存在着焦点，焦点集中反映了一定时期文化发展的特征。他以这一焦点为出发点对西方文化史进行了研究，提出西方文化发展的轨迹是：古埃及时代——关注经济、政治、宗教等事物；古希腊时代——注重对真理的追寻和探索；古罗马时代——着重构成组织的原则；中世纪时代——用等级观念看待一切事物；文艺复兴时代——致力于世俗事务、文学艺术等。总之，当代西方文化就是沿着这一历史轨迹，经过长期的文化交流、融合的过程发展而来的。欧洲文化和北美文化是当代西方文化的主要代表。

在世界各大文化系统中，西方文化以理性主义作为其鲜明的特征，并以此与东方文化相区别。近代以来，西方文化伴随着资本主义的脚步和工业革命的发展，影响遍及全世界，穿西装、打领带、吃汉堡包、喝可乐等，似乎成为进步和文明的象征。但是，正是在西方文化

---

① 刘登阁. 全球文化风暴. 北京：中国社会科学出版社，2000.

的背景下，20 世纪的欧洲爆发了两次世界大战，这使整个世界遭受了巨大的灾难。建立在理性主义基础上的科学技术发展，导致了社会生产力的飞速发展，改变了人类的生活方式，也带来了一系列的资源、环境和社会问题。无情的现实促使人们对西方文化进行反思，危机意识有所加强、怀疑的观点日益增长，并演变为一场文化上的裂变。正如《后现代理论：批判性的质疑》一书的作者所指出的："60 年代（20 世纪 60 年代，编者注）遍及西方的社会政治运动、新思潮和文化反叛，把斗争的矛头指向了战后那种众口一词地歌颂'富裕社会'的令人窒息的文化氛围，使人感到严密的、压迫性的现代社会正在遭到普遍的反叛。60 年代的激进主义对现代社会结构、社会实践、文化及思维模式提出了怀疑……发生于 70 年代和 80 年代的一系列社会经济变迁和文化变迁却表明，与先前社会的决裂确实已经发生。"① 正是在这样的形势下，后现代主义成为西方文化发展中一支不容忽视的力量。后现代主义肇始于 20 世纪 50 年代末 60 年代初的美国，当时席卷西方世界的青年学生造反运动是其诞生的标志。20 世纪七八十年代，后现代主义在西方发达国家广泛传播，并逐渐风靡全世界，成为具有广泛影响的世界性的文化思潮。

后现代主义文化既不同于工业社会早期的西方古典文化，也不同于现代工业社会出现的现代主义文化，它是一种建立在高度发达的社会经济基础之上，以社会的信息化为条件，以高度的商品化为标志，以满足大众的日常消费欲望为目的的新兴文化。在西方文化思想界、理论界，后现代主义是一个十分热门的话题，其影响涉及各个方面。在社会政治领域，后现代主义理论家认为，由于当代计算机和媒体技术、新的知识形式以及社会经济制度的变化，社会正在向一个新的后现代社会转型。关于这种后现代社会形式，有人认为它是一种信息、知识和技术相结合的崭新的社会类型，也有人认为它是资本主义的更高阶段的发展。在理论领域，后现代主义理论家宣扬相对主义、非理性主义和虚无主义，认为从启蒙运动开始延续至今的理性主义试图找到知识的基础，并傲慢地宣称能够找到绝对真理，是虚妄骗人的。在文学艺术领域，后现代主义者提出要与印象主义、表现主义、超现实主义、为艺术而艺术等前卫艺术决裂，代之以各种新的美学形式和美学实践，由此产生了后现代主义建筑、后现代主义电影、后现代主义戏剧、后现代主义音乐等。同时，后现代主义也渗透到大众文化当中，出现了如后现代总统制、后现代爱情、后现代管理、后现代神学等五花八门的讨论。

当代西方文化裂变的另一个重要表现是科学主义与人文主义的对立和冲突。科学主义强调采用自然科学的方法来研究和看待世界；人文主义则强调以人为中心，把人作为认识世界的出发点和归宿。在反对中世纪封建蒙昧主义的斗争中，科学主义与人文主义是携手并进的。文艺复兴和启蒙运动就是要复兴古希腊、古罗马时期以人为本的思想，以理性主义的眼光来看待自然和社会现象。在此基础上，科学技术得到了很大发展，成为推动社会生产力发展和人类社会进步的重要力量。进入 20 世纪之后，随着科学技术的迅

---

① 凯尔纳，贝斯特. 后现代理论：批判性的质疑. 张志斌，译. 北京：中央编译出版社，1999.

猛发展，科学主义逐渐压倒了人文主义，但科技发展也日益显露出它的弊端。两次世界大战和核武器给人类带来了巨大灾难。科技发展推动了工业化的进程，又带来了环境的破坏、资源的枯竭等问题，这些情况使人们对科学主义产生了怀疑，在思想界出现了反理性、反传统、反逻辑的现代人文主义思潮。这种思潮发展到极点甚至出现了反对现代文明的倾向。斯宾格勒在《西方的没落》中认为，"在 18 世纪，科学的方法已经用尽；然后，在 19 世纪，它的能力也告衰竭，而现在它的历史角色，已被加以批判地研究"。因此，斯宾格勒宣称，在 20 世纪，"科学已完全没有用武之地"[①]。列维·斯特劳斯则进一步认为，在原始状态时，人类与环境、文化与自然、个人与社会都处于和谐的状态，而现代西方文明破坏了这种和谐，造成人与人之间、人与自然之间的对立，现代人应该向原始民族文化学习，以原始民族的社会结构来改造文明社会，这样才能解决西方文明的危机。之后，西方学术界、思想界弥漫着一种非理性主义的思潮，企图在对科学主义的批判中寻求到西方文化的出路。

（二）非西方文化发展的两难境地

20 世纪是人类走向工业化、现代化的一个重要的历史阶段。工业革命、商品经济打破了国家和民族的界限，随着现代工业文明在全球范围的扩张，西方发达国家居于世界政治、经济体系的中心地位，许多发展中国家则在世界政治、经济发展的总格局中处于边缘和从属的地位。这种情况反映在文化发展方面，则表现为西方文化似乎成为世界文化发展的主流，代表了文化进步的发展方向，其他非西方文化似乎都成为落后于时代的"传统文化"，沦落为西方文化的对话方，似乎只能按照西方文化的价值取向来求得自身的发展。因此，这种西方文化与非西方文化发展的矛盾，就成为当前世界文化发展的主要特征之一。

在许多文化人类学的著作中，我们都会看到这样的描述：随着欧洲殖民主义者的到来，生活在相对封闭状态下的土著文化遭到破坏，土著人的土地被侵占，社区趋于瓦解，旧有的习俗被抛弃，传统的世界观失去了它原有的地位，殖民主义者和传教士带来的现代西方文化冲击着土著人原有的文化制度。接着，土著人也开始按照西方的方式选举议员，甚至到教堂做弥撒……这是非洲、拉丁美洲等许多社会历史发展仍处于部落阶段的地区和民族文化境遇的鲜明写照。以非洲文化的发展为例，"传统的文化规定了社会的结构、法律、信仰体系、日常生活与艺术之间某种紧凑的关系，而这种紧凑的关系有利于稳定和信任。但是，非洲人民与来自世界各地的殖民者的历史邂逅导致了一系列并没有融入完整的民族文化的外国文化片段的积累"[②]。这种"文化殖民"使原有文化传统遭到破坏，民族文化的内聚力大大削弱，外国殖民地的建立又引起人口的大量迁移，种族群体离开了他们的土地，混居在不同的国家

① 斯宾格勒. 西方的没落. 陈晓林，译. 哈尔滨：黑龙江教育出版社，1988.
② 拉兹洛. 多种文化的星球——联合国教科文组织国际专家小组的报告. 戴侃，辛未，译. 北京：社会科学文献出版社，2001.

和地区。许多种族群体和地方文化差异往往导致文化冲突，表现出分离主义的倾向，致使非洲大陆的许多国家近年来经常爆发动乱、内战，甚至种族仇杀。因此，抵御西方文化对非洲传统文化的冲击和同化，在现代跨种族国家的基础上，建立一种融合不同种族文化的新文化和新的生活方式，是非洲文化发展的难题。

中国文化、印度文化、阿拉伯文化等，在长期的历史发展过程中，不仅形成了有别于西方文化的特殊的文化形式，而且具有较强的内在凝聚力。近代以来，面对西方文化的冲击，它们虽不至像非洲文化那样分裂为文化碎片，但也面临着文化发展的两难境地。一方面，受西方文化影响的国家和地区大多属于发展中国家，处于由农业国向工业国转变的过程，必须引进西方先进的科学技术和管理方式，采用以市场为导向的经济发展模式，也就是要向西方学习；另一方面，向西方学习的结果是西方文化的大量涌入，西方的价值观念、生活方式等对本土文化产生强烈的冲击，原有的文化传统有被西方文化淹没的可能性。因此，在这些国家和地区的文化发展中，始终充斥着本土文化与外来文化之间激烈的矛盾和斗争。

鸦片战争以来，围绕中国文化发展的问题，中西文化之间的论争绵延不断。从魏源的"师夷长技以制夷"，到张之洞提出"中学为体，西学为用"，中国人认识到本国文化的缺陷，承认西方文化在器物层面上优于中国文化，因此要学习西方的技术，来补充中国文化的不足。中华民国建立后，随着五四运动的发展，全盘西化论的影响越来越大，以陈独秀、胡适等为代表，认为西方文化在各方面都优于中国文化，因此要抛弃中国文化。这之后，全盘西化论者和中国固有文化论者各执一端，并经常演变为大规模的文化论战。以至到了改革开放的时代，中西文化之间的论争和冲突依然时隐时现。阿拉伯文化的发展也始终处于与西方文化的矛盾、斗争之中，历史上的十字军东征就是西方文化与阿拉伯文化冲突的明显例证。在今天，"对于大多数受过教育的阿拉伯人来说，西方在文化上占主导地位是一件令人痛苦的事，他们感到这是一种西方对他们自己和其他第三世界国家的霸权。……大多数阿拉伯人对西方文化的态度依然十分矛盾，既敬佩又憎恨"①。今天，阿拉伯地区的宗教冲突、恐怖主义活动等，其背后都可以看到文化冲突的影子。印度文化在其历史发展过程中，对其他文化的排斥历来不十分强烈，加之在近代经历了英国殖民化的过程，因此，印度的政治、经济，以及语言和艺术等许多领域都广受西方文化的影响，甚至产生了"一个在血统和肤色上是印度人，但在爱好、见解、精神和智力上却是英国人"的精英阶层，但是，当代印度文化的发展也始终存在如何对待西方文化的争论。总之，在上述文化系统的发展过程中，如何处理好与西方文化的关系，如何对待自己的文化传统，如何在与西方文化的对话中保持自身文化的同一性，就成为能否使自身文化健康发展的关键问题。

---

① 拉兹洛. 多种文化的星球——联合国教科文组织国际专家小组的报告. 戴侃，辛未，译. 北京：社会科学文献出版社，2001.

三、建立统一性和多样性相统一的世界文化

关于文化发展的规律，历来存在两种观点。古典文化人类学研究中的进化学派，强调文化内在的历史联系和人类文化发展规律的一致性，将文化发展看作单线的、由低级到高级的机械进化。而文化形式的多样性只是文化"逐步发展的各个阶段，而每个阶段既是过去的产物，本身又在未来的形式中起一定作用"[①]。这种理论被形象地称为文化发展的"铁路理论"，人类和社会文化发展被设想为一列火车，机车以不等的距离牵引着一个个车厢在同一条轨道上前进。反对这种观点的人则强调文化发展的多样性，提倡文化发展的多元性。例如，传播学派就认为世界文化存在不同的文化圈，每个文化圈都是相互独立的，由特定的地理环境所造成，不存在文化的进化问题。这两种观点都有其合理性和片面性，文化发展应该是统一性和多样性的统一。

一方面，人类文化是不断地由低级向高级发展的。从一个个具体的文化系统来看，无论其表现形式如何多种多样，一般都要经历产生、发展、衰亡的历史过程。从人类文化发展的总体来看，不同文化系统的发展不仅具有相似之处，而且人类文化有互相交流、融合中共同发展的趋向。另一方面，世界文化的发展具有多元性的特征。不同国家、不同民族的文化都是在特殊的自然和社会历史条件下产生的，都有自己特殊的发展轨迹。文化的传播和交流虽然使不同文化系统之间的交叉出现一定的趋同性，但是，这种趋同并不意味着不同文化系统抛弃个性，不等于文化系统差异的消失，而是在保存各自文化特色的基础上，具有极大丰富性的统一。

因此，在文化发展规律的问题上，我们既不同意那种简单进化的观点，反对那种武断地将人类文化发展划分为几个阶段，然后把不同的文化系统纳入其中，甚至主观地认定西方文化的发展代表人类文化发展的方向，认为世界文化发展只有一个方程式。即"如果一个社会要取得物质和经济的发展，它就必须接受并恰当地利用现代技术；如果它要掌握现代技术，就必须接受西方的理性主义的实用主义的文化……因为这些技术主要是西方文化的产物，掌握这些技术的使用，需要西方式的思想和行为"[②]。我们也不同意那种将不同国家、不同民族文化之间的差别无限扩大的观点，反对将人类文化的发展当成一个个孤立的文化系统的自我生成、自我发展和自我完善，而应该坚持文化系统之间的交流和对话，因为，文化如果失去了交流，必将在孤立中消亡。

20 世纪后半叶以来，经济全球化已成为一种普遍的社会现象。在这样的背景之下，对于不发达国家来说，能否尽快地、最大限度地融入世界经济体系之中，将直接影响这些国家

---

① 托卡列夫. 外国民族学史. 汤正方，译. 北京：中国社会科学出版社，1983.

② 拉兹洛. 多种文化的星球——联合国教科文组织国际专家小组的报告. 戴侃，辛未，译. 北京：社会科学文献出版社，2001.

的经济和社会发展。但是，"全球化"绝不仅仅是一个经济事实，"全球化"从一开始就具有经济和文化的双重含义，"在一定意义上，'全球化'根本上就是一种以经济行动策略来实现的文化整合过程，它的最终结果就是能够在某种'普遍性'的设计中，瓦解任何一种保持自身特殊努力的文化自足体，进而完成对于世界文化前景的'普遍化'构造"①。可见，经济全球化必然对世界文化的发展产生重大影响，在新的形势下，如何解决世界文化发展中的统一性和多样性之间的矛盾，如何解决不同文化系统之间的文化冲突与文化共存的问题，已成为世界文化研究中的热门话题。

从目前的情况来看，经济全球化似乎造成一种世界文化发展的趋势，即全球化的过程似乎成为西方强势文化的扩张过程，西方发达国家借助世界经济市场重组的机会，对不发达国家的弱势文化形成巨大的压力，甚至剥夺弱势文化在世界文化舞台上的发言权，从而使西方发达国家不仅扮演着世界经济决策者的角色，而且担当着世界文化领导者的角色。同时，不发达国家由于经济自主能力衰弱而导致文化上自主性的瓦解，固有的民族文化或者被削弱，或者按照西方文化的发展模式来加以改造，世界文化将被整合为以西方文化为主体的单一文化。如果真的出现这样的情况，将不是世界文化发展的福音，而是世界文化发展的灾难。

而且，美国著名政治学者塞缪尔·亨廷顿于1993年夏季在美国《外交》季刊上发表《文明的冲突?》一文，提出了"文明冲突论"。他将世界文明分为西方文明（基督教）、中国文明（儒教）、日本文明、伊斯兰文明、印度教文明、斯拉夫文明（东正教）、拉丁美洲文明以及非洲文明，认为当代西方文明正受到其他文明的冲击，其中，中国文明（儒教）和伊斯兰文明相联合的力量将对西方构成最严重的威胁与挑战。亨廷顿的理论在国际舆论和学术界引起了剧烈反响，尤其以第三世界和中国最为强烈。应该说，"文明冲突论"具有片面性，因为亨廷顿的观点、学说是基于西方世界的利益和价值提出的，代表了西方社会对非西方国家经济、政治、文化等各方面迅速发展的担忧和警惕。不同文化之间的冲突和碰撞是必然的，但是如何"求同存异"，以一种更为广阔的视野和更为开阔的胸襟去化解冲突、实现各种文化的良性发展才是各国应该共同追求的目标。

著名学者汤一介先生指出："经济全球化并不一定能消除不同国家之间的冲突，在一定情况下还有可能加剧不同文化传统的国家、民族之间的冲突……是增强不同文化之间的相互理解和宽容而引向和平，还是因文化霸权和隔绝而导致政治上的冲突、甚至战争，将影响着21世纪人类的命运。在这样的形势下，我们必须反对文化上的霸权主义和文化上的部落主义。要用一种新的视角来观察当今不同文化传统之间的关系，为建立一种新型的文化多元互动的新格局而努力。"② 也就是说，世界文化的整合不是一种文化的简单的一致，而是在包容多样性基础上的统一，各种文化系统之间必须加强彼此的理解，必须接受彼此的差异，世

① 王德胜. 文化帝国主义："全球化"的陷阱. 东方文化，2000（5）：36-41.
② 汤一介. 在经济全球化形势下的中华文化定位. 中国文化研究，2000（3）：3-4.

界文化发展的情景就如同"一片各种植物都能以和谐的多样性开花结果的草原",各个文化系统如同各种不同的植物,都能在广袤的大地上吸取自己需要的营养而茁壮成长,并用五颜六色的文化之花将我们这个多元文化的星球装扮得更加绚丽多彩。

📑 本章小结

　　文化是一个被广泛使用的概念,其含义十分复杂。19世纪以来,人们试图界定"文化"的概念。1871年,英国著名的人类学家爱德华·泰勒出版了《原始文化》一书,给"文化"下了一个经典性的定义。1982年,在墨西哥召开的世界文化大会对文化含义的描述得到了大多数人的认可。

　　文化是人类在劳动中创造的。人类在劳动中学会了制造工具,人类开始制造工具时,也就是人类文化真正起源的时候。

　　文化发展是诸多因素合力作用的结果。主客体之间的矛盾运动是文化生成和发展的重要原因;人类社会系统内部的矛盾运动是文化发展的直接动力;不同文化系统之间的交流,甚至矛盾冲突也是文化发展的重要因素之一。文化发展的方式多种多样,包括文化系统的自我更新、文化的变迁和文化的停滞等。

　　文化类型是对历史上形成的各种文化形态的本质特征的概括。文化类型是在各种因素交互作用的情况下形成的。这些因素主要包括:自然环境、不同的社会结构形态、不同的语言、不同的人种、不同的文化心理、不同的文化传统等。

　　文化冲突是在文化交流过程中经常出现的一种文化现象。文化冲突的表现主要有:不同的民族文化或区域文化之间的冲突,不同时代的新旧文化之间的冲突,不同的社会阶级、阶层或社会群体之间的文化冲突。文化冲突是文化发展的重要动力,在一定程度上,文化冲突是文化发展的必经阶段,对于推动文化的发展具有积极意义。

　　当代人类文化发展面临许多新的形势:世界政治格局的复杂多变,给文化发展设置了重重政治藩篱;世界经济发展的重大变化,对世界文化发展的方向产生重大影响;世界新技术革命的发展,改变了各个文化系统之间交流的方式,促进了世界文化的发展。

　　当代世界文化发展以对立和冲突为基本特征。一方面,西方文化发展出现了裂变,具体表现在以下方面:后现代主义逐渐发展为具有广泛影响的世界性的文化思潮;科学主义与人文主义的对立和冲突是另一个重要表现。另一方面,西方文化与非西方文化发展的矛盾,成为当前世界文化发展的主要特征之一。非西方文化的发展面临本土文化与外来文化之间激烈的矛盾和斗争。

　　世界文化发展是统一性和多样性的统一。一方面,人类文化是不断由低级向高级发展的,人类文化有在互相交流、融合中共同发展的趋向;另一方面,世界文化的发展存在多元性的特征,不同国家、不同民族的文化将在保存各自文化特色的基础上,向具有极大丰富性的统一这一更高层次发展。

📖 思考与练习题

一、填空题

1. 1871 年，英国著名的人类学家_____出版了《原始文化》一书，给"文化"下了一个经典性的定义。

2. "文化"一词在我国早已使用。我国古籍《周易》中就有"观乎人文以化成天下"的说法。但是，我国古代的"文化"主要是指_____。

3. 从猿进化到人一般经历了攀树的古猿、_____和完全形成的人的过程。人类开始_____时，也就是人类文化真正起源的时候。

4. 文化类型是对历史上形成的各种文化形态的_____的概括。

5. 文化类型的划分依据包括_____、社会结构形态、语言、人种、_____、文化传统等各种因素。

6. 文化冲突主要有不同的_____或区域文化之间的冲突，不同时代的_____之间的冲突，不同的社会阶级、阶层或_____之间的文化冲突等多种表现形式。

7. 当代西方文化发展出现了裂变，具体表现为_____成为西方文化发展中一支不容忽视的力量，以及科学主义与_____的对立和冲突。

8. 当代非西方文化发展面临一种两难境地，充斥着_____与_____之间激烈的矛盾和斗争。

9. 人类文化发展应该是_____和_____的统一。

二、选择题

1. 在人类文化起源问题上，起决定作用的是（　　）。
   A. 地理环境　　　　　　　　B. 人的劳动
   C. 圣人创造　　　　　　　　D. 气候因素

2. 不属于文化发展原因的一项是（　　）。
   A. 主客体之间的矛盾　　　　B. 人类社会系统内部的矛盾
   C. 不同文化系统之间的矛盾　D. 不同语言之间的矛盾

3. 不是文化类型划分依据的一项是（　　）。
   A. 自然环境　　　　　　　　B. 社会结构形态
   C. 文化心理　　　　　　　　D. 文化冲突

三、名词解释

1. 文化　2. 文化类型　3. 文化冲突　4. 文化变迁

四、简答题

1. 如何理解文化的起源？
2. 为什么说文化的发展是许多因素合力作用的结果？

3. 为什么说文化类型是在各种因素交互作用的情况下形成的?

4. 如何认识当代文化发展的新形势?

五、论述题

1. 运用文化冲突的理论分析当代世界文化发展的概况。

2. 为什么要建立统一性和多样性相统一的世界文化?

📖 推荐阅读书目

[1] 拉兹洛. 多种文化的星球——联合国教科文组织国际专家小组的报告. 戴侃, 辛未, 译. 北京: 社会科学文献出版社, 2001.

[2] 司马云杰. 文化社会学. 北京: 中国社会科学出版社, 2001.

[3] 苏国勋, 张旅平, 夏光. 全球化: 文化冲突与共生. 北京: 社会科学文献出版社, 2016.

参 考 文 献

[1] 策尔尼克，哈恩. 天文学入门：带你一步一步成功探索星空. 庄仲华，译. 北京：北京科学技术出版社，2018.

[2] 刘学富，李志安. 太阳系新探：小行星、彗星会与地球相撞吗. 北京：地震出版社，1999.

[3] 顾朝林. 人文地理学导论. 北京：科学出版社，2012.

[4] 胡兆量，陈宗兴. 地理环境概述. 北京：科学出版社，2000.

[5] 刘南威，郭有立，张争胜. 综合自然地理学. 北京：科学出版社，2000.

[6] 杨魁孚，田雪原. 人口、资源、环境可持续发展. 杭州：浙江人民出版社，2001.

[7] 任军. 中国可持续发展问题研究. 北京：中国农业科学技术出版社，2019.

[8] 刘成武，等. 自然资源概论. 北京：科学出版社，1999.

[9] 中国 21 世纪议程管理中心. 中国 21 世纪议程——中国 21 世纪人口、环境与发展白皮书. 北京：中国环境科学出版社，1994.

[10] 联合国经济和社会事务部. 全球可持续发展报告（2016）. 上海社会科学院信息研究所，译. 上海：上海社会科学院出版社，2018.

[11] 王军，郭栋，郝建彬. 可持续发展蓝皮书：中国可持续发展评价报告（2018）. 北京：社会科学文献出版社，2018.

[12] 刘曙光. 婚姻与家庭. 北京：金城出版社，1999.

[13] 玛丽拉曼纳，艾格尼雷德门. 婚姻与家庭. 李绍嵘，蔡文辉，译. 台北：巨流图书公司，世界图书公司，1995.

[14] 顾鉴塘，顾鸣塘. 中国历代婚姻与家庭. 北京：商务印书馆，1996.

[15] 宣兆凯. 现代社会中的婚姻与家庭. 北京：中央广播电视大学出版社，1989.

[16] 宋卓娅. 亲密舞蹈——人类新的性生活与新的婚姻模式. 广州：花城出版社，2002.

[17] 中国大百科全书出版社编辑部. 中国大百科全书·政治学卷. 北京：中国大百科全书出版社，1992.

[18] 王邦佐，等. 新政治学概要. 2 版. 上海：复旦大学出版社，1998.

[19] 王浦劬，等. 政治学基础. 4 版. 北京：北京大学出版社，2018.

[20] 何建章. 当代社会阶级结构和社会分层问题. 北京：中国社会科学出版社，1990.

[21] 朱光磊，等. 当代中国社会各阶层分析. 天津：天津人民出版社，1998.

[22] 陆学艺. 当代中国社会阶层研究报告. 北京：社会科学文献出版社，2002.

[23] 吴祖谋，李双元. 法学概论. 12 版. 北京：法律出版社，2016.

[24] 何勤华. 外国法制史. 北京：法律出版社，1997.

[25] 吴春秋. 世界战争通鉴. 北京：国际文化出版公司，1995.

[26] 克劳塞维茨. 战争论. 孙志新，译. 北京：北京联合出版公司，2014.

[27] 董增刚. 城市学概论. 北京：北京大学出版社，2013.

[28] 许学强. 城市地理学. 北京：高等教育出版社，1997.

[29] 芒福德. 城市发展史. 倪文彦，宋俊岭，译. 北京：中国建筑工业出版社，2005.

[30] 唐恢一. 城市学. 哈尔滨：哈尔滨工业大学出版社，2001.

[31] 刘振宇. 中国之最：军事科技·体育艺术. 北京：京华出版社，2007.

[32] 陈文华. 中国古代农业文明史. 南昌：江西科技出版社，2005.

[33] 皮郎. 中世纪欧洲社会经济史. 乐文，译. 上海：上海人民出版社，1964.

[34] 马义，张新力. 历史悠久的农业文明. 沈阳：辽宁古籍出版社，1995.

[35] 严鹏，陈文佳. 工业革命：历史、理论与诠释. 北京：社会科学文献出版社，2019.

[36] 吕贝尔特. 工业化史. 戴鸣钟，译. 上海：上海译文出版社，1983.

[37] 威廉斯. 世界商业史. 陈耀昆，译. 北京：中国商业出版社，1989.

[38] 唐力行. 商人与中国近世社会. 杭州：浙江人民出版社，1993.

[39] 吴振坤. 市场经济学. 北京：中共中央党校出版社，1994.

[40] 李炳义，李恒川. 市场经济概论. 北京：中国商业出版社，1996.

[41] 黄家城，陈雄章. 交通与历史横向发展变迁. 北京：人民交通出版社，1999.

[42] 曹钟勇. 城市交通论. 北京：中国铁道出版社，1996.

[43] 王子今. 中国古代交通文化. 北京：三环出版社，1990.

[44] 陈麟书，陈霞. 宗教学原理. 北京：宗教文化出版社，1999.

[45] 王晓朝，李磊. 宗教学导论. 3 版. 北京：首都经济贸易大学出版社，2019.

[46] 史密斯. 人的宗教. 刘安云，译. 海口：海南出版社，2001.

[47] 乌丙安. 民俗学原理. 沈阳：辽宁教育出版社，2001.

[48] 邢莉. 民俗学概论新编. 北京：北京师范大学出版社，2016.

[49] 裔昭印. 世界文化史. 上海：华东师范大学出版社，2000.

[50] 杜兰. 世界文明史. 幼狮文化公司，译. 北京：东方出版社，1999.

[51] 贝克，哈贝马斯，等. 全球化与政治. 王学东，柴方国，等译. 北京：中央编译出版社，2000.

[52] 李景治，林甦. 当代世界经济与政治. 6 版. 北京：中国人民大学出版社，2016.

[53] 李兴. 当代世界政治经济与国际关系. 北京：北京师范大学出版社，2013.

[54] 亨廷顿. 文明的冲突与世界秩序的重建. 北京：新华出版社，2002.

［55］胡鞍钢. 中国走向. 杭州：浙江人民出版社，2000.

［56］罗荣渠. 现代化新论——世界与中国的现代化进程. 北京：北京大学出版社，1993.

［57］胡福明. 中国现代化的历史进程. 合肥：安徽人民出版社，1994.

［58］何传启. 中国现代化报告 2016：服务业现代化研究. 北京：北京大学出版社，2016.

［59］陈筠泉，殷登祥. 新科技革命与社会发展. 北京：科学出版社，2000.

［60］乌杰. 经济全球化与国家整体发展. 北京：华文出版社，1999.

［61］郑必坚. 中流击水：经济全球化大潮与中国之命运. 北京：外文出版社，2018.

［62］张友文，等. 世界经济一体化的历程. 上海：学林出版社，1999.

［63］赵宏，郭继丰. 知识经济呼唤中国. 北京：改革出版社，1998.

［64］王兴成，卢继传，徐耀宗. 知识经济. 北京：中国经济出版社，1999.

［65］汪向东. 信息化：中国 21 世纪的选择. 北京：社会科学文献出版社，1998.

［66］彼得斯，马吉森，墨菲. 创造力与全球知识经济. 杨小洋，译. 上海：华东师范大学出版社，2013.

［67］施瓦布. 第四次工业革命. 世界经济论坛北京代表处，李菁，译. 北京：中信出版社，2016.

［68］拉兹洛. 多种文化的星球——联合国教科文组织国际专家小组的报告. 戴侃，辛未，译. 北京：社会科学文献出版社，2001.

［69］恩伯 C，恩伯 M. 文化的变异——现代文化人类学通论. 杜杉杉，译. 沈阳：辽宁人民出版社，1988.

［70］虞友谦，陈刚. 当代中国文化走向. 南京：河海大学出版社，2000.

［71］司马云杰. 文化社会学. 北京：中国社会科学出版社，2001.

［72］金元浦. 中国文化概论. 3 版. 北京：中国人民大学出版社，2015.

［73］单波，肖珺. 文化冲突与跨文化传播. 北京：社会科学文献出版社，2015.

［74］洪晓楠，邱金英. 当代文化帝国主义思潮研究. 北京：人民出版社，2018.

《人类与社会》课程组人员

课程组长　武正红
主　　编　惠　中
主持教师　武正红
编写人员　惠　中　胡晓猛　陈道银　汪　华

人类与社会

形成性考核册

国家开放大学　编

学校名称：_____

学生姓名：_____

学生学号：_____

班　　级：_____

形成性考核是学习测量和评价的重要组成部分。在教学过程中，对学生的学习行为和成果进行考核是教与学测评改革的重要举措。

《形成性考核册》是根据课程教学大纲和考核说明的要求，结合学生的学习进度而设计的测评任务与要求的汇集。

为了便于学生使用，现将《形成性考核册》作为主教材的附赠资源提供给学生，采用纸质形考的学生可将各次作业按需撕下，完成后自行装订交给老师。若采用**网上形考**或有其他疑问请咨询课程教师。

人类与社会考核作业 1

（一）选择题（选出下列备选项中正确的一项，把字母填在括号内。每题 1 分，共 25 分）

1. 提出著名的"宇宙大爆炸"理论的科学家是（　　　）。

A. 伽莫夫　　　　　　B. 哈勃　　　　　　C. 康德　　　　　　D. 爱因斯坦

2. 目前世界上使用人数最多的语言是（　　　）。

A. 英语　　　　　　B. 阿拉伯语　　　　　　C. 汉语　　　　　　D. 俄语

3. 驱动人口迁移的主要因素是（　　　）。

A. 政治动荡　　　　　　　　　　B. 瘟疫流行

C. 文化上的不适应　　　　　　　D. 追求更好的经济生活条件

4. 目前，支持中国人的祖先是土生土长的，而非非洲来客的主要证据是（　　　）。

A. 中国人祖先的头盖骨化石比较特殊　　B. 中国人祖先的 DNA 比较特殊

C. 中国人祖先的门齿化石比较特殊　　　D. 中国人祖先的语言比较特殊

5. 我们通常称的"七曜"，指的是（　　　）。

A. 水星、金星、火星、木星、土星、太阳、月亮

B. 水星、金星、火星、木星、土星、太阳、地球

C. 木星、土星、太阳、月亮、天王星、冥王星、海王星

D. 水星、金星、火星、木星、天王星、冥王星、海王星

6. 资源具有两个重要的特征（　　　）。

A. 廉价性、实用性　　　　　　　B. 再生性、广泛性

C. 社会效应性、稀缺性　　　　　D. 可获得性、可交换性

7. 英国是工业化最早的西方国家，其在工业化过程中所依赖的主要资源是（　　　）。

A. 人力资源　　　　　B. 土地资源　　　　　C. 矿产资源　　　　　D. 森林资源

8. 所谓温室效应是指大气中某些气体含量增加，引起地球平均气温上升的现象。这类气体称为温室气体，包括（　　　）。

A. 二氧化碳、甲烷、氯氟烃、臭氧等　　B. 一氧化碳、甲烷、氯氟烃、氧气等

C. 二氧化碳、甲烷、氮气、臭氧等　　　D. 二氧化碳、氨气、氯氟烃、氢气等

9. "可持续发展"理念在全世界被重视，是自挪威首相布伦特兰夫人发表了著名的（　　　）报告，并获得第 42 届联合国大会通过之后发生的。

A. 《世界自然保护大纲》　　　　B. 《我们共同的未来》

C. 《里约环境与发展宣言》　　　　D. 《京都议定书》

10. 基于可持续发展的意义重大，联合国于 1992 年 6 月 3 日至 14 日在（　　）召开了人类历史上有 183 个国家参加的首脑会议——联合国环境与发展大会。

A. 巴西里约热内卢　　　　B. 法国巴黎

C. 英国伦敦　　　　D. 日本东京

11. 血缘家庭是人类社会（　　）社会组织。

A. 第一个　　　　B. 第二个　　　　C. 第三个　　　　D. 第四个

12. 婚姻是基于（　　）之上的，为社会或国家所认可的男女两性结合、维持、适应和解体的一种合法形式。

A. 性爱基础　　　B. 法律法规　　　C. 社会风俗习惯　　　D. 经济地位

13. 国家的本质是（　　）。

A. 公共事务管理　　　　B. 阶级统治

C. 调和阶级关系　　　　D. 保护国民的安全

14. 普那路亚家庭产生于蒙昧时代的中级阶段，是群婚制最发展、最典型的阶段——（　　）阶段。

A. 等辈婚制　　　B. 兄妹婚制　　　C. 族内群婚制　　　D. 族外群婚制

15. 功利型的婚姻，男女之间是一种（　　）。

A. 交易关系　　　B. 交换关系　　　C. 平等关系　　　D. 平行关系

16. 内涵型的婚姻，男女之间是一种（　　）。

A. 交易关系　　　B. 交换关系　　　C. 互动关系　　　D. 平行关系

17. 战争是一种特殊的社会现象，是用以解决民族和民族、国家和国家、阶级和阶级、政治集团和政治集团之间矛盾的（　　）斗争形式。

A. 特殊　　　B. 初级　　　C. 最高　　　D. 极端

18. 判断战争性质的基本依据是（　　）。

A. 战争的结局　　　　B. 战争的正义性和非正义性

C. 战争的力量对比　　　　D. 战争各方军事力量的对比

19. 公元前 18 世纪巴比伦王国的（　　）是楔形文字法的代表。

A. 《汉穆拉比法典》　　　　B. 《乌尔纳姆法典》

C. 《苏美尔法典》　　　　D. 《摩西律法》

20. 法律的作用可以区分为法律对人的作用和法律对社会关系的作用。这也就是通常所说的法律的"（　　）"和"社会作用"。

A. 规范作用　　　B. 指引作用　　　C. 评价作用　　　D. 管理作用

21. 下列时段中，（　　）是世界上城市产生的主要时期。

A. 公元前 6000—公元前 4500 年　　　　B. 公元前 1500—公元前 500 年

C. 公元前 3000—公元前 1500 年　　　　D. 公元前 700—公元前 200 年

22. 在城市化建设过程中，有些城市设施和部门自城市中心向外缘移动扩散，这种情况称为（　　）。

A. 离心型城市化　　　　　　　B. 向心型城市化
C. 职能城市化　　　　　　　　D. 外延型城市化

23. 第（　）次社会大分工后不久，一个新的社会群体——商人出现了。
A. 一　　　　　B. 二　　　　　C. 三　　　　　D. 四

24. （　）年在英国发生了资本主义历史上第一次周期性的经济危机。此后，每隔10年左右，危机就会周期性地出现。
A. 1825　　　　B. 1835　　　　C. 1845　　　　D. 1855

25. 在（　），发达的农业文明和浓厚的宗教文化，创造并维系了高度成熟的乡村社会。
A. 亚洲　　　　B. 非洲　　　　C. 美洲　　　　D. 欧洲

（二）简答题（简要答出要点即可，不必展开论述。每题6分，共30分）

1. 简述第二次世界大战后世界人口迁移的新特征。

2. 人口的过度增长对社会发展有哪些不利的影响?

3. 简述家庭功能的主要特征。

4. 原始社会末期产生阶级的主要条件有哪些?

5. 简述城市化发生的动力。

（三）论述题（结合实际进行具体论述。每题 15 分，共 45 分）
1. 举例论述社会发展与自然资源的关系。

2. 具体论述阶层分化与社会进步的关系。

3. 联系实际论述 21 世纪人类婚姻关系的主要变化。

人类与社会考核作业 2

（一）选择题（选出下列备选项中正确的一项，把字母填在括号内。每题 1 分，共 25 分）

1. 与封建时期的中国不同，16 世纪以来的西欧通常奉行（　　）政策。

A. 抑商　　　　　　　B. 闭关锁国　　　　C. 重本轻末　　　　D. 重商主义

2. 对世界商业与贸易的影响十分巨大，引起了所谓商业革命的是（　　）。

A. 地理大发现　　　　　　　　　　　B. 殖民扩张

C. 贵金属的开采　　　　　　　　　　D. 商品流通量的扩大

3. 人类实现从传统交通向现代交通转变的重要标志是（　　）的突破性变革。

A. 蒸汽机　　　　　B. 动力系统　　　　C. 自动化装置　　　D. 转向装置

4. 人类历史上第一次驾驶飞机自由飞行的是美国人（　　）。

A. 威尔伯·莱特和奥维尔·莱特　　　　B. 季雯

C. 杜蒙　　　　　　　　　　　　　　D. 齐柏林

5. 在市场经济中，企业拥有自主性的根本条件和主要标志是（　　）。

A. 独立的产权　　　B. 积极参与竞争　　C. 自主经营　　　　D. 成为市场主体

6. 人类历史上所出现的最原始的宗教是（　　）。

A. 崇拜自然　　　　B. 崇拜偶像　　　　C. 崇拜神灵　　　　D. 崇拜祖先

7. 世界三大宗教是（　　）。

A. 犹太教、基督教、印度教　　　　　　B. 天主教、伊斯兰教、道教

C. 神道教、佛教、伊斯兰教　　　　　　D. 基督教、伊斯兰教、佛教

8. 15 世纪前后，（　　）是当时国际贸易的主要流通工具。

A. 白银　　　　　　B. 美元　　　　　　C. 黄金　　　　　　D. 英镑

9. 第二次世界大战后，美、苏之间全面“冷战”开始的标志是（　　）。

A. 雅尔塔体制的形成　　　　　　　　　B. “马歇尔计划”的实施

C. “杜鲁门主义”的出笼　　　　　　　D. 柏林危机的出现

10. 20 世纪 80 年代末至 90 年代初，两极世界政治格局最终崩溃，它的标志是（　　）。

A. 东欧剧变和苏联解体　　　　　　　　B. 美国实力的衰落

C. 华沙条约组织解散　　　　　　　　　D. 美、欧、日三足鼎立局面的出现

11. 1955 年召开的（　　），表明第三世界国家开始以独立的政治力量出现在世界政治

舞台。

    A. 日内瓦会议　　　B. 开罗会议　　　C. 万隆会议　　　D. 雅尔塔会议

    12. 1968 年，苏联以保卫社会主义大家庭的利益为借口，公然出兵占领了（　　），社会主义阵营最终解体。

    A. 捷克斯洛伐克　　B. 匈牙利　　　C. 波兰　　　　D. 罗马尼亚

    13. 民主德国并入联邦德国，实现了德国的统一，是在（　　）年 10 月。

    A. 1988　　　　　B. 1989　　　　C. 1990　　　　D. 1991

    14. 早在 1953 年 12 月，（　　）在会见印度政府代表团时，首次提出应以和平共处五项原则作为处理中印关系的基础，获得印度方面的赞同。

    A. 毛泽东　　　　　B. 刘少奇　　　C. 周恩来　　　D. 邓小平

    15. 当今世界，随着各种矛盾和冲突的激化，（　　）已成为危及世界和平的一个重大的社会问题。

    A. 恐怖主义　　　　B. 种族主义　　C. 宗教问题　　D. 地区冲突

    16. 在区域经济集团组织中，经济一体化程度最高的是（　　）。

    A. 东南亚国家联盟　　　　　　　B. 北美自由贸易区

    C. 欧洲联盟　　　　　　　　　　D. 亚太经合组织

    17. 中国的现代化是一种典型的外源式、防御性的现代化，它的起点是（　　）。

    A. 洋务运动　　　　B. 戊戌变法　　C. 立宪运动　　D. 辛亥革命

    18. 人类社会出现现代化变革的前提条件最早是在西欧、主要是在（　　）出现的。

    A. 法国　　　　　　B. 荷兰　　　　C. 西班牙　　　D. 英国

    19.（　　）年 11 月 11 日，在阿联酋的多哈召开的世界贸易组织部长会议通过了《中国加入世界贸易组织议定书》，12 月 11 日，中国正式加入世界贸易组织。

    A. 2000　　　　　B. 2001　　　　C. 2002　　　　D. 2003

    20. 1996 年，（　　）在一份题为《以知识为基础的经济》的报告中，对"知识经济"首次给予了明确的定义。

    A. 美国经济学和未来学家奈斯比特　　B. 英国的福莱斯特

    C. 美国社会学和未来学家托夫勒　　　D. 联合国经济合作与发展组织

    21. 为了应对即将到来的知识经济时代的挑战，各国都在进行经济和社会发展战略的调整，其共同点是加强（　　）的发展。

    A. 微电子技术　　B. 信息技术　　C. 科技和教育　　D. 高科技产业

    22. 在人类文化起源问题上，起决定作用的是（　　）。

    A. 地理环境　　　B. 人的劳动　　C. 圣人创造　　D. 气候因素

    23.（　　）有利于打破文化系统之间交流的屏障，为文化的传播、交流、融合开辟了一个崭新的天地，大大促进了世界文化的发展。

    A. 信息传输手段的变化　　　　　B. 世界旅游业的发展

    C. 空间技术的发展　　　　　　　D. 各国经济和贸易的发展

    24. 一方面，人类文化是不断地由低级向高级发展的；另一方面，世界文化的发展存在（　　）的特征。

A. 统一性　　　　B. 趋同性　　　　C. 多元性　　　　D. 普遍性

25. 以下哪一项不属于文化发展的原因?（　　　）

A. 主客体之间的矛盾　　　　　　B. 人类社会系统内部的矛盾

C. 不同文化系统之间的矛盾　　　D. 不同语言之间的矛盾

（二）简答题（简要答出要点即可，不必展开论述。每题 6 分，共 30 分）

1. 简述现代交通进步与社会发展的关系。

2. 雅尔塔体制对于世界政治有何意义？

3. 什么是民俗？它是如何形成的？

4. 简述世界贸易组织的职能和基本原则。

5. 如何认识文化冲突的意义？

（三）论述题（结合实际进行具体论述。每题 15 分，共 45 分）

1. 结合实例论述宗教的本质特征。

2. 和平与发展是当代世界的时代主题，结合实际论述它们之间的关系。

3. 为什么说经济全球化是一把双刃剑？结合实际进行具体论述。